北京理工大学"双一流"建设精品出版工程

FOUNDATION OF GRADUATE EDUCATION
2nd edition

研究生教育概论
（第2版）

王战军　马永红　周文辉　等　编著

北京理工大学出版社
BEIJING INSTITUTE OF TECHNOLOGY PRESS

内容简介

本书是第一部系统介绍研究生教育的教学用书。本书突出理论与实践相结合，详细阐述了研究生教育的基本概念、基本特征、主要内容，以及研究生教育发展的历史，研究生教育与本科教育的区别，研究生教育与社会的关系等理论问题，描述了研究生招生、研究生培养、研究生教育管理、研究生教育评估、学科建设、学位制度与学位授予、研究生教育研究方法等研究生教育的主要内容，介绍了国际研究生教育概况以及美国、英国、德国、法国、日本等国家的研究生教育发展状况。《研究生教育概论（第2版）》以研究生学习效果为导向，全面反映研究生教育发展最新研究成果，增强了学理性、时代性、政策性和实践性。

本书是"研究生教育学"核心课程的教学用书，也可以作为各级研究生教育管理干部的工具书，也是研究生教育研究人员、教师的参考书。

版权专有　侵权必究

图书在版编目（CIP）数据

研究生教育概论 = Foundation of Graduate Education(Second Edition)/王战军等编著． --2版．
北京：北京理工大学出版社，2024.7
ISBN 978 - 7 - 5763 - 4361 - 8

Ⅰ.G643
中国国家版本馆 CIP 数据核字第 2024CF4372 号

责任编辑：武丽娟　　**文案编辑**：武丽娟
责任校对：刘亚男　　**责任印制**：李志强

出版发行 /	北京理工大学出版社有限责任公司
社　　址 /	北京市丰台区四合庄路6号
邮　　编 /	100070
电　　话 /	（010）68944439（学术售后服务热线）
网　　址 /	http://www.bitpress.com.cn

版 印 次 /	2024年7月第2版第1次印刷
印　　刷 /	保定市中画美凯印刷有限公司
开　　本 /	787 mm×1092 mm　1/16
印　　张 /	20.5
字　　数 /	481千字
定　　价 /	72.00元

图书出现印装质量问题，请拨打售后服务热线，负责调换

编委会

主　　任	王战军	中国学位与研究生教育学会	副会长
		北京理工大学研究生教育研究中心	主任、教授
副 主 任	马永红	北京航空航天大学研究生教育研究中心	主任、教授
		中国学位与研究生教育学会	理事
	周文辉	学位与研究生教育杂志社	社长
		北京理工大学研究生教育研究中心	副主任、研究员

编委会成员：

李明磊	北京理工大学人文与社会科学学院	副研究员
王　悦	北京航空航天大学研究生院培养处	副研究员
王　茹	北京理工大学研究生教育研究中心	副研究员
黄明福	北京理工大学研究生教育研究中心	助理研究员
朱鹏宇	北京航空航天大学经济管理学院	助理研究员
乔　刚	延安大学教育科学学院	副教授
王小栋	北京外国语大学国际教育学院	副教授

编辑助理：

张　微	北京理工大学人文与社会科学学院	博士后
牛晶晶	北京理工大学人文与社会科学学院	博士后
张晓峰	北京理工大学人文与社会科学学院	科研助理

Introduction

This book is the first teaching book to introduce graduate education. It highlights the feature of the combination of theory and practice, elaborates the basic concepts, characteristics, main content of graduate education, the history of graduate education development, the differences between graduate education and undergraduate education, the relationship between graduate education and society. It describes the main contents of graduate education such as Graduate Admissions, Graduate Cultivation, Graduate Education Management, Graduate Education Evaluation, Disciplines Construction, Academic Degrees System and Conferring of Degrees, and Graduate Education Research Methods etc. It introduces the general information about international graduate education and the development of graduate education in the United States, the United Kingdom, Germany, France, Japan and other countries. *Foundation of Graduate Education (Second Edition)* is guided by the learning effect of graduate students, comprehensively reflects the latest research results of the development of graduate education, and enhances the rationality, contemporaneity, policy and practicality.

This book is a teaching book for the core curriculum of "Graduate Education Discipline". It can also be used as a reference book for administrators, researchers and teachers who are working in the fields of graduate education.

第 2 版出版说明

《研究生教育概论》（Foundation of Graduate Education）自 2019 年首次出版以来，已作为研究生教学用书使用了五年时间，并在 2022 年获北京理工大学研究生精品教材。同时，截止到 2023 年，该书被北京航空航天大学、天津大学、东南大学、湖南师范大学等多所高校选定为研究生课程教材，被上海市、湖南省、河南省、重庆市等多省市采纳为研究生教育管理干部、研究生导师培训的教材。经过五年教学实践检验，有关部门、高等院校、教师、研究生反映较好。

《研究生教育概论》（Foundation of Graduate Education）出版五年来，我国研究生教育内涵发展提质，数量发展提速，教育强国建设迈出铿锵步伐。截止到 2022 年，我国研究生教育在学规模已经达到 365 多万人，研究生培养单位达到 800 余个，学位授权点超过 16 000 个，成为名副其实的世界研究生教育大国。2022 年，全国研究生招生 124.25 万人，比 2019 年增加 32.60 万人，增长 35.57%。其中，博士生 13.90 万人，硕士生 110.35 万人。

研究生教育学（Graduate Education Discipline）是一门专门研究研究生教育问题，并揭示其育人规律和发展规律及其运行特征的学科。我国高等教育进入普及化后，研究生教育的地位日益凸显，研究生教育研究则持续成为教育研究热点。21 世纪以来，研究生教育基本理论问题，研究生招生与培养，研究生教育管理，"双一流"建设，学位制度实施，学科建设，导师队伍建设以及研究生教育国际比较等主要方向持续受到关注。近五年来，研究生教育的相关研究也逐步走向了深入，每年专门研究研究生教育的学术论文均超过 1 000 篇。我们选取"学位、研究生、博士、硕士"作为核心关键词，"学科、导师"作为辅助关键词，在 CNKI 期刊数据库以及万方数据平台通过专业检索的方式在 57 种来源期刊范围内进行二次检索。经过人工筛选、甄别，剔除与研究主题无关的题录信息，2013—2023 年近十年来研究生教育研究的学术论文数量如下。

2013—2023 年研究生教育研究文献分布

年份	2013	2014	2015	2016	2017	2018	2019	2020	2021	2022	2023
发文数量	721	985	884	707	817	1 200	1 219	1 115	1 128	1 193	1 124

为了把握时代脉搏，反映最新研究成果，我们决定对《研究生教育概论》（Foundation of Graduate Education）进行修订。修订的指导思想是"以研究生学习效果为导向，全面反映研究生教育发展最新研究成果"。修订的目标是"提升理论水平、反映实践成果、服务学生学习、打造精品教材"。本次修订更加注重教材的理论建构和学术梳理，历时近一年的精心

打磨，通过组织多次专家研讨，力争做到概念清晰、内容准确、通俗易懂。第 2 版教材较之第 1 版主要有以下四个方面的改进和提升。

第一，增强学理性，体现思想性。修订过程中完善了有关核心概念。例如在第一章进一步界定了"研究生教育学"（Graduate Education Discipline）、"研究生教育"（Graduate Education）等相关概念；第八章增加教育研究方法性质的相关内容论述，以及阐释研究生教育研究中常用的数据包络分析、层次分析法等综合评价方法。

第二，增强政策性，体现与时俱进。修订过程中增加了有关政策内容。各章节对有关政策、相关数据以及典型案例均进行了更新和补充。例如第二章增添《专业学位研究生教育发展方案（2020—2025）》等政策文件及相关说明；第五章新增加了全国第五轮学科评估作为案例；第六章补充《中华人民共和国学位法（草案）》内容。第七章新增首轮国家"双一流"建设成效评价和经验总结、第二轮国家"双一流"建设情况描述，以及交叉学科建设等新内容。

第三，增强数智赋能，体现数字化形态。修订过程中，各章节融入"研究生教育数字化、信息化"的理念和思想。例如第一章新增"研究生教育与科技变革"；第三章新增数字化、信息化在研究生课程教学中的改革实践；第四章新增"数字赋能研究生教育"内容等。

第四，增强教材的实践性，体现服务研究生学习。修订过程中，我们征求了部分研究生的修改意见，从研究生视角修订有关内容。例如第八章研究生教育的基本研究方法中增加了新的案例，新增加了研究生教育研究典型研究文献、重要软件操作截图等内容。

《研究生教育概论（第 2 版）》（Foundation of Graduate Education（Second Edition））在保持教材整体框架、核心内容的基础上，增加了部分内容、调整了部分节、目，添加数字化元素，增强了学理性、时代性、政策性和实践性。《研究生教育概论（第 2 版）》（Foundation of Graduate Education（Second Edition））着眼于研究生学习，围绕研究生教育核心问题，厘清研究生教育的基本概念，阐述研究生教育育人过程，提升研究生开展研究生教育研究的能力，服务我国研究生教育改革发展。

在修订过程中，我们参考、引用了诸多学者的文章、著作，对此深表谢意。当然，随着研究生教育学研究的不断深入，凭借一次修订，难以使本书尽善尽美，加之作者水平有限，难免存在纰漏之处，敬请各位同仁不吝赐教。

最后，感谢所有参与编写的成员、专家学者，以及广大使用本教材的师生，衷心希望本教材能够为我国研究生教育学的研究生培养、研究生导师培训、研究生教育管理干部培训贡献绵薄之力。

2024 年 1 月 26 日

Publication Notes for the Second Edition

Publication Notes for the Second Edition

Foundation of Graduate Education (FGE) has been used as a teaching book for graduate students for five years since it was first published in 2019, and was awarded the "Beijing Institute of Technology Graduate Excellence Textbook" in 2022. Meanwhile, by 2023, it has been selected as a textbook for graduate courses by a number of universities, including Beijing University of Aeronautics and Astronautics, Tianjin University, Southeast University, Hunan Normal University, etc., and has also been adopted as a graduate education administrator, graduate tutor training textbook by a number of provinces and municipalities, such as Shanghai, Hunan, Henan, Chongqing etc. After five years of teaching practice test, the relevant departments, colleges and universities, teachers, graduates have a good response.

In the past five years since the publication of *Foundation of Graduate Education*, the connotation of China's graduate education has improved in quality, the quantitative development has accelerated, and the construction of Education Power has taken a resounding step forward. By 2022, the scale of China's graduate education enrollment has reached more than 3.65 million students, more than 800 graduate training units, and more than 16,000 degree authorization points, becoming a veritable country in the world's graduate education. In 2022, the national enrollment of graduate students was 1,242,500, which is an increase of 326,000 over 2019, or an increase of 35.57%. Among them, 139,000 are doctoral students and 1,103,500 are master's students.

Graduate Education Discipline is a discipline specializing in the study of graduate education issues and revealing its cultivation and development laws and its operational characteristics. After the popularization of higher education in China, the status of graduate education has become more and more prominent, and the research on graduate education has continued to become a hot spot of educational research. Since the 21st century, the basic theory of graduate education, graduate admission and cultivation, graduate education management, the construction of "double world-class" project, Academic degree system implementation, discipline construction, tutor team construction and international comparison of graduate education have been receiving continuous attention. In the past five years, the research on graduate education has gradually become more in-depth, with more than 1,000 academic papers devoted to graduate education every year. We selected "degree, graduate, doctoral, master" as the core keywords and "discipline, tutor" as the auxiliary keywords and conducted a secondary search in 57 source journals in the CNKI journal database and Wanfang data platform through professional search. After manual filtering, screening, and eliminating the title information unrelated to the research topic, the number of academic papers on graduate education research in the past ten years from 2013 to 2023 is as follows.

Distribution of research literature on graduate education, 2013 – 2023

YEAR	2013	2014	2015	2016	2017	2018	2019	2020	2021	2022	2023
NUMBER	721	985	884	707	817	1,200	1,219	1,115	1,128	1,193	1,124

In order to grasp the pulse of the times and reflect the latest research results, we have decided to revise the *Foundation of Graduate Education*. The guiding principle of the revision is to "take the learning effect of graduate students as the guidance and reflect the latest research results of the development of graduate education comprehensively". The goal of the revision is to "improve the theoretical level, reflect the practical achievements, serve students' learning, and create high-quality teaching materials". This revision pays more attention to the theoretical construction and academic sorting of the textbook, which has lasted for nearly a year, and strives to achieve a clear concept, accurate content and easy to understand through the organization of several expert seminars. Compared with the first edition, the second edition of the textbook has the following four major improvements and enhancements.

Firstly, it enhances the academic rationality, reflects the ideological nature. In the process of revision, the relevant core concepts were improved. For example, in Chapter 1, further defines "Graduate Education Discipline," "Graduate Education" and other related concepts; Chapter 8 increases the discussion of the nature of educational research methods, and explains the data envelopment analysis, hierarchical analysis and other comprehensive evaluation methods commonly used in graduate education research.

Secondly, it enhances the policy and reflects the advancement with the times. The revision process has increased the content of relevant policies. The relevant policies, relevant data and typical cases are updated and supplemented in each chapter. For example, Chapter 2 adds policy documents and related explanations such as the *Development Programme of Graduate Education for Professional Degrees* (2020 – 2025); Chapter 5 adds the fifth round of national discipline evaluation as a case; Chapter 6 supplements the content of *The Degree Law of the People's Republic of China* (draft). Chapter 7 adds the first round of national "double first-class" construction effectiveness evaluation and experience summary, the second round of national "double first-class" construction description, as well as cross-disciplinary construction and so on.

Thirdly, it enhances digital intelligence and embodies the digital form. During the revision process, the concepts and ideas of "digitization and informatization of graduate education" have been incorporated into each chapter and section. For example, "Graduate Education and Technological Changes" is added to Chapter 1; the reform practice of digitization and informatization in the teaching of graduate courses is added to Chapter 3; and "Digital Empowerment of Graduate Education" is added to Chapter 4, and so on.

Fourthly, it enhances the practicality of the textbook to reflect the service of graduates' learning. During the revision process, we solicited the opinions of some graduate students and revised the relevant content from the perspective of graduate students. For example, in Chapter 8, new cases are added to the basic research methods of graduate education, typical research documents of graduate education research and screenshots of important software operations are added.

Foundation of Graduate Education (Second Edition) on the basis of maintaining the overall framework and core content of the textbook, added new contents, adjusted some sections and items, added digital elements, and enhanced the rationality, modernity, policy and practicality. *Foundation of Graduate Education (Second Edition)* focuses on graduate learning, focuses on the core issues of graduate education, clarifies the basic concepts of graduate education, expounds the process of graduate education, and improves the ability of graduate students to carry out graduate education research, and serves the reform and development of graduate education in China.

In the process of revision, we have referred to and quoted many scholars' articles and works, for which we are deeply grateful. Of course, with the continuous deepening of graduate education research, it is difficult to make the book perfect by one revision, coupled with the limited level of the authors, there are inevitably mistakes, I would be grateful for your kind advice.

Finally, I would like to thank all the members, experts and scholars who participated in the preparation of this textbook, as well as the teachers and students who use this textbook. I sincerely hope that this textbook can contribute to the training of graduate students, graduate tutors and graduate education administrators in China.

PREFACE
序言

　　研究生教育是国家培养高层次人才的顶层教育阶段。中华人民共和国成立以来的70年,尤其是改革开放恢复研究生招生以来的40年,我国研究生教育与国家发展和社会进步同呼吸、共命运,走过了从无到有、从小到大、从弱到强的不平凡历程,走出了中国自己发展研究生教育的道路,构建了具有中国特色的现代学位制度体系,实现了立足国内培养高层次人才的战略目标,形成了完整的不同层次、不同类型的研究生培养机制,建立了具有中国特色的研究生教育质量保障体系,提升了中国研究生教育的国际影响力,培养了大批高层次创新型人才,满足了我国改革开放对高层次人才的需求,为国家经济建设、社会发展和科技进步做出了基础性、支撑性贡献。

　　我国研究生教育在校生规模现居世界前列,已成为研究生教育大国。在创新型国家建设和快速接近高等教育普及化阶段的今天,我国研究生教育进入了迈向研究生教育强国的新的历史发展阶段。许多新问题不断出现,原有的深层次问题日益凸显。回顾往昔,雄关漫道真如铁,我国研究生教育始终前进在改革、探索、创新的路上,在实践—研究—反思—发展中砥砺前行,积累了较为丰富的研究生教育实践经验,初步形成了研究生教育学科框架和理论体系,研究生教育导师队伍、管理队伍和研究队伍不断壮大成熟。展望未来,而今迈步从头越,由于历史原因,长期以来研究生教育研究一直是我国教育研究中的一个薄弱环节。我们深知,理论体系的形成需要漫长的过程,需要不断培育扩大研究队伍,需要加快研究生教育学科人才培养步伐,需要将改革实践的经验向理论体系的升华。构建研究生教育学理论体系,推动研究生教育改革与发展建立在更加理性和符合教育规律的基础上,是我希望经过多年努力能够摸着石头过去的一条深水河。

　　经过几十年的发展,我国研究生教育研究的范畴不断拓展,研究内容不断丰富,研究视角日趋多元,研究方法日益丰富,但依然存在不少研究空白,学科知识体系的完善和基础设施的建设任重道远,其中重要一环就是研究生教育学科的教材建设。近20年来出版的研究生教育著作约有百部,但尚未见到一部面向研究生课程教学的研究生教育基础性教材,这在一定程度上影响了我国研究生教育学高层次人才的培养。令人欣慰的是王战军、马永红、周文辉等教授倾心编著的《研究生教育概论》问世了,这本教学用书恰逢其时,填补了这一空白。

《研究生教育概论》作为我国第一部系统反映研究生教育学科内容和知识的研究生教学用书,理论与实践相结合,详细阐述了研究生教育的基本概念、基本特征、主要内容,以及研究生教育发展历史,研究生教育与社会的关系等理论问题;介绍了研究生招生、培养、管理、教育评估、学科建设、学位制度与学位授予、研究生教育研究方法等研究生教育的主要内容;分析了国际研究生教育概况以及美国、英国、法国、德国、日本、俄罗斯等国家的研究生教育发展状况,是编者们多年从事研究生教育研究,探索研究生教育理论建构的成果积淀。

长风破浪会有时,直挂云帆济沧海。希望《研究生教育概论》的出版是一个好的开端,期待更多更好的研究生教育学科精品教材不断涌现。对此,我充满信心。

2019 年 8 月 16 日

PREFACE 序言

Graduate education is the top-level education stage for the country to cultivate high-level talents. In the 70 years since the founding of the People's Republic of China, especially in the 40 years since the reform and opening up resumed graduate enrollment, China's graduate education has shared the same fate with the development of the country and the progress of the society, and it has gone through an extraordinary course from scratch, from small to large, from weak to strong, and it has come out of China's own road of developing graduate education, established a modern degree system with Chinese characteristics, achieved the strategic goal of fostering high-level talents. It has realized the strategic goal of cultivating high-level talents based on the domestic market, formed a complete graduate training mechanism of different levels and types, established a graduate education quality assurance system with Chinese characteristics, enhanced the international influence of Chinese graduate education, and cultivated a large number of high-level innovative talents. It has satisfied the need of high-level talents for China's reform and opening up, and made basic and supportive contributions to national economic construction, social development, and scientific and technological progress.

The scale of students in graduate education in China is now in the forefront of the world and has become a big country in graduate education. Today, with the construction of an innovative country and rapidly approaching the stage of popularization of higher education, graduate education in China has entered a new historical development stage of becoming a powerful country of graduate education. Many new problems continue to emerge, and the original deep-seated problems have become increasingly prominent. In retrospect, postgraduate education in China has always been on the road of reform, exploration and innovation, and has accumulated rich practical experience in practice-research-reflection-development, and has initially formed the discipline framework and theoretical system of graduate education. Graduate education mentors, management teams and research teams continue to grow and mature. Looking forward to the future, and now moving forward from the beginning, due to historical reasons, graduate education research has been a weak link in China's educational research for a long time. We know very well that the formation of the theoretical system needs a long process, needs to constantly cultivate and expand the research team, needs to speed up the pace of personnel training in graduate education, and needs to sublimate the experience of reform practice to the theoretical system. To construct the theoretical system of postgraduate pedagogy and promote the reform and development of graduate education on the basis of being more rational and in line with the laws of education is a deep-water river that I hope to touch the stone in the past after years of efforts.

After decades of development, the scope of graduate education research in our country has been expanding, the research content has been enriched, the research perspectives have been diversified, and the research methods have been enriched. However, there are still many research gaps. The improvement of the subject knowledge system and the construction of the infrastructure have a long way to go, and an important part is the construction of teaching materials for graduate education. In the past 20 years, about one hundred works on graduate education have been published, but we have not yet seen a basic textbook on graduate education for teaching graduate students, which has affected the cultivation of high-level talents of graduate education in our country to a certain extent. It is gratified that Professor Wang Zhanjun, Ma Yonghong, Zhou Wenhui and other devoted to the compilation of *Foundation of Graduate Education*, this teaching book, which is a timely teaching book and fills this gap.

Foundation of Graduate Education, as the first postgraduate teaching book that systematically reflects the subject content and knowledge of graduate education in China, combines theory and practice to elaborate the basic concepts, basic characteristics, main contents, as well as the development history of graduate education, the relationship between graduate education and society and other theoretical issues. The book introduces the main contents of graduate education, such as graduate enrollment, training, management, educational evaluation, discipline construction, degree system and degree awarding, graduate education research methods, etc. The book analyzes the general situation of international graduate education and the development of graduate education in the United States, Britain, France, Germany, Japan, Russia and other countries, which is the accumulation of the achievements of the editors who have been engaged in graduate education research for many years and explored the construction of graduate education theory.

A time will come to ride the wind and cleave the waves. I firmly believe that the publication of *Foundation of Graduate Education* is a good start, and I look forward to the emergence of more and better teaching materials of excellence in the discipline of graduate education.

目录 CONTENTS

第一章 研究生教育的本质 ··· 001

第一节 研究生教育的基本概念 ··· 003
一、研究生教育的概念 ··· 003
二、研究生的分类情况 ··· 006
三、研究生教育的特征 ··· 007
四、研究生教育的作用 ··· 009

第二节 研究生教育学的概念内涵 ··· 011
一、研究生教育学的概念 ··· 011
二、研究生教育学的范畴 ··· 013
三、研究生教育学的未来之思 ··· 015

第三节 我国研究生教育的发展历程 ··· 017
一、初始探索期（1949—1977） ··· 017
二、恢复发展期（1978—1988） ··· 020
三、稳步发展期（1989—1998） ··· 023
四、快速发展期（1999—2009） ··· 026
五、内涵发展期（2010—2019） ··· 027
六、高质量发展期（2020—） ··· 031

第四节 研究生教育与社会 ··· 032
一、研究生教育发展与政治的关系 ··· 033
二、研究生教育发展与经济的关系 ··· 035
三、研究生教育发展与科技的关系 ··· 037
四、研究生教育发展与文化的关系 ··· 039

【本章小结】 ··· 041

第二章 研究生招生 ··· 042

第一节 研究生招生的变革进程 ··· 044

一、基本概念 ··· 044
　　二、我国研究生招生主要历史阶段 ··· 046
第二节　研究生招生组织及管理体制 ··· 058
　　一、研究生招生管理系统的主要构成 ··· 058
　　二、研究生招生计划的管理体制 ··· 062
　　三、研究生招生考试的管理体制 ··· 065
第三节　我国研究生招生的主要类别及案例 ··· 066
　　一、博士研究生招生 ··· 066
　　二、硕士研究生招生 ··· 068
【本章小结】 ··· 073

第三章　研究生培养 ··· 074

第一节　研究生培养概述 ··· 076
　　一、研究生培养的界定 ··· 076
　　二、研究生培养的特点 ··· 076
　　三、研究生培养的构成 ··· 078
　　四、研究生培养模式的分类与发展 ··· 079
第二节　研究生培养理念与方案 ··· 082
　　一、研究生培养理念 ··· 082
　　二、研究生培养目标 ··· 083
　　三、研究生培养方案 ··· 085
第三节　研究生培养过程的主要环节 ··· 088
　　一、课程学习 ··· 088
　　二、科研训练 ··· 090
　　三、导师指导 ··· 091
　　四、中期考核 ··· 091
　　五、学位论文创作 ··· 092
第四节　研究生培养的实践案例 ··· 094
　　一、上海交通大学关于攻读硕士学位研究生培养工作的规定 ····················· 094
　　二、西北工业大学学术型博士研究生培养过程管理实施细则 ····················· 098
　　三、北京师范大学应用心理专业硕士培养案例 ································· 102
　　四、北京航空航天大学虚拟实验室多学科交叉人才培养案例 ····················· 104
【本章小结】 ··· 106

第四章　研究生教育管理与政策 ··· 107

第一节　研究生教育管理体系 ··· 109
　　一、国家研究生教育管理部门 ··· 109
　　二、省市级研究生教育管理部门 ··· 112
　　三、培养单位管理部门 ··· 113

第二节 研究生教育中间组织 ································· 116
　一、国家级社会团体 ································· 116
　二、省市级社会团体 ································· 117
　三、培养单位学术组织 ······························· 119
第三节 研究生导师队伍建设 ····························· 121
　一、导师队伍的管理机制 ····························· 121
　二、导师聘任和考核 ································· 122
　三、研究生导师指导行为准则 ························· 124
第四节 研究生教育信息化 ······························· 125
　一、研究生教育过程信息化 ··························· 125
　二、研究生思政信息化管理 ··························· 131
　三、研究生教育教学手段信息化 ······················· 133
　四、数字赋能研究生教育 ····························· 135
第五节 研究生教育政策 ································· 138
　一、研究生教育政策概述 ····························· 138
　二、研究生教育政策类型和政策制定 ··················· 140
　三、我国研究生教育政策的发展 ······················· 141
【本章小结】 ··· 144

第五章　研究生教育评估 ································· 145

第一节 研究生教育评估的基本概念 ······················· 147
　一、研究生教育评估的产生与发展 ····················· 147
　二、研究生教育评估的目的与作用 ····················· 150
　三、研究生教育评估的类型与特征 ····················· 153
第二节 研究生教育评估指标体系设计与数据分析方法 ······· 156
　一、研究生教育评估指标体系设计 ····················· 156
　二、研究生教育评估的数据分析方法 ··················· 163
第三节 研究生教育评估的组织与实施 ····················· 166
　一、我国研究生教育评估的组织与管理 ················· 166
　二、研究生教育评估的步骤 ··························· 167
　三、研究生教育评估结果的分析与使用 ················· 169
　四、学位授权点专项评估的典型案例 ··················· 171
【本章小结】 ··· 173

第六章　中国学位制度 ··································· 174

第一节 学位的概念与内涵 ······························· 176
　一、学位的概念 ····································· 176
　二、学位制度 ······································· 178
第二节 我国学位制度的建立与发展 ······················· 179

一、学位制度建立 ··· 179
　　二、我国学位制度的建立 ··· 180
　　三、学位制度的发展 ·· 182
　　四、《中华人民共和国学位法（草案）》 ······································· 184
第三节　三级学位管理体制 ·· 186
　　一、国家学位管理机构 ·· 186
　　二、省级学位管理机构 ·· 187
　　三、学位授予单位学位管理机构 ··· 188
第四节　我国学位分级与学科目录 ·· 188
　　一、学位的分级 ··· 189
　　二、学科的设置与调整 ·· 189
　　三、学科的撤销 ··· 196
　　四、2022年学科目录调整举措 ··· 196
第五节　学位授予与学位授权审核 ·· 197
　　一、学位授予 ·· 197
　　二、学位授权审核 ·· 200
　　三、学位授予与自主设置二级学科案例 ··· 206
【本章小结】 ·· 209

第七章　学科建设 ··· 215

第一节　学科建设基本概念 ·· 217
　　一、学科 ··· 217
　　二、学科分类 ·· 218
　　三、学科建设 ·· 222
第二节　学科建设基本策略 ·· 224
　　一、高等学校学科建设主要任务 ··· 224
　　二、学科建设管理 ·· 227
第三节　学科建设案例 ·· 231
　　一、重点建设项目概要 ·· 231
　　二、高等学校学科建设案例——以B学校为例 ······························· 238
　　三、特色学科案例——S大学教育学一级学科 ································ 240
【本章小结】 ·· 241

第八章　研究生教育研究方法 ·· 242

第一节　研究生教育研究方法基础 ·· 244
　　一、社会科学研究方法 ·· 244
　　二、研究生教育研究性质 ··· 245
　　三、研究生教育研究的一般过程 ··· 245
第二节　研究生教育的基本研究方法 ··· 246

一、文献法 ·· 246
　　二、问卷法 ·· 247
　　三、访谈法 ·· 251
　　四、案例法 ·· 253
　　五、比较法 ·· 254
　　六、统计分析法 ··· 255
　　七、质性分析法 ··· 264
　第三节　研究生教育研究方法的应用 ··· 267
　　一、研究生教育的研究主题 ·· 267
　　二、研究生教育基本理论研究 ·· 267
　　三、研究方法的选择与适用 ·· 270
　【本章小结】·· 272

第九章　国际研究生教育 ·· 273

　第一节　研究生教育的产生与发展 ··· 275
　　一、12世纪至19世纪：研究生教育的缘起 ······························ 275
　　二、20世纪初至70年代：研究生教育的成长期 ······················ 277
　　三、20世纪80—90年代：研究生教育的发展期 ······················ 278
　　四、21世纪初至今：研究生教育的转型期 ······························ 281
　第二节　国别研究生教育概况 ··· 283
　　一、美国 ·· 283
　　二、英国 ·· 285
　　三、法国 ·· 286
　　四、德国 ·· 288
　　五、日本 ·· 290
　第三节　国际研究生教育发展趋势 ··· 291
　　一、世界一流大学建设力度加强 ·· 291
　　二、研究生院建设发展加快 ·· 293
　　三、国际研究生教育交流与合作 ·· 295
　【本章小结】·· 298

后记 ·· 299

目 录
CONTENTS

Chapter I　Nature of Graduate Education ·· 002

- Section 1　Basic Concepts of Graduate Education ····························· 003
  1. Concept of Graduate Education ··· 003
  2. Classification of Graduate Students ··· 006
  3. Characteristics of Graduate Education ······································ 007
  4. Role of Graduate Education ·· 009
- Section 2　Basic Concepts and Connotation of Graduate Education Discipline ······ 011
  1. Concept of Graduate Education Discipline ································· 011
  2. Categories of Graduate Education Discipline ······························ 013
  3. Thoughts on the future of Graduate Education Discipline ··············· 015
- Section 3　Development of Graduate Education in China ···················· 017
  1. Initial Exploration Phase (1949–1977) ···································· 017
  2. Restoration and Development Phase (1978–1988) ······················ 020
  3. Steady Development Phase (1989–1998) ································· 023
  4. Rapid Development Phase (1999–2009) ·································· 026
  5. Connotation Development Phase (2020–2019) ·························· 027
  6. High-quality Development Phase (2019–　) ······························ 031
- Section 4　Graduate Education and Society ···································· 032
  1. Relationship between Graduate Education Development and Politics ······ 033
  2. Relationship between Graduate Education Development and Economy ······ 035
  3. Relationship between Graduate Education Development and Science and Technology
     ·· 037
  4. Relationship between Graduate Education Development and Culture ······ 039
- [Summary] ·· 041

Chapter II   Graduate Admissions ········· 043

Section 1   Transformation Process of Graduate Admissions ········· 044
1. Basic Concepts ········· 044
2. Main History Stages of Graduate Admissions in China ········· 046

Section 2   Graduate Admissions Organization and Management System ········· 058
1. Main Components of Graduate Admissions Management System ········· 058
2. Management System of Graduate Admission Scheme ········· 062
3. Management System of Graduate Admission Examination ········· 065

Section 3   Categories and Cases of Graduate Admissions in China ········· 066
1. Doctoral Admissions ········· 066
2. Postgraduate Admissions ········· 068

[Summary] ········· 073

Chapter III   Graduate Cultivation ········· 075

Section 1   Overview of Graduate Cultivation ········· 076
1. Definitions of Graduate Cultivation ········· 076
2. Characteristics of Graduate Cultivation ········· 076
3. Composition of Graduate Cultivation ········· 078
4. Classification and Development of Graduate Cultivation Models ········· 079

Section 2   Conception and Scheme of Graduate Cultivation ········· 082
1. Concept of Graduate Cultivation ········· 082
2. Objectives of Graduate Cultivation ········· 083
3. Scheme of Graduate Cultivation ········· 085

Section 3   Main Links in Graduate Education Cultivation Process ········· 088
1. Course Study ········· 088
2. Scientific Research Training ········· 090
3. Mentor Guidance ········· 091
4. Mid-term Assessment ········· 091
5. Thesis Writing ········· 092

Section 4   Practical Practices of Graduate Cultivation ········· 094
1. Regulations on the Cultivation of Graduate Students Pursuing Master's degrees in Shanghai Jiao Tong University ········· 094
2. Academic Doctoral Student Cultivation Process Management Implementation Rules in Northwestern Polytechnical University ········· 098
3. A Case of Master's Degree Cultivating in Beijing Normal University ········· 102
4. A Case of Multi-disciplinary talent Cultivation of Virtual laboratory in Beihang University ········· 104

[Summary] ········· 106

Chapter IV Graduate Education Management and Policy ········ 108

Section 1   Graduate Education Management System ········ 109
1. National Graduate Education Management Department ········ 109
2. Provincial and Municipal Graduate Education Management Departments ········ 112
3. Training Units Management Department ········ 113

Section 2   Graduate Education Intermediate Organization ········ 116
1. National Social Organizations ········ 116
2. Provincial and Municipal Social Organizations ········ 117
3. Training Unit Academic Organizations ········ 119

Section 3   Graduate Mentor Team Construction ········ 121
1. Management Mechanism of Mentor Team ········ 121
2. Appointment and Assessment of Mentors ········ 122
3. Code of Conduct for Mentors ········ 124

Section 4   Graduate Education Informatization ········ 125
1. Graduate Education Process Informatization ········ 125
2. Graduates' Ideological and Political Education Informatization Management ········ 131
3. Graduate Education Teaching methods Informatization ········ 133
4. Digital empowerment Graduate Education ········ 135

Section 5 Graduate Education Policy ········ 138
1. Overview of Graduate Education Policy ········ 138
2. Types of Graduate Education Policies and Policy Formulation ········ 140
3. Development of graduate education policy in China ········ 141

[Summary] ········ 144

Chapter V Evaluation of Graduate Education ········ 146

Section 1   Basic Concepts of Graduate Education Evaluation ········ 147
1. Emergence and Development of Graduate Education Evaluation ········ 147
2. Purpose and Role of Graduate Education Evaluation ········ 150
3. Types and Features of Graduate Education Evaluation ········ 153

Section 2   Design of Graduate Education Evaluation Index System and Data Analysis Method ········ 156
1. Design of Graduate Education Evaluation Index System ········ 156
2. Data Analysis Method of Graduate Education Evaluation ········ 163

Section 3   Organization and Implementation of Graduate Education Evaluation ········ 166
1. Organization and Management of Graduate Education Evaluation in China ········ 166
2. Steps of Graduate Education Evaluation ········ 167
3. Analysis and Use of Graduate Education Evaluation Results ········ 169
4. Typical Case of Special Evaluation of Degree Authorization Units ········ 171

[Summary] ……………………………………………………………………… 173

Chapter VI China's Academic Degrees System … 175

Section 1 Concept and Connotation of Degrees … 176
1. Concepts of Degrees … 176
2. Academic Degrees system … 178

Section 2 Establishment and Development of China's Academic Degrees System … 179
1. Establish Academic Degrees System … 179
2. Establishment of China's Academic Degrees System … 180
3. Development of Academic Degrees System … 182
4. Law of the People's Republic of China on Academic Positions (Draft) … 184

Section 3 Three Level Degrees Management System … 186
1. National Degrees Management Institution … 186
2. Provincial Degrees Management Institutions … 187
3. Degrees Management Institution of Degree Conferring Institutions … 188

Section 4 China's Academic Degree Grades and Disciplines Catalogue … 188
1. Academic Degree Grades … 189
2. Discipline Setting and Adjustment … 189
3. Withdrawal of disciplines … 196
4. Measures to adjust the Discipline catalog in 2022 … 196

Section 5 Conferring of Degrees and Degree Authorization Audit … 197
1. Conferring of Degrees … 197
2. Degree Authorization Audit … 200
3. Cases of Conferring of Degrees and Independent Setting of the Second-level discipline … 206

[Summary] ……………………………………………………………………… 209

Chapter VII Discipline Construction … 216

Section 1 Basic Concepts of Discipline Construction … 217
1. Discipline … 217
2. Discipline Classification … 218
3. Discipline Construction … 222

Section 2 Basic Strategies for Discipline Construction … 224
1. Main Tasks of Discipline Construction in Higher Education institutions … 224
2. Discipline Construction Management … 227

Section 3 Cases of Discipline Construction … 231
1. Outline of Key Construction Projects … 231
2. A Case of Discipline Construction in Colleges and Universities … 238

3. A Case of Featured Discipline ································· 240
[Summary] ·· 241

Chapter VIII　Research Methods for Graduate Education ············· 243

Section 1　Graduate Education Research Method Foundation ············· 244
1. Social Science Research Method ································· 244
2. Nature of Graduate Education Research ························· 245
3. The General Process of Research in Graduate Education ········· 245

Section 2　Basic Research Methods for Graduate Education ············· 246
1. Data Studies ·· 246
2. Questionnaire ·· 247
3. Interview ··· 251
4. Case Study ··· 253
5. Comparative Study ·· 254
6. Statistical Analysis Method ······································ 255
7. Qualitative Research ··· 264

Section 3　Application of Graduate Education Research Methods ········· 267
1. Research Topics for Graduate Education ························ 267
2. Research on Basic Theories of Graduate Education ·············· 267
3. Selection and Application of Research Methods ················· 270

[Summary] ·· 272

Chapter IX　International Graduate Education ···························· 274

Section 1　Emergence and Development of Graduate Education ············· 275
1. The 12th to the 19th Century: Origin of Graduate Education ····· 275
2. The early 20th Century to the 70s: Growth Phase of Graduate Education ············ 277
3. The 80s and 90s of the 20th Century: Development Phase of Graduate Education ······ 278
4. Beginning of the 21st Century: Transition Phase of Graduate Education ············ 281

Section 2　General Introduction of International Graduate Education ········· 283
1. The United States ·· 283
2. The United Kingdom ··· 285
3. France ··· 286
4. Germany ·· 288
5. Japan ·· 290

Section 3　Development Trends of International Graduate Education ············· 291
1. Strengthening the Construction of World-class Universities ····· 291
2. Accelerating the Development of Graduate School Construction ··· 293
3. Exchange and Cooperation of International Graduate Education ··· 295

[Summary] ·· 298

Postscript ·· 299

第一章
研究生教育的本质

【内容提要】

本章主要内容由四部分组成：一是研究生教育的基本概念，包括什么是研究生教育以及研究生教育的内涵、特征和使命；二是研究生教育学的概念内涵，包括什么是研究生教育学、研究生教育学的范畴以及研究生教育学的未来发展；三是研究生教育的发展历程，阐释了中华人民共和国成立以来我国研究生教育发展的六个时期：初始探索期、恢复发展期、稳步发展期、快速发展期、内涵发展期、高质量发展期；四是研究生教育与社会的关系，重点阐释了研究生教育与政治、经济、科技、文化的作用与反作用的关系。

【学习目标】

1. 掌握研究生教育的基本概念。
2. 熟悉研究生教育学的概念内涵。
3. 了解研究生教育的发展历程。
4. 理解研究生教育与社会的若干关系。

【关键词】

研究生教育；研究生教育学；研究生教育的特征；发展历程；研究生教育与社会

Chapter I
Nature of Graduate Education

【Content Summary】

The main content of this chapter consists of four parts: firstly, the basic concept of graduate education, including what graduate education is and the connotation, characteristics, and mission of graduate education; The second is the concept and connotation of graduate education discipline, including what is graduate education discipline, the scope of graduate education discipline, and the future development of graduate education discipline; The third is the development process of graduate education, which explains the six periods of development of graduate education in China since the establishment of the People's Republic of China: initial exploration period, recovery development period, steady development period, rapid development period, connotation development period, and high-quanlity development period; The fourth is the relationship between graduate education and society, with a focus on explaining the relationship between graduate education and the effects and reactions of politics, economy, technology, and culture.

【Objectives】

1. Master the basic concepts of graduate education;
2. Familiar with the concept and connotation of graduate education discipline;
3. Understand the development process of graduate education;
4. Understand several relationships between graduate education and society.

【Key words】

Graduate Education; Graduate Education Discipline; Characters Of Graduate Education; Development History; Graduate Education And Society

《中华人民共和国学位条例》颁布实施以来，我国研究生教育得到长足发展，已经构建起了包括两个培养层次、两种学位类别、两类培养形式、十四大学科门类的研究生教育体系。本章以研究生教育的基本认识、基本理论为逻辑起点，通过厘清研究生教育的概念、特征、发展历程，辨析研究生教育与社会的关系，深度解读研究生教育的发展内涵。

第一节 研究生教育的基本概念

研究生教育作为教育事业的重要组成部分，承担着高端人才供给和科学技术创新的重要使命。因此，其改革与发展迫切需要研究生教育理论的支撑和引导，在已有丰富的研究成果基础上阐释研究生教育的基本概念，是科学方法论构建研究生教育理论体系的必然结果。

一、研究生教育的概念

"一切知识都需要一个概念，哪怕这个概念是很不完备或很不清楚的。但是，这个概念从形式上看，永远是个普遍的、起规则作用的东西。"[1]

（一）教育的基本概念

教育，Education。教育是培养人的一种社会活动，是传承社会文化、传递生产经验的基本途径。[2] 教育随着社会的产生而发展，教育对社会的发展、人的发展有着本质的联系和相互促进的作用。在我国古代，"教"字最早见于甲骨文，据《说文解字》解释："教，上所施，下所效也；育，养子使作善也。"《礼记·学记》中记载："教也者，长善而救其失者也。"教育一词最早见于《孟子·尽心上》："得天下英才而教育之，三乐也。"[3] "教育"一词，意谓以先觉觉后觉，循循善诱培育之，使之立己达人之谓。

在1979年版的《现代汉语词典》中，教育的描述为："培养新生一代准备从事社会生活的整个过程，主要是指学校对儿童、少年、青年进行培养的过程。"[4] 在2009年版的《辞海》中，教育的定义如下："教育是培养人的一种社会活动，传授生产和社会生活经验的办法。广义指一切能增进人们的知识和技能，影响人们思想品德的活动，包括家庭教育、学校教育和社会教育。狭义指学校教育。"[5]

根据上面的描述，可以将教育的定义归结为：教育是人类社会特有的社会现象，具有多方面功能。（1）保证人类延续、促进人类发展的功能。人类要延续发展，新生一代首先需要学习前人经验，以适应既有的生活条件和生产关系。教育是传递社会生活经验，实现老一代与新一代衔接的专门工具。（2）促进社会发展的功能。根据社会发展的需要培养人，促使人的智力、品德、体质、才能完满发展，以与社会发展的需要相适应。向年轻一代进行政治教育、思想品德教育，传递人类长期积累的科学技术和经验，使科学技术和经验由潜在的生产力变为现实的生产力，成为在社会生活中起积极作用的因素，维持和推动社会发展。（3）阶级斗争功能。在阶级社会里，统治阶级根据本阶级利益决定教育方针政策，以培养

---

[1] 北京大学哲学系外国哲学史教研室. 西方哲学原著选读：下卷 [M]. 北京，商务印书馆，1982：296.
[2] 袁振国. 当代教育学 [M]. 北京：教育科学出版社，2010：4.
[3] 顾明远. 教育大辞典 [M]. 上海：上海教育出版社，1990：1722-1723.
[4] 中国社会科学院语言研究所词典编辑室. 现代汉语词典 [M]. 北京：商务印书馆，1979：653.
[5] 辞海编辑委员会. 辞海 [M]. 上海：上海辞书出版社，2009：1558-1559.

本阶级所需要的接班人。被统治阶级亦利用自己的教育手段，维护本阶级的利益。（4）选择功能。社会愈进步，人的系统科学知识和相应能力的作用愈大。社会根据受教育程度选拔人才。人通过受教育实现社会地位的变迁。教育伴随人类社会的产生而产生，随着社会的发展而发展，与人类社会共始终。

（二）研究生教育的基本概念

研究生，Graduate。研究生是指在高等学校研究生院（部）或科研机构学习、研究的学生。研究生从大学、专门学院的本科毕业生或具有同等学力的人员中招考录取。设有硕士学位研究生、博士学位研究生，硕士研究生教育的基本修业年限为二至三年，博士研究生教育的基本修业年限为三至四年。①

2009年版的《辞海》中对研究生的定义如下："在高等院校或研究机构攻读博士、硕士学位以及就读于研究生班的学生。"② 2012年第六版《现代汉语词典》中，将研究生定义为："大学本科毕业（或具有同等学力）后经考试录取，在高等学校或科学研究机构学习、研究的学生。一般分为硕士研究生、博士研究生两级。"③

研究生教育，Graduate Education。研究生教育作为国民教育的顶端和国家创新战略的生力军，既面临着以国家战略需求为中心的"上位需求"，也面临着以大学和研究生发展需求为中心的"下位需求"。研究生教育是国民教育体系的顶端，也是教育强国建设的制高点，其发展水平是国家发展水平和国际竞争力的重要标志。④ 研究生教育一般与学位制度相联系，我国研究生教育分为攻读硕士学位和攻读博士学位两个层次。⑤

美国将研究生教育定义为 "Graduate education in North America, involves learning and studying for academic or professional degrees, academic or professional certificates, academic or professional diplomas, or other qualifications for which a first or bachelor's degree generally is required, and it is normally considered to be part of higher education. In North America, this level is generally referred to as graduate school"⑥。

根据定义可以看出，美国研究生教育是指在取得学士学位后或本科后为取得学术或职业学位进行的教育。南斯拉夫的科学行政教授奥根甫锡克认为："研究生教育是面向未来的活动，它充满了新的事实，新的范例，新的观点，推论判断的趋势以及我们按照常规会感到惊讶的许多事物。"⑦

2001年，薛天祥主编的《研究生教育学》一书认为："研究生教育指本科后以研究为主要特征的高层次的专业教育（这里指硕士和博士层次），其中教育作为已知概念是指人类社会培养人，使受教育者不断社会化的过程。"并认为研究生教育的概念是它本质属性的科学表达，也是研究生教育内部矛盾统一的规律：①研究生教育必须适应和促进社会发展的需要；②研究生教育必须适应和促进学科的发展需要；③研究生教育必须适应和促进人（研

---

① 中华人民共和国高等教育法 [Z]. 第二章第十七条规定.
② 盛平. 学生辞海 [M]. 北京：海洋出版社，1992：3572.
③ 中国社会科学院语言研究所词典编辑室. 现代汉语词典（第六版）[M]. 北京：商务印书馆，2012：1496.
④ 王战军. 踔厉奋进，加快建设研究生教育强国 [J]. 中国研究生，2022（11）：18-21.
⑤ 王战军. 学位与研究生教育评估技术与实践 [M]. 北京：高等教育出版社，2000：4.
⑥ Postgraduate degrees [EB/OL]. (2013-8-23) [2017-10-6]. http://www.nyc.gr/postgraduate-degrees.
⑦ 眭依凡. 研究生教育的发展原则 [J]. 学位与研究生教育，2000（03）：3-7.

究生）的发展需要。这一概念既强调了研究生教育基本规律的丰富性，也展现了研究生教育与社会、与学科、与人的关系属性。

2009年，杨德广、谢安邦主编的《高等教育学》一书认为："研究生教育指在大学本科教育后进行的培养高层次专门人才的一种学历教育，属高等教育的最高阶段。各国研究生教育一般可分为硕士研究生教育和博士研究生教育两个层次。"① 这一定义对研究生培养高层次专业人才的职能作了强调。

综合考查学者的观点，我们认为：研究生教育是本科教育后高层次人才培养的最高学历教育，其主要特点是寓教于研，知识生产。

学位与研究生教育，Academic Degrees and Graduate Education。学位与研究生教育是学位制度与研究生教育制度、学位工作与研究生工作或学位授予与研究生培养的简称。其含义有三个方面：第一，是学位和研究生教育有关内容的总称；第二，表示学位与研究生教育间的联系；第三，学位制度和研究生教育、学位工作和研究生教育工作作为既有区别又相互联系的工作对象，其活动范围、研究领域大致相同。②

（三）研究生教育的产生

19世纪末，世界科学技术中心从法国转移到德国，③ 而德国哲学博士的设置被认为是现代研究生教育的诞生标志。德国新型大学与传统大学的根本区别就是设立了研究所，这种研究所的建立，对于大学师生从事各种专业或特殊领域的研究有重要的作用，也促使了各种知识不断地分化与整合。从德国大学开始，教师引导学生从事科研，并以一种有组织的学徒制模式对研究生进行科研训练。19世纪末20世纪初，在留德美国学生的努力下，研究生教育移植到美国大学并生根、逐渐发展壮大。1867年美国教育史上第一所以进行科研和培养研究生为主的大学——约翰·霍普斯金大学正式成立。它的创办标志着研究生教育和科研地位在大学的确立。

20世纪初，国内教育思想正由传统文化向近代转型，"西学东渐"达到高潮。我国研究生教育肇始于晚清时期的教会大学，西学东渐以后，西方传教士来华办学，以圣约翰大学为代表的西方教会大学在我国率先实行研究生教育并授予相关学位。教育文化领域有强烈的对内要求民主科学、反对封建专制，对外要摆脱殖民化的夙愿。既是倡导"西为中用"，吸收和借鉴哪个国家的培养体系和管理模式，一方面取决于本国的开放和适应程度和向外交流能力，另一方面还取决于输出国的世界影响力。一些走出国门的中国近代学人，目睹了西方大学的变革及完善的大学制度之后，接受了德国柏林大学的新概念，积极呼吁中国的现代大学以聚集人才、发展学术为目标在大学里设立研究所，以提高大学的科研水平。

1912年，国内南京临时政府成立了教育部，对教育的内容和学制进行改革，力图采用西方学制来规范各级学校。1935年，当时的"国民政府"颁布了《学位授予法》，规定学位分学士、硕士和博士三级。硕士、博士生需在大学或研究所学习，研究两年以上，经考核合格，并经教育部复核通过，才能获得硕士、博士学位。据统计，1936年全国共有研究生35人，1937年下降到20人，1938年只有13人。④ 从1935年至1949年，中国共举行9届学

---

① 杨德广，谢安邦. 高等教育学 [M]. 北京：高等教育出版社，2009：398.
② 王战军. 学位与研究生教育评估技术与实践 [M]. 北京：高等教育出版社，2000：4-5.
③ 张文彦. 科学技术史概要 [M]. 北京：科学技术文献出版社，1989：169.
④ 中国教育年鉴编委会. 第二次中国教育年鉴 [M]. 北京：商务印书馆，1948：1412.

位考试,授予硕士学位 232 人,而博士学位始终没有被授予过。

二、研究生的分类情况

目前我国研究生种类比较复杂,可以看作三个不同维度所构成的组合:学位层次、培养类型、培养方式,如图 1-1 所示。

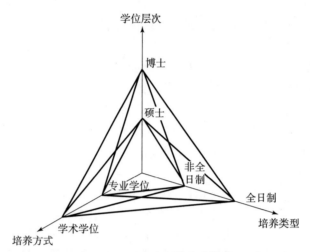

图 1-1 研究生三维分类模型

(一) 按学位层次划分

依据学位层次,可以将研究生教育分为硕士、博士两个层次。《中华人民共和国学位条例》中规定,高等学校和科学研究机构的研究生,或具有研究生毕业同等学力的人员,通过学位的课程考试和论文答辩,成绩合格者,如在本门学科上掌握坚实的基础理论和系统的专门知识且具有从事科学研究工作或独立担负专门技术工作的能力,授予硕士学位。如在本门学科上掌握坚实宽广的基础理论和系统深入的专门知识;具有独立从事科学研究工作的能力;在科学或专门技术上做出创造性的成果,授予博士学位。

(二) 按培养类型划分

按其学习方式分为全日制研究生和非全日制研究生两种。全日制研究生是指符合国家研究生招生规定,通过研究生入学考试或者国家承认的其他入学方式,被具有实施研究生教育资格的高等学校或其他高等教育机构录取,在基本修业年限或者学校规定年限内,全脱产在校学习的研究生。非全日制研究生指符合国家研究生招生规定,通过研究生入学考试或者国家承认的其他入学方式,被具有实施研究生教育资格的高等学校或其他高等教育机构录取,在基本修业年限或者学校规定的修业年限(一般应适当延长基本修业年限)内,在从事其他职业或者社会实践的同时,采取多种方式和灵活时间安排进行非脱产学习的研究生。[①]

(三) 按培养方式划分

按照培养目标和培养方式,可分为学术学位和专业学位研究生两种类型。专业学位与学

---

① 中华人民共和国教育部. 教育部办公厅关于统筹全日制和非全日制研究生管理工作的通知 [EB/OL]. (2016-09-14) [2023-9-6]. http://www.moe.gov.cn/srcsite/A22/moe_826/201609/t20160914_281117.html.

术学位处于同一层次，培养规格各有侧重，在培养目标上各有明确的定位。遵循学位与研究生教育发展规律，专业学位与学术学位研究生的培养在教学方法、教学内容、授予学位的标准和要求等方面不尽一致。学术学位按学科设立，其以学术研究为导向，偏重理论和研究，主要培养大学教师和科研机构的研究人员；专业学位主要针对社会特定职业领域需求，培养具有较强的解决实际问题的能力，能够承担专业技术或管理工作、具有良好的职业素养的高层次应用型专门人才，如工程师、医师、律师、会计师等从事具有明显职业背景的工作。学术学位与专业学位研究生教育虽分类发展，却同等地位、同等重要，均是国家培养高层次创新型人才的重要途径，都应把研究生的坚实基础理论、系统专门知识、创新精神和创新能力作为重点。因此，培养单位应该提高认识，强化学术学位和专业学位研究生教育分类发展的研究部署，同等重视两类学位的招生、培养、就业等方面，落实分类管理、分类指导、分类保障，保证两类学位研究生的培养质量。①

除此之外，研究生还可以按学籍管理的不同，将其分为学历教育研究生和非学历教育研究生；按培养单位的不同，划分为高等院校培养的研究生和科研院所培养的研究生；按录取类别的不同，分为定向就业和非定向就业两种；按经费渠道的不同，分为国家计划研究生（2014年取消）、委托培养研究生（简称委培生）和自费研究生。

三、研究生教育的特征

研究生教育是本科教育后高层次专门人才培养的最高学历教育，其主要特点是寓教于研、知识生产。这一概念包含三个层次的意思：第一，研究生教育的人才培养具有高层次性；第二，研究生教育在学习传承人类知识文明的基础上，进行知识生产；第三，"研究生教育"顾名思义"研究"是其基本特征。研究生教育与本科教育或其他阶段教育的最大区别就在于知识生产，研究生教育主要是通过研究生参加必要的研究活动如参加课题研究、进行专题调查等，使其在本学科、专业领域具备一定的研究能力和创新能力。研究生教育具有适应性、创造性、研究性、最高层次性等基本特征。

第一，适应性，研究生教育的发展与社会需求相适应。长期以来，研究生教育的发展以服务社会为导向，充分履行服务社会经济发展的责任和义务，不断增强自身的内涵建设水平。根据马克思主义的基本观点，社会的进步是生产力和生产关系相互作用矛盾推动的结果，生产力的发展改变生产关系推动社会的进步，而社会的进步也反作用于生产力的发展。② 马克思还深刻地指出："社会劳动生产力，首先是科学的力量。"③ 尤其在知识经济时代，研究生教育作为社会经济基础之上的上层建筑的重要组成部分，首先表现为在特定的历史条件下，作为实现社会发展目的的手段，如何为社会政治经济的良性运行和健康发展服务，并发挥独特的作用。从根本上说，这是研究生教育的根本特征，也是研究生教育之所以能产生和发展的基石。离开这一基石，势必导致研究生教育与社会关系简单化，从而导致认

---

① 中华人民共和国教育部. 教育部关于深入推进学术学位与专业学位研究生教育分类发展的意见［EB/OL］. (2023-11-30)［2024-01-19］. http://www.moe.gov.cn/fbn/live/2023/55658/wj/.

② 中共中央马克思恩格斯列宁斯大林著作编译局. 马克思恩格斯选集（第4卷）［M］. 北京：人民出版社，2012：409.

③ 中共中央马克思恩格斯列宁斯大林著作编译局. 马克思恩格斯选集（第4卷）［M］北京：人民出版社，2012：219.

识上的片面化和行为上的极端化。其次，社会发展对研究生教育理论研究提出了更高的要求。目前，我国研究生教育面临着诸多问题，这些问题的解决情况关系着研究生教育的发展质量，也影响着研究生教育社会功能的有效发挥。对于研究生教育应遵循什么样的发展规律？怎样构建研究生教育主动适应社会发展的调节机制？怎样科学评价研究生教育质量？如何提高研究生创新能力？诸如此类的问题都有待研究生教育研究者们解决。

第二，创造性，研究生教育侧重于对已有知识的再创造。研究生教育是以学习和创造为起点的高层次专业化教育，体现人才培养的专业性、学术性、研究性的特征。本科教育强调"素质教育为主的基础性专业教育"，旨在将学术性理论知识习得、技术性能力的强化、综合能力素养的形成有效迁移到本科生的社会职业实践与发展中，体现了基础性、通识性、应用性、实践性与较强的社会职业适应性特征。本科教育以知识结构逻辑化的通识性课程体系为主要教学活动载体，强调对逻辑化知识体系的内化与应用，教学内容呈现出强烈的通识性、实践性、基础性、应用性与宽厚性。在教学组织形式方面，研究生教育以科学研究活动为主，教学组织形式更为灵活多样，具有学习场所的多样化和人员构成的小规模化的特点。本科生以课程教育为主，教学组织形式具有活动场域集中性、班级授课规模化的特点。

第三，研究性，研究生教育培养专业人才。研究生教育的根本任务和目的，就是要服务国家重大发展战略、服务国家和区域经济社会发展需要，不断满足人民对优质研究生教育的需求。① 研究生教育与高等教育虽然同属于国民教育的重要组成部分，但其在具体的培养目标上，对所要培养人才的要求却远远高于本、专科教育。根据《中华人民共和国学位条例》第三条规定，"我国研究生教育分为攻读硕士学位和攻读博士学位两个层次"。第四条规定"高等学校本科毕业生，成绩优良，达到下述学术水平者，授予学士学位。较好地掌握本门学科的基础理论、专门知识和基本技能；具有从事科学研究工作或担负专门技术工作的初步能力"。研究生教育在培养目标上则以"掌握坚实宽广的理论基础和系统深入的专门知识，具有独立从事科学研究的能力，并且可以在科学或专门技术上做出创造性的成果"为准则，如表1-1所示。

表1-1 我国各教育阶段培养目标

教育阶段	基本要求	能力水平
本科教育	基本理论、基本知识与技能，从事实际工作与研究工作	初步能力
硕士研究生教育	基础理论，系统专业知识与方法，从事实际工作与科学研究工作	具备能力
博士研究生教育	坚实宽广的基础理论、系统深入的专业知识与方法，从事创造性科学研究工作与实际工作	独立能力

注：根据《中华人民共和国学位条例》整理。

自近代资本主义产生、发展以来，单纯通过长期的积累来获得知识的进步，已经无法与人类对知识增长的要求和生产领域的不断扩展相适应，特别是科学知识不断以加速度的增长方式在不同学科领域获得突破，通过教育培养能够参与知识创造活动的人才已成为教育社会功能的自然延伸，从而确立了研究生教育在高等教育阶段的地位，也就自然确立了开展研究这一基本的培养方式在研究生教育中的地位。与具体研究工作的开展和知识的创造活动不

---

① 王战军，乔刚. 改革开放40年中国研究生教育的成就与展望［J］. 学位与研究生教育，2018（12）：7-13.

同，研究生教育阶段的研究活动的开展，虽然包含着知识创新和新技术、新产品的开发研制，但主要目的还是培养并使其具备在实际的专业工作中进行继续研究和创造的能力。

第四，最高层次性，研究生教育培养高层次人才。从研究生教育的内涵可以看出，高层次性是研究生教育最明显的特征。我国古代就出现了稷下学宫、太学、国子学、六学二馆、书院等教育层次。1902年，梁启超在设计的《教育制度表》中，详细地设计了"三级三类"的学制蓝图：幼稚园（2年）—小学校（8年义务教育）—中学校（8年，文、实分科）—各科大学（3~4年）—大学院（自由研究，不拘年限）。[①] 其中的"大学院"，显然属于研究生的专门设施。1904年，颁布的《奏定学堂章程》中实施了高等学堂、分科大学堂、通儒院（一般认为相当于现今的研究生院）的教育层次；1934年5月《大学研究院暂行组织规范》文件中执行的是预科、大学本科、研究生的教育层次。

知识经济时代，社会的发展与教育的创新发展是相互推动、相互促进的，尤其是研究生教育作为国民教育的最高层次，肩负着高层次人才培养的重任，是培养精英人才的主阵地，是社会经济发展的重要保障。研究生教育既不同于大学本科教育，也不是大学本科教育学制的"延长"，它是高一层次的教育，具有明显的阶段性特征。[②] 在整个国民教育体系中，研究生教育有自己的特点，探讨研究生教育的基本特征，探究研究生与本科生的差异性，将有助于我们更为清晰、全面、客观地认识研究生教育特殊性。

四、研究生教育的作用

研究生教育是教育事业的重要组成部分，承担着高端人才供给和科学技术创新的重要使命，是新思想、新知识生产的重要源头，是知识经济的主要驱动力，是建设创新型国家的重要力量，是国家强国战略的重要支撑，其地位和作用不断提高和扩大，因而受到世界各国的重视。

第一，传承和创新人类文明。纵观人类社会的发展，自西欧中世纪大学高级学位教育产生以来，研究生教育便作为社会要素，与政治、经济、文化、科技等共同维护社会结构的良好发展。例如中世纪高级学位教育的培养目标受到社会多种因素的制约，既为法、医、神三科培养合格的后备人才，又培养社会政治、经济和宗教、文化生活中所需要的各类高层次人才。[③] 高级学位教育虽然并非研究生教育，却是现代研究生教育的原生型，对近代研究生教育产生深远影响。由此可知，研究生教育作为支撑社会系统运行的要件，它总是不断提高知识生产，积极回应社会需求，引导研究生教育与社会的双向互动，达到传承和创新人类文明的目的。

第二，助力政治、经济、科技、文化的发展。从研究生教育与社会系统其他要素之间的联系来看，研究生教育在适应经济、政治、文化、科技发展的同时，又对其具有正向的推动作用。一方面研究生教育增强国民核心素养。所谓国民核心素养是21世纪人人都需要具备的关键少数高级行为能力，是知识、技能、态度的统整与融合。[④] 对于区域发展而言，一个

---

① 梁启超. 饮冰室合集（三）[M]. 北京：中华书局，1989：62.
② 李煌果，王秀卿. 研究生教育概论 [M]. 北京：科学技术文献出版社，1991：4.
③ 李盛兵. 研究生教育模式嬗变 [M]. 北京：教育科学出版社，1997：20-21.
④ 褚宏启. 核心素养的国际视野与中国立场——21世纪中国的国民素质提升与教育目标转型 [J]. 教育研究，2016，37（11）：8-18.

区域有效的生产能力并不取决于人口的数量，而是人口的内在质量。人口的国民素养越高，内在的资本含量越大，其生产潜力和能力就越大，即使是较少的人口数量也能形成丰富的人力资源供给。① 研究生教育作为支撑社会系统运行的要件，总是不断提高国民素质、增加知识生产，积极回应社会需求。另一方面，研究生教育作为教育系统的最高层次，其性质决定了它在整个教育体系中与社会联系的密切性和最直接性，这也决定了在知识经济时代社会对研究生教育的高依赖、强需求。研究生教育通过培养高层次创新型人才，能够有效地为社会经济发展提供高层次的人力资源，以满足社会发展的需求，从而推动经济社会的持续健康发展。

第三，自主培养拔尖创新人才，支撑世界重要人才中心和创新高地。研究生教育肩负着高层次人才培养和创新创造的重要使命，是国家发展、社会进步的重要基石，是应对全球人才竞争的基础布局。② 习近平总书记在党的二十大报告中指出："培养造就大批德才兼备的高素质人才，是国家和民族长远发展大计。"③ 研究生教育作为培养高端人才的重要基地，在急需高端人才的时代下，要紧跟时代新步伐，培养高质量高端人才，支撑研究生教育由"大"到"强"，支撑我国走向世界中心。改革开放以来，我国社会经济发展对高端人才的需求，推动了研究生教育的大发展和大变革。在中国特色社会主义进入新时代、社会主义现代化国家建设进入新征程的今天，我国明确提出要实施人才强国战略和创新发展战略，将人才作为实现民族振兴的重要战略资源，培养造就一大批具有国际水平的战略科技人才、科技领军人才、青年科技人才和高水平创新团队；要加快建设创新型国家，将创新作为建设现代化经济体系的战略支撑。此外，新一轮科技革命和产业变革，使各国对高端人才的争夺从传统领域向新兴领域转变，尤其是人工智能等新兴科技领域的高端人才已经成为各国竞争的重中之重。但目前我国高端科技领军人才与西方等发达国家相比仍显得匮乏。为此，研究生教育要承担起破解高端人才短缺难题的任务。④

第四，支撑"双一流"建设。研究生教育代表国民教育最高层次的质量和水平，在教育体系中具有重要的地位和作用，是建设教育强国的重要组成部分，也是引领"双一流"建设向纵深发展的关键因素。推进"双一流"建设，实现内涵式发展，迫切需要高质量研究生教育。一方面，"双一流"建设与研究生教育战略转型具有目标一致性。"双一流"建设是党中央、国务院在新的历史时期，为提升我国教育水平、增强国家核心竞争力，作出的重大战略决策。而研究生教育位于国民教育的顶端，肩负着培养创新型人才的重要使命，加快研究生教育战略转型也是为了实现中华民族伟大复兴的中国梦。另一方面，一流的研究生教育是"双一流"建设的重要内容，放眼国际知名一流大学，无不具有一流的研究生培养实力，无不以产出一流的研究生为重要标志。一流大学建设带动整体发展，一流学科建设带动重点突破，"双一流"建设势必会带动我国研究生教育综合实力的整体提升。在全面建设社会主义现代化国家新征程的时代背景下，第二轮"双一流"建设与"十四五"事业发展

---

① 高书国，杨晓明. 中国人口文化素质报告 [M]. 北京：社会科学文献出版社，2004：22.
② 教育部 国家发展改革委 财政部关于加快新时代研究生教育改革发展的意见 [EB/OL]. (2020 - 09 - 04) [2022 - 11 - 29]. http://www.moe.gov.cn/srcsite/A22/s7065/202009/t20200921_489271.html.
③ 习近平. 高举中国特色社会主义伟大旗帜为全面建设社会主义现代化国家而团结奋斗 [N]. 人民日报，2022 - 10 - 26 (1).
④ 王战军，赵敏. 新时代我国研究生教育的新使命、新举措 [J]. 现代教育管理，2023 (04)：44 - 53.

历史进程交汇，战略机遇叠加，是建设学校迈向世界一流名校的新起点。一方面，要瞄准"世界一流顶尖学科""世界一流学科前列""世界一流学科行列"的建设目标，对标"双一流"建设要求，按照 2025 年、2030 年或 2035 年、2050 年的时间规划，提出"三步走"的总体战略安排，力争切实解决一批"卡脖子"问题，努力为建成高等教育强国、实现第二个百年奋斗目标、实现中华民族伟大复兴的中国梦不懈奋斗。另一方面，建设高校应提高站位，聚焦中国式现代化建设，找准突破点，把"双一流"建设的精神贯穿落实到高校发展的全过程，充分发挥"双一流"建设在学校整体建设中的带头辐射作用。

第二节　研究生教育学的概念内涵

研究生教育学是教育科学体系中的一门基础性学科。经过改革开放四十余年的持续发展，我国研究生教育研究范畴不断拓展，研究内容不断丰富，研究视角日趋多元，研究方法日益多样，为研究生教育学学科的创建与发展奠定了良好基础。

一、研究生教育学的概念

教育学是人们对教育活动理性认识的集合，从产生至今，教育学的学科内涵逐渐丰富，学科理论体系日益健全，研究方法更加多元，尤其是 20 世纪 80 年代高等教育学建立以来，我国教育学的二级学科划分逐渐细化和拓展。教育学领域的创新拓展、研究生教育的发展经验和研究成果积累为研究生教育学的创建奠定了坚实的基础。

（一）研究生教育学的概念内涵

研究生教育学是一门研究研究生教育问题并揭示教育规律及其运行特征的学科，它是在总结提炼研究生教育实践经验的过程中形成的，并经过长时期的研究生教育研究积累逐步发展成的知识体系，是教育学学科体系的基本组成部分。研究生教育学既是知识逻辑结构化的理论性学科，也是实践价值较高和指导意义较强的应用性学科。

首先，研究生教育学是一门研究研究生教育现象和问题、揭示其教育规律及其运行特征的科学。20 世纪 80 年代，我国研究生院建立，90 年代，中央政府、省级教育行政部门、研究生培养单位三级管理体制基本形成，标志着研究生教育开始作为一个独立的教育层次出现，使得研究生教育学学科体现出区别于本、专科教育的根本属性，即"高层次性"。基于"高层次"的教育定位，研究生教育在教育目的、功能、定位等宏观价值层面，以及教学方式、导生关系、教学内容、培养模式、管理体制等微观操作层面都显著区别于中小学教育、高等教育。

其次，研究生教育学是在总结研究生教育实践经验的过程中形成的，并经过长时期的研究生教育研究积累逐步发展成的知识体系，是教育学学科体系的基本组成部分。在教育实践中，研究生教育学催生新的理论元素和知识增长点，进而从实践中创生新理论。同时，研究生教育学也在教育实践中进行自我反思和完善，在实践中丰富和发展理论，在实践中拓展研究领域和创新研究方法。①

再次，研究生教育学既是知识逻辑结构化的理论性学科，也是实践价值较高和指导意义

---

① 王战军，于妍. 研究生教育学：内涵、特征、路径 [J]. 新文科教育研究，2021，1（1）：132-140+144.

较强的应用性学科。一方面，以实践驱动为持续发展动力的研究生教育学，在解决研究生教育实践问题中获得真知灼见，其知识体系不能单纯地依据逻辑推导来实现，而必须源于实践、归于实践、服务于实践。另一方面，研究生教育学要通过多样化的认知路径来审视研究生教育活动。在这个过程中，不同的学科理论和研究方法以各自方式灵活地渗透到研究生教育学的研究活动当中，它们遵循不同的理论逻辑，彼此间的关联性和通约性不强，从而导致研究生教育学的知识体系建构不会遵循某个固有范本。

（二）研究生教育学的主要特征

研究生教育学是一门研究研究生教育现象和问题、揭示研究生教育规律及其运用特征的学科[①]。作为教育研究的新领域，研究生教育学具有自身独有的特征。

1. 问题导向

以研究生教育问题为研究对象的研究生教育学，问题导向是其首要的也是最鲜明的特征。研究生教育学的问题导向显著地体现在三个方面。首先，研究生教育研究领域的确定，研究领域随研究生教育问题的转移而转移，随研究生教育问题域的扩大而扩展；其次，研究生教育学研究方法选择，研究方法的选取以服务于研究问题为准则；最后，研究生教育学研究理论体系和学科体系的建构并不是出于形而上的抽象，而是在解决现实问题的过程中的归纳总结。简言之，问题导向使学科的理论性和实践性相统一，有效地保障了理论研究的实践指导意义和实践经验的理论支撑价值。

2. 边界开放

研究生教育学的开放性表现在研究视角和研究方法两个方面。就研究视角来说，研究生教育学并不局限于研究生教育学或教育学，而是广泛吸收、借鉴、综合其他学科的研究成果，用多学科的研究视角解决研究生教育现实问题，以学科间的联系、渗透、转化促进新知识的产生，探索问题解决的新思路。就研究方法来说，研究生教育学作为一门以现代学科理论为基础构建起来的学科，并不局限于某一类型的研究方法，也不纠结于是否形成自身独特的研究方法体系，在研究方法的选择和使用上具有开放性。实践证明，这种开放的研究模式对于充实研究生教育理论、解决研究生教育实际问题具有积极的作用。

3. 教育归属

从学科定位上看，研究生教育学是教育学的下属学科，研究生教育学的开放性并不影响其教育学子学科的本质属性。首先，在研究范畴上，研究生教育是对教育学的进一步聚焦。教育学是一门研究教育现象、探索教育规律的学科，从广义上说，教育学是关于教育的学问，其研究对象包括所有人类社会存在的教育现象；从微观上说，教育学研究范畴主要是学校教育，包括学前教育、中等教育、高等教育、成人教育和特殊教育等各种类型。不论是广义上具有普遍教育意义的教育学还是狭义上的以学校教育为主的教育学，研究生教育的现象和问题都是其研究范畴的一部分。其次，研究生教育学具有与教育学相同的学科本质。教育学和研究生教育学均是一门关于培养人的社会科学，二者皆是对"人""教育"概念内涵的丰富和展开。教育、研究生教育活动存在于人类社会当中，为人类所特有，为社会所需要和制约，尽管教育活动的客体并不相同，但是，引导、促进人的成长和发展是二者共同的追求。

---

① 王战军. 研究生教育学的学科范畴与构建理念[J]. 学位与研究生教育, 2017 (5): 1-6.

二、研究生教育学的范畴

作为研究生教育学学科的基础性概念，研究生教育学的学科范畴是研究生教育学科体系的核心组成部分。对研究生教育学学科范畴进行研究，需要明晰研究生教育学的学科内涵，阐释其主要研究方向和内容，明确人才培养目标，从而为研究生教育学学科创建和发展奠定良好的基础。

（一）学科范畴

1. 研究对象：研究生教育问题

研究生教育学是人们对研究生教育的一系列理性认识的集合，是一门关于研究生教育的科学。具有区别于其他学科的研究对象是一门学科得以成为学科的基本前提，对研究对象清晰、深刻的认识则是一门学科成熟的重要标志[1]。其一，研究生教育学是从教育和研究生教育的视角出发，审视研究生教育问题并探索解决方案；其二，研究生教育问题是对研究生教育全过程中各类问题的一定概括与抽象。研究生教育学不是对研究生教育问题包罗万象的研究，而是研究生教育的基本问题、基本关系和基本领域[2]，围绕研究生教育本体，从整体上把握研究生教育学的研究问题。其三，研究生教育问题产生于研究生教育发展实践当中，研究生教育学是在研究对象的变化中探索规律，以研究生教育问题为研究对象的研究生教育学能够发挥其对实践的指导作用。

2. 研究目的：揭示研究生教育规律

研究生教育规律蕴藏于研究生教育现象与问题之中，并对研究生教育的发展起决定与支配作用。揭示研究生教育规律是研究研究生教育问题的最终目的，对研究生教育规律的探索就是通过教育现象解释教育问题，看到教育本质的过程。潘懋元先生的"两个规律论"[3]，赵沁平院士的办学规律、发展规律和育人规律[4]，对于探索研究生教育规律具有指导意义。从哲学层面看，研究生教育现象，以及在此基础上被人们认识到的研究生教育问题是研究生教育规律的外在表征，而研究教育规律是研究生教育问题的内在本质解释。

研究生教育的第一个规律是研究生教育的发展规律。一方面，研究生教育既要适应政治、经济、社会、文化等的发展需要，在适应需求的过程中厘清方向；另一方面，研究生教育也要通过发挥自身人才培养、科学研究、服务社会、文化传承、国际交流等功能来服务于政治、经济、社会、文化的发展。研究生教育的第二个规律是研究生教育的育人规律。一方面，研究生教育要符合研究生的身心发展特征，符合人的认知特点，适应高层次人才成长与发展需求；另一方面，研究生教育要积极协调运用各类育人要素，激发研究生的创造性，实现预期的育人目标。

3. 研究内容：研究生教育学学科体系

学科体系是一门学科的学术研究体系，是对其研究问题、方法、内容的结构化，基本反

---

[1] 叶绍梁. 对我国研究生教育学学科建设若干问题的几点认识（下）——试论研究生教育学研究对象、方法和学科体系 [J]. 学位与研究生教育，2002（9）：9-14.
[2] 潘懋元. 潘懋元高等教育文集 [M]. 北京：新华出版社，1991：217.
[3] 赵沁平. 开拓、创新、求真，科学构建研究生教育学学科体系 [J]. 研究生教育研究，2014（6）：1-3.
[4] 王战军. 研究生教育学的学科范畴与构建理念 [J]. 学位与研究生教育，2017（5）：1-6.

映了该学科的整体面貌和理论水准。研究生教育学学科体系是研究生教育研究对象和自身规律这些内在本质属性所呈现出来的外在表现形式,研究生教育的发展规律、育人规律体现在研究生教育学学科体系的基本内涵和构成要素当中。以研究生教育问题为研究对象的研究生教育学是在探索研究生教育发展规律、育人规律基础上开展的,即在研究生教育问题研究过程中,回答研究生教育怎样适应外部需要实现自身科学发展,回答研究生教育怎样在科学育人的过程中,进一步生成研究理论、搭建学科框架。

(二) 基本框架

鉴于研究生教育学学科的初创及研究基础,目前该学科应着重从研究生教育基本理论、研究生教育政策学、研究生教育发展与评估学、学科建设和学位制度、研究生教育历史学、研究生教育国际比较学、工程研究生等七个分支学科开展研究,如图1-2所示,以下介绍其中几个。

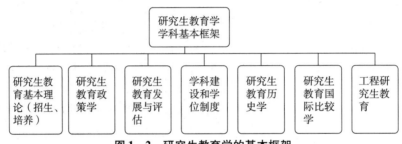

图1-2 研究生教育学的基本框架

1. 研究生教育基本理论

研究生教育基本理论是体现研究生教育学基本理论及其体系的学科,是对研究生教育基本原理、理论框架以及教育方法的体现。研究内容应涵盖:研究生教育学基本理论、研究生培养规律、导师制度、科研制度、课程与教学理论等。其中,研究生教育学基本理论研究包括研究生教育的本质、目的、原则、功能、作用、结构、模式等;研究生培养规律研究包括博士生和硕士生的培养目标、培养类型、培养模式等;导师制度研究包括导师的条件和标准,导师与研究生的权利、义务和责任等;科研制度研究包括研究生参与科研的规律、科研与经济社会发展的互动等;课程与教学理论研究包括研究生课程设置的标准、依据、结构以及课程的评价,教学的基本原则、方法和手段,等等。

2. 研究生教育政策学

教育政策作为公共政策,由公共权力部门制定,是公共政策在教育领域的具体体现。它是一个政党或国家为实现一定历史时期的教育任务而制定的教育行动准则。教育政策研究的目标在于对国家在教育领域内所采取的行动、计划与进程加以解释。研究生教育政策的研究应以实践为取向,为解决各种研究生教育问题服务,为有效的政策实践提供理论支持。为此,研究生教育政策学研究,应重点围绕研究生教育政策的理论与实践、研究生教育政策系统、研究生教育政策过程、研究生教育政策评价以及具体的研究生教育政策等开展研究。通过研究生教育政策学的研究,以探索研究生教育政策运行规律、改善研究生教育决策系统,提高研究生教育决策质量,服务国家研究生教育重大决策。

3. 研究生教育发展与评估学

开展研究生教育质量保障和评估,是建设研究生教育质量强国的主要抓手。当前构建研究生教育质量保障与评估学,应着重从研究生教育质量标准、教育质量保障体系和模式等方面入手,开展以下的相关研究:博士生和硕士生教育质量标准、学术学位和专业学位研究生教育质量标准研究;研究生教育质量保障体系和模式研究;研究生教育评估形式、类型、机制、技术与方法研究;研究生教育排名评价研究等。研究生教育质量保障与评估学以我国已初步构建的"五位一体"研究生教育质量保障体系为基础,在学习并借鉴国际经验与理论之上,形成适应我国研究生教育发展现实需要的具有世界水平的学科评估体系。

4. 研究生教育历史学

研究生教育历史学既有对我国研究生教育发展历史的梳理与深入系统的研究,也涵盖世界主要发达国家研究生教育的历史进程研究。它不是对研究生教育历史的简单回顾与总结,而是以历史和现实相结合的逻辑,从各国研究生教育发展的轨迹中发现和探寻出研究生教育发展的规律。因此,研究生教育历史学,既是一部研究生教育发展史、制度史,更是关于研究生教育的思想史。

5. 研究生教育国际比较学

研究生教育国际比较学主要围绕不同国家和地区研究生教育的产生背景和发展历程、发展原因和制约因素、共同之处和各种特点等,进行横向、纵向的比较分析与系统研究。通过比较研究,发现不同国家和地区在研究生教育理论与实践中的共性问题与一般规律,揭示研究生教育发展中的异同、相互联系与影响,进而总结研究生教育的共同规律和发展趋势。通过对不同国家和地区研究生教育的比较研究,能够为各国(或地区)相互吸收、借鉴研究生教育改革和发展经验,促进本国研究生教育事业的发展提供理论指导和实践参考。

三、研究生教育学的未来之思

研究生教育学的发展必须在提升学科认同感、加强理论研究、拓展研究范式和打造学术共同体等方面用力,才能提升中国研究生教育学的国际影响力,扩大我国研究生教育的国际话语权。

(一)提升学科认同,引领发展方向

近年来,随着广大研究者在研究生教育学学科知识体系、组织体系等方面的努力探索,研究生教育学开始被学界所认知。但是,总体而言,目前学界和社会对于研究生教育学的认同程度还普遍较低。破解研究生教育学学科发展瓶颈,提升学科认同感,应从内部认同和外部认同两个方面入手。就内部认同而言,其知识体系的构建应在现代学科的框架下,以社会需求为发展动力,以问题为导向,突出学科的应用性和交叉性。在现代学科框架下构建的研究生教育学知识体系,不仅仅是为了完善学科知识体系,更是为了深化人们对研究生教育问题的认识,并帮助人们解决该问题或将理论发展成为实际运用的形式。

提升研究生教育学学科的外部认同,一方面应加强组织体系建设,另一方面要深化社会对研究生教育学的观念认识。基于组织体系的研究生教育学,其学科危机本质上是源于学科组织的社会认同的缺失。加强研究生教育学组织体系建设,一是要充分发挥好相关学术组织的作用,提高相关研究机构的专业化水平和能力,加强相关出版机构的建设,着力打造专业化的研究队伍。通过建立起学科庞大的社会建制来为学科研究提供社会庇护和发展资源,推动学科内在理智的发展。二是应深化观念认同。将研究生教育学的学科建设作为研究生教育

研究的核心任务，不断扩大研究生教育学的社会认可度和影响力，从而使研究生教育学逐步得到社会的认知、认可和认同，进而为研究生教育学学科发展奠定良好的社会基础。

（二）加强理论研究，打造学科特色

研究生教育学理论研究整体还处于起步阶段，特别是基础理论研究还很薄弱，许多空白方向还需开拓，理论体系的形成还需要一个漫长的历程。作为基础理论学科，研究生教育学的学科建设必须突出理论的基础性、统摄性和相对独立性。一方面，应加强研究生教育活动中的基本问题和基本规律研究，深入探讨研究生教育与政治、经济、文化等的关系，关注研究生个人的成长与研究生教育的关系。特别是着重加强对研究生教育发展规律、办学规律和育人规律的研究，使研究生教育政策建立在系统的理论研究基础之上，使研究生教育在教育规律的指引下开展实践活动，进而对研究生教育事业的发展做出符合规律的预测和规划。

另一方面，研究生教育在人才培养目标、培养模式、课程体系、教学方式、研究生管理、师生关系等方面，与本专科教育存在明显的差异性，而这些问题产生的理论也必然不同于高等教育学的理论。应进一步围绕研究生教育当中的实际问题，特别是围绕长期困扰研究生教育发展的难题，研究生教育的热点、焦点开展理论研究，这既可以丰富和拓展研究生教育理论，也能更好地指导研究生教育改革和发展的实践。

（三）拓展研究范式，助推学科发展

1891年，哈佛大学哲学家乔赛亚·罗伊斯（Josiah Royce）在《教育评论》（*Educational Review*）创刊号上发表"教育是一门科学吗？"，引发了人们对教育研究范式的深入思考和广泛关注。长期以来，在教育研究中存在自然科学和社会科学的两大研究范式。一是模仿自然科学，强调适合用数学工具来分析，研究的任务在于确立因果关系，并作出解释；另一种则是从人文学科推衍出来，注重的是整体和定性的信息以及理解的方法。当今世界，随着知识的不断拓展、交叉与融合，学科知识体系的生产方式日益远离传统经典学科的"单向度""线形"特点，转向跨学科、跨机构、跨领域，各学科之间的理论相互借鉴，研究方法多元共享，促使我们不能用单一研究范式去研究学科的问题。

此外，社会经济的发展和科学技术的进步，推动了教育研究的持续发展，助推了教育研究范式的不断变革。研究生教育学作为教育研究的新领域，应建立研究的动态范式。所谓动态范式（Dynamic Paradigm）是指运用现代信息技术的思想、思维、理念和方法，对教育现象进行全样本、全过程、全景式研究，揭示教育规律、动态呈现教育现状，持续提高教育教学质量，以适应社会发展和人类发展。动态范式以大数据驱动为核心，以现代信息为基本技术，通过数据之间的交互，发现数据及其背后隐含的价值，进而直观呈现研究生教育教学状态，预测其发展趋势、预警其质量。

（四）打造学术共同体，扩大国际话语权

在研究生教育或研究生教育学学术实践中，学者们将解决研究生教育实践问题、探究高端人才培养本质规律作为集体愿景并付诸行动，研究生教育学的学科发展蓝图亦在本学科领域学术共同体的主动认可或实际助推中初具雏形。未来，我国学者应倾力打造国际研究生教育学学术共同体，以扩大我国研究生教育在世界研究生教育体系甚至是教育体系中的话语权。

一是积极组建国际研究生教育研究者联盟，为各国研究者搭建学术交流和共享的平台，

促进研究生教育学学科和研究生教育事业的发展。二是要增强学术共同体的凝聚力和号召力,使之更好地成为广大学者连接和集合的纽带。三是国际研究生教育学共同体应具有包容性和开放性,尽量吸纳不同国家的学者参与共同体的建设和发展。同时,我国学者要充分利用好这一平台,积极讲好中国研究生教育学和中国教育的故事,积极传播中国研究生教育学和中国教育的声音,为推进研究生教育学走向世界,提高中国教育在国际上的地位和话语权做出贡献。

第三节 我国研究生教育的发展历程

中华人民共和国自1949年成立至今,已经走过了70余年的发展历程。70多年来,我国立足自身国情和实践,经过艰苦探索走出了一条中国特色社会主义道路。中国研究生教育,在国家政治经济宏观调整的背景下,70年来同样经历了初始探索、恢复发展、稳步发展、快速发展、内涵发展、高质量发展六个阶段。

一、初始探索期(1949—1977)

中国现代研究生教育发端于中国近代化革命的潮流中,教育思想以现代科学技术文化取代传统的"儒家"等伦理学说思想,教育组织形式以现代学校教育替代传统私塾教育,因制度模式皆借鉴或移植于西方的教育实践,研究生教育的发展不仅受中国教育思想现代化进程的影响,还受到国际政治经济关系的制约和影响。

(一)现代体系制度的尝试

中华人民共和国成立与旧民主主义革命时期的建设需求截然不同,研究生教育不再追随世界科技文化中心的原则,原有的借鉴欧美式的教育体系也不再适用。中国要走社会主义道路,建社会主义国家,研究生教育需要与国家建设和社会需求相适应。

国家首先在政策上承认并认可研究生教育开展的必要性。1950年,当时的中国教育部颁布了《高等学校暂行规程》,明确规定大学应当设立培养研究生教育的组织机构。总纲第八条的规定,大学及专门学院为培养及提高师资,加强研究工作,经中央教育部批准,得设研究部或研究所。[1] 当年共招收874人,学习年限1~3年不等,是1949年招生数(242人)的3倍多。1951年政务院第97次政务会议通过《关于改革学制的决定》(以下简称《决定》),《决定》对原有的学制进行了调整,提出在大学和专门学院设研究部,修业年限为二年以上,招收大学及专门学院毕业生或具有同力者,要求与中国科学院及其他研究机构配合,培养高等学校的师资和科学研究人才。[2] 当年各招收单位共招收研究实习员、研究生500人。[3] 其中,中科院招研究实习员100人,招生采取"保送、审查、批准"的办法。[4] 中国人民大学招收研究生200人,北京大学、清华大学、浙江大学、南京大学等14所高校

---

[1] 中国教育年鉴编辑部.中国教育年鉴(1949—1981)[M].北京:中国大百科全书出版社,1984:777.
[2] 中华人民共和国教育部.教育文献法令汇编(1949—1952)[M].北京:中华人民共和国教育部办公厅,1952:31.
[3] 中央教育科学研究所.中华人民共和国教育大事记(1949—1982)[M].北京:教育科学出版社,1984:41.
[4] 北京研究生教育编审委员会.北京研究生教育[M].北京:航空工业出版社,1989:23.

共招收200人。① 由于当时的学生人数较少,课程方面并未做统一的安排,研究生的学习主要靠导师指导,在听课方面研究生有较大的自主权。

经过近两年的接收和调整工作,政府根据需求对学制进行调整。1951年,政府提出对原有的学制进行改革,对中小学教育年限作了明确规定,强调提升和拓展民众再教育机会,并将工农速成学校、业余高中及中等专业学校纳入体系。同时提出在大学和专门学院设研究部,修业年限为二年以上,招收大学及专门学院毕业生或具有同力者,要求与中国科学院及其他研究机构配合,培养高等学校的师资和科学研究人才。② 具体见图1-3。

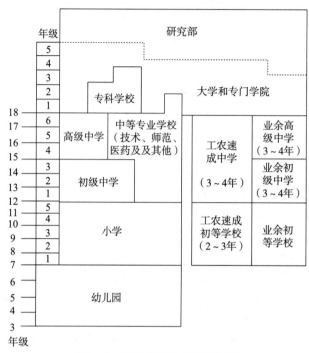

图1-3 1951年国内学校系统图

数据来源:中央人民政府政务院关于改革学制的决定[J].人民教育,1951,(4)2:54.

(二)探寻苏联模式

1. 工业化发展重心

七届二中全会后,城市化发展重心的道路,要求国内要有较好的工业基础,而这正是国内缺乏的。发展工业需要相应的知识引领,工科建设成为高等教育机构学科建设的核心任务。表1-2展示了1949—1980年全国研究生分科情况,工程学科数量显著多于其他学科。

---

① 中央教育科学研究所. 中华人民共和国教育大事记(1949—1982)[M]. 北京:教育科学出版社,1984:41.
② 何东昌. 中华人民共和国重要教育文献(1949—1975)[M]. 海南:海南出版社,1997:105.

表 1-2　1949—1980 年全国研究生分科情况

年份	分科研究生数										
	合计	工科	农林	医药	师范	文科	理科	财经	政法	体育	艺术
1949 年	629	94	21	83	78	119	87	121	26	—	—
1952 年	2 763	508	90	—	115	878	57	908	168	10	29
1957 年	3 178	628	223	239	724	686	419	112	5	139	3
1965 年	4 546	1 808	395	248	—	306	1 740	14	10	18	7
1978 年	10 934	4 011	331	1 474	693	1 358	2 774	49	—	62	182
1980 年	21 604	7 206	724	3 651	1 704	2 628	4 708	451	171	200	164

数据来源：《中国高等学校简介》编审委员会. 中国高等学校简介［M］. 北京：教育科学出版社，1982：4.

随着政策倒向，工科在研究生数量上逐年快速上升，到 50 年代后期，工科在全国研究生总量中所占比重基本与文科持平，并呈超越趋势。发展工业化道路的同时，国内对研究生教育体系进行重新规范，强调科学研究能力的培养和研究生统一管理模式。1954 年 3 月 8 日，中共中央批准了中国科学院党组 1953 年 11 月 19 日呈送的报告，并批示："大力培养新生的科学研究力量，扩大科学研究工作的队伍，是发展我国科学研究事业的重要环节。科学院和高等学校应认真进行培养青年科学研究人员的工作，并建立制度加以保证。"这意味着中国科学院建立研究生制度的决定，得到了中共中央的正式肯定和支持。1954 年 7 月 29 日，中国科学院通过了由副院长竺可桢牵头起草的《中国科学院研究生暂行条例》。这是中华人民共和国成立后第一部有关培养高级科学人才的条例，此后包括中国科学院、中国社会科学院等在内的国家和各省、市、自治区的科研机构以及国务院各部委开始了研究生教育的实践活动。

2. 副博士学位的短暂试行

副博士学位（俄语 Докторантура），是苏联颁授给研究生的学位，级别比硕士学位高，低于俄式学制的全博士学位（相当于博士后）。苏联规定研究生在修业期间必须修完副博士课程，通过政治理论课、专业课和一门外语的副博士资格考试，并答辩副博士学位论文，才能获得科学副博士。

为了和师资研究生有所区别，1955 年国务院全体通过了《中国科学院研究生暂行条例》，第 21 条规定"研究生在学位论文通过后即由研究所提请学部审查并报中国科学院批准其毕业，授予科学副博士学位"，并将招收的四年制研究生称为"副博士研究生"。与此同时，为鼓励有条件进行科学研究的其他人员努力提高科学水平，凡研究生以外的科学工作人员、学校教师、国家机关和企业的工作人员等著有科学论文的，均可向中国科学院申请，按研究生毕业的要求进行论文答辩，合格者即可获得副博士学位。[①]

1956 年为了培养高等学校师资和科学研究人才，高等教育部颁发《1956 年高等学校招收副博士研究生暂行办法》，决定从当年开始招收副博士研究生，将招收的四年制研究生称

---

① 高等教育部办公厅. 高等教育文献法令汇编·第三辑［M］. 北京：高等教育部办公厅，1956（5）：252.

为"副博士生"。此办法发布后,全国部分高校第一次招收副博士研究生,当年全国计划招收 1 015 名,其中工科 152 名、理科 293 名、文科 173 名、农林科 150 名、医药科 247 名,在招生单位中,北京大学招收副博士研究生 157 名,居全国各类高校之首。[①]

1957 年 3 月 25 日高等教育部下发《关于研究生的名称问题的通知》,称"副博士学位"在社会上引起了一些误解,而且在年制不同的研究生中也有不同的意见,认为没有必要对四年制研究生冠上"副博士"名称,一律称为研究生。同年 7 月 6 日高等教育部补发通知,决定不再使用"副博士研究生"这一名称,改称四年制研究生。[②] 至此,效仿苏联推行的"副博士"学位制度彻底终止,而事实上"副博士研究生"入校学习仅仅一个学期。

二、恢复发展期(1978—1988)

在 20 世纪 80 年代,我国进入全面改革开放与建设阶段,明确指出以教育与科技发展为重点的战略目标,及时恢复研究生招生,推动形成了《中华人民共和国学位条例》,完善了中国特色学位制度体系,为我国学位与研究生教育的发展提供了有力的制度保障。《中华人民共和国学位条例》作为中华人民共和国成立以来的第一部教育类法律,以立法形式构建了中国特色的学位制度,为国家教育法治化和现代化建设、高等教育事业可持续发展、高层次人才培养和国际教育交流与合作做出了积极贡献。此外,我国还进行了研究生院的试办工作,为研究生教育的发展提供了管理机构保障。

(一)恢复研究生招生

1977 年 9 月 5 日,中科院在向国务院呈交的《关于中国科学技术大学的几个问题的报告》中提出:在北京设立中国科学技术大学研究生院,暂定规模一千人。9 月 10 日,又向国务院呈交了《关于招收研究生的请示报告》,提出委托中国科学技术大学在北京筹办研究生院。1977 年 9 月月底,国务院决定在中科院所属的 66 个研究所和北京大学、清华大学、中国科学技术大学、浙江大学等 4 所大学恢复研究生制度。其他一些高校也相继恢复招收研究生。[③]

1977 年 10 月,国务院批转教育部的《关于高等学校招收研究生的意见》并指出,"高等学校特别是重点高等学校,凡是教师条件和科学研究基础比较好的,应从 1977 年起,在办好本科的同时,积极招收研究生。"1977 年 11 月,中国科学院与教育部联合发布了《关于一九七七年招收研究生具体办法的通知》,对研究生恢复招生的具体办法予以明确规定,标志着我国研究生教育在中断了 12 年之后得以恢复。1978 年 1 月,教育部发出《关于高等学校 1978 年研究生招生工作安排意见》,决定将 1977 年和 1978 年招收研究生的招生计划进行合并,1978 年正式恢复招收研究生。该时期中国科学院各所共招收 1978 级研究生 1 015 人,中科大另招收 107 人。[④] 1978 年 1 月,教育部和中国科学院决定将 1977 年和 1978 年招收研究生的工作合并进行,统称为 1978 级研究生。

---

① 全国综合大学和部分高校专科学校招一千多副博士研究生[N]. 人民日报,1956 - 7 - 19.
② 吴镇柔,等. 中华人民共和国研究生教育和学位制度史[M]. 北京:北京理工大学出版社,2001(10):33.
③ 王扬宗. 中国科学技术事业的历史性转变——回望 1978 年全国科学大会[J]. 中国科学院院刊,2018,33(4):11 - 21.
④ 中国科学院大学校友网.[EB/OL]. https://alumni. ucas. ac. cn/index. php/zh/aboutus/2017 - 11 - 06 - 06 - 57 - 12.

在研究生招生得以恢复后,其具体的招生制度、安排情况,也在教育部的重视下提上日程。1978 年 11 月,教育部再次发文《全国重点学校暂行工作条例(试行草案)》(新的"高教六十条"),在第五章研究生培养工作中,对研究生学制作出规定,从 1978 年起研究生学制二、三、四制并行,其中两年制的研究生主要完成课程学习任务,并进行一定的科学研究能力训练;三年制的研究生,既要完成课程学习任务,又要完成毕业论文;四年制的研究生根据国家需要和学校条件,从二年制毕业的研究生中,择优选拔,再培养两年,着重进行科学研究和写论文的工作,研究生的培养目标是科学研究人才和高等学校师资。由此可见,在"学位条例"颁布以前,硕士生与博士生的分层培养概念尚未成形。①

1979 年 1 月 1 日至 17 日,教育部召开研究生招生工作座谈会,总结经验,部署 1979 年招生工作。由于恢复高考制度后招收的本科生尚无应届毕业生,这段时间生源主要是在职人员;由于十年动乱影响,优秀生源严重不足,为了严格保证入学质量,1979 年和 1980 年的全国研究生招生计划都没有完成,分别录取 8 110 人和 3 616 人,1978—1980 年,三年共招收研究生 22 434 人,接近 1949—1965 年招生总数,②使我国研究生教育的恢复发展有了良好的开端,并为我国学位制度的建立创造了良好的条件。

(二)中国学位制度的建立

1979 年,党和国家领导人开始正式酝酿建立学位制度。2 月 24 日,胡乔木同志就筹建我国学位制度问题给邓小平同志和中央其他两位同志提出报告。邓小平同志于 3 月 7 日批示:"建议由方毅、乔木同志主持提出具体方案报批。"胡乔木同志于 3 月 13 日写信给蒋南翔,除传达邓小平同志的指示外,正式提出"要参考各国制度和国内情况;要不要学士学位也附带考虑一下"。③ 1979 年 3 月 22 日,教育部、国务院科技干部管理局联合组根据邓小平同志做出的"学校和科学研究单位培养、选拔人才的问题,要建立学位制度,也要搞学术和技术职称"重要指示,集中力量起草学位制度。

1979 年 12 月 24 日,全国人大常委会法制委员会全体会议讨论了《中华人民共和国学位条例(草案)》。1980 年 2 月 1 日,国务院常务会议讨论并通过了《中华人民共和国学位条例(草案)》。1980 年 2 月 7 日,蒋南翔在人大常务委员会议上作了《中华人民共和国学位条例(草案)》的说明,指出学位是高等教育各个阶段所达到的不同学术水平的称号,是评价学术水平的一种尺度,是衡量高等教育质量的一种标志。④ 1980 年 2 月 12 日,第五届全国人民代表大会常务委员会第十三次会议通过了《中华人民共和国学位条例》的提议,经叶剑英委员长签署公布,定于 1981 年 1 月 1 日起施行。⑤ 表决现场见图 1-4。

制定学位条例是我国发展教育、科学事业的一项重要举措。为进一步明确学位条例的实施办法,"学位小组"又起草了《中华人民共和国学位条例暂行实施办法》和《国务院学位委员会关于审定学位授予单位的原则和办法》两个文件。1981 年 5 月 20 日,国务院同意国务院学位委员会《关于国务院学位委员会第一次(扩大)会议的报告》,批准《中华人民共和国学位条例暂行实施办法》。国务院在批示中指出:"建立学位制度是发展我国科学和教

---

①② 黄宝印. 我国研究生教育恢复招生培养 40 周年 [J]. 中国研究生,2018(7):12-13.
③ 方惠坚,郝维谦,宋延章,等. 蒋南翔传 [M]. 2 版. 北京:清华大学出版社,2013.
④ 吴镇柔,陆叔云,汪太辅. 中华人民共和国研究生教育和学位制度史 [M]. 北京:北京理工大学出版社,2001:64.
⑤ 谢维和,王孙禺. 学位与研究生教育 战略与规划 [M]. 北京:教育科学出版社,2011.

图1-4 第五届全国人民代表大会常务委员会第十三次会议

育事业的一项重要立法,对培养、选拔科学专门人才具有重要意义。学位制度的实施既要有利于调动人们攀登科学高峰的积极性,又要有利于安定团结。"《中华人民共和国学位条例暂行实施办法》进一步明确了学位授予的学科门类,学位授予的原则与程序,以及一系列的学位课程要求,同时规范了学分和答辩的规则程序,在很大程度上促进了学位制度的良好运作与研究生教育的发展。学位条例的颁布实施,使我国高等教育有了法律性的制度规范,实现了有法可依。这不仅有利于激发人的活力和创造力,促进科技人才队伍成长,也为衡量高等教育质量和评价学术水平提供了依据。

(三) 试办研究生院

1. 科研机构研究生院

1977年4月,中科院哲学社会科学部向中央递交《关于哲学社会科学学部改变名称的请示报告》,同年5月,中共中央批准该报告,将中国科学院哲学社会科学部重命名为"中国社会科学院",地位与中国科学院等同,相当于部委一级,并将学部时期的14个研究所全部划归过去。中国社会科学院研究生院成为"文革"结束后,我国第一所完全意义上的科研机构研究生院,是我国第一所人文社会科学研究生院,更是素有"春风第一枝"的美誉。

以中国社会科学院为代表的科研机构研究生院,近些年有了巨大的发展,其中数量最多、发展最繁盛的当属各类军工类研究所,如航天两大集团,中电集团,航空,中船等重点研究所,一直是国家所重点扶持的对象。研究所主要是以科学研究为主要目的的社会企事业机构,在我国是一种为完成特殊科研目的和任务而建立的研究机构,在学术界,亦称其为科学试验的研究部门。

2. 高等学校研究生院

1977年9月10日,中国科学院向国务院报送了《关于招收研究生的请示报告》,委托中国科技大学在北京地区的研究所大力协作下在北京筹办研究生院。月底,报告获得批准。国家决定在中国科学院所属的66个研究所和四所大学恢复研究生制度。经国务院批准,中国科学院所属的位于安徽合肥的中国科学技术大学,筹建了我国第一所研究生院——中国科学技术大学研究生院。1978年3月31日，国务院批复中国科学院，同意严济慈任中国科学技术大学研究生院院长，马西林等任副院长。研究生院于1978年10月14日举行开学典礼。①

后期，我国高等学校五次批准试办研究生院。第一批，1984年8月，国务院批准，当时的国家教委发出《关于在北京大学等二十二所高等院校试办研究生院的通知》，成为我国第一批正式试办的高等学校研究生院，见表1-3。研究生院的成立标志着我国研究生教育形成独立的运行机制、成为独立的教育层次，在我国研究生教育的发展历史过程中具有重要意义。高等学校以高校资源与环境为依托，实现相对独立体制的研究生院，是恢复并建设我国高等教育事业、发展科学技术、为社会主义现代化建设提供人才保障的重要机构。

第二批，1986年4月，试办以中山大学研究生院为代表的10所研究生院；第三批，2000年6月，以北京邮电大学为代表的22所高校批准试办研究生院；第四批，2002年5月，教育部批准试办了哈尔滨工程大学、河海大学研究生院；第五批，2003年8月，试办西北农林科技大学。研究生院的试办，是中国高等教育发展的依托，也是集中资源、集中人力物力财力进行有效发展的重要基地，随着时间的推移，我国对研究生院的建设范围进一步扩大、管理制度进一步完善。

表1-3 我国高等学校研究生院五批次批准试办名单

第一批　1984年8月 22所： 北京大学、中国人民大学、清华大学、北京理工大学、北京航空航天大学、北京科技大学、中国农业大学、北京医科大学（后并入北京大学）、北京师范大学、天津大学、南开大学、哈尔滨工业大学、吉林大学、复旦大学、上海交通大学、浙江大学、南京大学、武汉大学、华中理工大学（今华中科技大学）、国防科学技术大学、西安交通大学、上海医科大学（后并入复旦大学）
第二批　1986年4月 10所： 中山大学、东南大学、东北大学、大连理工大学、厦门大学、华东师范大学、中国地质大学（北京、武汉）、西北工业大学、同济大学、中国协和医科大学（今北京协和医学院—清华大学医学部）

"试办研究生院"，是中国研究生教育在20世纪80年代受到重视并获得较大发展的一个里程碑。这项工作既有利于国家集中人力、物力和财力，重点建设一批培养博士、硕士研究生的基地，保质保量地为国家的现代化建设培养和输送高层次、高素质专门人才；也进一步提高了人们对于研究生教育地位和重要性的认识，调动了各高校发展研究生教育事业，提高了研究生培养质量的积极性。能否被国家批准试办研究生院，成为衡量和反映某所高等学校的教学水平、师资状况、科研基础、培养能力、管理经验等整体办学水平、办学条件和办学层次的一个重要标志。②

三、稳步发展期（1989—1998）

学位结构呈现出多元化趋势，专业学位设立更加体现出当前市场与社会的需求，研究生教育更加注重以需求为导向。学位授权审核的管理重心进一步下移，学位点更加全面与明

---

① 中国科学院大学. 历史沿革［EB/OL］.（2010-10）［2021-1-15］. http://www.ucas.ac.cn/site/96.
② 中国研究生院院长联席会. 探索与创新——中国研究生院建设与发展研究［M］. 北京：高等教育出版社，2007：46-50.

确，是对研究生教育发展的进一步深化完善。第三方评估机构的出现，使得教育评估更具有市场导向，能够更好地符合大众不同层次、不同领域的需求，使教育质量保障体系也随着时代发展而逐步走向多元化、规范化、高效化。

（一）专业学位的提出与创立

恢复招收研究生以后，为了支撑我国工业体系的建设和转型，工科类研究生在校人数占研究生在校总人数的比例达到了45%左右，工科类研究生教育擎起了我国研究生教育的半壁江山。但是，受"文革"的影响，工厂停工，"文革"前入厂的工科大学生技术退化严重，加之时代发展促使技术本身变化巨大。因此，整个企业界面临知识更新和技术更新的巨大挑战。在此背景下，应用型、复合型人才培养成为当务之急。

1984年，中共中央《关于经济体制改革的决定》指出，"经济体制的改革和国民经济的发展，迫切需要大批既有现代化的经济、技术知识，又有革新精神，勇于创造，能够开创新局面的经营管理人才，特别是企业管理干部，要造就一支社会主义经济管理干部的宏大队伍。"1984年，教育部研究生司转发清华大学、西安交通大学等11所高等工科院校《关于培养工程类型硕士生的建议》的通知，提出在合适的时机设置工程硕士学位，是我国最初突破单一的纯学术培养模式，开启应用型硕士培养模式的尝试。1985年，中共中央《关于教育体制改革的决定》指出，"高等教育的结构，要根据经济建设、社会发展和科技进步的需要进行调整和改革；扩大高等学校的办学自主权，加强高等学校同生产、科研和社会其他各方面的联系，使高等学校具有主动适应经济和社会发展需要的积极性和能力。"基于此，仅以培养科研人才的学术型学位设置，在一定程度上已难以满足当前的社会需求与现实状况，为更好地为国家各行各业培养高水平的应用型人才，我国专业学位设置的进程也应运而生。

1985年，工程类型硕士的试点工作率先展开。之后，临床医学博士和应用文科硕士的试点工作相继展开。1986年，国务院学位委员会、原国家教育委员会、原卫生部下达《培养医学博士（临床医学研究生）的试行办法》的通知，提出对医学博士生教育进行应用型的探索与改革。同年，国家教委《关于改进和加强研究生工作的通知》中明确提出，"在每个层次特别注重应用型学科研究生的培养"。这标志着我国研究生培养模式从传统学术型向学术型、应用型并重的模式转变。1989年6月23日，国家教委发布《关于加强培养工程类型工学硕士研究生工作的通知》指出："面向厂矿企业、工程建设等单位，培养工程类型工学硕士研究生，是高等工科学校研究生培养工作中的一项重要任务，是研究生教育的一项重要改革，也是办学思想上的一次转变。"那时我国的重要人才需求集中于厂矿企业，其解决思路的提出，也是我国首次明确了"职业学位"的概念。① 到1990年，通过五年的试点工作，相关学位授予单位积累了大量经验，为后续专业学位的正式设置打下了良好的基础。

1989年3月，国务院学位委员会和国家教委研究生司决定成立"培养中国式MBA研究小组"，对试办MBA专业学位进行调研。1990年10月5—6日，国务院学位委员会第九次会议在北京举行，会议决定将"职业学位"的名称调整为"专业学位"，并原则同意在我国设置和试办工商管理硕士学位，会议通过了《关于设置和试办工商管理硕士学位的几点意见》（以下简称《意见》），标志着专业学位制度在我国正式确立。《意见》对于设置工商管

---

① 于凤银，吕福军. 我国专业学位教育的发展历程［J］. 山东科技大学学报（社会科学版），2007（2）：97 - 100.

理硕士学位的必要性、工商管理硕士学位名称、试点开展问题等进行了说明。同年,又提出,"在我国设置专业学位,是为了促进我国应用学科的建设和发展,加速培养应用学科的高层次人才;是为了改变我国学位规格单一局面的一种措施。"进一步为我国专业学位的设置提供了思想导向,明确了其重要意义。

1990—1999年十年间,我国先后设置和试办了工商管理硕士、建筑学学士和硕士、法律硕士、教育硕士、工程硕士、临床医学硕士和博士、公共卫生硕士、口腔医学硕士和博士、兽医硕士和博士、农业推广硕士、公共管理硕士等11类专业学位(表1-4),极大地满足了经济社会发展对于应用型专门人才的需求,取得良好效果。

表1-4 1990—1999年专业学位设置情况

序号	专业学位类别	设置时间	培养目标
1	工商管理硕士	1990年	培养经济管理部门或者工商管理企业高层次综合性管理人才,是我国设置的第一个专业学位
2	建筑学学士 建筑学硕士	1992年	培养建筑行业具备建筑师知识和能力的高层次专业人才,是我国设置的第二个专业学位,分为学士和硕士两个层级。该专业学位的突出特点就是与建筑师注册制度密切衔接
3	法律硕士	1995年	培养律师、公证、审判、执法等相关领域高层次专门人才
4	教育硕士	1996年	培养基础教育教学和管理等相关领域高层次专门人才
5	工程硕士	1997年	培养工矿企业、工程建设部门等相关领域高层次应用型和复合型工程技术和工程管理专门人才
6	临床医学硕士 临床医学博士	1997年	培养具备扎实理论基础和系统的专业知识,具备较强的临床分析和思维能力,能独立处理本学科常见的临床病,同时具备可以指导下级医师的专门人才,临床医学专业学位分为博士和硕士两个层级
7	公共卫生硕士	1997年	培养适应社会主义市场经济需要的高素质、高层次公共卫生应用型专门人才
8	口腔医学硕士 口腔医学博士	1997年	培养具备扎实理论基础和系统的专业知识,具备较强的临床分析和思维能力,能独立处理本学科常见的临床病的专门人才,口腔医学专业学位分为博士和硕士两个层级
9	兽医硕士 兽医博士	1999年	培养全国动物医疗、动物检疫、动物保护、畜牧生产、兽医执法与管理等部门高层次复合型、应用型人才
10	农业推广硕士	1999年	培养农业技术研究、应用、开发及推广,农村发展,农业教育等企事业单位和管理部门应用型、复合型高层次人才
11	公共管理硕士	1999年	培养德才兼备、适应社会主义现代化建设需要的高层次、应用型、复合型的管理人才。是为适应社会公共管理的现代化、科学化和专业化的要求而设立的

(二)第三方教育评估机构的建立

在20世纪90年代,我国高校的教学评估发展逐渐成熟,随着高校办学自主权的扩大,我国政府部门职能转变,管理权限下移,社会中半官方、非官方事业性质的评估机构逐步出现并发展。

1993年，中共中央、国务院印发《中国教育改革和发展纲要》明确指出对高等教育要采取领导、专家、社会用人单位对高校的质量评估与检查。此外，文件还明确提出了"第三方评估"的职能与要求，"政府要转变职能，由对学校的直接行政管理，转变为运用立法、拨款、规划、信息服务、政策指导和必要的行政手段，进行宏观管理。要重视和加强决策研究工作，建立有教育和社会各界专家参加的咨询、审议、评估等机构，对高等教育方针政策、发展战略和规划等提出了咨询建议，形成民主的、科学的决策程序。"① 这是在1990年《普通高等学校教育评估暂行规定》后的进一步表述，规定对学术机构等对高等教育的评估活动，仅仅是处于"鼓励层面"，且仅仅是可以"参加"，而纲要中则明确要"建立"拥有社会各界专家参与的评估等机构，同时要求政府适当下放权力，由直接的行政管理逐步转变为宏观管理，使得社会评估机构的建立具备了基本的指导思想与条件，通过该文件描述，可初见"第三方评估"的雏形。

1994年7月29日，受国务院学位委员会委托，在清华大学成立的高等学校科研院所学位与研究生教育评估所，是我国高校第三方评估机构正式诞生的标志，它是我国第一家专门从事学位与研究生教育评估及有关咨询服务的社会中介性质机构。第三方教育评估机构的出现，为我国的研究生质量保证体系建设贡献了巨大力量，充分体现了该时期教育领域立足需求、管理重心下移的发展特征。

四、快速发展期（1999—2009）

学位制度的实施有力地保证了学位授予工作的规范化和制度化，各级各类学位授予规模与20世纪年代相比处于稳步发展阶段，为社会主义市场经济发展提供了充足、高质量的人力资源支撑。

（一）研究生规模迅增

教育部1998年12月24日制定的《面向世纪教育振兴行动计划》明确提出，"研究生在校规模应有较大的增长"，② 并提出2010年，高等教育毛入学率将达到适龄青年的15%。为达到这一目标，高等教育规模扩张是必然趋势，在此期间研究生教育规模也迅速扩大。从国家教育委员会、国家计划委员会、人事部颁布的历年研究生招生计划通知中，研究生计划招生规模逐年增加，1999年计划招生85 050人；2000年12万人；2001年提出较大幅度增加招生规模；2002年计划招生267 000人；2004年计划招生326 213人；2006年提出"博士生招生不超过2005年计划规模，硕士生招生可适度增长"；2007年提高推免的比例；2008年计划招生4 475 00人；2009年提出"硕士和博士规模分别增长5%和1.7%"。2009年12月，教育部办公厅、国家发展改革委办公厅颁布《关于编制2010年全国研究生招生计划的通知》中，硕士生、博士生招生计划按比2009年实际招生增长5.0%、2.5%左右安排，硕士生新增招生规模用于全日制专业学位硕士生招生；专业学位培养单位压缩5%~10%，原有学术型硕士生招生规模用于全日制专业学位硕士生招生。③

---

① 中国教育改革和发展纲要 [Z]. 1993 – 02 – 13.
② 面向世纪教育振兴行动计划 [Z]. 1998 – 12 – 24.
③ 教育部，国家发展改革委. 教育部办公厅、国家发展改革委办公厅关于编制2010年全国研究生招生计划通知 [Z].

（二）研究生培养模式改革

21世纪初，为使我国研究生教育适应知识经济和科技全球化趋势的需要，国务院学位委员会办公室和教育部研究生工作办公室组织编写了《中国学位与研究生教育发展战略报告》（以下简称《报告》），《报告》总结了我国实行学位制度尤其改革开放以来学位与研究生教育战线的历史经验，分析了国际国内形势的发展趋势，勾勒了我国今后十年学位与研究生教育事业的发展前景。在第三部分"改进研究生培养制度和模式"中，指出"要不断探索和发现在新的社会形态下适合高层次人才培养的规律和特点，根据社会发展的不同需求和培养不同规格、不同类型、不同层次研究生的需求，积极开展制度创新和模式创新，从而形成符合国情、有利于研究生全面素质提高、有利于创新能力培养和个性发展的，与经济、社会和科技发展紧密结合的研究生培养制度与模式。"

"改进研究生培养制度和模式"的主要内容包括：明确不同层次和不同类型研究生的培养目标；根据不同的培养目标设计合理的培养过程；积极推进弹性学制的实施；努力提高博士研究生的培养质量；规范专业学位研究生的培养；完善非全日制研究生培养制度。《中国学位与研究生教育发展战略报告》的出台，为我国今后的研究生教育及其培养模式的改革提供方向和战略蓝图。

2000—2009年应用型硕士的培养规模进一步扩大，使我国研究生类型更加多元。在职人员的专业学位得到了快速发展，到2008年专业学位类别19个，各专业学位授权点1 481个，专业学位教育、招生规模由1997年的9 395人增加到2008年的151 869人，大多数以非全日制的方式进行培养，与企事业单位进行全面合作，引入"订单式"培养，聘请在职人员所在单位的高级技术专门人才作为校外导师。① 我国研究生培养模式经历了中华人民共和国成立初期的模仿苏联模式到教学科研型培养模式再到不断探索改革，走出了一条符合中国特色的研究生培养模式道路。

五、内涵发展期（2010—2019）

党的十八大以来，党中央、国务院高度重视研究生教育发展，我国研究生教育规模稳步扩大，质量逐步提升，实现了独立自主培养高层次人才的目标。

（一）研究生教育"大国"向"强国"迈进

2010年以来，伴随科教兴国战略、人才强国战略、创新驱动发展战略的实施，我国研究生教育发展进入新阶段，规模持续稳步增长，综合改革逐步深化，质量保障体系日益健全，国际影响力日益扩展。

1. 体量持续扩大与结构调整

自2010年至2019年，研究生招生规模从53.82万人增长到91.65万人，对比2010年，基本实现翻番。但与21世纪前十年的年均增长量5.72万人相比，这一阶段的增长幅度已经有了比较明显的减缓。在增速放缓的同时，调整、优化研究生教育内部结构成为这一阶段的重点，体量持续扩大与结构调整优化并行，是2010年以来我国研究生教育发展的重要特征。建立了独立自主的博士研究生培养体系，在学博士生成为我国科学研究的生力军。1981—1990年我国累计授予6 999人博士学位，2010—2019年10年间全国博士学位授予规模达

---

① 王战军. 中国学位与研究生教育40年（1978—2018）[M]. 北京：中国科学技术出版社，2018：127.

到 55.16 万人，增长了近 80 倍。这些中国博士学位获得者已经成为我国各行各业的中坚力量。

从学位类型结构上看，专业学位建设虽已经取得了一些成效，但规模仍然较小，与我国国民经济和社会发展对高层次复合应用型人才不断上涨的需求不相适应。2009 年，国家下发《教育部关于做好 2009 年全日制专业学位硕士研究生招生计划安排工作的通知》（教发〔2009〕6 号），明确在已下达研究生招生计划基础上，增加全日制专业学位硕士研究生 5 万名；随后，教育部下发《关于做好全日制硕士专业学位研究生培养工作的若干意见》（教研〔2009〕1 号）文件，着重从全日制硕士专业学位研究教育的重要性、创新培养模式、组织实施工作三个维度做了具体阐述和部署，决定从 2009 年起扩大招收以应届本科毕业生为主的全日制硕士专业学位范围。2017 年，我国专业学位研究生招生数首次超过学术学位研究生数，达到 50.20%，占到招生数量的一半以上。

从培养类型结构上看，在我国学位与研究生教育长期实践过程中，同等学力申请学位和在职人员攻读专业学位构成了我国非全日制研究生教育的主要存在形式[①]，非全日制研究生教育的快速发展为国家现代化建设输送了大量急需的各类人才，做出了重要贡献[②]。2016 年，教育部办公厅下发了《关于统筹全日制和非全日制研究生管理工作的通知》，规定非全日制研究生是"从事其他职业或者社会实践的同时，采取多种方式和灵活时间安排进行非脱产学习的研究生"，非全日制研究生与全日制研究生相比只是在学习方式上有所区分，而在招生计划、招生录取、质量标准、证书管理等方面并无二致。2017 年，报考非全日制硕士研究生的考生数已占全国研究生报名总人数的 10%，非全日制招生计划也达硕士招生总计划的 28.4%。[③]

2. 成为科技创新的重要力量

2010 年以来，在校研究生及毕业研究生参与科学研究、科技创新活动的人数和比重显著提升，成为我国科研活动的主要参与者和重要贡献者。国家自然科学基金资助项目是我国国家层面的高水平科研项目，每年都有大批优秀研究生参与其中。以国家自然科学基金面上项目、青年项目和地区项目为例，可见研究生的项目参与比重总体上呈上升的态势，如图 1 - 5 所示。到 2017 年，面上项目、青年项目、地区项目的研究生参与比重已经分别达到了 54.56%、47.22% 和 39.27%，已经成为我国科研活动的重要参与者。

（二）由外延式扩张转向内涵式发展

2012 年 3 月，教育部印发的《关于全面提高高等教育质量的若干意见》中第一条即明确提出："坚持内涵式发展。牢固确立人才培养的中心地位，树立科学的高等教育发展观，坚持稳定规模、优化结构、强化特色、注重创新，走以质量提升为核心的内涵式发展道路。"内涵式发展已经成为新时期研究生教育发展的新的路径选择。

1. 立德树人全面深化

2010 年，教育部颁布了《关于进一步加强和改进研究生思想政治教育的若干意见》，从

---

① 周文辉，曹镇玺. 非全日制研究生招生新形势、问题及对策 [J]. 学位与研究生教育，2018 (1).
② 唐继卫，马建生，李洋. 借鉴国际经验完善我国非全日制研究生教育 [J]. 学位与研究生教育，2014 (12).
③ 教育部网站. 国家教育事业发展"十三五"规划 [EB/OL]. [2017 - 01 - 19]. http://www.gov.cn/zhengce/content/2017 - 01/19/content_5161341.htm.

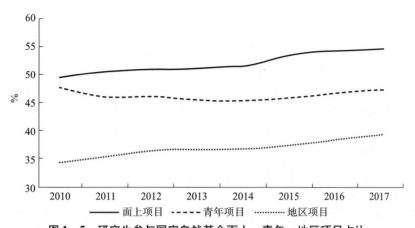

图 1-5　研究生参与国家自然基金面上、青年、地区项目占比

数据来源：国家自然科学基金委员会统计数据，2010—2017 年 http://www.nsfc.gov.cn/publish/portal0/tab505/。

多个方面对研究生思想政治教育提出建设性意见，标志着我国对研究生思想政治教育的认识与重视提高到了一个新的层次。2012 年，党的十八大报告第一次提出把立德树人作为我国教育事业的根本任务，培养德智体美全面发展的社会主义建设者和接班人。2013 年 3 月，教育部、国家发展和改革委员会、财政部联合印发《关于深化研究生教育改革的意见》，将立德树人确定为我国研究生教育的根本任务。

2016 年，习近平总书记在全国高校思想政治工作会议上强调："高校思想政治工作关系高校培养什么样的人、如何培养人以及为谁培养人这个根本问题。要坚持把立德树人作为中心环节，把思想政治工作贯穿教育教学全过程，实现全程育人、全方位育人，努力开创我国高等教育事业发展新局面。"① 2017 年 10 月 19 日，在党的十九大报告中，习近平总书记谈到我国教育事业时，再次强调"要全面贯彻党的教育方针，落实立德树人根本任务，发展素质教育，推进教育公平，培养德智体美全面发展的社会主义建设者和接班人"。新形势下，各高校不断探讨研究生思想政治工作的新挑战、新方法、新途径，很多高校设置了马克思主义学院，并申请了马克思主义一级学科点，积极引导研究生思想政治教育工作深入开展。

2. 培养模式改革

第一，硕士研究生招考分离。2013 年 2 月，教育部、国家发展改革委、财政部《关于深化研究生教育改革的意见》指出"优化初试，强化复试，发挥和规范导师作用，注重对考生专业基础、综合素质和创新能力的考察"，为"招考分离"制度改革提供了政策依据。2013 年 11 月，党的十八届三中全会进一步提出，推进考试招生制度改革，探索招生和考试相对分离、学生考试多次选择、学校依法自主招生、专业机构组织实施、政府宏观管理、社会参与监督的运行机制。2017 年 1 月，教育部、国务院学位委员会《学位与研究生教育发展"十三五"规划》强调"进一步深化硕士研究生考试招生改革，推进分类考试，优化初试科目和内容，强化复试考核，加强能力考查，注重综合评价，建立健全更加科学有效、公

---

① 习近平在全国高校思想政治工作会议上强调：把思想政治工作贯穿教育教学全过程　开创我国高等教育事业发展新局面 [N]．人民日报，2016 - 12 - 09．

平公正的考核选拔体系"。这些政策依据不仅确认了招考分离是招生改革的重中之重，而且明确了招考分离是招生改革的现实抓手。

第二，博士研究生"申请考核"制推行。20世纪初，北京大学首先尝试申请考核制，将博士生"入学考试"改为"入学选拔"，将博士生选拔分为初试、提交申请材料和复试三部分，改革焦点在于加大了复试和申请材料所占的比重，特别要求提交学术论文、专利和其他研究成果以及研究计划等材料。2012年，中国农业大学于出台《博士研究生招生制度改革实施细则》，并于2013年开始全面实施，成为我国率先全面实行博士生申请考核制的高校。① "十三五"期间，国家发布相关文件，对博士生招考改革的"申请考核"制度正式进行了明确：推进完善'申请考核'招生选拔机制。强化申请材料审核，进一步明确了博士生的申请—考核招生方式②。

第三，全日制与非全日制研究生招生并轨。国务院学位委员会办公室《关于2014年招收在职人员攻读硕士专业学位工作的通知》明确规定，从2016年起，不再组织在职人员攻读硕士专业学位全国联考，除高级管理人员工商管理硕士外，其他类别的在职人员攻读硕士专业学位招生工作，将以非全日制研究生教育形式纳入国家招生计划和全国硕士研究生统一入学考试。2016年3月，教育部发布《关于进一步规范工商管理硕士专业学位研究生教育的意见》指出，从2017年起，高级管理人员工商管理硕士统一纳入全国硕士研究生考试招生，由教育部划定统一的工商管理硕士专业学位分数线并向社会公布，培养院校按照国家统一招生政策自主录取。在职专业学位联考各专业学位类别均并入全国统一考试，满足录取条件的学生将可以选择以全日制或非全日制的形式攻读学位。

（三）研究生教育进入"质量时代"

进入"十三五"时期，实施创新驱动发展战略、制造强国战略和人才优先发展战略，推进"一带一路"建设，推动理论、制度、科技和文化创新，统筹推进世界一流大学和一流学科建设，都对研究生教育提出了更高的要求。

1. 构建"五位一体"质量保障体系

2013年，教育部、国家发展改革委、财政部《关于深化研究生教育改革的意见》中提出把统筹构建质量保障体系作为"服务需求、提高质量"的两个着力点之一，从改革质量评价机制、强化培养单位质量保证的主体作用、完善外部质量监督体系、建立质量信息平台等方面勾画了研究生教育质量保障体系的框架和轮廓。2014年，国务院学位委员会、教育部出台了《关于加强学位与研究生教育质量保证和监督体系建设的意见》（教研〔2013〕1号）指出，质量保证和监督体系建设的目标在于构建以学位授予单位质量保证为基础，教育行政部门监管为引导，学术组织、行业部门和社会机构积极参与的内部质量保证和外部质量监督体系。

2. 以评估为导向的质量文化建设

在研究生教育"服务需求、提高质量"的内涵式发展方向引领下，研究生教育评估活动在评估理念、指标设置、实施办法等方面也在朝着突出质量、突出内涵式发展的方向

---

① 艾子，卫国. 我校在全国率先全面实行博士生申请考核制［N］. 中国农大校报，2013 – 5 – 25.
② 教育部办公厅. 教育部办公厅关于做好2017年招收攻读博士学位研究生工作的通知［EB/OL］.［2017 – 04 – 10］. http://www.moe.gov.cn/srcsite/A15/moe_778/s3114/201704/t20170421_303012.html.

转变。

第一,社会各界对评估的重视程度不断提升。教育评估作为判断教育发展水平的重要手段,在这一阶段得到了广泛的运用。评估结果不仅成为国家、省级教育管理部门考量高校办学质量的主要手段,也成为社会各界认识各高校办学情况的重要途径,各培养单位积极参与到各个评估活动当中,提升评估结果成为诸多高校的重要工作内容。

与此同时,各省级教育管理部门、各高校普遍将世界知名的大学、学科评价结果作为考察学校发展与学科建设的重要标尺。例如,江苏省在其2016年颁布的《高水平大学建设方案》中提出,"到2020年,15所以上高校进入全国百强,其中10所左右高校进入前50名;支持若干所大学进入国家层面开展的世界一流大学建设行列。全国学科评估中,排名第一的学科数不低于全国总数的10%;100个左右学科进入基本科学指标数据库(ESI)全球同类学科前1%;进入国家层面开展的一流学科建设行列的学科数,不低于全国总数的10%。"

第二,评估理念上突出质量提升和内涵式发展。从国家学科评估来看,与前两轮学科评估相比,2012年和2016年国家第三、四轮学科评估在评估理念、内容、方法上都有进一步的更新。第三轮学科评估体现了"提高质量、优化结构、鼓励特色、协同创新"的思路,按照"科学客观、严谨规范、公开透明"的原则,突出"质量、成效、特色"导向强调质量,采取"客观评价与主观评价相结合,以客观评价为主"的指标体系,淡化规模,树立了学科评价的正确导向,数量的影响因素渐渐淡化,质量的重要性日趋明显。第四轮学科评估深入贯彻研究生教育综合改革精神,按照"人才为先、质量为要、中国特色、国际影响"的价值导向,在继承前三轮评估指标体系基本框架的基础上,经广泛调研论证形成了以引导学科内涵式发展的评估指标体系,以评促建效果明显。

六、高质量发展期(2020—)

2020年9月22日,教育部、国家发展改革委、财政部联合发布了《关于加快新时代研究生教育改革发展的意见》(以下简称《意见》)。《意见》是党中央、国务院着眼于全面建成小康社会和社会主义现代化国家新征程所作出的战略决策,是对我国未来阶段研究生教育强国建设的全面谋划和前瞻性部署。《意见》指出,"研究生教育肩负着高层次人才培养和创新创造的重要使命,是国家发展、社会进步的重要基石,是应对全球人才竞争的基础布局。"因此,加快研究生教育战略转型是实现研究生教育强国建设的重要举措。

(一)大力发展博士生教育

2021年,我国在学博士生达到50多万人,他们活跃在各个学科领域的教学科研第一线,是"双一流"建设高校、各科研院所必不可少的科研主力军,是完成国家重大重点项目、重大科研平台建设、重大工程项目的重要力量。

除参与科学研究活动,研究生教育毕业生也已经成为我国科学研究的骨干力量。以国家自然科学奖为例,国家自然科学奖是我国国家科学技术奖励之一,授予在数学、物理学、化学、天文学、地球科学、生命科学等基础研究和信息、材料、工程技术等领域的应用研究中,阐明自然现象、特征、规律,作出重大科学发现的中国公民。历年的国家自然科学奖第一完成人是我国科学研究与科技创新的骨干力量。2021年国家自然科学基金委批准资助的2.1万项青年基金项目,项目负责人90%以上是近十年来我国自主培养的博士生。从第一完成人的学历来源与层次来看,2012—2021年,国家自然科学奖第一完成人在国内获得博士学位的比例不断提高,从 2012 年的 69.24% 到 2020 年的 73.91%,如表 1-5 所示。同时,国家自然科学奖第一完成人中非博士学位人数整体呈下降趋势,表明我国自主培养的研究生已经成为我国科技创新的核心力量。

表 1-5 2012—2020 年国家自然科学奖第一完成人学历情况

年份	总人数	国内获得博士学位人数	占比/%	国(境)外获得博士学位人数	占比/%	非博士学位人数	占比/%
2012	39	27	69.24	6	15.38	6	15.38
2013	52	34	65.38	16	30.77	2	3.85
2014	46	26	56.52	13	28.26	7	15.22
2015	42	28	66.67	13	30.95	1	2.38
2016	41	28	69.05	10	23.81	3	7.14
2017	35	30	85.71	4	11.43	1	2.86
2018	38	25	65.79	12	31.58	1	2.63
2019	46	36	78.26	10	21.74	0	0
2020	46	34	73.91	9	19.57	3	6.52

数据来源与说明:1. 2012—2020 年数据来源于国家科学技术奖励办公室网站 https://www.nosta.gov.cn/web/index.aspx;2. 数据统计信息中不包括军事院校和相关单位获奖情况。

(二)持续深化开放融合

党的二十大强调要继续推进全球战略合作,"促进世界和平与发展,推动构建人类命运共同体"。研究生教育作为引领社会发展和国际化交流的中坚力量,应比历史上任何时候都要树立起人才强国的核心思想,更加发挥好人才第一驱动力、第一资源的作用。

教育交流作为各国民心相通的桥梁,在国家外交中发挥着不可替代的作用。《中国留学发展报告(2022)》显示,从走出去来看,中国依然是最大留学生源国;从引进来看,我国排在美国、英国、加拿大之后,是世界第四的留学目的地国。即便我国"进口"与"出口"的"人数逆差"在逐渐缩小,2019 年在华留学生生源国家和地区总数为 203 个,就读于全国 31 个省、自治区、直辖市的 935 所高等院校,其中硕士和博士研究生共计 9.1 万人。如何从政策制订、落地实施、生活保障等多个层面吸引更多国际优秀青年到中国来攻读博士和硕士学位,仍是研究生教育服务国家对外开放战略的肩头重任。

党的二十大作出"实施科教兴国战略,强化现代化人才支撑"的重要决策,就是要为建设中国式研究生教育强国指明方向。面向未来,研究生教育的发展,仍须以教育规律为指引,以提升质量为核心,以"服务四个面向"为根本,抓住百年未有之大变局的大机遇"窗口期",迎接大发展、大变革、大调整带来的时代挑战,担起中华民族伟大复兴的重任。

第四节 研究生教育与社会

研究生教育是一种社会的现象,是社会大系统中的子系统,是社会整体系统的组成部分。在整个社会发展系统中除了教育还有政治、经济、文化等子系统。研究生教育作为一个子系统与其他子系统之间必然存在一定的联系。正确地认识研究生教育的性质,必须揭示研究生教育与社会发展之间的关系。

一、研究生教育发展与政治的关系

在政治成为现代人类社会生活重要领域的今天,无论何种性质的政治变革都会对社会生活的各个领域带来重要的影响。研究生教育作为受意识形态影响的重要的社会发展组织,政治体制和政策的制定、实施都与研究生教育发展关联,而研究生教育通过培养高层次政治人才服务于政治。由此看来,研究生教育和政治的联系至少有两个方面:一是政治影响和控制研究生教育的发展,使其按政府的要求运作;二是研究生教育为一定的政治目标服务。

(一)政治对研究生教育发展的影响

政治对研究生教育的作用表现为政权的性质、政治体制及政治纲领对研究生教育的影响。政权的性质决定了研究生教育的领导权及受教育权,政治体制影响教育体制,政治纲领规定了研究生教育事业的方向、目的、途径等。具体来说,政治对研究生教育的作用主要表现在以下几个方面:

第一,政治决定研究生教育的领导权。研究生教育作为独立的教育层次,其领导权的归属取决于政权的性质。这些力量包括颁布法律、任免研究生院的领导人等,进而从组织上保证其领导权;其次是通过经济力量来掌握研究生教育领导权,即利用财政拨款的方式来有效地控制这种权力。历史制度主义认为,政策价值观并不是独立于社会背景之外[①],在结构观中政治经济文化等宏观因素构成了具体政策选择的深层结构,同时在特定场域内政策变量之间的博弈方式对政策所产生的后果具有重要影响。与此同时,政策的制定和变革受社会意识形态的影响,教育政策作为政策的下位概念,其制定与实施、评估乃至终结也都与政府宏观制度紧密联系。就本质而言,与研究生教育相关的一系列制度均属于社会公共管理的范畴。从历史的发展的角度看,研究生教育相关政策的制定与实施均由政权决定。

第二,政治制约研究生教育的体制。通常来说政治体制是一个国家的统治阶级基于统治需求所采取的具体的国家组织形式。国家的政体与研究生教育的密切关系,主要表现在政体对研究生教育管理体制的影响。在世界范围里,同一性质的政权可以采取不同的管理形式,如在资本主义国家就有君主立宪制、民主共和制等不同形式。同样,在相同性质的社会,研究生教育管理体制也有不同模式,如美国采取地方分权制管理模式,法国则采用中央集权制管理模式。美国实行的是联邦制,而法国则是中央集权制。

第三,政治制约着研究生教育的方针、目的。教育的根本任务是对人的培养,研究生教育作为教育的最高层次,其培养具有什么样政治方向、思想意识的人、通过什么途径来培养,都受到社会政治的影响。国家一般通过制定教育方针、政策、法令以及规定研究生的教育目的来贯彻国家的政治纲领。所谓的"教育方针"就是研究生教育发展的总体方向,主要体现在对研究生教育工作的指导思想、服务方向,以及研究生教育要培养的人才的规格。1980年2月1日,国务院常务会议讨论通过了《中华人民共和国学位条例(草案)》,其中对研究生人才培养提出:在本门学科上掌握坚实的基础理论和系统的专门知识;具有从事科

---

① [英]斯蒂芬·鲍尔. 政治与教育政策制定[M]. 王玉秋,孙益,译. 上海:华东师范大学出版社,2003:134—138.

学研究工作或独立担负专门技术工作的能力。新时期培养德智体美劳全面发展的社会主义事业的建设者和接班人。

由此看出，研究生教育方针经常以法律或政令的形式公布，具有政治的合法性和权威性，它会直接渗透到研究生教育实践的各个方面、各个层次。国家制定研究生教育的教育方针、教育目的并不是凭空产生的，是在考虑教育发展规律的同时与现行的国家政治体制、政策和目标相结合。

（二）研究生教育的政治功能

研究生教育不仅受到政治的制约，它通过发挥其政治功能而服务于政治。研究生教育对政治的影响作用体现在两个方面：第一，研究生教育通过培养政治人才为政治服务，这是研究生教育为政治服务的重要体现之一；第二，对受教育者宣传与现有政治体制相一致的意识形态和政治文化。

第一，培养政治人才，维护政治体制。"在整个教育工作中，我们都不能持有教育脱离政治的旧观点，我们不能让教育工作不联系政治。"[①] 列宁这一观点，论述了教育与政治密不可分的关系。为现有的政治体制培养合格的政治人才，是教育维护政治体制的重要途径。政治权利引领研究生教育的发展，其目的在于使其培养的高层次人才更好地为其服务，研究生教育传播一定的政治思想，培养一定规格的政治人才，也是研究生教育服务于政治的具体途径。教育的首要基本功能是培养人，"人"并非哲学意义上的作为"类"的人，而是社会学意义上所说的作为"群"存在的人，也是阶级分析学中所提到的培养的是"为谁服务，为谁学习"的"阶级"人。[②] 显而易见，教育应该是社会制度之下的教育，所培养的人才也必定受到对社会利益的分配有绝对话语权的顶层设计的影响。教育作为带有阶级特性的人才培养活动，更应该受政治体制、政治纲领的影响，而这种影响决定了教育必须自觉地适应政治发展的需要。

第二，促进阶级流动，避免阶层固化。大规模的研究生人口的流动是社会结构变迁的重要动力。社会结构变迁是一个长期而复杂的过程，其变迁的结果受到一系列要素的推动。作为政治社会化的一个方面，政府希望教育可以促进不同群体之间的理解和宽容，能促进不同社会阶层的合理流动，打破阶层固化的僵局。布迪厄认为，社会结构和心智结构间的对应关系发挥了至关重要的政治作用。符号系统不仅仅是知识的工具，还是支配的工具。[③] 研究生教育规模的扩张对我国高等教育大众化的贡献率由1999年的2.39%上升到2016年的5.54%。[④] 研究生教育不仅仅是人力资源的流动，从社会学意义上讲，一种阶级的向上流动的过程，表明社会阶层分化与重构过程的开启。随着研究生流动的深度和广度越来越强，研究生教育对于文化的转型、科技的进步，对于以职业身份为标杆的社会分层结构的变迁起着巨大的推动作用。

---

① 列宁. 列宁选集（第4卷）[M]. 北京：人民出版社，1972：32.
② 白明亮. 文化、政治与教育——教育的文化政治学阐释 [D]. 南京：南京师范大学，2014：94.
③ [法] 皮埃尔·布迪厄，[美] 华康德. 实践与反思——反思社会学导引 [M]. 北京：中央编译出版社，1998：13.
④ 王晓燕. 研究生教育规模扩张对我国高等教育大众化的贡献 [J]. 高等理科教育，2018（3）：28－35.

二、研究生教育发展与经济的关系

研究生教育对于经济的关系包括两个方面：一方面，经济发展水平的提高、经济结构的变革促进研究生教育的多元化发展；另一方面，研究生教育事业的不断发展为经济社会的发展提供了不竭动力。

（一）经济发展对研究生教育的影响

经济是影响人类社会生存和发展的基础，是引起人类社会生活发展变化的重要因素，同样也是影响研究生教育发展变革的重要因素。社会的经济发展水平为研究生教育发展提供了经济条件，也对研究生教育发展提出了客观要求。

第一，经济发展为研究生教育提供物质保障。社会经济的发展为研究生教育发展提供物质基础，研究生教育是直接或间接的为适应社会发展的需要，并根据经济发展所提高的条件而形成和发展起来的。经济发展水平为研究生教育的发展提供物质支持，例如用于建设教学楼、图书馆、实验室等教学设施，以及提供宿舍、食堂等生活设施。这些物质支持为研究生教育的高质量培养创造了良好的条件，提供了学术研究和创新的场所。然而，仅仅有物质支持是不够的，经济社会的稳定发展也是研究生教育持续稳定发展的必要条件。经济社会的稳定发展为研究生教育提供了稳定的社会环境和资源保障。在一个经济社会稳定发展的环境中，政府、高校和社会各界能够共同合作，提供稳定的经费支持和政策保障，推动研究生教育的改革和发展。

第二，经济发展水平影响研究生教育发展的规模和速度。研究生教育作为整个教育结构中的最高层次，为区域经济的发展提供各种专业人才，其发展规模、发展速度和研究生教育结构的变化都跟经济的发展密不可分。纵观我国研究生教育的发展，可以看出 1953—1957 年以及 1961—1964 年也曾出现过研究生教育的快速发展期。这几段时间恰恰都是社会持续稳步发展、经济增长平稳的时期。当社会经济发展速度加快，对人才的需求提出更高要求时，研究生教育的发展规模和速度都会发生变化。2021 年全国共有在学研究生 333.2 万人，比 2012 年增加了近一倍。相较于研究生在学规模增长的速率，人民群众对优质研究生教育的需求更加迫切。但如果脱离了一定的经济发展水平，盲目地发展研究生教育，必然陷入研究生教育发展的误区。

第三，经济结构的变化制约着研究生教育的结构。经济结构是国民经济大系统中各个部分的构成比例及联系方式，包括产业结构、行业结构、技术结构、消费结构、分配结构，以及区域结构等。经济的发展必然会引起其他结构的变化，也影响着研究生教育结构的变化。行业结构的变化要求研究生教育科类结构与之相呼应，第三产业的发展要求研究生教育为之提供大量的金融、贸易服务业方面的高层次人才。以学位授予单位的地区分布为例。2021 年 10 月 21 日，国务院学位委员会发布关于《2020 年审核增列的博士、硕士学位授予单位及其学位授权点名单的通知》，标志着第十三次博士硕士学位授权审核工作完成。截至 2021 年，我国研究生培养机构达到 827 家，其中普通高等学校 594 个、科研机构 233 个。[①] 全国共有 31 所高校获批开展学位授权自主审核工作。第十三批次学位授权审核后，截至 2022 年

---

① 教育部官网. 2020 年全国教育事业发展统计公报［EB/OL］.（2021 - 08 - 27）［2023 - 08 - 02］. http://www.moe.gov.cn/jyb_sjzl/sjzl_fztjgb/202108/t20210827_555004.html.

6月，我国普通高校数量共计3 012所，共有博士学位授予单位468个，硕士学位授予单位811个。具有博士学位授权的高校数量占全国普通高校数量的15.54%，具有硕士学位授权的高校数量占全国普通高校数量的26.93%，见图1-6。

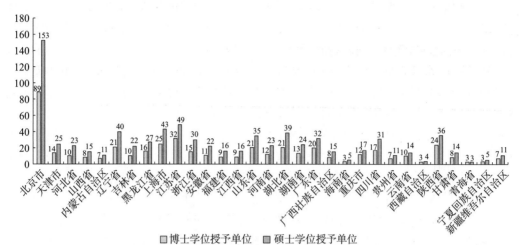

图1-6 全国各省份博士学位授予单位数和硕士学位授予单位数

从统计数据上来看，我国研究生教育布局呈现出在经济科技发展比较快的东部地区发展较好的态势；而在经济相对来说不发达和比较不发达的中西部地区，研究生教育规模较小。目前我国学位与研究生教育布局结构的重心仍然在东部地区，东西部地区布局差异性较大。究其原因，我国经济最早是在沿海地区和长三角、珠三角地区发展起来的，这些地区的研究生教育从一开始就有一定的经济发展基础。再加上20世纪80年代，非均衡发展的思想制约了中西部研究生教育的发展，东部地区各级各类高级专门人才的需求量的增加，促使东部地区的研究生教育规模不断扩大，形式也趋于多样化。

（二）研究生教育的经济功能

经济增长与发展主要取决于四个要素：人力资源、资本、劳动生产率、科技进步。研究生教育对经济发展的作用主要表现在研究生教育对人力资本配置、劳动生产率、科技发展以及生产管理现代化的推动效用上。一般意义上，教育虽然不能直接产生生产力，但是研究生教育对经济增长的贡献即是作用在点上，表现为劳动者以文化科学为主的综合素质的提高以及我国受教育人力资本存量的提高；又作用在一定的空间上，表现为研究生教育通过推动技术进步、产业结构优化在区域经济增长中的作用。

第一，研究生教育促进经济增长以及经济结构的调整和完善。知识经济时代的竞争，实际上就是知识型人才的竞争，研究生教育强调对知识的探究、加工与再生产，经过研究生教育培养出来的具有"高深知识"的人才、带动的科技创新和产业升级，才是推动经济社会持续发展的重要因素。研究表明，基于1996—2016年的全社会就业人员数中研究生学历就业人口，测算出研究生教育对我国经济增长的贡献率为3.1%。[①] 此外，研究生教育结构对经济结构的影响主要通过高层次人才的结构来实现。从总体上来说，研究生教育结构的发展

---

① 李立国，杜帆. 中国研究生教育对经济增长的贡献率分析——基于1996—2016年省际面板数据的实证研究［J］. 清华大学教育研究，2019，40（2）：56-65.

变化、调整改革受到经济结构的制约，但同时研究生教育结构一经形成又对经济结构予以巨大的影响。一方面，研究生教育的层次结构影响着高层次人才技术水平结构的形成；另一方面，研究生教育科类结构影响着高层次人才岗位类型和专业结构的形成，科类结构失调会导致专业不对口。

第二，提高人力资本推动经济发展。亚当·斯密在《国富论》中提出教育和人力资本能够对国家的经济的增长起到促进的作用。随着科技的不断进步，经济增长所要求的劳动力的素质也在不断提高，现代教育对经济增长的作用，正是通过将知识形态的生产力不断传递，从而提高现有和未来劳动力的素质，推动劳动生产力的提高和经济的增长。正如美国经济学家哈比森所言："人力资源是国民财富的最终基础。"人力资本不同于其他的生产要素，资本和资源具有被动性而人才的培养具有能动性。人作为知识的能动载体，既是知识的创造者同时又是知识的使用者和传播者，知识型人才成为社会和经济发展的最大的动力。研究表明普通高等院校毕业生数量和受教育程度对我国的经济增长存在着显著的推动作用，1996—2009年，我国研究生教育对经济的增长具有正向促进作用，年均拉动GDP增长0.46个百分点，对GDP年均增长贡献率为4.11%。[①] 这也就说明，在人口自然增长的情况下，每年授予的研究生学位数越多，经济增长的速度也就越快，2015年，我国人力资本投资占国内生产总值比例达到15.8%，比2010年上升3.8个百分点；2015年我国人才贡献率达到33.5%，比2010年上升6.9个百分点，研究生教育培养出来的人才在一定程度上成为国家经济发展的"内生"要素。

三、研究生教育发展与科技的关系

满足经济社会需求是研究生教育发展的核心，但科学技术创新仍是研究生教育发展的根基。根据马克思主义的基本观点，"社会劳动生产力，首先是科学的力量。"[②]

（一）科技发展对研究生教育的影响

"互联网＋"时代，大数据、人工智能、虚拟现实等现代信息技术与研究生教育深度融合，以数字化技术和手段驱动教育转型升级正在成为世界性议题，科技发展赋能成为新时代研究生教育变革的重要动力。

第一，科技发展赋能研究生教育高质量发展。"推进教育数字化"，构建数据驱动的研究生教育高质量发展新模式，既是高质量研究生教育体系构建的内在需求，也是应对世界各国数字化发展战略的必然选择。放眼国际，新冠疫情对世界范围内研究生教育产生了较强的冲击。美国国际新生入学率锐减，英国研究生的学术方向以及就业选择受到影响，澳大利亚研究生的求职时间明显增长。为缓解疫情带来的教学与科研压力，世界各国纷纷加快数字化转型，欧盟发布的《数字教育行动计划（2021—2027年）》、日本政府出台的《AI战略2021》、德国的《数字世界中的教与学（2021）》等都充分诠释了教育数字化转型的重要性和紧迫性。立足国内，2022年全国教育工作会议正式提出"实施教育数字化战略行动"，预示着教育数字化转型开启新征程。面向未来，树立数字化理念和数字化转型思维，搭建大数

[①] 黄海军，李立国. 我国研究生教育对经济增长的贡献率——基于1996—2009年省际面板数据的实证研究[J]. 高等教育研究，2012，33（1）：57-64.

[②] 中共中央马克思恩格斯列宁斯大林著作编译局. 马克思恩格斯选集（第4卷）[M]. 北京：人民出版社，2012：219.

据平台,将数字技术与研究生教育相结合,促进人人万物互联、知识跨界、"人-物-知识"的融合,加快孕育研究生教育管理组织新形态,重塑知识生产新模式、催生资源配置新模式,造就教育评价新范式。

第二,科学技术推动研究生教育发展的效率变革。一方面,数字技术手段实现了对研究生教育环境的智能构建和对研究生教育过程的全方位感知,构建泛在学习环境,利用信息技术在突破时空、快速传播、手段丰富等方面优势,跳出传统教育实现方式的局限性,带动了研究生教学方式和培养模式的数字化、智能化、特色化。在数字技术支撑下,研究生教育高质量发展趋向以大数据为驱动,以研究生教育提效增质为目的,颠覆传统的研究生教育管理模式,推动研究生教育发展实现资源差异化配置、学科结构化调整和社会服务的高质量化。另一方面,研究生教育信息集成平台的建立,实现多元数据的融合和共享,更新研究生教育多元主体之间的信息交流与协同方式,并搭建起高校与社会各子系统、各主体之间"信息孤岛"的桥梁,形成研究生教育大数据新生态和覆盖各利益相关者的信息化网络。

第三,科学技术推动研究生教育发展的质量变革。一方面是研究生教育自身发展的硬质量。依托数字技术赋能下研究生教育全过程、各环节的数据信息共享,高校、企业、社会等多元参与主体高效协同,将高质量要求切实落地在研究生教育人才培养、科学研究、社会服务、国际交流等各个环节,尤其重视研究生培养质量,严格把控人才培养的入口关和出口关,合理把控研究生教育相关项目的成本、进度等要素。另一方面是研究生教育满足国家战略和经济社会发展需求的服务软质量。当前,研究生教育进入高质量发展阶段,面临国际国内新形势、新挑战,国家战略实施和经济社会发展也对研究生教育提出了更高的诉求,在数字技术支持下,研究生教育通过动态调整和优化学科专业结构、人才培养结构、研究生教育布局结构,提升研究生教育与国家战略需求的匹配度、与经济社会发展的适应性,提升研究生教育服务性、贡献性发展。

(二) 研究生教育的科技功能

研究生教育是国民教育体系的顶端,也是教育强国建设的制高点,其发展水平是国家发展水平和发展潜力的重要标志[①]。党的二十大报告中指出"问题是时代的声音,回答并指导解决问题是理论的根本任务"。以互联网、大数据、人工智能、云计算等新生产要素的深刻变革,为强国建设奠定了坚实基础、创造了良好条件、提供了重要保障,同时也给中国式现代化建设带来了新的挑战,给理论创新提出了全新要求。

第一,加强原创性、引领性科技攻关,打赢关键核心技术攻坚战。我国虽然已经成为发展中国家实现工业化、信息化、甚至数智化的楷模,但我国的科技创新能力,特别是原创能力,与发达国家还有很大差距。《2021 全球创新生态系统报告》显示,虽然我国的科研机构和企业已经初步形成了具有国际影响力的生态圈和产业链,但我国依然是一个初创企业大国。而 2020 年,中国科学院公布的包括光刻机、高速芯片在内的 35 项"卡脖子"技术清单也警示着我们,要对国家发展阶段保持清醒的认识,关键核心技术始终是国之重器。

第二,创新是引领发展的第一动力,研究生教育肩负着创新创造的重要使命,无疑要承担起加强基础研究和原始创新的重任。从发展实践看,中国已经迈入新的发展阶段。基础研

---

① 王战军,蔺跟荣,张泽慧. 建设研究生教育强国的科学内涵与实践路径 [J]. 中国高等教育,2021 (18):27-30.

究已由过去的量的积累向质的飞跃迈进，正处在"由点到面"进行系统提升的重要时期。但由于我国没有形成由概念、命题、推理构成的逻辑体系，没有出现以因果逻辑支撑的系统化的科学。因此，我国的科学研究偏于发明而乏于发现，重于实用而轻于思辨，精于计算而少有论证，从而也乏于系统和连贯。随着我国在载人航天、深海探测、生物医药等领域取得核心技术的重大突破，成功迈入创新型国家行列，如何建立与人力资源大国相匹配的科技话语体系和哲学社会科学话语体系，助力高水平科技自立自强显得分外紧迫。

四、研究生教育发展与文化的关系

文化是一种社会的现象，广义上的文化泛指人类社会所创造的一切物质财富和精神财富，狭义上的文化泛指对思维方式、价值观念、精神生活等方面的一种统称。人类的生存和发展不可能没有文化，而文化的继承和发展又必须借助于教育。从广泛的意义上讲，教育是文化的一部分；从狭义上讲，教育是传递文化的工具。研究生教育与文化的这种联系，反映了一方面文化是制约研究生教育发展的重要因素之一，另一方面研究生教育又通过其特定的文化功能反作用于社会。

（一）文化对研究生教育的制约和影响

文化不仅通过中介作用折射政治经济对研究生教育的影响，而且以独立方式直接影响研究生教育。文化对研究生教育的影响是广泛的、复杂的和多方面的，这种影响主要表现在以下几个方面：

第一，文化是研究生教育发展的源头活水。顾明远从文化的角度指出，教育犹如一条大河，而文化就是河的源头和不断注入河中的活水，研究教育而不研究文化，就只知道这条河的表面形态，摸不着它的本质特征。[①] 因此，文化对研究生教育的作用一方面体现在价值规范和思维方式的隐性影响，另一方面表现在知识经验和语言符号的显性影响。一般来说，学校反映着社会占主导地位的道德规范，但道德并不是静止的，今天的道德规范和教育实践也许明天就会发生变化，因此教育的重要性在于保持核心价值观始终不变。

第二，文化对研究生教育的制约与影响具有全面性和深刻性。文化对研究生教育的作用在性质上不同于政治、经济对研究生教育的影响和作用。首先，文化对研究生教育的影响与作用更为直接，文化是研究生教育的源头活水。不仅如此，社会的经济与政治对研究生教育的影响，往往要通过文化这一中介发挥作用。也就是说，文化不仅作为一个独立因素直接对研究生教育产生影响，而且通过其中介作用，折射经济、政治等因素对研究生教育的影响。其次，文化作为影响研究生教育的一个因素，从根本上说并不是起决定作用的一个因素。

（二）研究生教育对文化发展的促进作用

从传播学的角度来看，文化的纵向传播（文化传递）也可分为两种形式，即自上而下的传播和自下而上的传播。前者是年长一代向年轻一代传递习俗、价值规范等的过程，后者是年轻一代向年长一代传播文化的过程。[②] 研究生教育对于文化的传播和文化的发展来说，既保存了文化、维持了文化的生存，又创造了文化、促进了文化的升值。

第一，研究生教育具有传承和保存文化的功能。人类文化发展中一个重要的文化现象就

---

① 顾明远. 中国教育的文化基础 [M]. 太原：山西教育出版社，2004：78.
② [美] 玛格丽特·米德. 代沟 [M]. 曾胡，译. 北京：光明日报出版社，1988：20-90.

是文化的世代传承。文化的这种传承从根本上来讲是通过教育实现的。研究生教育对于文化传承的作用不仅局限在传统习俗、知识经验的继承性，更体现在研究生教育实践而建立起来的"概念和理论系统"与社会不断合理化和科技化进步制度化之间的关系。它的直接反映结构就是在满足个人的各种需要的过程中避免科学与技术成为意识形态，而促使社会发展为单向度的社会，使生活在其中的人成为单向度的人。从主观上说，研究生教育的文化传承是在较长实践的科学研究基础上建立起来的宽口径的理性选择过程；从客观上说，是研究生教育基于不同的研究对象、研究目标和研究方法上获得独特性的总和。

尽管研究生教育同其他教育一样在文化传承上以"中华民族世世代代在生产生活中形成和传承的世界观、人生观、价值观等"为准则，但研究生教育对于文化的传承从本质上不同于其他教育层次，本科教育仍处于知识的获得和传播的阶段，而研究生教育则是对专门而高深知识的探索和创造过程，是知识的创造者，具有明显的精英化教育的特征。

第二，研究生教育具有创造文化，促使文化的增值的功能。研究生教育在文化的传承过程中，从来不是简单的复制文化，它会因社会变革或者受教育者自身价值观的差异，赋予文化传统新的意义；或因文化传统的变化、重组、整理、融合使文化产生新的功能。这恰恰是克鲁伯在讨论"有创造力耽误文化的类人猿"时提出的"创造文化的基本要素可能恰恰是那些传递和保存因素、那些联系或结合的因素，社会学家却是想到过这些要素，但与活生生的创造现象相比，他们毕竟倾向于把他们看作是此等重要的因素"。① 基于创新发展的角度，研究生教育在文化传播中所产生的新的文化意义和要素，是对文化传承的扩展和延伸。

从根本上说，文化是社会精神生产的产物，研究生教育是社会上从事精神生产的最重要的部门。从研究生教育的学术领域来看，它基本上囊括了整个文化领域——哲学、政治学、法学、伦理学、经济学、人类学、教育学以及科学技术，等等。研究生教育在这些领域进行研究创造新的学术文化和学术思想，并向社会传播、丰富和发展已有的人类文化。

---

① [美] 怀特. 文化科学 [M]. 曹锦清, 译. 杭州：浙江人民出版社, 1988：46.

【本章小结】

研究生教育作为为国家培养高层次创新性、复合型专业人才的教育，在提炼研究生教育实践经验的过程中逐步发展形成了完整的知识体系。本章从研究生教育基本概念出发，从本体论层面，介绍了研究生教育的内涵与特征。通过对研究生教育发展的历史梳理，洞见改革开放40年来中国研究生教育发展取得的成就，即建立了具有中国特色的学位制度，实现了立足国内培养高层次人才的目标，建立了完整的研究生培养体系，构建了"五位一体"的质量保障体系，扩大了我国研究生教育的国际影响力等一系列举措。最后，作为特定的社会制度，研究生教育和政治、经济、文化的关系在社会上层建筑的整体结构中又各自发挥着不同的功能和作用，它们分别具有自己的特殊性和独立性。

【思考题】

1. 试论述研究生教育的基本概念。
2. 试论述研究生教育学的概念内涵。
3. 研究生教育的独特性是什么。
4. 试概括说明研究生教育的发展历程。

【推荐阅读文献】

1. 伯顿·克拉克. 探究的场所——现代大学的科研和研究生教育 [M]. 杭州：浙江教育出版社，2001.
2. 赵沁平. 研究生教育领域仍需摸着石头过的三条河 [J]. 研究生教育研究，2019 (1).
3. 王战军，杨旭婷，乔刚. 研究生教育学：教育研究新领域 [J]. 中国高教研究，2019 (8)：94 – 101.
4. 王战军，张微. 70年探索奋斗：中国研究生教育发展规律与启示 [J]. 学位与研究生教育，2019 (9)：43 – 48.

第二章
研究生招生

【内容提要】

本章的主要内容由三部分组成:一是阐明研究生招生的概念内涵,对其中最重要的两个概念"研究生招生计划"和"研究生招生考试"进行厘定,并对我国研究生招生的主要发展历程进行全面梳理;二是剖析我国研究生招生管理系统的组织结构,并对招生计划、招生考试的具体管理架构进行描摹;三是分别对博士和硕士的招生对象、招生计划和选拔过程进行阐释,并以北京某高校为例进行招生全流程呈现。

【学习目标】

1. 了解我国研究生招生的主要发展阶段及各阶段主要特征。
2. 了解我国现行的博士研究生和硕士研究生的主要选拔方式。
3. 掌握我国研究生招生单位的主要工作环节。

【关键词】

研究生招生;招生计划;招生考试

Chapter II
Graduate Admissions

【Content Summary】

The main content of this chapter consists of three parts. The first is to clarify the concept of graduate admissions, to determine the two most important concepts of "Graduate Admissions Scheme" and "Graduate Admissions Examination", and to comb the main development process of graduate admissions in China. The second part is to analyze the organizational structure of the graduate admissions management system in China, and to describe the specific management structure of the admissions scheme and admissions examination. The third is to explain the admissions objectives, scheme and process of master's and doctoral degrees respectively. A case of a college in Beijing is shown to present the whole process of graduate admissions.

【Objectives】

1. Know about the main development phases of China's graduate admissions and the main features in each phase.
2. Understand the main selection methods for master's and doctoral candidates in China.
3. Master the main work links of graduate admissions units in China.

【Key words】

Graduate Admissions; Admissions Scheme; Admissions Examination

研究生招生是招生单位按照一定的标准、通过一定的程序，从考生中选拔符合要求者，录取其到本单位攻读研究生的过程。我国自1977年恢复研究生招生以来，经历了招生规模的快速扩张和选拔过程的不断完善，现在已基本形成了较为成熟的招生制度体系。受文化环境和发展水平的影响，国内社会对"招生"的重视程度远远高于国外，因此对研究生招生的学习和研究，是对我国研究生教育进行深度观察和深入理解必不可少的部分。

本章从我国研究生招生的重要概念、发展历程出发，从组织架构、管理体制视角进行剖析，分别对博士和硕士两个层次的招生实务进行细节展现，由抽象到具体、由概念到实务、由宏观到微观，全面阐释研究生招生的内涵。

第一节　研究生招生的变革进程

本节首先明确"研究生招生"这一概念在我国的定义和内涵，并结合实际情况厘清了"研究生招生计划"和"研究生招生考试"这两个最为重要的概念。在对基本概念进行解读的基础上，对我国研究生招生的发展历程进行全面梳理和全景式呈现。

一、基本概念

（一）研究生招生

从汉语释义的角度，"招"有"招收、招募"之义，"招生"是指"招收做学生的人"，"研究生招生"的含义是"招收、招募做研究生的人"。结合我国的实际情境，"研究生招生"具体包含两个步骤：一是确定计划，即确定招收什么样的人做研究生、招收多少人做研究生、招收这些人做哪些专业的研究生；二是完成选拔，即通过一定的程序、按照一定的标准实现计划目标，招收到想要的人。

（二）研究生招生计划

我国的"研究生招生计划"指的是每年招收各级各类研究生的整体规模和比例构成。针对不同主体的招生计划的具体内容呈现差异性。全国层面，招生计划总体上可分为常规计划和专项计划两个大类、硕士和博士两个层次。其中，常规计划包括学术学位硕士、专业学位硕士、学术学位博士、专业学位博士四类，其测算依据主要通过考察招生单位的学位授权点、科研经费、科研平台、师资队伍以及人才培养效益等因素。专项计划是指国家为了满足一定的战略目标，单独设置的研究生招生计划。省级层面，招生计划精确到各个招生单位的招生规模，但一般对每个招生单位内部的计划分配不做过多限制。招生单位层面，招生计划包含各个内设单位（如院、系、所）和每个专业的具体招生人数，有的招生单位还会精确到具体导师的招生人数。

在我国研究生招生计划的发展过程中，出现过"国家计划内""国家计划外""非定向培养""定向培养""委托培养""自筹经费""脱产""在职"，以及近些年的"全日制""非全日制"等概念，其相应含义如下：

（1）"国家计划内""国家计划外"的概念产生于20世纪80年代初，《教育部关于一九八三年招收国内攻读硕士学位研究生和出国预备研究生工作的通知》（82教高二字044号）中提到"各招生单位在原招生计划外增招的在职研究生名额，应报教育部审批"，表明在1982年以前，研究生招生单位已经开始在国家计划之外招收一定数量的研究生，这是"国家计划内""国家计划外"的发端。《国家教育委员会关于制订一九八七年全国硕士生和研究生班招生计划的通知》（86 教研字 018 号）正式明确全国研究生招生总规模包括国家招生计划和国家计划外两部分，国家计划内和计划外的区别主要在于教育经费的来源，计划内的学生教育经费由国家按照人数向学校拨款，计划外的学生教育经费由学生本人支付或委托高校培养学生的单位来支付。这两个概念在 2010 年之后随着研究生培养机制改革的深入，逐渐淡出研究生招生计划体系。

（2）"非定向培养"与"定向培养"都是指"国家计划内"招收研究生，其培养费用均由国家承担。其中"非定向"是指研究生在录取时不确定就业去向，毕业后在国家分配计划指导下就业，后来变为自主择业；"定向"是指研究生在录取时已确定就业去向。

（3）"委托培养"与"自筹经费"都是指"国家计划外"招收研究生。其中"委托培养"是指学生已有工作单位，单位出资委托招生单位培养，毕业后回原单位工作；"自筹经费"是指学生自己承担培养费用，毕业后自主择业。

（4）"脱产""在职"与"全日制""非全日制"类似，主要区分学生的学习安排，"脱产"与"全日制"的课程安排以工作日时间为主，学生无全职工作；"在职"与"非全日制"的学生在读书期间大多兼顾工作，课程时间以非工作时间为主。"脱产""在职"关系到学生的身份归属和劳资关系，"全日制"与"非全日制"不涉及。

（三）研究生招生考试

"考"与"试"是意义相近又略有区分的两个概念，皆有考查、检测、考核等多重含义。根据教育史学家的考证，中国最早的"考试"行为可以追溯到万余年前的山顶洞人时期，在成年人向后代传授经验和技能的过程中，通过对其进行观察、试探与检验来判断其是否真正掌握这些经验和技能[1]。当然，彼时的"考试"概念与内涵与后世的"考试"具有明显的不同，但其作为对教育效果进行"评价、判断"的思想机理，为后来逐渐在人类社会演化、发展而成的各类考试进行了原始铺垫。在我国奴隶制社会、封建社会的发展过程中，考试一直承担着为统治阶级选拔人才的任务，尤其是科举制度形成后，其重要程度更是达到了前所未有的高度，考试甚至成为影响社会各个方面的决定性因素[2]，漫长的科举制度史也潜移默化地影响着我国当前重视考试、信任考试的制度文化。西汉董仲舒著《春秋繁露》，其中《考功名篇》将"考""试"二字合并使用："考试之法，大者缓，小者急；贵者舒，而贱者促。诸侯月试其国，州伯时试其部，四试而一考。天子岁天下，三试而一考。前后三考而黜陟，命之曰计。"这里的"考"字更侧重于考核政绩的含义，"试"字更侧重于测度优劣的含义，随后"考试"内涵逐渐演变为特指考查知识或技能的方法和制度。而我国当前的"研究生招生考试"中的"考试"也可拆解为两个主要步骤，一为"考"，即通过书面形式考察研究生知识基础的初试；二为"试"，即通过多种形式（面试为主）考察研究生能力素养的复试。

我国的研究生招生考试，大致可划分为博士和硕士两个层次。博士招生考试主要有普通招考、硕博连读（包括原有的"提前攻博"）、直接攻博、"申请考核"制等方式。硕士招生考试的发展过程相对复杂，现行全国硕士研究生招生考试统一分初试和复试两个阶段进

---

[1] 廖平胜. 考试是一门科学 [M]. 武汉：华中师范大学出版社，2003：12.
[2] 刘海峰，田建荣，张亚群，等. 中国考试发展史 [M]. 武汉：华中师范大学出版社，2002：41.

行，初试方式分为全国统一考试、单独考试和推荐免试。其中，专业学位硕士招生考试经历了"由统一渠道中独立、并行最后回归"的发展路径，在1990年以MBA为开端，随着规模的扩大和教育体系的不断完善，逐步形成了以硕士专业学位研究生入学资格考试（Graduate Candidate Test，GCT）为代表的在职人员攻读硕士专业学位全国联考与高级工商管理硕士（Executive Master of Business Administration，EMBA）为代表的自主招生相结合的招生考试体系；2016年和2017年，在职人员攻读硕士专业学位全国联考和自主招生考试相继停止，并入全国研究生招生考试。具体如表2-1所示。

表2-1　我国现行的研究生招生考试结构

		学历硕士	非学历硕士	博士
审查报考资格		主要包括前置学业水平（学历学位、同等学力） 部分专业（如MBA）要求一定的工作经历		
招生考试	初试	统一考试 单独考试 推荐免试	全国研究生招生考试 （原联合考试和自主招生考试）	直接攻博 硕博连读 普通招考 "申请考核"制
	复试	首先需确定准入条件 形式包括：笔试、面试、实验、上机等		
录取		确定录取规则、公布录取名单、办理入学手续		

二、我国研究生招生主要历史阶段

我国"研究生"概念最早出现于清末的《钦定学堂章程》（1902年）和《奏定学堂章程》（1904年），蔡元培先生曾在《我在教育界的经验》中提到"清季的学制，于大学上，有一通儒院，为大学毕业生研究之所"[1]，可见其设计思路类似于现代大学的研究生院，招收大学毕业生或具备相当水平的人，培养目标是"中国学术日有进步、能发明新理以著成书、能制造新器以利民用"[2]，彼时研究生招生选拔是由总监督"核定"或"考验"，无需统一考试。到民国时期，各主要大学开始试点和完善研究生教育，1934年国民政府教育部颁布《大学研究院暂行组织规程》，以政府法规的形式明确要求招收研究生时，需要经过公开考试。虽然各校考试科目不尽相同，但学校统一考试这一方式逐步成为研究生招生的普遍选择，呈现出系统化、专业化、严格化的发展趋势[3]。

中华人民共和国成立后，国民经济和国防建设需要快速的发展，以应对内部和外部挑战，急需大批高层次人才。因此，政府很快就制定了大力发展研究生教育的方针。1950年，教育部颁布的《高等学校暂行规程》提出"大学及专门学院为培养及提高师资，加强研究工作，经中央教育部批准，得设研究部或研究所，其规程另定之"[4]，为研究生招生与培养迅速走上正轨奠定基础。1953年，受全国统一高考成功的影响，高等教育部发布了《高等

---

[1] 蔡元培，陈独秀. 蔡元培自述［M］. 北京：中华书局，2015：25.
[2] 朱有瓛. 中国近代学制史料［M］. 上海：华东师范大学出版社，1983.
[3] 吴芬. 中国早期研究生教育研究（1902—1949）［D］. 广州：华南师范大学，2002.
[4] 周洪宇. 学位与研究生教育史［M］. 北京：高等教育出版社，2004.

学校培养研究生暂行办法（草案）》，规定由中央高等教育部统一制定每年招收研究生的培养计划。

中华人民共和国成立前的萌芽和成立后的初步探索，为我国现行研究生招生制度系统进行了有益的积累，本书聚焦 1977 年以来的研究生招生发展，将其分为三个主要的阶段①。

（一）重建阶段（1977—1989）

在这一阶段，整个研究生教育随着国家改革开放的不断推进而快速发展，研究生招生体系也在快速重建和丰富完善，开创性的制度密集，既有制度的调整频率也比较高。在这一阶段，逐渐形成了国家统筹的计划体制和硕士博士分层的选拔路径。

1. 恢复招收研究生

1977 年 10 月 6 日出台的《教育部关于一九七七年高等学校招生工作的意见》，开启了高等教育恢复招生的新篇章，其中关于研究生招生的有关制度设计，承袭了中华人民共和国成立以来研究生教育服务国家战略的传统。意见明确，恢复研究生招生是基于"要在二十世纪最后四分之一时间内把我国建设成为伟大的社会主义的现代化强国，迫切需要培养和造就大批又红又专的建设人材"的发展需求②，并且从人才培养目标出发，确定了招生的条件，研究生作为高等教育的重要组成部分，与本科生同期恢复招生。

2. 博士招生独立发展

1981 年，《中华人民共和国学位条例》正式实施。同年，教育部在《关于做好 1981 年攻读博士学位研究生招生工作的通知》（81 教高二字 037 号）中提出"首批有权授予博士学位的单位、学科（专业）及其指导教师业经国务院正式批准，招收攻读博士学位研究生（以下简称博士生）的条件已经基本具备，因此决定从今年开始招收博士生"，对博士的报考条件、考试办法、笔试科目等进行了规范，自此，博士招生开始独立发展，并奠定了院校自主的制度基础。

3. 硕士统一招生考试制度建立

1978 年，教育部决定将 1977 年、1978 年两年招收研究生的工作合并进行，一次报名，同时考试，一起入学，统称为"一九七八届研究生"，因而 1978 年组织的研究生招生考试是恢复招生后的第一次，文件将其分为初试和复试两个部分，并制订了相应的规则。自此，研究生招生考试确立了"全国统一时间"的考试组织方式，并统一规定了政治和外语是必考的科目。

此后，对于初试、复试内容与要求等经历了较为密集的调整阶段，总体上形成了初试与复试相结合，初试成绩达到一定标准后参加复试的考试制度。初试阶段由政治理论课、外国语和业务课构成（业务课包括基础课、专业基础课、专业课和综合考试等）。国家统一命题的范围包括政治理论课、外国语（非外国语言文学专业的英语、俄语、日语）和部分业务课（综合考试及部分学科、专业的基础课等）。

---

① 白丽新，马永红，等. 中国改革开放四十年招生考试制度变迁研究[R]. 北京：北京航空航天大学高等教育研究院，2018.

② 教育部高校学生司. 全国研究生招生工作文件选编：1977—2003[M]. 北京：北京航空航天大学出版社，2004.

4. 推荐免试制度建立

随着应届本科毕业生生源规模的不断扩大,加上此类生源的学业水平得到认可,原本作为辅助措施的本科学校推荐意见,在研究生招生选拔过程中的作用越发重要起来,"推荐免试"招收研究生的制度开始酝酿。1983 年,教育部提出"硕士生招生工作,将逐步走向考试和推荐相结合",为推荐免试方式招收硕士研究生进行了铺垫。

1985 年,教育部明确"全国重点高等学校,在应届本科毕业生总数的5%以内推荐免试攻读研究生。其他高校经主管部门批准,可在应届本科毕业生总数的3%以内试点推荐。凡是招收硕士生的高等学校及科研机构均可接受被推荐的优秀应届本科毕业生免试入学。接受的总数(指接受本校推荐及接受外校推荐的总人数)应控制在国家下达给本单位当年硕士生招生计划数的30%。每个招生的学科、专业必须留有供公开报考的名额"。这一通知从工作出发点、试点范围、推荐比例及接收比例限制等方面,对推荐免试这一招生方式进行全面系统的规范,奠定了现行推免制度的基础。

5. 单独考试制度建立

1986 年,国家教育委员会提出,为贯彻《中共中央关于教育体制改革的决定》① 中提出的"切实改进招生计划工作,努力克服招生计划同国家远期和近期需要脱节的状况"和委托培养学生的制度"要继续推行并逐步扩大"的精神,采取必要措施,逐步扩大从有一定实际工作经验的在职人员中招收研究生。并批准部分招生单位进行对大学本科毕业后有五年以上实践经验,且工作中确有成果的在职人员进行单独考试的试点。同年,当时的国家教委研究生司专门发出《关于高等学校招收在职人员为硕士生进行单独考试试点的通知》,正式开始施行单独考试制度。

6. 专业学位硕士招生制度萌芽

1988 年,国务院学位委员会第八次会议专门讨论设立专业学位问题,指出"过去我们培养研究生的模式比较单一,主要是学术性学位(适合搞科研和教学)。为了改变这种状况,近几年来我们强调培养规格多样化,如工程硕士、管理硕士、临床医学硕士和博士等;目的是满足社会多方面的需要,特别是应用型人才的需要……我们考虑应该在试点的基础上,对我国是否需要建立职业学位问题进行研究"②。1989 年 3 月,国务院学位委员会办公室颁布了《国务院学位委员会、国家教委研究生司关于设立"培养中国式 MBA 研究小组"的通知》,研究小组的组建,为 1990 年我国首个专业学位——工商管理硕士(MBA)的设置做出了重要铺垫③。

(二)成熟阶段(1990—2008)

在经历了重建阶段的密集调整之后,我国研究生招生的主要制度框架基本成型,随着改革开放的进一步推进,经济社会的发展提出了更大规模的人才需求,研究生教育也响应时代号召,进入了快速发展和成熟的阶段,这一典型的招生制度总体保持平稳,招生规模增长迅速,制度变迁以局部优化为主。为了快速输出具有职业胜任力和应用创新能力的人才,"在

---

① 中共中央关于教育体制改革的决定 [EB/OL]. (1985 - 05 - 27) [2017 - 08 - 31]. http://old. moe. gov. cn/publicfiles/business/htmlfiles/moe/moe_177/200407/2482. html.
② 我国学位与研究生教育大事记(1988 年)[J]. 学位与研究生教育,1989(3):76 - 78 + 72.
③ 邓光平. 我国专业学位设置的政策分析 [D]. 武汉:华中科技大学,2006.

职联考"为主的专业学位招生制度体系在这一时期发展迅速。

1. 硕士统考制度基本稳定，形式和内容逐渐成熟

经过重建阶段的不断完善，硕士统考形成了"初试（政治理论、外国语、业务课）+复试"的结构。在成熟阶段整体考试结构保持稳定，初始与复试的内容、形式等不断开展改革试点，在探索中逐渐成熟。2002年，教育部将初试科目由5门改为4门，并提出加强和改进复试，初试科目保留政治理论、外国语、基础课和专业基础课，将与招生专业相关度高，且体现招生单位特色的专业课调整到复试中进行。文件提出复试重在考察学生的素质和能力，招生单位要探索强化复试的科学性和有效性的具体措施和办法。

2006年，教育部出台复试纲领性文件——《关于加强硕士研究生招生复试工作的指导意见》（教学〔2006〕4号），依据有关法律法规，在复试工作原则，复试组织管理，复试准备工作，复试主要方式和内容，复试成绩的使用，复试的监督、复议等方面提出指导意见，明确"复试成绩不合格者，不予录取""复试成绩占总成绩的权重一般在30%~50%的范围内"，确立了复试在招生选拔中的地位和作用。

2. 推荐免试制度成熟

1992年，国家教育委员会制定了现行的"推荐免试"制度：关于推荐免试推荐优秀应届本科毕业生免试为硕士生，是近年来为鼓励在校本科生努力学习，并争取研究生招生单位有较好的生源的重要措施。为保证这部分生源的质量，国家教委对有权进行这项工作的院校及推荐比例都有明确的规定，并制定了"设有研究生院的院校推荐生占本校当年应届本科毕业生的比例为3%，其他院校为1%"的推荐免试比例。之后推荐比例逐步提升，1993年将设研究生院的院校推荐生占当年应届本科毕业生的比例提高到5%，1994年将其他院校推荐免试生占当年本校应届本科毕业生的比例提高到2%。

2006年，教育部出台了推荐免试的纲领性文件——《关于印发〈全国普通高等学校推荐优秀应届本科毕业生免试攻读硕士学位研究生工作管理办法（试行）〉的通知》（教学〔2006〕14号），明确了推免制度的意义，并对"加强对推免生工作的领导和管理""建立、健全推免生工作规章制度""坚持公平、公正，加强对特殊才能人才的选拔""实行有进有出的动态管理机制"等方面提出了明确要求。

3. 单独考试规模稳定、程序规范

国家教育委员会在1990年要求招生单位单独考试时间的安排"应与全国统一考试的时间同步"。1991年提出"各有权对在职人员考生进行单独考试的招生单位，必须认真审查考生资格。命题原则及要求应与全国统考生的试题大体一致"。1993年提出"招生单位还必须对所有参加单独考试的考生进行面试……单独考试报名工作截止日期须与统考报名截止日期相同，且考试时间必须与全国硕士生统考时间一致"。单独考试从难度水平、考试安排和考察程序等方面，全面向全国统考靠拢。

1997年，国家教育委员会规定"1998年不增批新的单考单位。1998年及以后，该限额数不再随每年硕士生国家招生计划的增长而增加"。1998年全国共批准159家招生单位招收共计5 180名单考生，2000年增加至5 510人后基本保持稳定，到2007招收单考生的单位共计158家，招生名额5 600人。单独考试主要面向国家急需人才的艰苦地区和艰苦行业招收优秀在职人员，要求各有关高校单独考试中理学、工学、农学和医学学科门类招生人数不低

于总数的70%，其中艰苦行业主要指航空、航天、地质、矿产、石油、核工业、水利、冶金、测绘等国家急需而又艰苦的行业。

4. 博士招生权限下放、形式多元

这一阶段整体基本沿用了前一阶段形成的《关于招收攻读博士学位研究生的暂行规定》的通知（82教高二字032号）和教育部《关于硕士生提前攻读博士学位问题的通知》（84教研字054号）文件要求，采取公开招考或硕士提前攻读的方式选拔博士生，相关报考条件和选拔程序都保持稳定，国家下达计划，招生单位负责具体选拔。

博士生指导教师审批权限一再下放。1995年，国务院学位委员会发布《关于改革博士生指导教师审核办法的通知》（学位〔1995〕20号），指出"从1995年起，申请招收培养博士生的指导教师不再单独提交国务院学位委员会审批，改为由博士学位授予单位或有关主管部门在审定所属各博士点招收培养博士生计划的同时，遴选确定招收培养博士生的指导教师"①。1999年，国务院学位委员会下发《关于进一步下放博士生指导教师审批权的通知》（学位〔1999〕9号），决定在1995年改革博士生指导教师审核办法的基础上，自通知发布之日起将博士生指导教师的审批权下放给全部博士学位授予单位，由博士学位授予单位在审定所属各博士学位授权学科、专业点招收培养博士生计划的同时，选聘招收培养博士生的指导教师②。

招生方式进一步多元化。1998年，博士生招生的选拔方式有公开招考、提前攻读博士学位（提前攻博）、硕士博士学位连读（硕博连读）三种，此时所有招生单位一律不得采用推荐免试方式招收博士生（这一点与现行的直接攻博完全不同）。2000年，教育部同意北京大学在数学系、物理系、地球物理系、技术物理系、电子学系、地质学系和信息科学中心等试行通过考试招收优秀应届本科毕业生直接攻读博士学位研究生的工作，开启了直博生选拔培养的试点工作。2002年，教育部对博士生选拔方式做了新的规定，将选拔方式分为四种：公开招考、提前攻博、硕博连读、直接攻博。此时的"直接攻博"是指应届本科毕业生直接报名参加博士考试，与推荐免试是完全分离的。

部分高校在这一阶段探索实施申请考核制招生。2003年，北京大学为了解决复试人数过多导致的复试不充分、效果不佳等问题，在其2004年博士招生简章中，将"入学考试"改为"入学选拔"，将博士生选拔分为初试、提交申请材料和复试三部分，通过充分审核材料、结合初始成绩来确定复试候选人，将初试和复试分开，合理减少复试人数，提高复试的针对性和深入性。最终的录取结果由初试成绩、申请材料和复试成绩共同决定③，这一举措是国内最初改变"一考定终身"方式，以国际通行的"申请考核"制为导向的博士招生改革。2004年，复旦大学在全国率先全面实行博导自主招收博士生改革④。2006年，浙江大学在秋季博士生招生中，改革复试的划线标准，采用多种形式和途径，增强对考生研究能力和素质考核，授权学院根据学科需要，确定是否需要考生进一步提供或补充能说明考生水平

---

① 佚名. 中国学位与研究生教育大事记（1995年）[J]. 学位与研究生教育，1996（6）：71–75.
② 佚名. 中国学位与研究生教育大事记（1999年）[J]. 学位与研究生教育，2001（7）：75–77.
③ 北大博士招生："选拔"替代"考试"[EB/OL]. (2003–08–04) [2017–08–31]. http://www.eol.cn/kaoyan_news_3989/20060323/t20060323_78602.shtml.
④ 博导可自主招收博士生 复旦大学将率先实行[EB/OL]. (2004–02–03) [2017–08–31]. http://news.163.com/2004w02/12471/2004w02_1077501623778.html.

和能力的材料,例如证明本人学业水平的研究生和本科成绩单、科研能力的有关证明、获奖情况发表论文等,都是以"申请考核制"为面向的改革试点①。2007年,复旦大学医学院招生要求报考除公共卫生学院、药学院外的医学类专业博士生,必须翔实提供7份申请材料,包括学习和从事临床或科学研究的经历,硕士学位论文,已有科研成果、专利、发表论文等,拟攻读博士学位的科学研究计划书,两位具有正高职称专家出具的推荐信等。作为申请制中特别重视的一环,科学研究计划书不得少于5 000字。复旦大学医学院将依据初试成绩及对考生申请材料的综合评估,确定差额复试名单,从而加强对考生综合素质、临床技能或科研能力的考查②。这次招生改革是学者普遍认可的国内高校首次正式通过"申请考核制"招收博士生。

5. 在职人员攻读硕士专业学位形成特色体系

1990年10月5日国务院学位委员会第九次会议通过的《关于设置和试办工商管理硕士学位的几点意见》,我国第一个专业学位工商管理硕士(MBA)产生,此次会议还结合国际惯例和我国实际情况,正式确定了"专业学位(Professional Degree)"的称谓。1992年,国务院学位委员会第十一次会议批准了《关于按专业授予专业学位证书的建议》提出的学位授予方式的调整方案,即学术学位按门类授予,专业学位按专业学位类型授予,这标志着专业学位体系的正式建立。1996年,国务院第十四次会议审议通过的《专业学位设置审批暂行办法》(学位〔1996〕30号),确立了我国专业学位体系的基本构成③。

在职联合考试制度形成。在试点招生的最初几年,我国MBA考试科目采取与全国统考相同的设置,MBA教育指导委员会决定自1997年起26所试办MBA院校试行由数学、语文与逻辑、英语、政治、管理基础等内容构成的联考制度,简称"97MBA联考"。1998年,国务院学位委员会、国家教育委员会转发教育硕士专业学位专家指导小组秘书处制定的《关于加强1998年在职攻读教育硕士专业学位全国统一(联合)入学考试考务工作的通知》(学位办〔1998〕27号)④,从1998年起开展基础教育教学和管理人员在职攻读教育硕士专业学位,当年4月11日至12日举行全国统一(联合)入学考试。从考试时间上,与当年1月16日至1月18日举行的全国统考(含"98MBA联考")独立开来。在"97MBA联考"和1998年在职联考的成功基础上,逐渐形成了面向在职人员攻读硕士学位的在职联考招生制度体系,2001年始在职攻读硕士学位入学考试全部实行全国统一联考。

硕士学位研究生入学资格考试(GCT考试)发展成熟。国务院学位委员会办公室2001年12月组织成立的非全日制研究生入学考试改革研究小组在调查研究基础上,提出了综合素质测试型的入学考试办法。该考试办法借鉴了国外先进的研究生入学考试模式,结合了我国的实际,将入学考试定为两段制。2003年首先面向招收在职人员攻读工程硕士专业学位推行"工程硕士专业学位研究生入学资格考试"(简称GCT-ME),2004年,适用范围增加

---

① 外语不达标照样读博 浙大改革博士生招生办法[EB/OL].(2006-08-09)[2017-08-31]. http://edu.sina.com.cn/exam/2006-08-09/110249539.html.
② 上海复旦大学医学博士招生将首次试行申请制[EB/OL].(2006-12-22)[2017-08-31]. http://www.gov.cn/fwxx/wy/2006-12/22/content_475834.htm.
③ 黄宝印. 我国专业学位教育发展的回顾与思考(上)[J]. 学位与研究生教育, 2007(6): 4-8.
④ 关于转发《关于加强1998年在职攻读教育硕士专业学位全国统一(联合)入学考试考务工作的通知》的通知[EB/OL].(1998-03-28)[2017-08-31]. http://www.moe.edu.cn/srcsite/A22/s7065/199803/t19980318_162232.html.

了报考农业推广和兽医专业硕士的考生，考试名称去掉了"工程"二字。2005年，国务院学位委员会办公室组织专家对2003版考试大纲进行了修订，考试适用范围又增加了报考风景园林硕士，以及高等学校教师、中等职业学校教师在职攻读硕士学位的考生，考试名称改为"硕士学位研究生入学资格考试"，2007年汉语国际教育硕士和翻译硕士也采用GCT方式考试，GCT考试以其考生规模大、跨学科适应性强的特点，以及其相对成熟的考试内容和考察体系，成为我国专业学位研究生招生最为典型的考试形式[①]。

（三）综合改革阶段（2009至今）

经历了近二十年的快速稳定发展之后，我国研究生教育的规模已基本满足人才需求，研究生教育的发展由规模扩张转为内涵提升，高质量发展成为从教育大国向教育强国转变的必由之路，研究生招生也相应开始了优化调整。

1. 大力推进全日制专业学位硕士教育发展

2009年2月，教育部决定在拟下达的2009年研究生招生计划基础上，增加5万名全日制专业学位硕士研究生招生计划，主要用于招收当年考研的应届本科毕业生[②]。同年3月，教育部发布《关于做好全日制硕士专业学位研究生培养工作的若干意见》（教研〔2009〕1号），确定了我国逐渐将硕士研究生教育从以培养学术型人才为主向以培养应用型人才为主转变的战略方向。除工商管理硕士（MBA）、公共管理硕士（MPA）、工程硕士的项目管理方向、公共卫生硕士、体育硕士的竞赛组织方向等管理类专业和少数目前不适宜应届毕业生就读的专业学位外，其他专业学位均面向应届毕业生招收专业学位研究生，实行全日制培养。随后，教育部接连出台了一系列政策，大力支持全日制专业学位研究生教育的发展。2020年，国务院学位委员会和教育部印发《专业学位研究生教育发展方案（2020—2025）》，明确提出到2025年，以国家重大战略、关键领域和社会重大需求为重点，增设一批硕士、博士专业学位类别，将硕士专业学位研究生招生规模扩大到硕士研究生招生总规模的三分之二左右，大幅增加博士专业学位研究生招生数量。

（1）招生计划倾斜支持。

2010年，教育部、国家发展改革委提出"着力调整优化学科专业和层次类型结构，着力扩大高层次应用型人才，特别是全日制专业学位研究生培养规模"，要求"各具有专业学位授权的招生单位应以2009年为基数按5%～10%减少学术型招生人数，调减出的部分全部用于增加专业学位研究生招生"。

2011年的研究生招生计划提出"坚持内涵式发展，着力优化学科专业和层次类型结构，加快发展专业学位研究生教育""招生计划方面，要求各招生单位除将当年招生计划的增量部分主要安排专业学位研究生招生外，还应将2010年学术型研究生招生规模数按原则上不少于5%的比例调至专业学位"。

2012年、2013年关于招收攻读硕士学位研究生工作的通知文件，继续坚持"以增量促存量"的原则，做好学术学位和专业学位研究生招生计划安排的结构调整，坚持每年存量部分中的学术学位计划按不少于5%的比例调减，用于增加专业学位计划。

---

① 马永红. 工程硕士招生制度改革研究报告［R］. 北京：北京航空航天大学高等教育研究院，2014.
② 中国研究生招生信息网. 2009年全国将增招5万全日制硕士专业学位研究生［EB/OL］.（2009－02－16）［2017－08－31］. http://yz.chsi.com.cn/z/yzkz/.

2014—2017年连续四年强调"重点支持专业学位研究生教育发展,扩大应用型、复合型高层次人才培养规模"。其中从2015年开始明确"招生单位内,学术型招生计划可调整到专业学位使用,但专业学位招生计划不得调整到学术型专业使用"。

2018年以后,全国研究生招生计划不再以文件形式公开下发,各招生单位发布的具体招生计划显示,专业学位招生计划已经占到硕士研究生总计划的一半以上。

(2)招生考试适应性调整。

从推荐免试和统一考试两个方面同时推动全日制专业学位研究生招生。

推荐免试方面。2010年明确"为推动研究生招生制度改革和研究生教育结构的调整,2010年推免生名额分为学术型和专业学位两个部分……专业学位研究生推免名额不得用于学术型研究生"。2013年进一步倾斜,规定"学术型名额可用于推荐攻读学术学位研究生(包括直博生)或专业学位硕士研究生,专业学位名额仅限用于推荐攻读专业学位硕士研究生"。

统一考试中,教育部2010年要求各招生单位按照"科目对应、分值相等、内容区别"的要求设置专业学位研究生招生考试科目,根据培养要求和生源特点确定考试内容,突出对考生运用基础知识和基本理论分析问题、解决实际问题能力的考查。全国统考科目中,从2010年起外国语科目增加一套统考英语试题(即英语二)供部分专业学位研究生招生时选用,原统考英语试题名称相应改为"英语一"。

(3)完善配套政策。

教育部《关于做好2009年全日制专业学位硕士研究生招生工作的通知》(教学司〔2009〕2号)从认识高度、宣传工作、复试标准、调剂政策、复试工作和录取工作等方面,全面推进全日制专业学位硕士研究生的招生,明确"全日制专业学位研究生与学术型研究生属同一层次的不同类型,要严格按照'一视同仁,同等对待'原则确定考生进入复试的分数标准……要研究制定适合专业学位研究生选拔特点的复试方法和内容,更加突出对专业知识的应用和专业能力倾向的考查,加强对考生实践经验和科研动手能力等方面的考查"。《关于做好全日制硕士专业学位研究生培养工作的若干意见》(教研〔2009〕1号)从学位与研究生教育积极主动适应经济社会发展、自身发展和完善学位制度等方面,论证了发展全日制硕士专业学位研究生教育的重要性,并要求各培养单位从科学定位、教学要求、实践要求、学位论文等方面创新全日制硕士专业学位研究生教育的培养模式,确保培养质量,为全日制专业学位硕士教育有序发展奠定基础。

学费等相关政策方面,教育部2009年要求"各校在研究提出全日制专业学位硕士研究生学费收费标准时,按不高于本校现行普通专业学术型自筹经费研究生收费标准确定(没有普通专业学术型自筹经费研究生的学校,应参照当地其他院校同类专业的有关收费标准确定);各省级教育行政部门在研究提出高校全日制专业学位硕士研究生收费标准,报同级价格、财政部门审核时按此原则掌握……学校为全日制专业学位硕士研究生提供住宿的,可以收取住宿费,具体标准须与各校现行自筹经费研究生住宿费标准相同"。2010年提出"将家庭经济困难的全日制硕士专业学位研究生的资助纳入全校资助工作范围,在政策措施、经费投入、条件保障等方面与普通研究生一视同仁,使家庭经济困难的全日制硕士专业学位研究生获得相应的资助"。从收费与资助两个方向,共同确立全日制专业学位与学术学位"平起平坐"的地位。

2. 统筹全日制与非全日制招生

1991年开始陆续开展招生的MBA、教育硕士、法律硕士等专业学位是与学术型硕士生同时组织考试、同时复试录取的，也大多采取全日制学习方式，完成学业后可以获得学位证和学历证（毕业证），俗称"双证"硕士。在职联考产生以后，这些专业学位形成了"全日制、非全日制并存，非全日制为主"的局面，而后面增加的工程硕士等，仅以非全日制学习方式、只获得学位证的"单证"的形式存在。1998年至2015年期间，我国逐渐形成了独特的"单双证"双轨并行的招生制度体系，其中"双证"以学术学位为绝大多数，专业学位仅有MBA、教育硕士、法律硕士等少数专业，总体量在专业学位中的比重也较小；"单证"全部为专业学位，并且是专业学位教育最主要的形式。2009年开始招收全日制专业学位硕士研究生以后，大多数专业学位都形成了"全日制、非全日制并存，全日制为主"的局面。招生选拔方面，全日制硕士包括推荐免试、统一考试、单独考试、联合考试，非全日制硕士采取在职联考或招生单位自主招生。自此逐渐开始全日制专业学位硕士的结构性增招[①]，在职联考和自主招生取消后招考方式统一为全国统一考试、单独考试以及推荐免试。

2013年开始，国家开始逐渐改革在职人员攻读硕士专业学位考试的招生方式。2013年，国务院学位委员会、教育部、国家发展改革委联合发布了《关于进一步加强在职人员攻读硕士专业学位和授予同等学力人员硕士、博士学位管理工作的意见》（学位〔2013〕36号），规定"从2014年起，各培养单位的示范性软件学院不再自行组织考试招收软件工程领域工程硕士研究生，其招生工作纳入在职人员攻读硕士专业学位全国联考统一管理。严禁委托中介机构组织和参与在职人员攻读硕士专业学位的招生和教学活动"。2014年，国务院学位委员会办公室在《关于2014年招收在职人员攻读硕士专业学位工作的通知》（学位办〔2014〕18号）中明确"为统一管理各类研究生招生工作，从2016年起，我办不再组织在职人员攻读硕士专业学位全国联考。除高级管理人员工商管理硕士外，其他类别的在职人员攻读硕士专业学位招生工作，将以非全日制研究生教育形式纳入国家招生计划和全国硕士研究生统一入学考试"，"2014年、2015年，报考示范性软件学院软件工程领域工程硕士需参加全国联考，招生计划单列；报考高级管理人员工商管理硕士无需参加全国联考，但报名、录取工作均需通过信息平台进行"。2016年，教育部发布《关于进一步规范工商管理硕士专业学位研究生教育的意见》（教研〔2016〕2号），决定"自2016年12月1日起，各培养院校不再自行组织高级管理人员工商管理硕士专业学位研究生招生考试"。在职人员攻读硕士专业学位的专属招生通道正式宣告关闭。

2016年9月，教育部办公厅发布《关于统筹全日制和非全日制研究生管理工作的通知》（教研厅〔2016〕2号），对我国长期以来形成的复杂多样的研究生教育体系进行全面梳理，准确界定了全日制和非全日制研究生的概念，统一下达全日制和非全日制研究生招生计划，统一组织实施全日制和非全日制研究生招生录取，全日制和非全日制研究生考试招生依据国家统一要求，执行相同的政策和标准，坚持全日制和非全日制研究生教育同一质量标准，明确全日制和非全日制研究生实行相同的考试招生政策和培养标准，其学历学位证书具有同等法律地位和相同效力。至此，在我国存在近20年的"单证在职专硕"教育制度终结，学位

---

① 朱鹏宇，马永红，白丽新．新中国成立70年来研究生招生制度变迁逻辑：回顾与展望［J］．中国高教研究，2019（11）：27-33+82．

与研究生教育结构进一步清晰,为我国成为研究生教育强国奠定了制度基础。

3. 博士招生方式整合与创新

(1) 直接攻博方式纳入推荐应届本科毕业生免试攻读研究生体系。

2008年,教育部要求"各招生单位要进一步规范从应届本科毕业生中以直接攻博方式招收博士生(直博生)的做法,把选拔直博生工作纳入推免生工作总体部署之中,经批准设立研究生院的各高校选拔直博生必须从取得推免生资格的优秀应届本科毕业生中遴选(控制在博士生招生规模的10%以内)"。同年,教育部明确"2009年继续采用公开招考、提前攻博、硕博连读和直接攻博(直博生)四种方式招收博士生……直博生招生对象必须是具有推免生资格的优秀应届本科毕业生"。从2009年起,彻底停止了"不允许采用推荐免试方式招收博士生",转而要求直博生必须是获得推荐免试资格的应届本科生。

直博生生源范围变化。教育部从2010年开始分学术型和专业型下达各本科学校推荐免试攻读研究生的名额数,要求"招收直接攻读博士学位研究生的高校须从取得学术型推荐免试生资格的优秀应届本科毕业生中遴选"(依据《关于做好2011年推荐优秀应届本科毕业生免试攻读硕士学位研究生工作的通知》(教学〔2010〕24号)文件中"仍须"二字推知),此时直博生的生源被限定为"获得学术型推荐免试生资格的优秀应届本科毕业生"。2014年起,教育部下达推免名额时不再区分学术学位和专业学位,直博生的生源范围重新扩大为全体推免生。

(2) 提前攻博并入硕博连读。

《关于做好2009年招收攻读博士学位研究生工作的通知》(教学〔2008〕20号)附件《2009年全国招收攻读博士学位研究生工作办法》中列出四种选拔方式:公开招考、提前攻博、硕博连读和直接攻博。教育部《关于印发〈2010年全国招收攻读博士学位研究生工作管理办法〉的通知》(教学〔2009〕16号)中调整为普通招考、硕博连读和直接攻博三种。具体内容如表2-2所示。

表2-2 2009年、2010年博士研究生招生方式

2009		2010	
公开招考	招生单位面向全社会,自行命题并组织入学考试,择优录取的招生方式	普通招考	招生单位面向所有符合报考条件的已获得硕士学位人员、应届硕士毕业生及同等学力人员进行公开招考选拔博士生
提前攻博	招生单位从本单位提前完成硕士课程学习并且成绩优异、具有较强创新精神和科研能力,尚未进入论文阶段或正在进行论文工作的在学硕士生中选拔博士生的方式	硕博连读	招生单位从本单位已完成规定课程学习且成绩优秀,具有较强创新精神和科研能力的在学硕士生中择优遴选博士生的招生方式
硕博连读	招生单位在本单位完成规定课程学习并且成绩优异,具有较强创新精神和科研能力的在学硕士生中遴选博士生的方式		

续表

2009		2010	
直接攻博	允许特定学科和专业的应届本科毕业生直接取得博士研究生入学资格的选拔方式	直接攻博	在国家允许的招生单位和专业范围内，按照有关规定选拔优秀的应届本科毕业生直接取得博士生入学资格的招生方式

通过表 2-2 可以观察到，此次改革最主要的就是取消了提前攻博方式，根据《2009 年全国招收攻读博士学位研究生工作办法》中关于提前攻博和硕博连读的定义，这两种招生方式最主要的区别有两点：①提前攻博要求"提前完成硕士课程学习……尚未进入论文阶段或正在进行论文工作"，硕博连读要求"完成规定课程学习"，对是否开展硕士学位论文工作没有要求。②提前攻博要求"考生进入博士阶段前要完成硕士论文答辩并取得硕士学位"，硕博连读则无此要求。通过对比可以看出，这两条区别规定，对博士生源的选拔意义并不具有本质性的区别，因此统一并入约束条件相对宽松的硕博连读方式。

(3) 申请考核制试点范围扩大，成为国家改革方向。

在复旦大学等申请考核制招生试点的带动下，采取此项改革措施的高校逐步增多。2009 年，上海交通大学提供 100 个"申请考核"制招生指标，在全校（医学院、外国语学院除外）开展专项招生选拔。2010 年，武汉大学批准中国科学院和中国工程院院士、人文社科资深教授、长江学者特聘教授、全国百篇优秀博士学位论文指导教师、国务院学科评议组成员、国家级教学名师、973 项目首席科学家与 863 项目计划领域专家等七类博士生导师，可以通过入学考核的方式，选拔博士考生中的优秀拔尖创新人才，每位导师每年最多以此方式招收 1 人。选择以入学考核方式报考的考生应提交相关证书、科研成果与科研计划等，同时按规定履行正常报名手续①。2011 年，清华大学、东南大学、浙江大学等 3 所高校加入申请考核制招生改革试点行列。2013 年，哈尔滨工业大学、同济大学、南京大学、华中科技大学、中国农业大学、湖南大学等 17 所高校加入改革的队伍。在国家政策的鼓励下，开展申请考核制招生试点的高校迅速增多，截止到 2015 年 12 月，全国已有 86 所高校开展试点②。

诸多高校的改革试点，取得了一定的成效，也积累了制度的经验，为国家总体改革布局提供了良好的参考，推动了国家对博士招生制度的深入改革。2010 年《国家中长期教育改革和发展规划纲要（2010—2020 年）》，提出"推进考试招生制度改革。以考试招生制度改革为突破口，克服一考定终身的弊端，推进素质教育实施和创新人才培养……完善高等学校考试招生制度。深化考试内容和形式改革，着重考查综合素质和能力"，为申请考核制的改革推进提供了良好的政策支撑。2013 年教育部、国家发展改革委和财政部联合下发了《关于深化研究生教育改革的意见》（教研〔2013〕1 号），明确提出：建立博士研究生选拔申请审核机制，发挥专家组审核作用，强化对科研创新能力和专业学术潜质的考察。首次正式确立了申请考核制招生在博士招生制度总体系中的地位。2014 年，国务院副总理刘延东在

---

① 七类博导可通过入学考核遴选尖人才 [EB/OL]. (2010-06-25) [2017-08-31]. http://whu.cuepa.cn/show_more.php?doc_id=323167.

② 廖莎. 我国博士招生"申请考核"制度探究 [D]. 武汉：华中科技大学，2016：35-36.

全国研究生教育质量工作会议暨国务院学位委员会第三十一次会议上的讲话指出"博士生招考要逐步建立'申请考核'制,注重对学生专业素养、研究能力和创新潜质的综合评价"。通过申请考核制招收博士生逐渐成为国家和高校一致认可的有效方式。

2017年,教育部办公厅在《关于做好2017年招收攻读博士学位研究生工作的通知》(教学厅〔2017〕2号)中提出"2017年博士研究生招生工作要全面贯彻党的教育方针,深入落实《国务院关于深化考试招生制度改革的实施意见》(国发〔2014〕35号)和《学位与研究生教育发展"十三五"规划》(教研〔2017〕1号)要求,以提高质量为核心,进一步深化博士研究生招生制度改革,推进完善博士研究生'申请考核'招生选拔机制,激发博士研究生教育活力,全面加强拔尖创新人才选拔",这是"申请考核"制招生首次出现在国家正式文件中,标志着改革进入全面化、制度化阶段。目前,我国"双一流"建设高校实施"申请考核"制的比例为85.71%,全面实施的有40.00%[①],其中36所"世界一流大学"建设高校(A类)的博士研究生招生方式均包括"申请考核"制。

4. 新冠疫情影响下的选拔过程调整

2020年1月爆发的新冠疫情,给当年春季进行的研究生复试工作带来巨大挑战。教育部办公厅当年4月发布《关于做好2020年全国硕士研究生复试工作的通知》,提出"在确保公平和可操作的前提下自主确定,可采取现场复试、网络远程复试、异地现场复试以及委托其他高校复试等……采取远程复试的,要对软件平台的适用性、安全性、可靠性和稳定性等功能进行充分评估,确保满足远程复试要求",并就维护考试的公平性和安全性提出要求:一是加强考生资格审查,要求招生单位会同技术平台提供方,积极运用"人脸识别""人证识别"等技术,并通过综合比对"报考库""学籍学历库""人口信息库""考生考试诚信档案库"等措施,加强对考生身份的审查核验,严防复试"替考"。二是严格复试过程管理,建立健全"随机确定考生复试次序""随机确定导师组组成人员""随机抽取复试试题"的"三随机"工作机制,要与考生逐一签订《诚信复试承诺书》,复试过程要全程录音录像,采取远程复试的,要选用统一的软件平台,强化技术支持和安全保障,提前组织模拟演练,确保复试过程安全、顺畅、稳定。

2020年12月、2021年12月和2022年12月举行的3次全国硕士研究生招生考试初试均在新冠疫情"乙类甲管"防控的背景下举行,其中前两次考试举行期间,全国疫情处于零星散发状态,主要采取了发热考生单设考场、隔离观察考生单设考场等措施,第三次考试在国务院联防联控机制综合组出台《进一步优化落实新冠疫情防控的措施》(即"新十条")之后,"乙类乙管"前夕,面临的是全国感染人数迅速攀升情况,各招生单位在教育部统筹下,通过启用备用考点、考场,以及灵活调整异地考试等方式,顺利完成了考试。

新冠疫情期间开展的研究生招生选拔,在法治、伦理、技术等多个方面都进行了开创性的探索,相关工作人员在此过程中积累的经验对未来的招生工作具有重要的参考价值。

---

① 周文辉,贺随波. 博士生招生"申请考核"制在我国"双一流"建设高校中扩散的制度分析[J]. 中国高教研究,2019(1):72-78+85.

第二节　研究生招生组织及管理体制

我国的研究生招生是在政府主管部门整体管理和统一规范下，由招生单位自主完成选拔的。政府的主要管理和规范职能是由教育部来完成的，如招生计划确定、报考资格的确定、统一考试的组织等。招生单位分别隶属于不同的企事业单位或地区，其招生工作在接受教育部统一管理的同时，也受其上级机构的协同管理。

一、研究生招生管理系统的主要构成

（一）政府机构

我国管理研究生招生的政府机构主要是教育部及其直属委办司局和各省级管理机构（包括省级教委、教育考试院）。其中教育部负责宏观管理全国硕士研究生招生工作，其主要职责包括：

（1）全国宏观政策把握，包括研究制定招生工作的方针、政策、规定和办法，发布年度招生考试公告，部署全国招生工作，并监督检查执行情况。会同国家有关部门制订并下达年度招生计划。

（2）组织实施全国硕士研究生招生考试，包括确定硕士研究生招生全国统一命题科目并审定考试大纲。监督、指导全国统一命题科目的命题工作和全国硕士研究生招生考试的组织实施工作。公布组织单独考试招收硕士研究生的招生单位名单及其年度招生限额。

（3）确定全国推荐免试攻读研究生的推荐和接收政策，包括制定推免工作政策，下达开展推荐优秀应届本科毕业生免试攻读研究生工作的高校年度推免名额，并指导有关地方和高校对推免工作进行监督和管理。

（4）部署全国博士生招生工作，并监督、检查执行情况。

（5）其他保障研究生招生顺利开展的工作，包括组织招生管理人员的培训工作，开展招生宣传和研究工作。推进招生信息公开，并对各省级教育行政部门、教育招生考试机构和研究生招生单位招生信息公开工作进行监督。指导督促有关部门和单位调查处理招生工作中发生的重大问题。

在教育部统一组织下，各省、自治区、直辖市的高等学校招生委员会负责本行政区域内研究生考试招生工作，统一领导协调本地各级教育行政部门、教育招生考试机构等部门和招生单位按照职责开展相关招生考试工作。主要包括以下内容：

（1）执行教育部关于招生工作的方针、政策、规定和办法，结合本地区的实际情况制订必要的补充规定，报教育部备案并组织实施。

（2）全面负责本地区考试安全工作。综合施策，建立健全防范和打击考试作弊工作体系，并开展专项治理；及时处置与本地区有关的考试招生安全突发事件；统筹做好组考防疫等工作。省（区、市）高等学校招生委员会主要负责人对考试安全工作负领导责任，省级教育行政部门主要负责人是第一责任人，省级教育招生考试机构主要负责人是直接责任人，相关部门的分管负责人对本部门职责范围内的工作负责。

（3）明确本省（区、市）教育行政部门、教育招生考试机构具体职责分工。积极适应研究生考试招生工作新形势新任务要求，加强本地区研究生考试招生机构和队伍建设，完善

考试招生工作人员常态化培训工作机制，确保有能力完成本地区研究生考试招生各项工作。

（4）组织本行政区域招生单位制定发布招生章程和招生专业目录。

（5）组织并做好全国统一命题科目试卷印制及保密、保管等工作，指导招生单位做好自命题科目的命题、制卷、寄送及保密、保管等工作，并开展监督检查，确保试题试卷绝对安全。设置报考点和评卷点。组织报名、考试、评卷等工作，按时、准确、规范上报有关信息数据。统筹建设和使用标准化考点，部署协调本行政区域内各级教育行政部门、教育招生考试机构及招生单位、各级各类学校，安排充足的考位和考试工作人员，服务保障考试组织工作。

（6）开展招生信息公开相关工作，并对本行政区域所有研究生招生单位招生信息公开工作进行监督与管理。做好考生信息的安全保密工作。

（7）协调并监督检查招生单位和报考点的考试招生工作，调查处理本地区考试招生工作中发生的问题。发现重大问题应立即向所在地省级人民政府和教育部报告。

（8）根据考生申请，对招生单位信访答复情况进行复查。

（9）组织开展招生宣传、咨询和研究工作。

（10）依法维护考生和招生工作人员的合法权益，保障招生考试工作人员的合理正当待遇。

（11）根据考生申请，对本单位有关考试招生行为进行调查、处理并给予答复。

（二）招生单位

我国的研究生招生单位主要包括高校和科研院所。在招生单位内部大多划分为招生管理部门和招生选拔单位：招生管理部门以研究生招生（处）办公室为主；高校内的招生选拔单位大多为学院（系、所），科研院所内的招生选拔单位大多为各专业研究所。

招生单位是本单位研究生考试招生工作的责任主体，其主要职责是：

（1）成立研究生招生工作领导小组，由本单位主要负责人牵头、分管负责人及校内纪检监察等有关部门负责人参加，主要负责人是本单位研究生考试招生工作第一责任人，分管负责人是直接责任人。研究生招生工作领导小组要落实教育部有关招生政策规定，及上级主管部门、所在省（区、市）高等学校招生委员会的补充规定，并结合本单位的实际情况，制订实施细则；加强组织协调，统筹和推进研究生考试招生工作；严格执行"集体议事、集体决策、会议决定"的规程，审议决策考试招生重大事项等。

（2）根据社会需求、办学条件和国家核定的招生规模，拟定本单位的分学科（类别）、专业（领域）的招生方案。编制公布招生章程和招生专业目录。按照省级教育招生考试机构要求，设立报考点和评卷点，做好考生报名、组考、评卷（含全国统一命题科目和自命题科目）等工作，并按时、准确、规范上报有关信息数据。

（3）组织实施本单位的招生选拔工作。具体包括参照教育、卫生健康等行政主管部门的体检工作相关规定，结合本单位情况，制订体检要求；审核考生的报考资格；组织命题、制卷、评卷、复试、体检、思想政治素质与道德品质考核、录取等工作，并做好相应的安全保密工作以及考生信息的安全保密工作。

（4）本单位招生选拔过程监督。具体包括按规定开展本单位招生信息公开和相关解释工作；以及根据考生申请，对本单位有关考试招生行为进行调查、处理并给予答复。

（5）开展招生宣传、咨询和研究工作。

（6）设置研究生招生工作机构，合理确定必要的人员编制，配备一定数量的专职人员负责招生工作，并组织培训招生工作人员；遴选指导教师，制订指导教师管理办法，定期开展导师培训；依法维护考生和招生工作人员的合法权益，保障招生考试工作人员的合理正当待遇。

（三）研究生招生管理系统结构

我国目前的招生管理系统结构，是以教育部为总协调，各省级单位和招生单位逐层管理，而根据管辖权限的划分，招生单位分为教育部直属、其他单位直属、解放军、地方等多种隶属类型，以及若干党校。主要结构构成如表2-3及图2-1所示。

表2-3 我国目前的招生管理系统
（1）部、委、办、局等管辖的高等学校

管辖单位	高等学校
教育部	北京大学等79所
中央办公厅	北京电子科技学院
外交部	外交学院
国家民族事务委员会	中央民族大学等6所
公安部	中国人民公安大学等3所
司法部	中央司法警官学院
工业与信息化部	北京航空航天大学等7所
交通运输部	大连海事大学
国家卫生健康委员会	北京协和医学院
海关总署	上海海关学院
中国民用航空局	中国民航大学
中国地震局	防灾科技学院
国务院侨务办公室	暨南大学
应急管理部	华北科技学院
国家体育总局	北京体育大学等3所
中国科学院	中国科学院大学等2所
中华全国总工会	中国劳动关系学院
中国共产主义青年团中央	中国青年政治学院
中华全国妇女联合会	中华女子学院
中国民用航空局	中国民用航空飞行学院
中央统战部	中央社会主义学院等3所
财政部	北京国家会计学院等3所
中国社会科学院	中国社会科学院大学

（2）地方管辖的高等学校

管辖单位	高等学校
新疆生产建设兵团	石河子大学等 2 所
省（自治区、直辖市）	北京工业大学等 509 所

（3）部、委、办、局等管辖的科研机构

管辖单位	科研机构
工业和信息化部	中国原子能科学研究院等 90 所
交通运输部	交通运输部公路科学研究院等 2 所
国家卫生健康委员会	中国疾病预防控制中心等 3 所
中国地震局	中国地震局地球物理研究所等 6 所
科学技术部	中国科学技术信息研究所
财政部	中国财政科学研究院
商务部	商务部国际贸易经济合作研究院
农业农村部	中国农业科学院等 2 所
水利部	中国水利水电科学研究院等 3 所
住房和城乡建设部	中国城市规划设计研究院
自然资源部	中国地质科学院等 6 所
文化和旅游部	中国艺术研究院
中宣部	中国电影艺术研究中心
中国气象局	中国气象科学研究院
国家海洋局	自然资源部第一海洋研究所
国家市场监督管理总局	中国食品药品检定研究院等 2 所
国家林业和草原局	中国林业科学研究院
生态环境部	中国环境科学研究院
国家烟草专卖局	中国烟草总公司郑州烟草研究院
国家中医药管理局	中国中医科学院
信息产业部	电信科学技术第一研究所等 3 所
应急管理部	应急管理部国家自然灾害防治研究院
国家体育总局	国家体育总局体育科学研究所等 3 所

（4）地方管辖的科研机构

管辖单位	科研机构
省（自治区、直辖市）	中国建筑科学研究院等 47 所

（5）解放军高等学校，科研机构

高等学校	科研机构
国防科技大学等 34 所	军事科学院等 3 所

（6）其他企事业单位管辖的科研机构和高校

高等学校	科研机构
中央党校	中共中央党校（国家行政学院）
中钢集团公司	中钢集团天津地质研究院有限公司等 4 所
中国医药集团总公司	北京生物制品研究所等 3 所
中国生物制品总公司	武汉生物制品研究所等 2 所
中国铁路总公司	中国铁道科学研究院
中国石油化工集团有限公司	北京化工研究院等 2 所
中国石油天然气集团公司	中国石油勘探开发研究院
煤炭科学研究总院	煤炭科学研究总院
中国电子科技集团公司	中国电子科技集团公司电子科学研究院
中国工程物理研究院	中国工程物理研究院
机械科学研究院	机械科学研究总院等 7 所
国家电网公司	中国电力科学研究院等 2 所
转制科研单位	中国日用化学工业研究院等 7 所

（7）党校系列

中共中央党校及地方党校共 15 所。

注：数据来自中国研究生招生信息网

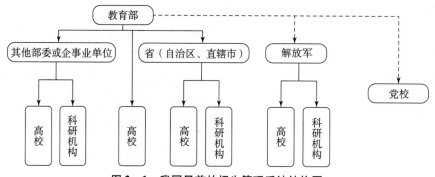

图 2-1 我国目前的招生管理系统结构图

二、研究生招生计划的管理体制

（一）"四层级"的纵向体系

纵观整个研究生招生计划管理过程，从宏观到微观大致可以划分为 4 个管理层级：国家级、省部级、招生单位级、院系级。

1. 全国整体管理

研究生招生计划作为全国高等教育年度招生计划的重要组成部分,一直是国家宏观调控高等教育规模和结构的重要内容,列入年度国民经济和社会发展计划,每年的招生计划都要经国务院同意和全国人大审议通过后,由国家发展改革委和教育部共同管理和组织实施。发改委主要负责全国研究生招生总量计划审批,教育部主要负责研究生分地区分部门分学校招生计划审批[1]。

2. 省部级管理

省部级招生计划管理的主体是各省政府和相关部委(例如教育部、工业和信息化部、公安部、交通部等),省级政府一般由教育厅(教委)负责具体工作,各部委一般由相应司局负责具体工作。这一层级发挥的是承上启下的管理职能,对本省(本部门)下辖高校的招生总规模有建议权,对下辖各高校的具体计划安排有决策权。

3. 招生单位级管理

招生单位以高等学校为绝大多数,还包括部分科研机构和党校。高等学校和党校一般都有专门负责研究生招生管理的部门,其中大部分属于学校的研究生院(处、部),科研机构一般招收研究生的规模较小,多由负责人力资源的部门兼管。招生单位是上级部门进行管理的直接主体,其在研究生招生计划管理过程中最主要的职能是对本单位的招生计划进行合理化分配,对院系的执行过程进行监督和管理。有实际需求时,招生单位可以向主管部门提出关于本单位招生规模调整的申请。

4. 院系级管理

高等学校的研究生招生管理一般都是"校+院系"的二级模式,具体的招生工作由各院系完成;部分科研机构也采取类似的组织架构,例如中国航空工业集团的研究生教育是由中国航空研究院统筹管理,集团下辖各研究院所具体执行。院系级管理可谓是整个管理系统的"毛细血管",是真正将招生计划落实为招生行为的环节。在这个环节,主要完成的是在学校分拨的招生规模内,确定各个专业、各种类型的具体招生人数。

(二)"三阶段"的管理过程

我国每年的全国的招生计划总量、分省分部门按照意见等重要决策,都是由教育部和发改委共同会商,集体决策,形成一致意见后纳入年度国民经济和社会发展计划草案报国务院,国务院研究同意并报请全国人大审查核准后,再由两部委组织各地各部委执行[2]。决策阶段的主要流程包括:

1. 全国整体决策

教育部每年8—9月对全国各地、各部门和各直属高校本年度研究生招生计划执行情况进行汇总。10—11月,在对汇总数据进行全面深入分析的基础上,教育部根据发改委编制

---

[1] 国务院. 国务院关于取消非行政许可审批事项的决定 [EB/OL]. (2015-05-14) [2017-04-22]. http://www.gov.cn/zhengce/content/2015-05/14/content_9749.htm.

[2] 教育部. 教育部关于进一步规范高等教育招生计划管理工作的意见 [EB/OL]. (2016-03-27) [2017-04-22]. http://www.moe.edu.cn/srcsite/A03/s180/s3011/201604/t20160411_237526.html.

年度国民经济和社会发展计划的工作要求，统筹学科现状、师资力量、科研平台、科研经费、成果效益等五方面因素，提出年度全国研究生招生计划总量安排建议、安排原则和工作重点，会同发改委共同行文，部署各地各部门申报年度招生计划总量。12月到第二年上半年，教育部利用招生计划测算模型测算结果，提出分省分部门招生计划安排初步意见，会商发改委研究确定分省分部门招生计划。各类专项计划一般也在这个阶段确定，过程中会有相关的部门参与，例如2017年前少数民族高层次骨干人才研究生招生计划要"经商财政部"①，2019年"退役大学生士兵"专项硕士研究生招生计划是为了"深入落实国务院、中央军委全国征兵工作有关精神和2018年全国大学生征兵工作网络视频会议要求，充分发挥政策激励作用"②，高等学校与科研机构联合培养研究生试点工作专项招生计划是教育部与中国工程院共同推动的，等等。

2. 分省分部门决策

次年1—2月，教育部会同相关部门部署分学校分专业招生计划编制工作，要求各省各部门根据两部门研究确定的分省分部门总规模数，研究确定所属各高校的招生计划数并反馈教育部，同时指导学校做好分专业招生计划安排工作。在此阶段，教育部既要承担汇总各省各部门招生计划安排的任务，又要完成对教育部直属高校的具体计划安排，扮演了两种不同的角色。

3. 招生单位决策和执行阶段

各招生单位一般在2月收到上级下达的当年招生规模。在计划执行之前，教育部要对全国招生单位的硕士研究生分专业招生计划进行汇总，各招生单位根据主管部门下达的硕士研究生招生总规模编制本单位分专业招生计划，经主管部门审核后报省级教育招生考试机构汇总备案，再由省级教育招生考试机构通过中国研究生招生信息网"硕士分专业计划上报系统"报送教育部高校学生司。博士分专业的招生计划由招生单位自行决定。

（三）专项计划

专项计划是指国家为了满足一定的战略目标，单独设置的研究生招生计划，可分为探索和保障两个大类。探索类包括协同创新中心研究生专项招生计划、"千人计划"研究生专项招生计划、高等学校与科研机构联合培养研究生试点工作专项招生计划、联合培养单位招生计划等，设置此类专项计划是为了充分利用优质的教育资源（师资、条件、平台等），加大力度促进拔尖创新人才培养和寻求教育模式的突破。保障类包括"少数民族高层次骨干人才"研究生招生计划、对口支援西部地区高校定向培养研究生计划、高校思想政治理论课教师攻读博士学位招生计划、高校辅导员攻读博士学位招生计划、"农村学校教育硕士师资培养计划"专项招生计划、"援藏计划"专项硕士生招生计划、"援疆博士师资"专项招生计划、退役大学生士兵专项硕士研究生招生计划、"强军计划"专项硕士生招生计划、免费师范生在职攻读教育硕士计划等③，设置此类专项计划是通过对符合特定条件的人群进行招

---

① 教育部. 办公厅关于下达2017年少数民族高层次骨干人才研究生招生计划的通知[EB/OL]. (2016-10-18) [2017-04-22]. http://yz.chsi.com.cn/kyzx/zcdh/201610/20161008/1558458543.html.

② 教育部办公厅. 关于做好2019年"退役大学生士兵"专项硕士研究生招生计划招生工作的通知[EB/OL]. (2018-08-27) [2023-09-27]. http://www.moe.gov.cn/srcsite/A15/moe_778/s3113/201809/t20180903_347088.html.

③ 教育部办公厅. 关于做好2017年研究生招生计划编制和管理工作的通知[Z]. (2017-03-04) [2017-04-22].

生计划上的倾斜，从而在一定程度上促进某些欠发达地区或紧缺领域人才队伍的发展，满足国家的战略需求。表2-4为我国研究生专项招生计划结构表。

表2-4 我国研究生专项招生计划结构表（含2017年计划规模）

类别		专项计划	博士		硕士	
			学术学位	专业学位	学术学位	专业学位
探索类		协同创新中心研究生专项招生计划	3 922		7 560	
		"千人计划"研究生专项招生计划	6 258		8 431	
		高等学校与科研机构联合培养研究生试点工作专项招生计划	1 648		254	
		联合培养单位招生计划安排	54		79	
保障类	地区导向	"少数民族高层次骨干人才"研究生招生计划	1 000		4 000	
		对口支援西部地区高校定向培养研究生计划	400		98	
		"援藏计划"专项硕士生招生计划	2		137	
		"援疆博士师资"专项招生计划	57		—	
		"农村学校教育硕士师资培养计划"专项招生计划	—		—	1 160
	行业导向	高校思想政治理论课教师攻读博士学位招生计划	100		—	
		高校辅导员攻读博士学位招生计划	150		—	
		退役大学生士兵专项硕士研究生招生计划			5 000	
		"强军计划"专项硕士生招生计划			900	
		免费师范生在职攻读教育硕士计划	—		—	7 082

注：数据来源于教育部办公厅《关于做好2017年研究生招生计划编制和管理工作的通知》。

三、研究生招生考试的管理体制

我国的研究生招生考试主要包括选拔方式、考查内容、录取标准以及工作程序等内容，从管理体制上主要分为国家、省级和招生单位三层管理结构，在招生单位内部往往还进一步构建"学校、学院"两层管理结构。各个层级在招生考试的主要分工如表2-5所示。

表2-5 我国研究生招生考试管理分工

项目	国家	省级	招生单位	
			学校	学院
命题	全国统一考试的部分或全部考试科目由教育部教育考试院负责统一命题	本省全国统一考试科目试题的印制和配送	组织本校自命题考试科目的命题、印制和配送	组织本学院所涉及招生专业的自命题科目命制

续表

项目	国家	省级	招生单位	
			学校	学院
考试实施	全国初试时间的确定 网上报名管理	本省初试考点建设与调配 本省现场确认	（仅考点单位）本考点的考场安排、考务人员选拔与培训、考试组织	协助学校有关工作开展
评卷	教育部教育考试院指导全国统一命题科目的评卷工作 招生单位有承担当地全国统一命题科目评卷的责任和义务	本省评卷点的建设：根据教育部教育考试院提供的评分参考，省级教育招生考试机构成立由相关招生单位各学科权威专家组成的全国统一命题科目评卷工作专家组	组织本校自命题考试科目的评卷 鼓励招生单位积极采用网上评卷等方式	组织本学院所涉及招生专业的自命题科目评卷
复试	教育部制定并公布参加全国统一考试考生进入复试的初试成绩基本要求	指导和管理本省招生单位复试工作	组织本校复试工作 部分"自划线"高校，自行制定并公布本校考生进入复试的初试成绩基本要求	在国家（或学校）基本要求的基础上，确定考生进入本学院各专业复试的初试成绩基本要求

第三节 我国研究生招生的主要类别及案例

经过四十余年的探索实践，我国研究生招生形成了国家统管计划，博士、硕士分类组织选拔的总体结构，因此本书也将分别对博士研究生和硕士研究生的招生对象、招生计划和选拔过程进行呈现。

20世纪90年代末开始，为满足社会经济快速发展带来的人才需求，出现"在职人员攻读硕士学位"（仅获得学位的非学历硕士，即"单证硕士"），招生计划一般由招生单位根据培养条件自定，通过联合考试（包括GCT联考、管理学联考等）和自主招生（包括EMBA、示范性软件学院软件工程硕士等）方式选拔，此类研究生的选拔由国务院学位办公室指导各招生单位完成，在2016年教育部出台《关于统筹全日制和非全日制研究生管理工作的通知》后，此类以非全日制方式培养的研究生选拔，并入全日制研究生选拔的途径中，统一下达招生计划、统一组织招生录取。此类研究生的招生实践，是我国研究生招生工作的有益探索，为全面统筹全日制和非全日制研究生的招生工作积累了宝贵的经验。

一、博士研究生招生

（一）招生对象

我国的高等学校和科学研究机构招收攻读博士学位研究生是为了培养德智体全面发展，在本门学科上掌握坚实宽广的基础理论和系统深入的专门知识，具有独立从事科学研究工作的能力，在科学或专门技术上做出创造性成果的高级专门人才。

为了实现培养的目标,要求报考博士的考生具备相应的学业基础和基本素质,因而确定了一系列报考条件,主要包括:

(1) 思想道德要求。考生须拥护中国共产党的领导,具有正确的政治方向,热爱祖国,愿意为社会主义现代化建设服务,遵纪守法,品行端正。

(2) 学业基础要求。考生须硕士研究生毕业或已获硕士学位(含在国外取得硕士学位),如果没有获得硕士学位,要求具有与硕士同等学力。硕博连读的学生,其硕士阶段学习可以作为博士阶段的学业基础;本科直接攻博的学生,其硕士层次学业基础纳入博士培养周期。

(3) 身体和心理健康状况要求。招生单位依据《普通高等学校招生体检工作指导意见》(教学〔2003〕3 号)确定体检标准,目的是确保考生不因身体或心理原因,无法胜任博士阶段学习。

(4) 专家推荐意见。报考博士应有至少两名所报考学科专业领域内的教授(或相当专业技术职称的专家)的书面推荐意见。此要求主要考查考生是否具备行业专家认可的,攻读博士学位应具备的基本素质。

最初,教育部在《关于做好一九八一年攻读博士学位研究生招生工作的通知》(81 教高二字 037 号)中规定博士考生"年龄一般不超过四十岁",此规定一直沿用至 1997 年。1998 年放宽至 45 岁以下,2000 年对报考委托培养和自筹经费的考生年龄"适当放宽"(实际是取消设限),2003 年正式明确"报考委托培养和自筹经费的考生年龄不限"。

国家关于"报考国家计划内博士生考生的年龄应不超过 45 周岁;报考委托培养或自筹经费博士生考生的年龄不限"的条件,最后一次出现是在《2010 年全国招收攻读博士学位研究生工作管理办法》,沿用至 2013 年,从 2014 年开始全面取消了报考博士研究生的年龄限制。

(二)招生计划

自 1981 年开始招收博士生以来,招生计划整体呈现逐年增加的趋势,增速整体放缓,2005—2016 年保持年均 2%～3% 的规模增长速度,年度招生人数基本稳定在 7 万余人,2017 年之后规模增速提升至年均 10% 左右,2021 年招生规模扩大到 12.6 万人。具体内容如图 2-2 所示。

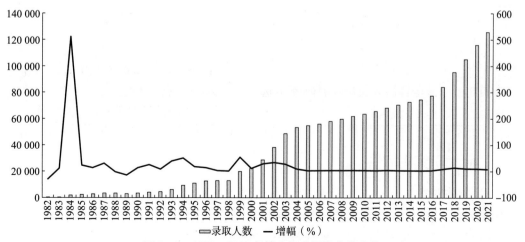

图 2-2 1982—2021 年博士招生录取人数变化

1997年以前，博士生招生计划为国家招生计划，不包括委托培养和自筹经费研究生招生计划。从1997年起，对博士生招生计划管理办法进行了改革，在下达国家招生计划的同时，一并下达其招生规模，即国家下达的博士生招生规模中，不仅包括国家计划招生人数，还包括委托培养和自筹经费的招生计划人数。2012年开始，国家计划中开始区分"学术型"和"专业型"。

（三）选拔过程

1981年刚开始招收博士研究生时，考试可以分笔试、口试两种。笔试科目一般包括马克思主义理论课、外国语和基础理论课、专业课。此时博士招生选拔的过程与硕士研究生类似。1984年教育部提出"提前攻博"的选拔方式，允许少数优秀硕士提出申请，经审核通过后参加该年度博士生入学考试或由系（研究所）单独组织考试小组进行考试。

国家教育委员会在1998年明确，博士生招生的选拔方式有公开招考、提前攻读博士学位（提前攻博）、硕士博士学位连读（硕博连读）三种。到2002年，教育部对博士生选拔方式做了新的规定，新的选拔方式分为四种：公开招考、提前攻博、硕博连读、直接攻博。新增的直接攻博是指允许特定学科和专业的本科毕业生直接取得博士研究生入学的资格，但是学生需要通过考试，不能以推荐免试的方式攻读博士。

教育部自2010年起将博士生招生方式调整为三种，即普通招考、硕博连读和直接攻博，并明确直接攻博的考生应是取得推荐免试资格的优秀应届本科毕业生。

2013年教育部、国家发展改革委和财政部联合下发了《关于深化研究生教育改革的意见》（教研〔2013〕1号），明确提出：建立博士研究生选拔"申请审核"机制，发挥专家组审核作用，强化对科研创新能力和专业学术潜质的考察。这样首次正式确立了申请考核制招生在博士招生制度总体系中的地位。2017年教育部提出推进完善"申请考核"招生选拔机制。

目前，国内通用的博士招生考试方式有普通招考、硕博连读、直接攻博和申请考核（表2-6）。

表2-6 我国现行博士选拔方式

选拔方式	报考条件主要区别	选拔过程
普通招考	硕士研究生毕业或已获硕士学位的人员（含境外学历/学位）；应届硕士毕业生；同等学力人员	初试（笔试）+复试
硕博连读	招生单位在读硕士研究生	硕士成绩审查+复试
直接攻博	具有推荐免试资格的应届本科毕业生	推免资格+复试
申请考核	同"普通招考"	材料审查+考核（笔试、面试、实验等）

二、硕士研究生招生

（一）招生对象

我国高等学校和科学研究机构（以下简称招生单位）招收硕士研究生，旨在培养热爱祖国，拥护中国共产党的领导，拥护社会主义制度，遵纪守法，品德良好，具有服务国家、服务人民的社会责任感，掌握本学科坚实的基础理论和系统的专业知识，具有创新精神、创新能力和从事科学研究、教学、管理等工作能力的高层次学术型专门人才以及具有较强解决实际问题的能力、能够承担专业技术或管理工作、具有良好职业素养的高层次应用型专门人才。

为了实现培养的目标，要求报考学历硕士的考生具备相应的学业基础和基本素质，因而确定了一系列报考条件，主要包括：

（1）思想道德要求。考生须拥护中国共产党的领导，拥护社会主义制度，品德良好，遵纪守法。

（2）学业基础要求。考生须具有国家认可的大学本科以上学历，包括应届毕业生。部分专业对学生的本科专业进行限定，如报考法律（法学）和法律（非法学）的研究生，各有其要求；参加工商管理等若干专业学位的考生，还有工作年限的要求。

（3）身体和心理健康状况要求。招生单位依据《普通高等学校招生体检工作指导意见》（教学〔2003〕3号）确定体检标准，目的是确保考生不因身体或心理原因，无法胜任硕士阶段学习。

1977年，《关于高等学校招收研究生的意见》要求"从应届大学毕业生中选留的研究生，一般不超过三十岁。从工厂、农村、学校、部队和科研单位选拔的，不受此限，最大不得超过三十五岁"。1979年对基础较好，有专业特长和一定科研能力的，年龄可放宽到三十八岁。1983年教育部提出"用人单位推荐报考委托培养硕士生或在职硕士生的在职人员，报考年龄可适当放宽到三十七周岁"。1993年，国家教育委员会将报考硕士的年龄放宽至四十岁以下。1999年增加了"报考委托培养、自筹经费研究生的人员以及国务院机构改革分流人员（以下简称分流人员）的年龄可适当放宽"的条款，2002年进一步放宽"报考委托培养和自筹经费的考生年龄不限"。国家关于"年龄一般不超过四十周岁，报考委托培养和自筹经费的考生年龄不限"的条件沿用到2013年，从2014年开始全面取消了报考硕士研究生的年龄限制。

（二）招生计划

自1977年开始恢复招收研究生以来，招生计划整体呈现逐年增加的趋势，增速整体放缓，2007—2016年保持年均3%的规模增长速度，2017年之后规模增速提升至年均10%左右，2021年招生规模扩大到105万人。具体内容如图2-3所示。

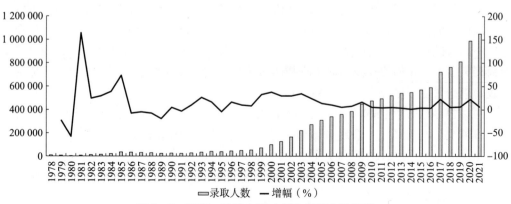

图2-3 1978—2021年硕士招生录取人数变化

1984—1989 年，硕士招生计划中还包括"研究生班"。1995 年，《国家教委办公厅关于做好一九九五年研究生录取工作的通知》要求"各招生单位录取的单考生总数不得突破本单位的单考限额，即本单位国家招生计划的 15%。因去年 9 月 18 日全国单考外语统测成绩差而被通报的招生单位，今年录取的单考生总数不得突破本单位国家招生计划的 10%"，国家开始对单独考试进行上限限制，此后单独考试的总规模基本没有增加。

2009 年 2 月，教育部决定在拟下达的 2009 年研究生招生计划基础上，增加 5 万名全日制专业学位硕士研究生招生计划，主要用于招收当年考研的应届本科毕业生[①]。同年 3 月，教育部发布《关于做好全日制硕士专业学位研究生培养工作的若干意见》（教研〔2009〕1 号），确定了我国逐渐将硕士研究生教育从以培养学术型人才为主向以培养应用型人才为主转变的战略方向。除工商管理硕士（MBA）、公共管理硕士（MPA）、工程硕士的项目管理方向、公共卫生硕士、体育硕士的竞赛组织方向等管理类专业和少数目前不适宜应届毕业生就读的专业学位外，其他专业学位均面向应届毕业生招收专业学位研究生，实行全日制培养。随后，教育部接连出台了一系列政策，大力支持全日制专业学位研究生教育的发展。

（三）选拔过程

1. 全国统考占据主导地位

1978 年，国家恢复研究生招生，教育部、国家计划委员会明确鼓励各单位主动推荐和积极支持符合条件的优秀青年参加研究生招生统一考试，并提出招收研究生"经过考试，如符合录取条件的考生较多……高等学校之间，学校与研究单位之间，如由于报考专业的名额不平衡，应该相互对口推荐录取，以免埋没人才"，这就奠定了研究生招生考试区别于高考制度、跨越地域局限、"全国统考"的制度基础。全国统一规定初试日期、科目顺序、考试时长，统一组织部分科目的命题和评卷，统一确定复试标准等。从那时起，研究生的招生就是"全国一盘棋"，生源的流动就是以高校（科研机构）为单位。

在全国统一招考的发展历程中，经历了统考科目设置、统一命题范围的不断调整。在统考科目设置方面，1980 年，教育部将统一考试的科目规定为"2 + 3"：其中"2"指政治理论课和外国语，"3"指基础课、专业基础课和专业课；1981 年，"2 + 3 或 4"，考试科目除政治理论和外国语外，基础课、专业基础课和专业课定为 3~4 门；1982 年，开展"综合考试"试点，部分专业在政治理论课、外国语、基础课、专业基础课和专业课五门考试科目外，增加一门综合考试，1983 年扩大到所有专业；1984 年，允许招生单位在小范围内试点压缩考试科目数，可回归"2 + 3"；2002 年教育部对初试科目进行了调整，将硕士生招生入学考试中的初试科目由 5 门改为 4 门（"2 + 2"），保留政治理论、外国语、基础课和专业基础课，将与招生专业相关度高，且体现招生单位特色的专业课调整到复试中进行。同时，初试的政治理论科目不再分文、理两种试卷。

统一命题科目方面：1980 年政治理论课和外国语（英、俄、日语）全国统一命题；1982—1984 年，统考的统一命题领域包括政治理论课、外国语和综合考试三门；1985 年回归政治理论课和外国语；2007 年开始，试点增加农学、计算机科学与技术综合考试的全国命题。目前硕士研究生招生考试全国统一命题科目的命题工作由教育部教育考试院统一组

[①] 中国研究生招生信息网.2009 年全国将增招 5 万全日制硕士专业学位研究生[EB/OL].（2009 - 02 - 16）[2017 - 08 - 31]. http://yz.chsi.com.cn/z/yzkz/.

织，考试大纲由教育部教育考试院统一编制或教育部指定相关机构组织编制；自命题科目的命题工作由招生单位自行组织。积极推进专业学位与学术学位硕士研究生招生考试分类命题。表2-7所示为研究生考试日程安排。

表2-7 研究生考试日程安排

考试时间	8:30—11:30	14:00—17:00
第一天	思想政治理论、管理类综合能力	外国语
第二天	业务课一	业务课二
第三天	考试时间超过3小时或有使用画板等特殊要求的考试科目	

值得一提的是，为了维护考试安全，在全国研究生招生考试初试开考前，专门设置了"现场确认"环节，整个硕士研究生招生考试报名包括网上报名和现场确认两个阶段，考生在网上可以填报多条报名信息，但最终仅可以确认一条报考信息，以通过现场确认为获得考试资格的最终标志。在现场确认过程中，考生需要交验本人的身份证件、学历证书（应届毕业生交验学生证）以及其他相关材料（如变更过姓名的需要出示公安机关相关材料；部分地区考点要求户口或档案在本地区，非应届毕业生须交验户口本或档案所在单位证明等）。

2. 推荐免试的调整完善

强调公平性：2002年开始对推免工作涉及的公平性和科学性做出了进一步规范。要求推荐免试工作必须有公开、明确的标准和严格的、高透明度的程序。推荐免试生名单必须在本校张榜公布。进行推荐免试生的高校须经我部批准，推荐人数应在我部下达给该校的推荐免试生名额内，推荐名额不得做校际调剂；并且各招生单位接收推荐免试生的专业，均应留有一定的名额招收统一考试生或单独考试生。

突出科学性：为促进生源流动，避免学术"近亲繁殖"，2002年开始要求设立研究生院的高校接收本校推荐免试生人数原则上不超过本校推荐免试生总数的70%，其中西部高校及军工、石油、农林、矿业、地质类高校不超过80%。同时鼓励推荐免试生报考外校，鼓励跨专业接收推荐免试生。

形成推免制度基础性文件。2006年，教育部关于印发《全国普通高等学校推荐优秀应届本科毕业生免试攻读硕士学位研究生工作管理办法（试行）》的通知（教学〔2006〕14号）。通知明确了推免制度的意义，并对"加强对推免生工作的领导和管理""建立、健全推免生工作规章制度""坚持公平公正，加强对特殊才能人才的选拔""实行有进有出的动态管理机制"等方面提出了明确要求。通知以附件形式，用四章二十七条，对推免工作的总则、推荐、接受、监督与管理等作出了明确规定，是新时期推免工作的基础性纲领性文件。

3. 复试作用的凸显和程序规范

大大强化了复试在接收推免生过程中的关键地位。

1991年，国家教育委员会提出"无特殊原因，所有拟录取的考生均需复试……复试合格后录取的考生须在录取名单的备注栏内注明复试情况及笔试成绩"，1997年开始，"个别考生（不含同等学力考生），初试成绩突出，同时招生单位对其课程学习、实验技能和科研能力等情况比较了解，认为确有培养前途的，经指导教师提出，系、校（院、所）批准，可以不复试"的条款不再出现，复试成绩开始成为录取的必要条件。

1999年，教育部规定"从招收2000年硕士生起，考生的体检工作放在复试时进行。参加复试的考生应到报考单位所在地的县级（含县级）以上医院进行体检"。2002年，教育部将硕士生招生入学考试中的初试科目由5门改为4门，在此基础上，要求"加强在复试中对考生素质和综合能力的考察，进一步提高复试环节在保证硕士生招生质量中的作用……将与招生专业相关度高，且体现招生单位特色的专业课调整到复试中进行"。2004年，教育部办公厅提出"为使硕士研究生入学考试中外语听力测试更加符合不同招生单位及不同招生专业对生源外语听力的要求，加强复试的有效性，方便初试考务的管理，经研究决定，从2005年起，将招生考试初试外语科目中的听力测试调整到复试中进行。调整后，听力测试由各招生单位自行组织。听力与口语测试的成绩均计入复试总成绩"。复试的内容一再丰富，作用不断增强。

2006年，教育部《关于加强硕士研究生招生复试工作的指导意见》（教学〔2006〕4号）从复试的定位与作用、工作原则、组织管理、准备工作（包括工作办法、遴选培训工作人员、命制复试题、考生名单与资格）、复试方式和内容、复试成绩使用、监督与复议等方面进行全面细致的梳理，完善了复试的制度系统。

4. 现行选拔方式

目前，国内通用的硕士选拔方式均为"初试"+"复试"形式，其中初试方式分为全国统一考试、单独考试以及推荐免试。表2-8为我国现行硕士初试方式。

表2-8 我国现行硕士初试方式

初试方式	报考条件主要区别	初试科目
全国统一考试	国家承认学历的应届本科毕业生、本科毕业以及具有与本科毕业同等学力的中国公民 获得国家承认的高职高专毕业学历后满2年（从毕业后到录取当年9月1日，下同）或2年以上的人员，以及国家承认学历的本科结业生，符合招生单位根据本单位的培养目标对考生提出的具体学业要求的，按本科毕业同等学力身份报考 个别专业有专门要求，如报考法律（非法学）专业学位硕士，要求报考前所学专业为非法学专业	部分或全部考试科目由教育部考试院负责统一命题，其他考试科目由招生单位自行命题
单独考试	取得国家承认的大学本科学历后连续工作4年以上，业务优秀，已经发表过研究论文（技术报告）或者已经成为业务骨干，经考生所在单位同意和两名具有高级专业技术职称的专家推荐，定向就业本单位的在职人员；或获硕士学位或博士学位后工作2年以上，业务优秀，经考生所在单位同意和两名具有高级专业技术职称的专家推荐，定向就业本单位的在职人员 满足招生单位其他要求	考试科目由招生单位单独命题、委托其他招生单位命题或选用全国统一命制试题
推荐免试	依据国家有关政策，对部分高等学校按规定推荐的本校优秀应届本科毕业生，及其他符合相关规定的考生	经确认免初试资格，由招生单位直接进行复试考核的选拔方式

【本章小结】

我国恢复研究生招生四十余年来，构建了具有中国特色的招生系统，形成了包含招生计划和招生考试两大子系统的制度系统，呈现了政府与高校协同、博士与硕士分层、免试与考试并行的多样化特点，为了满足外部环境和内部发展的需求，政策执行者、研究学者和利益相关者都在不断探索研究生招生制度改革的路径，对于计划制订、选拔过程等相关的理论和实践研究层出不穷，制度系统也在不断调整完善。在教育、科技、人才一体化战略布局下，研究生招生作为高水平人才培育的重要环节，必须坚持高质量发展，才能更好地支撑高等教育强国建设，完成拔尖创新人才选拔的使命。并且，随着制度的不断迭代完善，我国也将产生具有中国特色和世界水准的研究生招生制度系统，为世界研究生教育体系提供经验和研究样本。

【思考题】

1. 试述我国研究生招生的主要发展阶段。
2. 我国现行的硕士研究生和博士研究生选拔方式有哪些？
3. 我国研究生招生单位的主要工作环节有哪些？

【推荐阅读文献】

1. 孟洁. 中国研究生招生制度变革研究 [M]. 北京：中国政法大学出版社，2009.
2. 张亚群. 中国研究生招生考试改革研究 [M]. 广州：广东高等教育出版社，2013.
3. 白丽新，马永红，等. 中国改革开放四十年招生考试制度变迁研究 [R]. 北京：北京航空航天大学高等教育研究院，2018.
4. 朱鹏宇，马永红，白丽新. 新中国成立70年来研究生招生制度变迁逻辑：回顾与展望 [J]. 中国高教研究，2019（11）：27－33＋82.

第三章
研究生培养

【内容提要】

本章界定了研究生培养中相关概念的基本内涵,论述了研究生培养的构成、特点、基本类型和发展历程,从培养理念与目标、培养方案、培养过程三个方面解读了新时代研究生培养中需要确立的主要教育理念与培养目标、重要培养制度的基本内容与制定原则,以及主要培养环节的运行方式。以高校研究生培养制度和实践为例,介绍了目前我国学术学位、专业学位的研究生培养及交叉学科的研究生培养实践。

【学习目的】

1. 掌握研究生培养相关概念的内涵。
2. 了解我国研究生培养的构成、特点和发展。
3. 理解新时期研究生培养理念与目标。
4. 理解研究生培养方案的主要内容与制定。
5. 理解研究生培养过程各环节的运行方式及基本要求。

【关键词】

培养模式;培养理念;培养方案;培养过程

Chapter Ⅲ
Graduate Cultivation

【Content Summary】

This chapter defines the basic connotation of related concepts in graduate education, discusses the composition, characteristics, basic types and development process of graduate education. It interprets the main cultivating conception, objectives, system needed to be established in the new era from three aspects of cultivating objectives, cultivating scheme and cultivating process. The operating mode of the main cultivating links is presented. Taking the graduate cultivation system and practice of Zhejiang University and Tsinghua University as examples, this chapter introduces the typical cases of both master's and doctoral cultivation in academic degrees and professional degrees in China.

【Objectives】

1. Master the connotation of concepts related to graduate cultivation.
2. Know about the composition, characteristics and development of graduate cultivation in China.
3. Understand the concept and goals of graduate cultivation in the new era.
4. Understand the main content and formulation of the graduate cultivation scheme.
5. Understand the operating mode of each link in graduate cultivation process.

【Key words】

Cultivation Mode; Cultivation Concept; Cultivation Scheme; Cultivation Process

研究生培养是在研究生教育理念的指导下，围绕培养高层次专门人才开展的一系列教育实践，回答了"培养什么样的人"和"怎样培养人"这两个根本问题。我国的研究生教育自 1978 年恢复研究生招生以来，经历了历史性的跨越发展，逐步实现了从单一的学术型研究生培养到学术型与专业型分类培养的转变，建立了学科门类齐全的研究生培养体系，形成了具有中国特色的研究生培养模式。本章从概念解读出发，论述了研究生培养的特点、构成，考察了我国研究生培养模式的发展历程，并以研究生培养活动的开展为主线，从培养理念与目标、培养方案、培养过程三个方面，在理论与实践层面探讨了新时代我国研究生培养的改革与发展。

第一节　研究生培养概述

创新人才培养始终是研究生教育的首要任务，在我国研究生教育的发展过程中，研究生培养的内涵不断丰富，形式日益多样，逐步形成了具有中国特色的研究生培养模式。本节将重点解读和辨析研究生培养的相关概念，介绍研究生培养模式的发展变化，以加深读者对研究生培养的整体认识和理解。

一、研究生培养的界定

教育是一种有目的的培养人的社会活动，培养人是教育存在和发展的基础。因此"培养"与"教育"有着十分相近的概念释义，即是教育者根据一定的社会要求，有目的、有计划、有组织地对受教育者的身心施加影响，使之成为社会所需要的人的活动过程。在中外教育史上，尽管对于教育的解说各不相同，却存在着一个共同的基本点，即都把教育看作是培养人的活动。这是教育区别于其他事物现象的根本特征，也是教育的质的规定性。[①]

研究生的培养是研究生教育的本质功能和核心使命，是根据高层次人才成长的规律和社会的需要，在一定的研究生教育思想、教育理论和特定需求指导下，为实现研究生培养目标，有计划、有组织地促进研究生身心发展，提升其知识创新和实践创新能力的活动过程。它是由一系列必须的工作项目，必要的工作内容和相互联系的培养环节组成的过程。[②] 它表达的是参与研究生培养的主体要素就"培养什么样的研究生"和"怎样培养研究生"两个基本问题的解决方式。

研究生培养是一个非常宽泛的概念，其中培养主体涉及国家、社会、培养单位及导师等；培养内容包含研究生人才选拔、品格塑造、知识构建、能力提升、科研产出、学位授予、质量保障、条件建设等多方面。可以说，研究生培养涉及研究生教育的方方面面。为聚焦研究范围，本章探讨的是相对狭义的"研究生培养"，即从研究生入学到申请学位论文答辩期间，由各培养主体、培养要素和培养环节构成的培养体系和培养过程。这也是在研究生教育领域中，普遍认同的关于"研究生培养"的概念范围界定。

二、研究生培养的特点

研究生教育作为国民教育体系的顶端，其人才培养形式和内容有着与其他教育层次相异

[①] 王道俊，等. 教育学［M］. 北京：人民教育出版社，1999：28.
[②] 秦惠民，等. 学位与研究生教育大辞典［M］. 北京：北京理工大学出版社，1994：82.

的属性和特征，这种独特性突出地表现为研究生培养中的专业性、研究性、融合性和多样性。

（一）专业性

高等教育是以研习高深学问为内容的培养专门人才的活动[①]，包含本科教育与研究生教育两个层次。与本科教育强调通识、博雅不同，研究生教育的主导属性是专业教育（Professional Education）。其是以某一学科高深专门知识为载体，培养受教育者的高级认知和思维水平，从而实现其对高深专门知识的加工、转化与再创造，形成新的指导人类生产和生活的新经验，继而实现知识创新的过程。因而，研究生培养具有高度的专业性和职业化，是为了受教育者将来所从事的具有研究性的职业而服务的高层次专业化教育。

（二）研究性

研究，是对未知的探索和认知过程，也是研究生培养的主渠道。研究生教育阶段的学习，不再按照固定和严密的教学方式和教学结构，学习已被探明或认同的普遍理性知识，而是在相对自由和松散的学习环境中自主探索未知，进一步将已有的知识进行加工、改造和再生产。因此，对探索能力和研究性学习能力的培养在研究生教育阶段至关重要，不可或缺。甚至可以说，研究生教育是否成功，就取决于在教育过程中是否让学生学会了如何去做研究，是否提升了学生独立从事科研的能力。

（三）融合性

研究生的培养目标、培养主体和培养要素都是多元的，只有多元善治，形成合力，才能培养出肩负中华民族伟大复兴重任的社会主义建设者和接班人。研究生培养的融合性，首先体现在立德树人的根本任务始终贯穿融合于科研、教学全过程，要在"科研—教学—学习"的过程中，增强研究生的国家意识、法治意识、社会责任意识和科学精神。其次，在专业能力的培养中，随着互联网、云计算、人工智能等技术的迅猛发展，实体与"虚拟网络"共生催化下出现了新知识生产模式，虚拟网络环境下开放节点的包络式多重螺旋结构，知识生产的群体不仅包含了学术界、政府、产业界、社会组织，同时也加入了虚拟网络空间，研究生教育的融合属性越来越强。[②] 科教融合、产教融合、学科交叉融合成为培养拔尖创新人才的主要途径和重要保障。

（四）多样性

研究生的培养从学位层次上有硕士研究生和博士研究生；从学位类型上有学术学位研究生和专业学位研究生；从攻读学位的方式上有全日制研究生和非全日制研究生；从入学方式上硕士生有全国统考、单独考试、免试推荐和保留入学资格，博士生有培养单位招考、硕博连读、提前攻博、直接攻博等。不同层次、不同类型、不同入学形式的研究生在培养目标和培养形式上都存在很大的差异性。此外，基于研究生教育的专业性特征，不同学科和专业的研究生培养要遵循不同学科知识获得和专业成长的规律，遵循不同学科知识生产和应用模式，因此，研究生培养也必然表现出明显的学科特色和差异。

[①] 张楚廷. 高等教育学导论 [M]. 北京：人民教育出版社，2010：5.
[②] 马永红，张飞龙，刘润泽. 广义科教融合：研究生教育的本质回归及实现路径 [J]. 清华大学教育研究，2022(4)：60-70.

三、研究生培养的构成

研究生培养是多环节、多因素交互作用的运行系统,从"培养什么样的研究生"和"怎样培养研究生"两个基本问题来看,研究生培养涉及培养理念、培养目标、培养单位、培养环节和培养评价五个方面。

培养理念是研究生培养活动所尊崇的教育观念和原则,规定着研究生培养活动的性质和方向,蕴含着教育发展的思想,指引着教育改革的方向。

培养目标是研究生培养的出发点和落脚点,是培养理念指导下研究生培养所期望达到的理想规格和总体要求。根据培养定位和自身的特色和优势,确立培养目标是研究生培养迈出实质性步伐的开端。

培养单位是研究生培养的机构实体和管理主体,是研究生培养活动顺利开展的组织保障。广义的研究生培养单位是指具有招生和培养硕士、博士研究生资格的培养单位(亦称硕士、博士学位授予单位)。狭义的培养单位是指我国具有研究生培养资格的单位中的研究生院、学院(系)、研究所等。培养单位通过制定培养制度、建设师资与导师队伍、搭建培养平台等,为各项培养活动提供制度规范和条件保障。

培养环节是指根据一定的培养目标,在导师指导下,通过课程学习和科学研究使研究生的知识、素质、能力得到提高和增强,成为合格高层次人才所采取的一系列实践活动。一般包括课程教学、科学研究、实习实践、学术活动、学位论文创作等具体培养措施和方法。课程学习和科学研究是培养的核心环节,其中,课程学习是研究生获得学科知识、构建知识体系的主要途径;科学研究是学生运用知识,提出问题,并分析和解决问题的实践。学位论文是研究生通过课程学习和科学研究使其知识、能力和素质得以提高的集中体现,也是培养结果的一种预期表现,其质量的高低直接反映研究生知识、能力、素质的优劣。导师指导则贯穿于研究生培养全过程,也是影响研究生培养的最关键要素。

培养评价是指以培养目标和规格为依据,监控培养过程、检验培养结果的有关措施。培养评价的实质是对培养各环节的教育教学活动的价值判断,其目的是通过调节与反馈,促进各环节的优化以提高培养质量。

培养理念、培养目标、培养单位、培养环节与培养评价相互作用、相互影响,共同构成了以培养研究生为中心的,且与外部环境动态交互的教育运行系统。从系统内部来看,培养理念与培养目标是培养中的导向性因素;培养单位是培养活动实施的基础;培养环节是核心,其中各环节的合理组合和运行为培养目标的实现提供保障;培养评价是调节因素,是按照培养目标对培养过程的有效监控,是保证培养目标顺利实施的最终环节。从系统外部来看,作为一个开放的教育系统,研究生培养与外界环境之间存在着动态的交互作用。一方面外界环境,包括政府公共政策、经济发展需求、思想文化传统、教育理念与制度等,影响着研究生培养的规模、类型、结构、质量,推进了培养模式的变革和选择;另一方面,研究生培养各个要素的恰当组合与顺利运行,也为社会源源不断地提供了智力支持和人才支撑。正是在与外界环境交互作用的过程中,研究生培养通过不断的变革与调整来更好地实现其培养人才、服务社会的功能。

四、研究生培养模式的分类与发展

(一) 研究生培养模式的分类

研究生培养模式是为实现研究生培养目标,由参与研究生培养的主体及研究生培养过程的诸环节所构成的组合样式与运行方式。① 研究生培养模式的分类有许多不同的维度。从学位制度发展历程来看,有学徒式研究生培养模式、专业化研究生培养模式、协作式研究生培养模式和教学式研究生培养模式;从国别来看,有德国模式、美国模式、英国模式和法国模式等;从培养主体来看,有政府主导型、高校主导型、学科专业单位主导型、导师主导型、研究生主导型及社会(用人单位)主导型等不同模式。其中,最为稳定且普遍采用的分类方式是依据人才培养的定位及规格标准,即学位体系中的学位层次和学位类型两个基本维度的分类。

依据学位层次,可以将研究生教育分为硕士、博士两个层次。《中华人民共和国学位条例》中规定,高等学校和科学研究机构的研究生,或具有研究生毕业同等学力的人员,通过学位的课程考试和论文答辩,成绩合格者,如在本门学科上掌握坚实的基础理论和系统的专门知识且具有从事科学研究工作或独立担负专门技术工作的能力,授予硕士学位。如在本门学科上掌握坚实宽广的基础理论和系统深入的专门知识;具有独立从事科学研究工作的能力;在科学或专门技术上做出创造性的成果,授予博士学位。由此可见,学位层次的定位区别了对学位获得者的知识、能力及研究水平的程度要求,相应也带来了培养模式的分化。

依据学位类型,可以将研究生培养模式分为学术学位研究生培养模式和专业学位研究生培养模式。学术学位(Academic Degree),亦称"科学学位",培养目标具有明显的学术指向,主要以培养从事研究和发现客观规律的学术型人才,旨在为高校、科研机构和社会各行业提供教学和研究人员,具有学术性、探究性、精深性等特征。专业学位(Professional Degree),亦称职业学位,其培养目标具有明显的职业指向,即特定职业岗位的应用型和实践型高层次人才。培养过程注重深度、多维的产教融合。近年来,以工程硕博士为核心的卓越工程师培养成为新时代专业学位研究生教育的主要模式。

学术学位研究生教育与专业学位研究生教育虽然同处于研究生教育层次,但在培养定位上的不同,使得两种类型研究生在课程学习、实践训练、导师指导、学位论文创作与评价标准等各培养环节都表现出迥然的差异,因而形成不同的培养模式。

(二) 研究生培养模式的发展

培养模式是对培养实践的系统化概括。我国现代意义上的研究生教育及其培养模式,是随着我国现代大学的产生和学位制度的不断完善,在学习和借鉴其他国家研究生培养的基础上形成和发展起来的。和其他教育发达国家相比,我国现代研究生教育虽然起步较晚,但主动适应社会经济的发展需要,逐步形成了具有中国特色的研究生培养模式,大致经历了从单一的学术型研究生培养到学术型与专业型研究生教育共同发展再到深化分类培养、加快内涵发展的三个发展阶段。

1. 学术学位研究生教育的单一发展阶段(20世纪70年代末—90年代初)

1977年10月,国务院批转教育部《关于高等学校招收研究生的意见》,其中规定研究

---

① 胡玲琳. 我国高校研究生培养模式研究——从单一走向双元模式 [M]. 上海:复旦大学出版社,2012:39-41.

生的培养目标是：培养具有社会主义觉悟的，熟悉马克思主义，具有系统而坚实基础理论、专业知识和科学实验的技能，至少熟练地掌握一门外国语，身体健康，能够独立进行科学研究工作的科学技术和马列主义理论研究人才，研究生毕业后主要从事科学研究和高等学校的教学工作。这一纯学术、单一的培养目标与当时恢复高考后国家缺乏此类人才是相联系的。1978年，我国开始恢复研究生招生。1981年，《中华人民共和国学位条例》正式颁布，明确将我国高等教育层次结构划分为学士、硕士和博士三个等级，标志着我国学位条例制度的确立。同年，国务院颁布《中华人民共和国学位条例暂行实施办法》，对硕士和博士研究生的入学、课程学习与考试、论文与学位授予等做出了明确的规定。该实施办法提出的研究生培养方式是课程学习与科学研究相结合，即教学与科研的统一。

这一时期的研究生教育主要是培养学术型研究生，以解决师资和学术人才缺乏的问题，充实高等学校及科研机构的学术、科研力量。在培养方式上，初步确立了教学与科研相结合的模式，硕士生强调课程学习与科研并重，博士生则以科学研究为主。在指导方式上，虽然要求实行教研室（或研究室）集体指导为基础的导师个人负责制，但实际上导师更多采用单独指导的学徒式的培养方式。① 值得关注的是，专业学位硕士的培养也开始初见端倪。1986年，国家教育委员会发出《关于改进和加强研究生工作的通知》，明确提出"在每个层次中注意培养多种规格的特别是应用部门的研究生""既要培养大学老师和科研人员，也要注意培养应用部门的高层次人才"。② 这标志着我国研究生培养模式开启了应用型人才培养的尝试，但研究生教育的主体仍是培养学术型人才。

2. 优化教育结构，学术与专业型研究生培养共同发展阶段（20世纪90年代—21世纪初）

20世纪90年代，随着社会主义市场经济体系的逐步建立，国民经济持续快速发展，国家调整了研究生招生政策，研究生教育的规模迅速扩大。研究生招生数从1992年的3.3万人增加到1998年的7.3万人，年均增长幅度约为13.8%。尤其是在90年代末，由于高校本科生连续扩招，我国高等教育由精英教育阶段快速向大众化阶段发展，研究生教育也进入了一个急速发展时期。

学术型研究生的培养重心开始向博士生转移。1992年，国家教委研究生工作办公室和国务院学位委员会办公室发布《关于印发〈博士生培养工作暂行规程〉和〈关于加强博士生培养工作的意见〉（征求意见稿）的通知》，明确提出"博士生的培养以科学研究工作为主，重点是培养独立从事科学研究工作的能力。并应根据本学科博士生培养方案的规定、学位论文工作的需要和个人特点，继续学习一些有关课程，在拓宽和加深基础理论、专业知识以及掌握学科前沿动态的基础上学会进行创造性研究工作的方法和培养严谨的科学作风"。1998年，博士生的招生方式新增硕士博士学位连读方式，后又增加了直接攻博，进一步扩大了贯通式培养的比例。

在加快推动学术型人才培养的同时，我国也在逐步建立多样化的人才培养模式。1990年，国务院学位委员会第九次会议决定在我国设置和试办工商管理硕士学位，改变我国学位

---

① 于蕾. 改革开放以来我国研究生培养模式的形成与发展阶段浅析 [J]. 教研教改, 2009 (6): 18-19.
② 王战军. 中国学位与研究生教育40年（1978—2018）[M]. 北京: 中国科学技术出版社, 2018: 121-140.

规格单一的局面,使学位向多规格的方向发展。我国专业学位的制度化发展之路由此开始。① 1997 年试行临床医学专业博士学位,此后,先后设置了兽医、口腔医学、教育、工程、中医等 6 个博士专业学位。1999 年,首届全国专业学位教育工作会议明确了专业学位优先发展的地位,要求通过健全专业学位种类、发展专业学位教育,促使高校调整办学目标和发展方向,将办出有特色的专业学位教育作为学位与研究生教育工作的主要任务和努力方向。

总体来说,这一时期研究生培养模式变革的主要特征是逐步突破了多年来的单一模式,在继续培养教学科研型研究生的同时,专业学位研究生的培养实现了快速发展,硕士和博士层次都呈现出从单一的学术学位研究生教育向学术与专业学位研究生教育并存的转变。尤其在硕士层面,人才培养重心逐步向专业学位转移,专业学位教育种类不断增多,规模不断扩大,社会影响不断增强。临床医学、工程、文科和理科四大领域应用型研究生培养开始形成,产学研合作的联合培养开始出现。但由于对专业学位研究生教育认识与实践的不足,在培养中较多地移植了学术学位研究生培养模式,以致没有真正凸显出应有的人才培养特色。而学术学位研究生教育在规模扩张的形势下,也面临着如何坚持以学术为导向,培养拔尖创新人才的严峻挑战。

3. 坚持立德树人,服务发展需求,持续优化结构,向教育强国迈进阶段(21 世纪初至今)

21 世纪以来,随着我国经济社会发展,研究生教育改革也进入了一个新的历史阶段。特别是党的十八大以来,研究生教育改革全面深化,确立了"立德树人、服务需求、提高质量、追求卓越"的发展主线,不断完善研究生教育政策体系,凝练实施了"十大专项行动",聚焦国家急需高层次人才培养。特别是在调整升级学科专业体系、大力发展专业学位研究生教育、持续深化科教融汇/产教融合、加强导师队伍建设、实施卓越工程师培养等关键领域人才培养专项、强化基础学科建设、发挥学科交叉"催化剂"作用、优化学位授权布局、加强质量监控和保障等方面,都取得了显著进展,为加快建设研究生教育强国奠定了更为坚实的基础。②

在研究生培养中,立德树人的根本任务得到进一步强化和推进。研究生的思想政治工作贯通学科体系、教学体系、教材体系、管理体系,从教师思想政治素质、高校人才培养能力、高校思政课质量等多维度,打造全员全过程全方位育人新格局,有效促进了高校思想政治工作质量提升。博士生教育作为国家创新体系的重要组成部分,在推进中国式教育现代化、实现高水平科技自立自强、实施人才引领驱动中的作用更为重要。在培养方式上,增强了高校和科研机构的自主性,同时强化了科教融汇、产教融合,促进任务导向、问题导向的学科交叉融合,加强了高校、科研机构、企业、地区之间以及学科之间的联系,博士生教育体系更加开放和具有活力。研究生教育的结构不断优化,专业学位与学术学位研究生的分类培养不断完善。切实加强了基础学科、新兴学科、交叉学科建设,瞄准世界科技前沿和国家重大战略需求推进科研创新,不断提升原始创新能力和人才培养质量,有效促进了我国研究生教育发展由注重规模扩张阶段向更加注重提质增效阶段迈进。2022 年起,国家卓越工程

---

① 赵琳. 制度创新与研究生教育结构调整[M]. 北京:清华大学出版社,2018:2-12.
② 洪大用. 贯彻落实党的二十大精神 加快建设研究生教育强国[J]. 学位与研究生教育,2023(9).

师学院启动建设，以产教融合为导向，构建高校和企业双主导的卓越工程师人才培养模式，推动了体系重构、流程再造、能力重塑、评价重建，引领了工程技术人才培养范式变革。针对高层次人才需求和研究生培养类型的多样化，逐步构建了分类评价、追求卓越的研究生教育评价体系，增强了评价的科学性和合理性，增加了高层次人才培养的针对性，提升了研究生教育支撑服务中国式现代化的能力。同时，数字资源的开发和共享促进了研究生教育公平，推动了研究生数字课程、多媒体教材的建设，带来教育教学方法和形式的改变。"互联网+"、大数据、云计算、人工智能等新兴技术的迅猛发展，也带来了研究生教育发展决策与管理模式的转变。

第二节　研究生培养理念与方案

研究生培养方案是依据培养理念、培养目标，开展研究生培养活动，保证人才培养质量的指导性文件，是培养活动的根本遵循。本节将论述研究生教育中主要的人才培养理念以及如何确立培养目标，制定培养方案。

一、研究生培养理念

（一）研究生培养理念释义

教育理念是指人们对于教育现象（活动）的理性认识、理想追求及其所形成的教育思想观念和教育哲学观点，是教育主体在教育实践、思维活动及文化积淀和交流中所形成的教育价值取向与追求，是一种具有相对稳定性、延续性和指向性的教育认识、理想的观念体系。[1]

研究生培养理念可以理解为是人们对研究生培养活动的理性认识、理想追求及其所形成的思想观念和哲学观点。培养理念蕴涵着培养目标、培养策略以及培养模式构建等系统构想。建立在研究生教育规律基础之上的先进人才培养理念，作为一种"远见卓识"，反映了研究生教育的本质和时代特征，蕴涵着教育发展的思想，指引着教育改革和前进的方向。

（二）研究生培养的主要理念

研究生培养理念是随着社会的政治、经济、科技、文化、教育的发展而发展的，也是多种教育理念的集合，其中既有来自传统的人文主义的大学理念，也有源自研究生教育对科学研究和实用主义的追求。概括而言，研究生培养中主要有以学生全面发展为本的培养理念、学术创新的培养理念和面向社会的培养理念。

1. 以学生全面发展为本的培养理念

以学生全面发展为本的培养理念源自我国教育事业的根本任务，即立德树人，培养德智体美劳全面发展的社会主义建设者和接班人。这决定着教育工作的根本方向，也是衡量教育质量的根本标准。在人才培养中以学生全面发展为本，包括两方面含义：一是以全面发展为本，促进学生智力与非智力因素的和谐发展；二是以学生的个性为本，尊重学生的个性差异。对于研究生教育而言，无论其功能如何扩展，培养高层次、高质量、高水平的创新型人才始终是研究生教育的根本任务。而衡量和评价研究生教育质量的基本标准，也是看其所培

---

[1] 韩延明. 高等教育学新论 [M]. 济南：山东人民出版社，2012：23-24.

养人才的数量和质量，以及学生已表现出的创造力和潜在的发展力。因此，无论是国家、研究生培养单位还是研究生导师都必须从学生的发展需要和利益出发，全程为学生提供最优质的教育产品和服务，最大限度地满足学生的发展需求，尊重学生的差异性、多样性和创造性。制定以学生全面发展为本的培养目标，改革考试招生制度，构建适应学生个性化发展需求的多样化课程教学和科研训练体系，优化教育资源配置，建立人性化的激励约束机制，真正以学生的成长成才为中心，实现"全心育人、全员育人、全程育人、全面育人"。

2. 学术创新的培养理念

研究生教育是追求创新价值的高端专业性教育，其与基础教育和本科教育最大的不同就在于其内在强烈的创新性及其知识贡献力。随着信息时代、互联网时代到来，知识呈爆炸式增长，开始形成以创新为核心，以知识集群、创新网络为特征的教育与创新生态系统。因此，坚持学术创新的培养理念是研究生教育的应有之义。这种培养理念强调科学研究的育人功能，注重对学生进行科研方法、科研意识和科研能力的培养与训练，尊重学术自由，注重学业成就，重视培养学生的理性和探索精神。

3. 面向社会的培养理念

研究生教育与社会发展密不可分，一方面研究生教育作为国民教育体系的顶端，是培养高层次人才和释放人才红利的主要途径。没有强大的研究生教育，就没有强大的国家创新体系。在研究生教育中，培养规模与结构的调整，学科布局的优化及科教融合、产教结合、学科交叉融合、协同育人等一系列研究生培养改革和实践，都突出体现了研究生教育面向社会、服务社会的人才培养理念。研究生教育只有通过尽可能地去适应和服务社会，服务国家发展需求，才能更好地履行自身职能，做出更大的贡献。

另一方面，研究生教育的发展也需要从与社会的交流和支持中获得发展动力、财力和活力，从而实现服务社会、评判社会、引导社会的功能。在研究生培养中，科教融合的育人机制，需要加强研究生系统科研训练，以大团队、大平台、大项目支撑高质量研究生培养。产教融合的育人机制，需要加强专业学位研究生实践创新能力培养，重点依托产教融合型企业和产教融合型城市，大力开展研究生联合培养基地建设。研究生教育不仅仅是研究高深学问的"孤岛"，更是与生产生活联系紧密的民主化、众创众享的教育，是包容的教育。[1]

二、研究生培养目标

（一）研究生培养目标释义

培养目标是指培养各级各类人才所要达到的目的或规格，它是一定的社会政治经济、生产力和科学技术发展对人才的要求。[2] 研究生的培养目标是指在培养理念指导下，各研究生培养单位对研究生身心发展及其创新水平所期望达到的理想规格和总体要求。"培养什么样的研究生"的问题是实施培养活动的行动指南，在培养实践中占有重要的地位，不仅是培养活动顺利开展的前提和基础，也是一切培养活动的归宿。

研究生培养目标是动态发展且多样化的。它体现着时代的烙印，反映了时代的要求，随

---

[1] 马永红，张飞龙，刘润泽. 广义科教融合：研究生教育的本质回归及实现路径［J］. 清华大学教育研究，2022（4）：60-70.

[2] 顾明远. 教育大辞典［M］. 上海：上海教育出版社，1991：529.

着社会发展而不断发展，也会因为培养单位、学位类型、学位层次的不同而不同，但同时培养目标又兼具一定的共性和稳定性。

首先，在总体目标上，研究生教育和其他教育层次一样，始终把立德树人作为根本任务，也是检验研究生教育成效的根本标准。其次，在培养规格上，研究生教育以培养高层次创新型人才为主旨，其培养目标的制定基于未来特定领域高级专门人才在知识、能力、素质等方面的核心特征，明确了培养对象的发展方向和预定的发展结果，全面指导着一段时期内的研究生培养活动，因而，培养目标具有相对的稳定性。

（二）研究生培养目标的构成

培养目标是人才培养的规格和标准，是培养什么样的人的具体要求。明确人才培养目标的主要内容，科学制定培养目标是确保研究生培养质量的前提。

从构成内容来看，研究生培养目标包含总体性培养目标和专业培养规格两部分。总体性培养目标是党和国家的教育目的、教育方针在研究生培养中的具体化，体现的是对研究生全面发展的总体要求，即使之成为有理想、有道德、有文化、有纪律，适应社会主义现代化要求的高级专门人才。

专业培养规格是各学科、专业对研究生的智能和身心发展提出的具体标准和要求，不同层次和类型研究生的培养目标具有较大的差异性。从学位层次上看，研究生教育可以分为硕士研究生与博士研究生两级，《中华人民共和国学位条例》对两级的培养目标有明确要求。硕士研究生的要求是：在本门学科上掌握坚实宽广的基础理论和系统深入的专门知识；具有从事科学研究工作或独立担负专门技术工作的能力。博士研究生的要求是：在本门学科上掌握坚实宽广的基础理论和系统深入的专门知识；具有从事科学研究工作的能力；在科学或专门技术上做出创造性的成果。

从学位类型上看，专业学位与学术性学位处于同一层次，但培养规格各有侧重，在培养目标上也有明显差异。学术性学位按学科设立，其以学术研究为导向，偏重理论和研究，强调培养从事研究和发现客观规律的科研后备人才，他们以认识客观世界、探究科学规律、丰富人类知识为己任，主要从事基础性研究，研究成果侧重体现学术价值。在素质结构上，注重培养从事科学研究所具有的实事求是、开拓创新、锲而不舍、甘于寂寞的科学家精神。从研究生教育的发展趋势来看，学术型、研究型人才的培养重心将逐步转移到博士生教育阶段，学术型硕士研究生的培养将与攻读博士学位有机衔接，两者在思想品质上的要求基本一致，但在知识和能力上，博士生更关注知识体系的宽广和精深，强调独立从事学术研究工作的能力，并要求取得创造性的研究成果。

专业学位研究生的培养侧重实践和应用，其培养目标是使研究生掌握某一专业（或职业）领域坚实的基础理论和宽广的专业知识，具有较强的解决实际问题的能力，能够承担专业技术或管理工作，具有良好的职业素养。在知识能力结构方面，强调具有综合运用所学知识分析和解决专业领域实际问题的能力；在素质结构方面，强调具有良好的职业道德和创业精神以及实事求是的科学态度和团队合作精神，强调具有积极为我国经济建设和社会发展服务的精神。[①]

---

① 刘思炜，等. 我国专业学位研究生教育创新人才培养模式研究 [M]. 沈阳：东北大学出版社，2012：85-98.

三、研究生培养方案

（一）研究生培养目标的制定

培养目标的制定需要遵循研究生教育规律，综合考虑社会经济和科技发展的多种因素，实事求是地选择和确立体现时代特征，满足社会整体需要，体现培养单位教育特色的研究生培养目标。

首先，研究生培养目标的制定要充分体现国家政策、方针的要求。符合国家在一定历史时期根据社会发展的要求与国情所制定的教育工作总方向，遵循党和国家对教育工作的宏观指导思想。

其次，研究生培养目标的制定要反映社会发展、科技进步的要求及研究生教育特征。在培养目标的设置上，应明确不同层次、不同类型研究生在培养目标上的共性和差异性。共性表现在培养目标的总体要求，即掌握马克思列宁主义、毛泽东思想、邓小平理论、"三个代表"重要思想、科学发展观、习近平新时代中国特色社会主义思想的基本理论，坚持四项基本原则，具备热爱祖国、遵纪守法、学风严谨的思想品德。差异性主要体现在知识、能力、素质的具体要求上。为适应科技发展对学术创新的要求，学术型研究生既要有广博的学术视野，又要有精湛的专业知识。而专业学位研究生的培养目标则侧重于应用性和实践性指向，主要培养特定职业岗位的应用型和实践型高层次人才。

（二）研究生培养方案释义

培养方案综合体现了国家研究生教育政策和各研究生培养单位的培养目标、培养方式及特色，规定着研究生培养的目标和方向、过程和环节，是培养单位开展研究生培养工作和评价的主要依据；是在一定的研究生培养理念指导下，为实现研究生培养目标而制定的工作纲领。培养方案应对各专业研究生培养目标、研究方向、学习年限、课程学习、科学研究和学位论文等作出具体规定。研究生入学后，指导教师应根据培养方案规定的要求，结合研究生的特点，拟订研究生培养计划。

在《研究生教育辞典》中，"培养方案"的定义是在一定的研究生培养理念指导下，为实现研究生培养目标而制定的工作纲领。培养方案应对各专业研究生培养目标、研究方向、学习年限、课程学习、科学研究和学位论文等作出具体规定。研究生入学后，指导教师应根据培养方案规定的要求，结合研究生的特点，拟订研究生培养计划。①

培养计划是按照学科或专业培养方案的规定，根据因材施教原则，针对各个研究生的情况和特点，在其选定的研究方向上拟定的具体培养进程和安排，是培养方案的个性化和具体化。

（三）培养方案的基本内容

培养方案是培养单位进行研究生培养的主要依据，一般包括：培养目标、研究方向、学制与学习年限、课程设置、考核方式、学位论文工作、培养方式与方法及各培养单位根据实际情况确定的其他内容（如教学实践、科研实践、学术活动等）。

1. 培养目标

培养方案中的培养目标应根据国家对学位获得者的基本要求，结合不同学科专业、不同

---

① 孙义燧. 研究生教育辞典[M]. 南京：南京大学出版社，2012.

类型和不同层次的研究生培养以及本单位的特点，阐明对本学科（专业）博士或硕士学位获得者在基础理论和专门知识方面应达到的广度和深度，科学研究能力或独立承担专门技术工作能力，以及政治思想、道德品质、身心健康等方面的具体要求。

2. 研究方向

研究方向的设置要科学、规范，宽容适度，相对稳定，数量不宜过多。应考虑本单位自身的优势和特点，密切关注经济、科技、社会发展中具有重大或深远意义的领域，努力把握本学科（专业）的发展趋势，使研究生的培养立足于较高的起点和学科发展的前沿。所设研究方向应确属本学科专业范畴。

3. 学制与学习年限

学制是研究生完成其培养计划一般所需要的学习时间。2000年，教育部在《关于加强和改进研究生培养工作的几点意见》中首次提出"弹性学制"的概念，并指出："实行弹性学制，硕士生学习年限一般为2~3年，博士生学习年限一般为3~4年，具体由培养单位自行确定。"自此，各研究生培养单位开始推行弹性学制改革，在规定基本学制的基础上，为了保证培养质量、加强培养过程管理、合理投入教育资源，学习年限可具有一定伸缩性。各类研究生的学习年限在培养方案中有明确规定。一般超过最长学习年限仍不能毕业者，将按退学处理。

4. 课程设置

研究生课程主要包括政治理论课程、外国语类课程、基础理论课程和专业课程。其中，政治理论课程的设置按国家有关规定执行。其教学目的是使研究生通过政治理论课加强思想政治教育，加强职业道德、团结合作精神和坚持真理的科学品质的培养。外国语课程重点培养研究生的综合运用语言的能力。硕士生应较为熟练地掌握一门外国语，能阅读本专业的外文资料；博士生至少掌握一门外国语，能熟练地阅读本专业的外文资料，具有一定的写作能力和进行国际学术交流的能力。

基础理论课根据各学科、各层次、各类型的研究生培养的具体要求设定，注重课程体系的优化、课程内容的合理性和整体功能。课程设置要体现二级学科本身的特征和学科应有的知识结构，并可按一级学科范围内相关的二级学科进行拓宽。

专业课的设置注重体现学科发展的前沿，适应高层次专门人才培养的高、精、深的要求以及经济建设和社会发展的需要，要反映交叉学科、边缘学科和新兴学科的新发展，并应根据学科发展和社会需求的变化及时进行相应的调整。

5. 学位论文工作

学位论文工作是研究生培养的重要组成部分，是对研究生进行科学研究或承担专门技术工作的全面训练，是培养研究生创新能力，综合运用所学知识发现问题、分析问题和解决问题能力的主要环节。应引导博士生选择学科前沿领域课题或对我国经济和社会发展有重要意义的课题，突出学位论文的创新性和先进性。鼓励研究生参与导师承担的科研项目，注意选择有重要应用价值的课题，学位论文要有新见解。

培养方案应对学位论文工作的全过程，如开题报告、论文工作检查、论文评阅和答辩程序等环节和要求作出具体规定，切实保证学位论文的质量。

6. 培养方式与方法

研究生培养方式应灵活多样，应充分发挥导师指导研究生的主导作用，建立和完善有利于发挥学术群体作用的培养机制。应强调在培养过程中发挥研究生的主动性和自觉性，更多地采用启发式、研讨式的教学方式，可规定研究生参加必要的学术讲座、学术报告、讨论班、社会实践和社会调查，加强研究生的自学能力、动手能力、表达能力和写作能力的训练和培养。

（四）制定培养方案的基本原则

研究生培养方案的制定是各培养单位在培养理念的指导下，依据培养定位以及自身的发展定位和资源优势等，明确培养目标、课程体系、培养环节，要遵循研究生教育规律，创新培养模式，体现学科特色和学术前沿，突出个性化培养，为研究生培养实践提供总体规划和蓝图。培养方案制定的原则不尽相同，但总体而言，有以下基本原则。

1. 坚持育人为本，促进全面发展

研究生教育是高层次专业人才的培养，不仅要培养具有渊博知识、创新能力、精湛技术的拔尖人才，而且还要培养其坚定的理想信念、高尚的道德情操和优秀的人文与科学素养。因此，在培养方案的制定中，必须要紧密围绕立德树人的根本任务，坚持以人为本、全面发展的教育理念。全面贯彻党的教育方针，主动适应和服务国家社会经济发展需要，注重课程育人、科研育人，将社会主义核心价值观教育、理想信念教育等融入研究生培养的全过程，使之成为德智体美全面发展的社会主义建设者和接班人，实现研究生教育的核心使命。

2. 坚持标准引领，保证培养质量

研究生培养方案是培养活动的指导性文件，既要保证培养过程的规范性，又要实现培养质量的高标准。因此，培养方案的制定必须要依据《中华人民共和国高等教育法》《中华人民共和国学位条例》和《中华人民共和国学位条例暂行实施办法》等有关法律、法规的规定，文字表述严谨，体现培养方案作为教学基本文件的严肃性，且具有可操作性。其次，培养方案的制定要遵循国家层面对各学科和专业研究生培养的基本要求和规定，并在此基础上依据社会需要和自身的学科专业特色与资源优势，制定各具特色的研究生培养方案。

3. 坚持分类培养，促进特色发展

培养方案要充分体现学术学位研究生与专业学位研究生不同的培养定位和规格要求。学术学位研究生培养要注重科研创新能力，专业学位研究生培养应突出与职业发展相衔接的实践应用力。这种差异在确立培养目标、构建课程体系、选择培养方式等方面都应予以充分考虑，以实现分类培养。在同一类别中，硕士与博士研究生的培养也应体现出层次性，统筹安排、科学衔接不同层次的课程体系、教学内容与培养过程的各环节，避免重复或简单延伸。同时，培养方案的制定也应体现服务国家、地方和行业发展需求，对接有关职业标准，鼓励各单位、各学科制定高于标准、体现特色的研究生培养方案。

4. 坚持多方参与，激发创新潜能

培养方案的研究起草、论证审定等各环节要注重借鉴国内外先进经验，广泛听取导师、学生等各方意见建议，充分发挥行业企业作用，避免闭门造车、照搬照用。培养方案作为基础性文件要为制订研究生个人培养计划留有足够的自主空间，充分赋予研究生和导师自主权，充分考虑研究生专业背景、研究经历和个性发展的实际需要，使研究生的培养在满足培养方案基本要求的同时，可以根据个人的实际情况，对课程选择、科研实践及学位论文选题等进行不同的安排。调动研究生教育相关主体的积极性与主动性，强化导师主体责任，落实导师责权，尊重研究生的科研兴趣，激发创新的内在动力，形成凸显特色的研究生个性化培养模式，为创新人才的培养提供良好的环境。

第三节 研究生培养过程的主要环节

研究生培养过程一般包括课程学习、科研训练、导师指导、中期考核及学位论文创作等主要环节，各环节通过不同的运行和组合方式，相互衔接、相互影响，共同构成了围绕培养目标的系统化的培养实践。

一、课程学习

课程是依据培养目标，有计划、有组织编制的教学内容。课程学习是我国学位和研究生教育制度的重要特征，也是保障研究生培养质量的必备环节，在研究生成长成才中具有综合性和基础性作用。重视课程学习，加强课程建设，提高课程质量，是当前深化研究生教育改革的重要和紧迫任务。

（一）课程体系

课程体系是一个具有特定功能、特定结构、开放性的知识、能力和经验的组合系统。建构科学合理的课程体系，需要根据经济社会发展需求、学科发展前沿和研究生个人发展需要，及时更新课程内容，丰富课程类型。

研究生教育的课程体系主要由目标要素、内容要素和过程要素三大部分构成。课程体系的目标要素是一个以人才培养目标为总纲的目标系统，包括课程体系总目标（培养目标）、课程体系结构目标（培养方案目标）、课程目标（具体某门课程目标）等。

课程体系内容要素又称课程要素，亦可称为结构要素，主要是指课程体系的组成成分、组织形式以及各类课程之间的联系和比例关系等。对于研究生教育课程体系而言，主要包含学科类课程和活动类课程。其中，学科课程以构建学生的学科知识体系为目的，如学科基础课程、专业课程、跨学科课程，专业实践课程等。活动课程的目的在于加强科研训练、拓宽学术视野，如专业性学术会议、各类学术前沿讲座等。各类课程之间的组织形式及比例关系构成了课程体系内容要素。

课程体系过程要素包括课程体系实施和评价两个部分。研究生教育课程体系实施主要是通过学科课程的教学与活动课程开展的。而作为起反馈作用的课程体系评价，其重大意义在于能促成科学合理的专业层面和个体层面课程体系的最终形成。①

不同类型研究生的课程体系具有明显差异。学术学位研究生的培养立足于为学生今后从事科学研究工作奠定宽厚的学科基础理论和系统的专门知识，因而多以学科知识为主线构建课程体系，涵盖本学科的主要内容，反映学科知识的内在逻辑。在课程设置上注重综合性和交叉性。尤其是博士生的课程在强化基础性与专业化的同时，注重跨学科的学习，以使博士

---

① 罗尧成. 我国研究生教育课程体系研究［D］. 上海：华东师范大学博士学位论文，2005：13-14.

生不仅具有本学科良好的知识基础，而且可借助不同学科的力量解决复杂科学问题，达到"发展知识"和"培养学术研究者"的目的。

专业学位研究生的课程设置与学术学位的学科式、系统化课程体系不同，多采用模块化的课程结构。以实际应用为导向，以职业需求为目标，强调坚实系统的专业基础，注重知识应用和技术创新能力的培养。这种课程结构不但能及时体现新知识、新技术、新工艺和新方法，大大增强教学内容的适用性，保证人才培养的基本规格和综合素质，而且注意了课程知识结构之间的学科性、专业性和个性化要求，能在一定程度上适应不同学习基础、发展需求各异的受教育者的需要。此外，专业学位研究生课程除了传授专业基础理论知识和实践技能外，还重视人文素质的培养，注重专业学位研究生高尚人格的塑造，以及强烈的责任感和良好职业道德的养成。

（二）课程教学

在课程教学的组织上，学术学位研究生的课程内容具有专深性的特点，其目的是将研究生引领到学术前沿，为他们进一步从事探究活动奠定良好基础。在教学方法上强调探索性、研究性和学生的自主参与性。不仅关心知识的获得，更注重科学的探索过程和方法，从而使学生在学习中研究，在研究中学习。以激励其独立思考和质疑、批判，激发研究生的探究兴趣，开发其求新求异的创造精神。[1]

专业学位研究生的课程教学强调理论性与应用性的有机结合，突出案例分析和实践研究。其中案例教学是专业学位研究生课程教学的重要特点，其目的在于通过从实践中收集和提炼典型案例，培养研究生处理和解决实际问题的创新能力。教学过程重视运用团队学习、案例分析、现场研究、模拟训练等方法。在师资队伍的建设上，注重吸引有丰富实践经验的专业人士担任教师，形成"双师型"的教师结构。

课程考核作为教学活动的一部分，是检验和衡量人才培养质量的关键环节之一。科学、合理的考核不仅能够检验学生对课程知识的掌握程度，而且有利于激发学生学习的积极性，提升学习效果。研究生课程考核方法多样，较为常用的是考试、作业、论文、报告、课堂参与、讨论汇报、实践操作等。课程考核方法的选择在很大程度上取决于课程的培养目标、定位和类型等因素。为加强和完善研究生的课程考核，提高课程教学质量，应综合运用考核方式，注重考核形式的多样化、有效性和可操作性，加强对研究生基础知识、创新性思维和发现问题、解决问题能力的考查。重视教学过程考核，加强考核过程与教学过程的紧密结合，以便在整个教学过程中对学生的学习情况进行监控，促进研究生积极学习和教师课程教学的改进提高，科学、客观评价学生的学习效果和水平。

（三）数字课程建设

数字技术赋能是新时代研究生教育高质量发展的重要动力。2020年，新冠疫情的大规模暴发给世界各国的教育教学活动和科研活动带来前所未有的挑战，也加速了研究生教育的数字化转型。其中，数字课程作为教育创新的重要手段，为新时代研究生培养赋予了新的活力与深度，也成为数字中国战略在教育领域中的具体实践。

数字课程来源于早期的网络课程，是通过网络教学平台表现的某学科教学内容及实施的

---

[1] 王悦，马永红，冯秀娟. 面向工程的工科学术型硕士研究生课程教学研究 [J]. 学位与研究生教育，2015（3）：73-77.

教学活动的总和。数字课程包含课程教学大纲、教学课件、教学设计（教案）、教师视频、练习题、单元测验题、在线作业、试卷库、在线讨论、教学软件与教学环境等基本资源，以及教学参考书、课外阅读资源。数字课程建设的核心是教学资源的数字化，即实现数字化处理、优化加工、网络化存储，从而满足"随时学""随地学""我要学"的网络学习空间的需要。数字课程教学主要通过智慧课堂、在线教育平台等渠道进行，打破了时间和空间的限制，实现线上线下相结合的教学模式，提升了教学渠道的互动性和参与性。数字课程的教学方法更为多样，如虚拟实验、案例分析、项目制等，增强了教学过程的创造性、体验性和启发性，激发学生的学习兴趣和主动性。数字课程建设也对教师的教学能力提出新的要求，需要教师熟练掌握数字化教学技术与教学工具，有效利用数字化教育资源。强化现代信息技术与教育教学深度融合，改善教学方法和教育教学模式，引入在线视频课程、混合式课程、虚拟实验、远程合作等教学方法，增加教学活跃度和互动性。同时积极开展教学研究，加强课程新形态教材建设，推动数字教育转型变革。

同时，数字课程的建设也推动了教育公平和终身学习，助力学习型大国建设。如我国首个慕课平台——学堂在线，积极推动高校间数字化教育资源的充分共享，近700所西部高校应用学堂在线慕课近8万门次，累计覆盖师生1 100万人。为进一步建设学习型社会，打造终身教育体系，学堂在线还开发国家智慧教育平台研究生教育板块，并且首批推荐3 500门高质量课程上线国家高等智慧教育平台，推动高等教育与继续教育的融合。[①]

二、科研训练

科研训练是研究生培养的主要途径，在培养过程中，科研训练往往不是一个单独的培养环节，而是贯穿培养全过程。在硕士生培养中，科研训练与课程学习并重，博士生培养则是以科研为主。学术学位研究生的科研训练主要包括在导师指导下，通过参与导师课题，开展独立研究，承担或参与科研基金项目，参加科技竞赛、教学实践与社会实践等。研究生通过多种形式的科研训练接触学术前沿，完善知识体系，探寻研究方向，熟悉科研规范和程序，培养和锻炼科学精神，提升创新实践能力，并产生创造性研究成果。为鼓励和支持研究生参与科研活动，研究生培养单位一般会设立研究生科研资助，组织研究生参加社会实践和调查研究项目，激励学生从事科研活动的积极性，培养创新品质。[②]

专业学位研究生的科研训练主要为面向应用的创新实践，即通过大量的实践教学使专业学位研究生掌握从事相关职业所需的基本技能、方法和素养。一般来说，专业实践主要包括两个方面：一是在校内或实践基地开展的模拟实践，包括实训和演练；二是在真实情境下进行的工作实务实践，包括见习、实习。为推进专业实践的开展，研究生培养单位会注重吸纳和使用社会资源，与企业事业和科研单位建立不同形式的产学研联合培养，深化与用人单位实际需求的紧密联系，积极探索人才培养的供需互动机制。有研究表明，专业学位研究生参加大赛、参与基地实习是提升实践创新能力最有效的途径。[③]

学术活动也是研究生科研训练的主要内容，是帮助研究生拓宽学术视野、提高学术交流

---

① 王帅国. 学堂在线平台：以创新推动高等教育数字化升级［J］. 中国高等教育，2023（2）：37-42.
② 王悦，冯秀娟，马齐爽. 研究生创新基地建设的实践与探索［J］. 学位与研究生教育，2012（1）：16-20.
③ 刘润泽，马万里，樊文强. 产教融合对专业学位研究生实践能力影响的路径分析［J］. 中国高教研究，2021（3）：89-94.

能力的重要途径。学术活动的形式包括参加学术研讨、主讲学术或科普报告、参加学术会议、承担助教工作等。为加强研究生的学术交流，许多培养单位要求研究生在读期间需要公开做一定次数的学术报告，参加国际或全国学术会议，并在培养方案中将学术活动列入学分要求。

三、导师指导

导师是研究生培养的第一责任人，是研究生学习与生活的带领者，不仅要在学术上传道授业解惑，还要在为人、作风、学术道德等方面以身作则，全面关心研究生的成长，了解研究生的行知修养状况，给予学生人文关怀和人格尊重。2018年，教育部印发了《关于全面落实研究生导师立德树人职责的意见》，明确提出研究生导师立德树人的七项职责，即提升研究生思想政治素质、培养研究生学术创新能力、培养研究生实践创新能力、增强研究生社会责任感、指导研究生恪守学术道德规范、优化研究生培养条件、注重对研究生人文关怀。在培养实践中，导师在招生选拔、培养方案制定、研究方向确定、研究项目指引、研究经费资助、研究进度把控、学术论文审核、学位论文把关等关键环节都发挥着重要作用。

我国学术学位研究生培养最初是仿效德国学徒制培养模式，学生以科研助手的形式跟着导师在研究所从事独立的科学研究。随后，逐渐吸纳美国学术型研究生培养模式，建立导师个别指导与教研室集体培养相结合的培养方式。但在很长一段时期内，我国研究生培养在实践中仍然实行的是师徒式的导师个别指导模式。近年来，随着科学技术的快速发展和融合，研究生尤其是博士生的培养越来越需要交叉性的跨学科培养情境，单一的导师指导已难以满足复合型创新人才的培养需要。因此，许多研究生培养单位开始进一步加强导师负责制下的导师集体指导制度。

专业学位研究生培养一般都采用双导师制，即一个专业学位研究生有两个导师，一个是校内有学术专长的专业理论学习指导教师，侧重于研究生在校内学习、训练和研究的指导；另一个是校外具备丰富实践经验和技术专长的企业或行业导师，侧重于工作实务和技术方法的指导。两个导师各有所长，共同担负起对专业学位研究生课程学习、思想状况、校园生活、专业实践、毕业论文、就业等方面的全方位指导责任，在培养过程中实现理论学习与专业实践的高度融合和相互渗透。有些培养单位还成立了由校内导师和校外导师共同组成的指导小组或指导委员会，对专业学位研究生的培养目标、课程设置、培养方式方法、实习实践以及毕业选题与研究等提出改进的意见和建议，使专业学位研究生培养与社会需求的切合更加紧密。新时代卓越工程师的导师队伍也是实行校企双导师共同培养，由工程实践经验丰富的企业导师和教学经验丰富的高校导师共同指导。

四、中期考核

研究生自入校到毕业，整个培养时间跨度较长，尤其是博士研究生培养时间多为4～5年，若中间无任何培养过程的评价和监控措施，就难以保证达到预期的人才培养目标。中期考核在研究生培养中起着承上启下的重要作用，既总结了研究生培养前期的学习生活状态，也为下一阶段的研究学习指明了方向，确保了研究生培养质量，强化了对研究生的管理。因而在研究生培养中设置中期考核与评价环节既有利于激励研究生奋发向上，选拔优秀人才，又有利于合理分流不适宜继续培养的研究生，保证研究生培养质量。早在1986年，国家教委在《关于改进和加强研究生工作的通知》中提出:"要在硕士生课程结束后进行一次考核,少数学习成绩特别优秀、科研能力强、具有博士培养前途的,或在培养过程中发现有思想品德好、具有优异才能的,可提前攻读博士学位;学习成绩良好、具有一定科研能力的,进入硕士论文阶段;学习成绩较差或明显表现出缺乏科研能力的,或因其他原因不宜继续攻读学位者应终止学习,分配工作,对其中学完全部硕士生课程,考试成绩合格者颁发研究生毕业证书。在博士生进入论文写作之前也要进行一次考核,对不能达到基本条件者停止论文写作,其中已取得硕士学位的仍按硕士毕业生分配工作,未取得硕士学位的改写硕士学位论文。"此后,国家教育主管部门相继发布了多份文件,强调建立和完善研究生的中期考核制度。2014 年,国务院学位委员会、教育部《关于加强学位与研究生教育质量保证和监督体系建设的意见》指出"建立健全中期考核制度。不断提高研究生中期考核或博士生资格考试的科学性和有效性,切实发挥其在研究生培养过程中的筛选作用"。2020 年,教育部、国家发展改革委、财政部在《关于加快新时代研究生教育改革发展的意见》中明确指出"培养单位要加强培养关键环节质量监控,完善研究生资格考试、中期考核和年度考核制度"。同年,教育部《关于进一步严格规范学位与研究生教育质量管理的若干意见》也再次强调要"坚持质量检查关口前移,切实发挥资格考试、学位论文开题和中期考核等关键节点的考核筛查作用,完善考核组织流程,丰富考核方式,落实监督责任,提高考核的科学性和有效性"。对研究生尤其是博士研究生进行中期考核已成为研究生培养质量保证的一项重要措施。

目前,在我国研究生培养的实践中,中期考核主要有两种方式:一是在学位论文开题之前进行,是对研究生思想品德、课程成绩、科研成果、外语成绩、社会实践等方面的综合评价。考核时间一般定在研究生完成课程学习且所修课程合格和准备开始学位论文创作之前。在博士生培养中主要以资格考试(Qualifying Exam)的方式进行。重点考查博士生完成课程学习计划与学分要求的情况、基础理论与专业知识、发现问题分析问题解决问题的能力、学术志趣和科研创新潜力等。资格考试一般由学院(系)统一组织实施,考试形式多为笔试、口试、文献分析、论文报告等。二是将中期考核与学位论文开题答辩相结合,即综合考试 + 开题报告。综合考试是开题报告的必要准备,与开题报告同时进行,但二者是研究生培养过程中两个不同的环节,不能互相代替。综合考试的内容一般为:审核博士生课程学习完成情况及后续研究计划;考核博士生对本学科研究生领域前沿知识的掌握情况、学科领域内基础理论和专业知识广度和深度;博士生独立从事科研的学术能力以及科研素质和态度。

五、学位论文创作

学位论文是研究生在导师指导下独立完成的、系统完整的学术研究工作,汇聚了研究生对所学知识的理解和运用,反映了研究生的工作实践能力和科研技术水平,体现了研究生在所在学科领域做出的创造性学术成果,是研究生培养的核心环节。由于学位层次、类型不同,学位论文的创作要求和评价标准也具有较大差异性。同时,在学位论文创作中也通常会设置开题报告、定期检查、预答辩以及学位论文评阅、答辩等过程监控与评价环节,以保证学位论文质量。

（一）学位论文的创作要求

学位论文是研究生进行科学研究的重要成果，也是衡量研究生能否获得学位的重要依据之一。在学术学位研究生培养中，硕士研究生既要求掌握本门学科坚实的基础理论和系统的专门知识，又要求具有一定程度的科研能力并做出相应的研究成果。博士研究生虽然也要求修读一定的学分，但以培养独立的科研能力和科研创新为主。博士学位论文与硕士学位论文相比，在研究工作的深度与广度，以及成果的创新水平上都有更高的要求。

学术型研究生学位论文的质量标准主要体现在以下四个方面：一是独创性，即是由研究生独立完成的科研工作，而不是一个合作研究成果，表明创作者具有独立从事科研工作的能力；二是创造性，即对发展学术、科技等具有重大贡献；三是理论性，具有严密的逻辑思维和较强的理论分析；四是专业性，即探索专业领域的新知识，促进本学科知识的创新。

在专业学位研究生培养中，国外很多课程型的专业学位研究生不要求提交学位论文，课程考试结束即由所在学校颁发毕业证书或学位证书。但我国专业学位保留了撰写学位论文和进行学位论文答辩的形式，其具体要求与学术学位大相径庭。首先，专业学位论文选题一般来源于应用课题或现实问题，具有明确的职业背景和行业应用价值。其次，学位论文形式日益多样化，除了规范意义的应用性论文外，还可以以研究报告、规划设计、产品开发、案例分析、管理方案、发明专利、文学艺术作品等多种形式呈现。学位论文内容强调理论在实践中的应用，主要反映的是研究生综合运用知识和技能分析问题、解决实际问题的能力及水平。研究成果具有经济价值和社会价值。

为保证学位论文的规范性，各单位均会制定写作指南或撰写规定，明确有关规范和要求。同时，为激励研究生对创新成果的提炼，引导和促进研究生在高水平学术刊物上发表论文，许多研究生培养单位也会对学术型研究生提出发表学术论文的要求。

（二）学位论文的创作与过程管理

1. 开题报告

开题报告是开展学位论文研究工作的首要环节。研究生需要在广泛调查研究和阅读文献资料的基础上，对学位论文的背景意义、研究现状、研究方法、论文的创新性和实践性进行全面分析与论证，确定学位论文选题，提出研究方案。开题报告包含文献综述、研究背景及其意义、研究内容、可能的创新点等。

2. 中期检查

研究生学位论文的中期检查是对论文研究工作进行的阶段检查，是学位论文撰写过程中的一次重要把关，重点考核学位论文进展情况以及研究生的工作态度、精力投入等。学位论文中期检查能及时发现并解决研究生学位论文创作中出现的问题，保证培养质量。

3. 预答辩

学位论文预答辩（或最终学术报告）是检查学位论文工作的重要环节。在学位论文基本完成之后，正式评阅与答辩之前，由拟申请学位的研究生向考核小组全面报告论文进展情况及取得的成果，预答辩通过后方可进行学位论文送审程序，申请学位论文答辩。

4. 申请学位论文答辩

攻读硕士或博士学位的研究生完成专业培养方案规定的培养环节，经考核合格，并完成学位论文创作后，经导师同意可申请学位论文答辩。申请学位论文答辩是研究生申请学位的主要程序之一，表明研究生已完成培养过程和学位论文的创作工作，要求进入申请学位阶段。

为规范研究生学位论文答辩工作，保证学位论文答辩和学位授予的质量，各研究生培养单位均制定相应的实施办法。

第四节　研究生培养的实践案例

研究生培养的实践是培养理念、培养主体、培养管理和培养条件等多因素的综合体现，是复杂且多样化的。本节将介绍和分析上海交通大学、南京大学等高校的学术学位、专业学位及交叉学科研究生培养的文本和实践案例，以使读者从教育实践层面进一步认识和理解研究生培养。

一、上海交通大学关于攻读硕士学位研究生培养工作的规定①

（沪交研〔2023〕56号）

第一章　总　　则

第一条　为加强硕士研究生的培养与管理工作，提高硕士研究生的培养质量，根据《中华人民共和国学位条例》《中华人民共和国学位条例暂行实施办法》等国家有关法律法规、教育部《关于做好全日制硕士专业学位研究生培养工作的若干意见》和《关于统筹全日制和非全日制研究生管理工作的通知》等文件精神和《上海交通大学章程》《上海交通大学研究生培养管理规定》的有关规定，结合我校硕士研究生培养的具体情况，制定本规定。

第二条　本规定适用于我校攻读硕士学位的研究生，其培养类别分为学术型或专业型，学习形式分为全日制研究生或非全日制研究生。

第三条　我校的硕士生教育，旨在造就遵纪守法、明礼诚信、身心健康，具有本学科宽广的基础理论和系统的专门知识，具有独立从事科学研究工作或担负专门技术工作的人才。

第四条　硕士研究生的培养管理工作应体现校院系二级管理的原则，实行由学校、院系、导师在本办法规定的范围内分工负责的制度。

在硕士研究生培养过程中，学校和各院系应合理安排课程学习、专业实践、科学研究、学术交流、社会实践等各个环节，既要使硕士生深入掌握基础理论和专业知识，又要培养硕士生掌握科学研究或独立担负设计、管理等方面专业工作的能力。

第二章　学习年限与总体安排

第五条　硕士研究生实行弹性学习年限，其基本学习年限一般为2～3年。基本学习年限经院系学位评定委员会讨论确定后在培养方案中明确。

硕士生一般不得延期毕业。因特殊原因未能按时完成学习、研究任务或参加硕士论文答辩的，可延长学习年限，延长年限一般不超过1年。对非全日制研究生，或因创业休学的研究生的学习年限可适当放宽，但最长学习年限（含休学，自入学算起）不超过5年。

---

① https://www.gs.sjtu.edu.cn/post/detail/Z3MzMjU.

硕士生的最短学习年限一般不少于2年。

第六条 各院系应当根据国家及学校相关要求并结合实际，制定所在学科或专业学位类别的硕士生培养方案。专业学位硕士生的培养方案还应当参照相应的全国专业学位研究生教育指导委员会的要求制定。培养方案应当经所在学科或专业学位类别学位评定分委员会讨论通过后提交研究生院核准备案。

第七条 硕士研究生应根据所在学科或专业学位类别培养方案制订个人培养计划，并在培养期间完成培养方案规定的课程学习、科学研究、专业实践和论文撰写等工作。

硕士研究生在完成培养计划规定的课程学习、修满培养方案所要求的学分、课程成绩平均绩点（GPA）达到要求、完成培养方案规定的各项工作、学术成果达到《上海交通大学关于申请授予硕士学位的规定》的有关要求后，可申请参加硕士学位论文答辩。

第三章　研究生导师与培养计划

第八条 硕士研究生一般应在入学后的2周内经师生互选确定导师（组）。硕士研究生的日常培养工作实行导师负责和导师组培养相结合的办法。

第九条 在培养过程中，如导师因故确不能履行职责，可更换导师。导师变更程序依照学校有关规定办理。

第十条 导师（组）应全面负责硕士研究生的日常培养教育工作，包括：

（一）指导硕士研究生制订个人培养计划；

（二）督促硕士研究生在课程学习期间到校学习，完成学习任务；

（三）对硕士研究生执行学习、科研和实践计划的情况进行检查，提出具体意见；

（四）对硕士研究生进行道德、学风、品行等方面的教育；

（五）指导和检查硕士研究生的学位论文工作；

（六）对不能达到培养要求的硕士研究生提出淘汰建议。

第十一条 导师（组）应根据本办法、学科或专业学位类别培养方案，结合硕士研究生个人情况，在新生入学后2周内指导硕士研究生制订出切实可行的个人培养计划。

个人培养计划经导师（组）审定后，递交院系存档。培养计划确定后，研究生和导师（组）均应严格遵守。

第十二条 个人培养计划因客观情况发生变化而不能执行或不能完全执行的，必须于培养计划制订开放期间申请修订。完成修订后，经导师（组）审定同意，递交院系审核并存档。

第四章　课程学习与考核

第十三条 硕士研究生的课程学习实行学分制，主要由公共基础课、专业基础课、专业前沿课、专业选修课等组成。学生培养计划所选定的课程都是必修课，其中部分课程为GPA统计源课程。

硕士研究生的总学分要求应不少于30，GPA学分要求应不少于18，GPA要求应不低于2.7。

第十四条 硕士研究生培养方案的课程设置基本要求如下，各学科/专业学位类别培养方案应包含但不限于下列课程：

（一）公共基础课，不少于6学分：
1. 马克思主义理论课：3学分。
"新时代中国特色社会主义理论与实践"（2学分，必修）；
"自然辩证法概论"（1学分，选修）；
"马克思主义与社会科学方法论"（1学分，选修）；
必须从两门选修课程中选择1门，具体由培养方案确定。
2. 第一外语：2学分。
"学术英语"（2学分，必修，为GPA统计源课程）。
3. 学术规范与科学素养类课程：1学分。
"学术写作、规范与伦理"（1学分，必修，各院系开课）。
（二）专业基础课，不少于9学分：
一般应包括公共数学课3~6个学分（人文与医学等有关学科除外），并有最低学分要求。
上述（一）、（二）类课程一般为GPA统计源。
（三）专业前沿课和专业选修课，具体学分要求学科自定，但应包括以下课程：
学术报告会：全日制硕士研究生必修，至少1学分。
专业实践：专业学位硕士研究生必修，至少1学分。
实验室安全教育：0.5学分，在读期间无需进入实验室的研究生可免修。

第十五条 攻读硕士学位的港澳台研究生，公共必修课程中的马克思主义理论课可申请免修，但必须修读经学校批准的其他社科类课程，计入公共基础课模块。

第十六条 来华攻读硕士学位的国际研究生，马克思主义理论课可免修。英文授课项目的国际研究生，必修"中国文化概论"（2学分）和"汉语"（4学分），计入公共基础课模块。中文授课项目的国际研究生，必修"中国文化概论"（2学分）和经学校批准的其他社科类课程（2学分），计入公共基础课模块。

第十七条 硕士研究生可在本学科/专业学位类别培养方案规定课程学习要求之外，选修相关学科的研究生课程，经导师同意、院系审核，可列入本人培养计划专业选修课模块，并计入学分（非GPA统计源）。

第十八条 硕士研究生可根据兴趣选修本人培养计划之外的其他研究生课程，计为任意选修课，不计入培养计划总学分，但需要考核通过。

第十九条 对入学前2年已在我校参加研究生课程学习，考核成绩合格且未用于申请其他学位的课程，如果符合培养方案的要求，可以申请成绩认定，并计入学分。

第五章 硕士学位论文

第二十条 学位论文是硕士生培养工作的重要组成部分，是对硕士生进行科学研究或承担专门技术工作的全面训练，是培养硕士生创新能力，综合运用所学知识发现问题、分析问题和解决问题能力的主要环节。硕士生应在导师（组）指导下，及时确定学位论文选题方向、制订学位论文工作计划，完成文献综述与开题报告环节，开展并完成课题研究。学位论文要有新工作和新见解。

第二十一条 硕士研究生学位论文工作环节应包括开题报告、中期检查、论文评审与答辩。

第二十二条 开题报告。

（一）硕士生学位论文开题工作一般应在第二学年第一学期结束前（医学院参照医学院相关专业培养方案规定执行）进行。首次学位论文开题未通过的，可在下一学期再次申请开题；两次论文开题均未通过的，由开题报告专家组作出应予退学处理建议。

参加开题报告时，硕士生应已基本完成培养计划中规定的课程学习并成绩合格，GPA满足培养方案要求。如未完成或未达到要求，应给予警告，并要求其给出改进措施，争取中期检查时完成所有课程学习并成绩合格、GPA符合要求，经导师认可后上报所在院系。

（二）开题报告的内容应包括：

1. 拟定的学位论文题目；
2. 课题的研究意义、国内外研究现状分析；
3. 课题研究目标、研究内容、拟解决的关键问题；
4. 拟采取的研究方法、技术路线、方案及其可行性研究；
5. 课题的创新性；
6. 计划进度和预期成果；
7. 与本课题有关的资料积累、已有的前期研究成果。

（三）开题报告会应在本学科或相关学科范围内公开进行，由学科/专业领域负责人或导师召集至少3名相关学科/专业领域具有硕士研究生指导资格的专家对开题报告进行论证。

（四）硕士研究生在开题报告会上应就所选课题进行详细报告，导师可作必要的解释和说明。开题报告专家组应对报告人所选课题的创新性和可行性进行重点论证，并就课题的研究工作提出具体意见和建议。

（五）院系应指定专人对开题报告会作记录。开题报告和专家论证意见应存档于所在院系教务办。

第二十三条 中期检查。

（一）中期检查是硕士研究生培养过程的重要环节，也是规范研究生教育管理，保证研究生培养质量的重要举措。中期检查应在学位论文送审前3个月进行，主要内容包括：研究生课程学习完成情况、论文工作进展情况、个人总结、导师评价以及考核小组面试评审等。

（二）硕士生中期检查应达到的基本要求：完成培养计划中规定的全部课程学习并成绩合格；GPA不低于2.7；学位论文开题已通过。

（三）学生应撰写中期检查报告，学科/专业领域负责人或导师负责召集由3名以上相关学科/专业领域具有硕士研究生指导资格的专家组成的专家组对学生报告进行答辩评审。中期检查的结果按"通过"或"不通过"记载。

（四）中期检查不通过的硕士研究生，应给予警告，并要求其给出改进措施，上报给所在院系。经整改可于下一学期再次进行中期检查，2次中期检查不通过者，由专家组作出应予退学处理建议。

（五）院系应指定专人对中期检查报告会作记录。硕士生中期检查报告和中期检查表汇总后由院系教务办留存。

第二十四条 硕士学位论文撰写格式参照各院系具体规定。学位论文答辩与学位申请根据所攻读学位类型分别按照《上海交通大学关于申请授予硕士学位（学术型）的规定》或

《上海交通大学关于申请授予硕士专业学位的规定》执行。

第六章 专业学位硕士研究生的培养

第二十五条 专业学位研究生教育以产业需求为导向,以实践研究和创新创业能力为培养重点,目标是培养掌握某一特定职业领域坚实的基础理论和宽广的专业知识、具有较强的解决实际问题的能力、具有良好的职业素养和国际视野的高层次应用型专门人才。

第二十六条 专业学位硕士研究生教育在培养目标、课程设置、教学理念、培养模式、质量标准和师资队伍建设等方面,与学术型硕士研究生教育均有不同,要突出专业学位硕士研究生教育的特色,注重产教融合,各院系要与行业产业共同制定培养方案,共同开设实践课程,共同编写精品教材,将人才培养与用人需求紧密对接。

第二十七条 专业学位硕士研究生的培养实行校内外双导师共同指导的方式。以校内导师指导为主,校外导师参与实践过程、项目研究和论文等多个环节的指导工作。

第二十八条 专业学位硕士研究生的培养方案应结合专业学位教育特点进行优化。课程体系设计和具体课程设置应以人才培养目标及基本要求为依据,以实际应用为导向,以产业需求为目标,以综合素养和应用知识与能力的提高为核心,要充分结合行业需求,反映最新学术和行业动态。

专业学位硕士研究生的课程教学要加强案例教学、实践(现场)教学、模拟训练等教学方法的运用,突出专业学位硕士研究生实践研究和技术创新能力的培养,强化对专业学位硕士研究生运用所学基本知识和技能解决实际问题的能力和水平的考核。

第二十九条 专业实践是专业学位硕士研究生培养过程中的重要环节。面向行业领域进行充分的、高质量的专业实践是培养高层次应用型人才的重要保证。专业学位硕士研究生在学期间,必须保证不少于半年的专业实践教学。

各院系要结合学科特色,加强实践基地建设,利用校企优势互补,共建校内、校外实践基地;建设、配备一支数量稳定、实践经验丰富的实践教学师资队伍,保障专业实践按计划、规范化开展。

第七章 附 则

第三十条 本规定由研究生院负责解释,自 2023 年 9 月 1 日起施行。以往有关规定与此不一致的,以本规定为准。

二、西北工业大学学术型博士研究生培养过程管理实施细则①

第一章 总 则

第一条 根据教育部办公厅《关于进一步规范和加强研究生培养管理的通知》(教研厅〔2019〕1 号)、《国务院学位委员会 教育部关于进一步严格规范学位与研究生教育质量管理的若干意见》(学位〔2020〕19 号)和《西北工业大学一流研究生人才培养行动计划》(校研字〔2021〕348 号)等相关文件精神,为深入推进学术型博士研究生(以下简称"博

---

① https://gs.nwpu.edu.cn/info/2204/18857.htm。

士生")培养机制改革,完善博士生考核机制,加强博士生培养过程管理,全面提高博士生培养质量,特制订本实施细则。

第二条 加强博士生培养过程管理的基本思路:严把培养过程关,加强开题评议、中期检查、年度审核等环节的过程管理和监督,落细落实学业预警,加大对不合格博士生的分流退出力度,建立"逐年考核、逐层预警、逐步分流"的全程高质量培养模式。

第三条 博士生退出机制包括分流和退学两类。

(一)分流:本科直博生、博士入学前未获得硕士学位的硕博连读生,可按《西北工业大学研究生学籍、学历管理工作实施细则》中相关管理规定申请办理退博返硕手续,审核通过后转为相同学科领域的硕士生培养。

(二)退学:终止学籍,按《西北工业大学研究生学籍、学历管理工作实施细则》处理。

第四条 各培养单位应当依照本文件规定,制定本单位的实施细则,广泛征求意见,经党政联席会通过,在培养单位网站公布,并报研究生院学术学位培养办备案。如培养单位的要求高于本规定,按高标准执行。

第二章 开题评议

第五条 开题评议由开题报告评审和公开答辩两环节组成。开题评议旨在检验学生是否熟悉该领域的基本文献、研究现状和重要研究问题,是否已具备一定的学术视野和理论积淀,是否已基本确定学位论文的重要研究工作和可能的研究方案,是否已基本明确论文研究的特色和创新点,并以此作为判断该博士生开题准备情况和学位论文研究潜力的主要依据。

第六条 博士学位论文开题报告的准备。

博士生应在导师指导下确定自己的研究方向,在广泛阅读文献资料和调查研究的基础上,撰写学位论文开题报告。博士生学位论文选题一般应结合导师(或学科组)的研究方向,进行具有相当理论意义和前景、学科前沿性研究,充分发挥博士生的专长,在科学和技术两个层面具有独到的见解,与导师一同提炼学科前沿的创新性研究问题。开题报告内容一般应包括研究依据、研究内容、研究计划及预期目标等。

第七条 博士学位论文开题评议的时间安排。

博士学位论文开题评议原则上在完成课程计划中全部课程的学习并取得合格成绩之后进行。博士生一般应在第4学期结束前完成学位论文开题评议申请(直博生一般应在第6学期结束前)。因故休学、保留学籍的研究生,开题报告期限顺延,返校后应及时组织开题报告。因特殊原因未按期申请开题评议的博士生,经导师、培养单位审核后可申请延期(最长延期6个月),若仍未按期申请开题评议者,将视为主动放弃博士学籍,予以分流或退学。

第八条 博士学位论文开题报告评审。

(一)博士生在研究生教育综合管理系统申请开题,提交开题报告等相关材料,由培养单位统一组织评审。

(二)报告评审专家不少于3人,评审专家应为本学科或相关学科领域的具有正高级专业技术职务的专家或博士生导师组成,鼓励聘任校外专家学者作为开题报告评审专家组成员。

(三)评审专家应按《西北工业大学博士学位论文开题报告评审表》的要求填写"评审

专家意见",并给出评审成绩。

（四）依据评审意见：若博士学位论文开题报告通过专家评审（评审分数均在75分以上），由博士生根据评审意见并在导师指导下，对学位论文开题报告进行修改，提交导师审核。若博士学位论文开题报告评审结果不合格（评审分数至少有一份低于75分），博士生限期修改3~6个月后可进行二次送审（按上述程序办理）。两次送审不合格者将予以分流或退学。

（五）开题报告评审通过后，方可进行公开答辩。

第九条 博士学位论文开题公开答辩。

（一）公开答辩须包括至少30分钟答辩陈述环节和30分钟专家提问环节。公开答辩专家不少于3人。答辩专家应为本学科或相关学科领域的具有正高级专业技术职务的专家或博士生导师组成，鼓励聘任校外专家学者作为答辩专家组成员。公开答辩应设一名组长，由具有正高级专业技术职务的博士生导师担任（博士生本人的导师不能担任组长）。答辩小组应设秘书1人（应由本校正式职工担任，且技术职称在讲师以上），协助办理公开答辩有关事宜。

（二）公开答辩由导师组织，培养单位督查。在公开答辩前3天，培养单位应在本单位网站上发布公告，公开开题答辩时间、地点、报告人和学位论文题目等信息，并组织相关学科专业教师和研究生参加。

（三）公开答辩应按《西北工业大学博士学位论文开题评议答辩意见表》的要求，由秘书进行填写和记录，对开题报告公开答辩讨论的最后意见填入表中的"结论意见"一栏，专家组全体成员均应签名。

（四）若博士学位论文开题报告公开答辩不通过，限期修改3~6个月后申请二次答辩，并按上述同样程序办理。两次答辩不通过者将予以分流或退学。

第十条 论文研究工作原则上应按照开题报告中论文计划严格执行，确因特殊情况对选题有重大调整时，应重新组织学位论文开题评议。

第十一条 开题报告通过者，如果研究内容未发生实质性变更，但有如下情况之一者，在征得导师同意和确认后，可以申请修改学位论文题目：（1）开题报告答辩小组建议；（2）中期检查考核小组建议；（3）学位论文评审专家或者预答辩小组建议；（4）学位论文答辩小组建议。

第十二条 博士学位论文开题评议环节原则上按不低于当年博士生入学总人数的10%设置一次开题不通过率。

第十三条 开题结束后，研究生院对博士研究生开题报告按照10%的比例进行随机抽取，并送校内外专家评审，评审未通过的限期修改3~6个月后，重新开题。

第十四条 为保证论文质量，原则上，博士研究生从学位论文开题至申请学位论文送审的时间不得少于1.5年。

第三章 中期检查

第十五条 中期检查重在考察博士生对学科基础理论和专门知识的掌握程度、开题以来论文研究工作进展情况、学术论文撰写与发表情况、学位论文工作的阶段性成果、下一步研究计划及存在的困难和问题、按期完成论文工作的可能性等。

第十六条 中期检查原则上要求在第 6 学期结束前完成（直博生一般应在第 8 学期结束前）。因故休学、保留学籍的研究生，中期检查期限顺延，返校后应及时组织中期检查。因特殊原因未按期开展中期检查的博士生，经导师同意、培养单位审核后可申请延期（最长延期 6 个月），若仍未按期开展中期检查者，将视为主动放弃博士学籍，予以分流或退学。

第十七条 中期检查由培养单位统一组织实施，包括中期审核和公开答辩两个环节。博士生在线提交中期检查报告，由导师、培养单位审核。

第十八条 中期检查公开答辩由导师组织、培养单位督查。公开答辩汇报时间一般不少于 30 分钟。答辩专家组不少于 3 人，由本学科或相关学科领域的具有正高级专业技术职务的专家或博士生导师组成，鼓励聘任校外专家学者作为答辩专家组成员，其中一名具有正高级专业技术职务的博士生导师担任答辩专家组组长（博士生本人的导师不能担任组长），就学位论文的进展情况与取得的阶段成果给出结论。答辩小组应设秘书 1 人（应由本校正式职工担任，且技术职称在讲师以上），协助办理公开答辩有关事宜。

第十九条 公开答辩应按《西北工业大学博士学位论文中期检查答辩意见表》的要求，由秘书进行填写和记录，专家组对中期报告公开答辩讨论的最后意见填入表中的"结论意见"一栏，专家组全体成员均应签名。答辩通过，则被认定为通过中期检查。若中期检查答辩不通过，限期在 3~6 个月后进行二次答辩。二次答辩未通过者，予以分流或退学处理。

第四章 博士生年度考核

第二十条 博士生入学后，每学年末须在线提交《西北工业大学博士研究生学业年度总结报告》（总结本学年的思想政治、学习科研、导师指导、论文进展、学术成果、困难问题等），并由导师给出考核结论，博士生年度考核结论分为：优秀、良好、一般和不通过。

第二十一条 超过学制年限的博士生，提交《西北工业大学博士研究生学业年度总结报告》的同时，还需提交延期申请，经导师、培养单位审核通过后方可继续学业，对于未通过者，将予以分流或退学。

第五章 附 则

第二十二条 依据《西北工业大学研究生教育督导工作管理办法》和《西北工业大学研究生培养事故认定与处理办法》要求，校院两级督导组将参与博士生培养过程管理的各个环节，对博士生论文开题、中期等环节进行全面督导检查。

第二十三条 博士生对开题评议、中期检查考核结果如有异议，在接到考核结果 7 个工作日内可向培养单位或研究生院提出书面申诉。培养单位（或研究生院）负责核实、复查整个过程并给予答复。

第二十四条 工程博士参照本细则执行。

第二十五条 本细则由研究生院负责解释，自 2023 年 9 月 1 日起执行。校内其他有关文件与本细则不一致的，以本细则为准。

三、北京师范大学应用心理专业硕士培养案例[①]

（一）案例背景介绍

北师大心理学部是首批（2011年）应用心理专业硕士（MAP）招生院系，经过多年发展，已建设成为全国应用心理专硕最大的培养基地。2021年，MAP项目首次在北京校区和珠海校区同步招生，年招生规模约400人。截至2023年6月月底，累计培养毕业生约1 800人，约占全国应用心理专业硕士毕业生总人数的1/6。

经过十余年探索，北京师范大学服务国家发展战略，精准定位社会需求，依托A+学科优势，创建专业化、规模化培养心理咨询师的临床与咨询心理方向，与工业设计、市场营销等学科结合首创用户体验、品牌广告与消费心理等方向。以实践创新能力培养为核心，遵循"夯实学科基础—训练专业技能—促进应用研究"三阶路径制定培养方案，以高水平、多元师资队伍建设为支撑，构建高质量实践能力培养体系，形成了深度融合社会服务的应用心理专业硕士人才培养新模式。

（二）培养目标及基本要求

北京师范大学应用心理专业硕士旨在培养高层次的应用心理专业人才，顺应国家重大与社会急需，在招生专业方向上不断探索整合，持续培养一批具有扎实心理学基础、职业领域关键问题解决能力、适应未来行业发展的高层次人才。

2015年推出心理测量与人力资源管理（MHR）方向，培养适应各类型组织要求、擅长运用心理测量理论和技术、精通人力资源管理技能的高水平复合型人才。2016年推出国内第一个用户体验（UX）方向，融合心理学、设计学、科技等方面的知识，通过项目制培养，使学生具备心理学基础和用户体验实践技能，培养满足企业对用户研究员、交互设计师、服务体验设计师、产品经理等岗位需求的专业人才。同年，整合箱庭、家庭、生涯发展等咨询相关专业，推出临床与咨询心理方向，目标是建设我国最专业、能够接近或达到国际一流水平的临床与咨询心理专业，培养具备较强临床与咨询心理学职业伦理、理论素养和实践技能，能独立开展工作的心理咨询师，做中国心理咨询与治疗专业人才培养与科学研究的引领者。2018年推出品牌、广告与消费心理（BAC）方向，以消费心理学为核心，以大数据方法为特色，结合心理学、经济学、管理学、传播学、人工智能大数据等学科的原理、方法和技术，为互联网、媒体、教育、公关、文化传媒、新零售、快消等行业培养具有交叉学科背景和实战技能的精英人才。2021年设立心理与行为大数据（PBD）方向，培养在社会实践的各个行业领域应用大数据技术解决实际问题、适应社会发展需求的大数据技术应用型创新人才。2023年设立教育与学校心理（ESP）方向，培养能有效促进中小学生全面积极和谐发展，能系统解决各种特殊需求问题的学校心理学专业人才。

（三）培养方式

专业学位硕士研究生的培养以职业胜任力为中心，以实践能力培养为重点，以阶梯式提升实践能力的课程体系为基础，以高水平应用领域师资队伍和高水平自建实践基地为支撑，开创有应用特色的论文形式，形成了高质量心理学应用人才培养的新模式。

北京师范大学应用心理专业硕士采取非全日制培养方式进行课程学习。采取部分晚上、

[①] http://bnupsych.bnu.edu.cn/tabid/82/ArticleID/6799/settingmoduleid/507/frtid/81/Default.aspx.

周末 2 天以及集中授课（一般集中 4 天）的方式进行课程学习。平时或周末的晚上会有讲座或者实习、督导等安排。随后进行研究，撰写论文，学制两年。自 2024 级起仅招收非全日制定向就业生源。

培养过程以课程学习和专题实践为主，辅之以专题讲座和综合案例分析报告，主要重视以下环节：

第一，课程学习。以教师讲授、专家专题讲座、案例教学、课堂报告与讨论、课外小型实证研究与报告撰写、自学等方式开展。聘请中外著名学者和有丰富实践经验的专家，为学生讲课或开设讲座。课程学习不少于 1 年。

第二，实习实践。本项目将与国内外一流机构和优秀企业联合建设高质量的实践教学体系，提升学生运用心理学知识和技能解决实际问题的能力，让学生更多地参与，包括参观交流、现场教学、移动课堂等。自建实践平台，国际一流的心理咨询中心、创新创业教育中心，在项目制实习方面进行探索。实习累计时长不少于 300 小时，学生需提交高质量实习报告一份。

第三，毕业论文要求。毕业论文强调应用所学理论和方法解决实践中的问题，包括真实案例分析和问题解决实践。注重提高学生分析和解决实际问题的能力。

（四）课程体系

北京师范大学应用心理专业硕士紧密围绕社会需要，面向国家重大急需，创设六大方向，在课程教学上突出实践课程的设置，强调理论与实际的结合。成立了国内第一个应用心理学案例中心，开发并积累一手案例，为专硕的案例教学提供丰富的素材。

以用户体验（User eXperience，UX）方向课程体系为例，该方向以"实践教育"为核心理念，坚持项目制教学模式，强调学生实践能力的培养。构建多样化课程模块，包括但不限于：UX 概论、认知心理学、工程心理学、心理学实验设计与技术、心理测量与统计、视觉传达、发展心理学、体感交互科技、用户研究、用户界面设计、商业模式策略和产品服务体系等。在理论课程的学习过程中，UX 方向培养还强调实践活动的重要性。通过与国内外知名企业的合作，为在校学生提供丰富的实践机会；开展丰富的课外活动，包括但不限于：企业和高校参访、工作坊、移动课堂和专业实习等；积极组织国际交流活动，不仅提供短期的海外实践项目，还提供长达 45 天至 3 个月的海外实践基地交换学习机会，以及与多所海外高校合作的硕士双学位项目的申请途径。

（五）专业实践

在实践培养上，进行项目制实践创新，鼓励学生将项目与毕业论文做结合，撰写聚焦于问题解决的应用型论文。召开"国际创新创业教育实践周""AI 助力心理测评与人才管理论坛"、中国心理学会临床心理学注册工作委员会第八届大会暨中国心理学会临床与咨询心理学专业委员会 2023 年学术会议等大型论坛及会议，探讨心理学在时代应用方面的可能性。主办、承办"猎聘杯"面试大赛、"木铎杯"在线问卷调研大赛等各类比赛、心理与行为大数据竞赛、未来教育大赛等，以赛督学、以赛促教、教赛结合，全面提升培养质量。

项目制培养是北师大 MAP 学生实践创新能力培养的重量级举措，项目制培养与课程学习相辅相成，双轮驱动推动 MAP 学生的实践创新能力提升。将真实的项目引入培养过程，引导学生在完成项目的过程中，达到知识转化为应用实践的目的，产出项目成果，满足企业、行业的实际需求，真正做到产学研用的一体化。

(六) 师资力量

北师大心理学部现有专任教师百余人，绝大多数教师参与专硕授课与论文指导工作。同时，还邀请来自北京大学、清华大学、中科院心理所、美国普渡大学等学界资深教师参与专硕授课。除此之外，应用心理专硕的师资团队还整合了国际、行业的顶尖师资与督导，参与实践指导环节，如来自微软、谷歌等企业的资深专家，来自北大六院、北京安定医院等精神专科医院的行业专家等。搭建了一支超过150人的校内外导师团队，其中60余位为来自北京大学、清华大学、浙江大学、中科院心理所等高校及科研院所的兼职导师，与校内导师一起共同指导MAP学生。

(七) 平台保障

北京师范大学应用心理专业硕士构建立体化实践体系，拓展多样化实践形式，构建多元实践基地，保障专业学位研究生的培养质量。学部自2015年开始建设实习实践平台，拥有70余家实习实践合作单位。同时，在北京校区自建2 000平方米实践基地供专业硕士开展实习实践。2017年1月投入使用的国际一流的心理健康服务中心，作为咨询方向学生的实习实践基地，为社会提供免费的心理咨询服务，年服务1.5万人次；2018年10月投入使用的创新创业教育中心（I-SCHOOL），作为UX、MHR、BAC方向学生进行项目制实践训练、创客孵化的基地，为MAP学生的实践培养对接行业资源，提供创新创业场景。2022年，在学校支持下，学部在珠海校区建设了3 000平方米的心理健康服务中心、心理与行为大数据中心已投入使用，支持珠海校区MAP学生开展实习实践。

四、北京航空航天大学虚拟实验室多学科交叉人才培养案例

(一) 案例背景

随着社会和生产力的快速发展，面对的重大科技和产业问题日益复杂，导致对多学科交叉科学研究和多学科交叉高层次创新人才需求日趋迫切。为此，2021年国务院学位委员会和教育部在研究生学科专业目录中增加了交叉学科门类，大力推动交叉学科高层次人才培养工作。虚拟现实（VR）作为构建真实世界的数字镜像，以及人、机、物三元融合的重要新兴支撑技术，在航空航天、国防军事、装备制造、医疗卫生等国家战略领域应用广泛，并日益进入大众生活。同时，VR是典型的多学科交叉领域，这对VR高层次创新人才培养提出了更新、更高要求。北京航空航天大学15年来，培养了2 000余名具有创新能力的博硕士研究生。他们在校期间取得可喜研究成果，毕业后在科教、产业和国防等领域发挥技术骨干和带头人作用。培养模式推广至北理工、北师大等十余所院校单位，起到示范作用。同时，通过教学报告、教学论文、教材和专著、国际会议和科技竞赛等传播成果，每年接待参观来访上千人次，产生了广泛的社会影响。

虚拟现实技术与系统全国重点实验室（简称实验室）作为首批20家重组试点实验室之一，于2022年5月获科技部批准开展建设工作。实验室依托北京航空航天大学，由赵沁平院士担任实验室首席科学家，吕卫锋教授担任实验室主任，建立起了一支以中国工程院院士、长江学者、杰出青年基金获得者、各类人才计划获得者、资深教授为主的学术带头人队伍。涵盖理工医艺4个学科门类、空天信医艺理10个一级学科，努力打造具有更强优势特色、更高创新活力的国家科技力量。

实验室始终围绕国家战略需求，坚持目标导向，着重强调原始创新和应用基础研究，重

视系统研发，30 多年来持续开展理论研究、技术攻关、系统研制和应用推广，建成了多学科交叉的虚拟现实技术创新基地。实验室致力于突破解决"多时空贯通环境的智能构建与可交互演化的智能增强"这一虚拟现实 2.0 的重大核心科技问题，产出重大原创成果，在我国率先实现从 3I 虚拟现实 1.0 到 5IE 虚拟现实 2.0 的跨越，从而引领虚拟现实和混合增强智能发展与应用，引领虚拟现实进步，支撑未来发展。

（二）培养理念

北航作为国内最早培养 VR 研究生的高校，以虚拟现实技术与系统国家重点实验室、虚拟现实/增强现实技术及应用国家工程实验室为基地，对培养多学科交叉高层次创新人才的模式与机制进行了 15 年的探索和实践，首次提出"因愿施教，激励自驱，培育情怀，长程创新"的研究生培养理念，全面优化研究生培养方法和过程。充分考虑研究生的特点，以学生为中心，尊重其发展目标意愿，并根据导师对学生的综合判断给予引导，为其设置培养内容和过程，实现因愿施教 + 因材施教，鼓励其在科研中主动尝试，最大限度激发创新自驱力。探索实践符合研究生特点的立德教育内容，有机融入三课堂全过程。突破学生在校时限，创设第四课堂，将其在校创新能力的培养拓展至毕业后，关注支持其在工作岗位初创阶段的创新工作，助力其实现"长程创新"。

（三）培养方式

建立了以学生为中心、"机制—环境—体系"三位一体的多学科交叉创新人才培养生态：1）构建 VR + X（X 为可选学科）培养机制，坚持"四原则"、营建"四课堂"，全方位着眼多学科交叉创新能力培养，根据学生意愿和培养目标为学生设计培养过程。特别是开创了"第四课堂"，即学生毕业后课堂，为实现长程创新提供支持；2）打造多学科交叉的 VR + X 软硬件科研平台环境，为学生提供可选择的科研实验条件；3）建立 VR + X 培养体系，为学生多学科知识水平、实践能力、学科创新和学科交叉创新能力，以及综合素养的全面提升提供保障。同时，探索了符合研究生群体特点的立德教育重点内容和方法，并有机地融入前三课堂全过程，通过课程思政、科研攻关思政、社会思政等，培育科学精神和科学报国情怀。

（四）课程体系

课程设置方面，本着理论学习与工程实践相结合，学科创新与多学科协同创新相结合，学科导师负责与多学科导师团队指导相结合，校内培养与企业和社会合作、实践相结合四原则，创新构建三个方面的课程内容：第一类课程为多学科交叉课程与实验，包含多学科交叉的 VR 知识点和实验设计；第二类课程为科研和工程开发相结合的科研实践，采用导师学生组队申报学科交叉实验室自主课题和参与国家科技项目的方式进行科研实践，制定研究生创新奖励办法和设立基金，激励创新；第三类课程组织学生到企业、贫困地区等调查体验，了解国情，增强使命感。同时坚持立德教育创新，探索实践符合研究生特点的立德教育"三课堂思政"。根据研究生群体的特点，重点围绕正三观端四识教育、科学素养教育和国情教育三个方面，根据"三课堂"不同形式和内容，坚持在第一课堂挖掘课程思政内容，提出并实践在第二课堂的科研创新实践过程中融入科研攻关思政内容，以及通过专家讲座、瞻仰革命圣地、考察贫困地区等方式的第三课堂社会思政，培育精神和情怀。

【本章小结】

研究生培养是研究生教育的本质功能，是在促进学生全面发展、追求科研创新、面向社会服务等教育理念的引领下，为使研究生达到培养目标，而在一定时期或阶段内进行的一系列教育实践活动，包括确定培养目标，制定培养方案，实施课程教学和科研训练，开展学位论文创作，以及对培养过程进行监督、评价等主要培养环节。专业性、研究性、融合性和多样性是研究生培养区别于其他人才培养形式的主要特征。我国的研究生教育自1978年恢复招生以来，经历了历史性的跨越发展，人才培养的功能不断丰富，形式日益多样，从单一的学术型研究生培养转变为学术型与专业型研究生分类培养，建立了学科门类齐全的研究生培养体系，形成了具有中国特色的研究生培养模式。

【思考题】

1. 试述我国研究生培养的主要模式及其发展历程。
2. 研究生培养应确立哪些基本理念，并简述其内涵。
3. 制定研究生培养方案应遵循哪些基本原则？
4. 研究生培养过程包括哪些主要环节？

【推荐阅读文献】

1. 李盛兵. 研究生教育模式擅变 [M]. 北京：教育科学出版社，1997.
2. 陈学飞. 西方怎样培养博士：法、英、德、美的模式与经验 [M]. 北京：教育科学出版社，2002.
3. 胡玲琳. 我国高校研究生培养模式研究—从单一走向双元模式 [M]. 上海：复旦大学出版社，2012.
4. 《研究生培养模式创新的理论与实践研究》课题组. 中国研究生培养模式的理论与实践研究 [M]. 北京：高等教育出版社，2013.
5. 汪霞. 世界一流大学研究生培养模式和课程体系研究 [M]. 南京：南京大学出版社，2015.
6. 马永红. 北京航空航天大学人文社会科学文库 中国博士研究生教育改革研究 [M]. 北京：科学出版社，2023.
7. 杨卫，王孙禺，吴小林，等. 改革工科研究生教育 着力培养卓越工程师 [J]. 学位与研究生教育，2023（1）：1-15.
8. 林健. 培养大批堪当民族复兴重任的新时代卓越工程师 [J]. 中国高教研究，2022（6）：41-49.

第四章

研究生教育管理与政策

【内容提要】

本章主要介绍研究生教育政策与管理，主要包括研究生教育管理体系、研究生教育中间组织、研究生导师队伍建设、研究生教育信息化、研究生教育政策五个部分。研究生教育管理体系重点介绍国务院学位委员会、省市学位委员会、培养单位学位评定委员会三级管理体系。中间组织介绍了中国学位与研究生教育学会的设立和组织架构，简要介绍了省市级评估团体和研究生教育期刊。研究生导师队伍建设主要介绍了研究生导师管理机制、聘任和考核、导师分类和职责。研究生教育信息化主要介绍了研究生教育过程信息化、研究生思政信息化、研究生教学手段信息化和数字赋能研究生教育。研究生教育政策主要介绍了研究生教育政策的概念内涵、功能特性、政策类型及制定、我国研究生教育政策的发展阶段和特征。

【学习目标】

1. 掌握研究生教育三级管理体系。
2. 了解研究生教育第三方管理机构和发展现状。
3. 熟悉研究生导师队伍的管理机制。
4. 了解研究生教育信息化手段。
5. 了解研究生教育政策概念内涵和我国研究生教育政策发展阶段及特征。

【关键词】

研究生教育管理；第三方管理机构；导师队伍；信息化；研究生教育政策

Chapter IV
Graduate Education Management And Policy

【Content Summary】

This chapter mainly introduces graduate education management, which mainly includes four parts as graduate education management system, graduate education intermediate organization, graduate mentor team construction, and graduate education informatization. The graduate education management system focuses on the three-level management system of the Academic Degrees Committee of the State Council, the Provincial and Municipal Degrees Committees, and the Degree Evaluation Committee of the Training Unit. The intermediate organization focuses on the establishment and organization structure of Chinese Society of Academic Degrees and Graduate Education, and a brief introduction to provincial and municipal evaluation groups and graduate education journals. The mentor team construction mainly focuses on introduction to the graduate mentor management mechanism, appointment and assessment, mentor classification and responsibilities. The graduate education informatization mainly includes graduate education process informatization, graduates' ideological and political education informatization and the informazation of teaching methods. The graduate education policy mainly introduces the concept, functional characteristics, policy types and formulation of graduate education policy, as well as the development stages and characteristics of China's graduate education policy

【Objectives】

1. Master the three-level management system for graduate education.
2. Know the third-party management institutions and development status of graduate education.
3. Familiar with the management mechanism of graduate mentor team.
4. Understand the informatization methods of graduate education.
5. Understand the concept and connotation of graduate education policies.

【Key words】

graduate education management; third-party management organization; mentor team; informatization; Graduate Education Policy

研究生教育管理包括研究生招生、课程教学、培养过程、学位授予、导师队伍、学科建设、思政教育等与研究生教育相关的各种管理。本章主要介绍了研究生教育管理体系、研究生教育中间组织、研究生导师队伍建设、研究生教育信息化、研究生教育政策五个部分。详细介绍了国务院学位委员会、省市学位委员会、培养单位学位委员会研究生三级管理体系，使研究生深入理解研究生教育国家管理体系和相关机构职能。梳理了第三方管理机构，介绍了中国学位与研究生教育学会的设立和组织架构，简要介绍了省市级评估团体和研究生教育期刊。介绍了研究生导师的管理机制、聘任和考核、导师分类和职责。总结分析了研究生教育过程信息化、研究生思政信息化和研究生教学手段信息化，为研究生将来从事教育管理奠定基础。阐述了研究生教育政策的定义、功能及特点，介绍了我国研究生教育政策类型和政策制定的一般路径，同时基于我国研究生教育政策发展历史，描述了我国研究生教育政策特征，清晰呈现我国研究生教育渐进发展逻辑和研究生教育改革发展脉络。

第一节　研究生教育管理体系

自 1977 年恢复研究生招生至今，研究生教育管理机构日益完善。国务院学位委员会是研究生教育的最高管理机构，各省市学位委员会受国务院学位管理委员会指导，负责省市一级学位管理工作。各培养单位（高校和研究生院所，下同）学位委员会受国家和省市学位委员会领导，是培养单位最高学位机构，培养单位学位委员会主席一般由校长（院长/所长）担任，形成国务院学位委员会、省市学位委员会、培养单位学位委员会三级管理体系。经过 40 余年发展，在招生、培养、毕业、思政管理方面，也形成了国家、省市及培养单位的三级管理体系。①

一、国家研究生教育管理部门

（一）学位管理与研究生教育司

中华人民共和国教育部学位管理与研究生教育司，即国务院学位委员会办公室，隶属于中华人民共和国教育部，是其下辖的一个司局单位，正厅级，下设综合处、学位管理处、学科建设处、培养质量处。

国务院学位委员会办公室、教育部学位管理与研究生教育司合署办公，主要职能有：组织实施《中华人民共和国学位条例》；拟订全国学位与研究生教育工作的改革与发展规划；指导与管理研究生培养工作；指导学科建设与管理工作；承担"世界一流大学和一流学科建设"等项目的实施和协调工作；承办国务院学位委员会的日常工作。②

（二）政策法规司

中华人民共和国教育部政策法规司是教育部的政府部门，下设行政协调处（教育部行政复议办公室）、综合研究处、宏观政策处、法制办公室。

政策法规司的主要职能包括：研究教育改革与发展战略并就重大问题进行政策调研；起

---

① 曹雷，邢蓉，才德昊. 研究生学位授予质量管理体系构建研究——基于 H 大学的实践 [J]. 东北师大学报（哲学社会科学版），2018（2）：183-188.
② 王立生. 中国学位研究生教育的发展脉络和现状 [EB/OL]. (2012-09-18). http://www.pep.com.cn/xkzthyd/xgjy/gdjy/gflt/gjjl/201212/t20121205_1145536.htm.

草综合性教育法律法规草案；承办全国教育系统法制建设和依法行政的有关工作；承担机关有关规范性文件的合法性审核工作，承担有关行政复议和行政应诉工作。

（三）发展规划司

中华人民共和国教育部发展规划司是教育部的政府部门，下设综合办公室、扶贫处、高校设置处、事业发展处、统计信息处、基本建设处、民办教育处。

发展规划司的主要职能包括：拟订全国教育事业发展规划；承担高等学校管理体制改革的有关工作；会同有关方面拟订高等教育招生计划和高等学校设置标准；参与拟订各级各类学校建设标准；会同有关方面审核高等学校设置、撤销、更名、调整等事项；承担教育基本信息统计、分析工作；承担直属高等学校和直属单位的基建管理工作；承担民办教育的统筹规划、综合协调和宏观管理的有关工作；承担高等学校的安全监督和后勤社会化改革管理工作。[①]

（四）综合改革司

中华人民共和国教育部综合改革司是教育部的政府部门，下设体制改革处、试点指导处。

综合改革司的主要职能包括：承担国家教育体制改革领导小组办公室的日常工作；承担统筹推进贯彻落实教育规划纲要有关工作；研究提出落实教育体制改革的重要方针、政策、措施的建议；承担组织推进重大教育改革的有关工作；监督检查教育体制改革试点进展情况；承担教育体制改革宣传工作。

（五）高校学生司

中国教育部高校学生司隶属于中华人民共和国教育部，是其下辖的一个司局单位，为正厅级，下设综合处、本专科招生处、研究生招生处、毕业生就业处。

高校学生司的主要职能包括：承担各类高等学历教育的招生考试和学籍学历管理工作；指导地方教育行政部门和高等学校开展大学生就业指导和服务工作；参与拟定普通高等学校毕业生就业政策；组织实施国家急需毕业生的专项就业计划。

（六）思想政治工作司

思想政治工作司承担高等学校学生与教师的思想政治工作，宏观指导高等学校基层党组织建设、精神文明建设以及辅导员队伍建设工作；负责高等学校稳定工作和政治保卫工作，及时反映和处理高等学校有关重大问题；负责高等学校网络文化建设与管理工作。[②]

（七）其他

1. 教育部学位与研究生教育发展中心

教育部学位与研究生教育发展中心，简称教育部学位中心，是教育部直属事业单位，在教育部、国务院教育督导委员会及国务院学位委员会的领导下开展工作，具有独立法人资质。

教育部学位中心成立于2003年，其前身为高等学校与科研院所学位与研究生教育评估

[①] 中华人民共和国教育部［EB/OL］. http://www.moe.gov.cn/jyb_xxgk/zdgk_sxml/sxml_zwgk/zwgk_jgsz/jjsz_xgxx/201712/t20171226_322728.html.

[②] 赵军伟，孙晓琼. 基于导师团队的研究生思政教育机制培养模式新论［J］. 河北师范大学学报（教育科学版），2018，20（3）：99–103.

所。1994年7月29日，我国唯一一家专门从事学位与研究生教育评估的事业机构"高等学校与科研院所学位与研究生教育评估所"（简称评估所）在北京理工大学成立，评估所是受国务院学位委员会和国家教育委员会的委托，承担开展学位与研究生教育评估及有关咨询服务的事业性质的非盈利机构。这标志着由政府承担的评估工作职能向民间事业性机构的转变，是实现转变政府职能的重要举措。[1]

1998年11月，国务院学位委员会、教育部决定建立"学位与研究生教育发展中心"（以下简称教育部学位中心）并挂靠在清华大学，高等学校与科研院所学位与研究生教育评估所归并到学位与研究生教育发展中心。

教育部学位中心内设办公室、党建工作处、评估处、专业学位处、论文质量监测处、研究生工作处、跨境教育评估与合作处、研究与发展处、信息处等9个处（部、室），并受国务院学位委员会委托负责建设和管理"全国学位与研究生教育数据中心"。同时设有由教育部、国务院学位委员会、国家发展改革委员会、财政部等有关领导和专家组成的专家顾问组。[2]

教育部学位中心开展学位与研究生教育的科研工作，为教育部和国务院学位委员会有关政策的制定提供参考；承担学位授权审核的支撑与保障相关工作，包括材料核查、复审有关工作、数据分析、技术支持等；承担学位授予单位自主设置二级学科（交叉学科）管理支撑与保障相关工作，包括管理平台建设与运维等；承担研究生培养过程管理支撑与服务工作，包括协助组织开展研究生课程资源建设和研究生导师培训发展工作等；承担研究生教育评估监测工作，开展博士硕士学位论文抽检、本科毕业论文（设计）抽检、学位论文作假行为处理等相关工作；承担研究生教育质量评估有关工作；承担中外合作办学、境外办学评估及质量监测工作；开展中国与其他国家的高等教育学历学位互认协议有关工作，开展内地（大陆）与港澳台地区高等教育学历学位互认有关工作，以及其他国际教育项目实施工作；开展与有关国际组织及国外评估机构、港澳评估机构的跨境教育质量保障合作；配合开展研究生党建与思想政治工作；开展学科评估，探索开展国际及港澳台地区学科评估与大学评价；开展学科建设咨询服务；开展专业学位建设咨询服务；开展学位论文质量监测与分析服务；开展研究生教育大数据建设；主办有关杂志；开展研究生培养质量调查；建设中国专业学位案例中心；承担中国学位与研究生教育学会评估委员会秘书处工作；开展学位与研究生教育的民间国际交流与合作；开展其他学位与研究生教育公益性服务；完成教育部党组交办的其他任务。[3]

2. 专业学位教育指导委员会

1998年12月，为适应工程硕士研究生教育发展的需要，国务院学位委员会、教育部及人力资源和社会保障部决定成立全国工程硕士专业学位教育指导委员会。教育指导委员会是国务院学位委员会、教育部及人力资源和社会保障部领导下的全国工程硕士专业学位教育的

---

[1] 陈静. 基于社会信任的研究生教育第三方评估机构公信力建设研究 [J]. 学位与研究生教育，2016（7）：25-29.

[2] 陈兴明，李璇，郑政捷. 我国高等教育第三方评估组织发展现状研究 [J]. 黑龙江高教研究，2018（7）：73-78.

[3] 教育部学位与研究生教育发展中心 [EB/OL]. https://www.cdgdc.edu.cn/zxjsl/zxjj.htm.

专家指导和咨询组织。其主要职责是：指导、协调全国工程硕士教育活动，监督工程硕士教育质量，推动工程硕士教育与企业工程技术和工程管理人员队伍建设的联系与协作，指导开展工程硕士教育方面的国际交流与合作，促进我国工程硕士专业学位教育的不断完善和发展。

教育指导委员会通过调查研究、实地考察、咨询指导等方式，积极发挥专家作用，为推进工程专业学位研究生教育全面、可持续性发展献计献策。实践证明，教育指导委员会的成立不仅对我国工程专业学位研究生教育事业的发展产生了重大影响，而且对工程专业学位研究生教育质量的提高起到了重要的保障作用，标志着工程专业学位研究生教育进入了新的发展阶段。

二、省市级研究生教育管理部门

教育厅是各省政府根据国务院批准设置的，主管本省教育工作的组成部门。一般情况下，各省市教育厅内设机构如学位与研究生教育处负责研究生教育管理工作，主要职能包括：统筹规划全省（市）的学位管理与研究生教育工作；负责学士、硕士、博士三级学位的授予及信息管理、认证工作；负责新增博士、硕士和学士学位授予单位及授权学科、专业的规划、立项、中期检查、验收评估和授予工作；研究制定全省学位管理有关政策；协调解决学位与研究生教育工作中的重大问题；组织开展各级学位授予质量的检查评估和研究生培养工作；承办国务院学位委员会授权或委托的其他工作。此外，省教育厅还设有其他与研究生教育管理息息相关的机构如政策法规处、发展规划处等。

以北京市教育委员会为例，北京市教委与研究生教育直接相关的机构有科学技术与研究生工作处（北京市学位委员会办公室）、高校学生处、发展规划处（功能疏解工作处）、教育信息化处四个职能部门。

科学技术与研究生工作处负责北京市高等学校科学研究、学位管理、学科建设和研究生培养工作；组织和指导高等学校实施科研平台建设和科研计划项目；协调与央属高校共建项目的管理工作；负责推进北京高等学校"双一流"建设工作；承担北京市学位委员会办公室工作；负责北京高等学校哲学社会科学研究工作。

高校学生处负责北京地区高等教育学生的学籍学历管理工作；参与拟定北京地区高等教育学生就业、创业、征兵政策并组织实施；负责北京地区高等教育在校学生就业创业工作；负责大学生征兵工作。

发展规划处（功能疏解工作处）负责研究北京教育发展战略等重大问题；编制教育事业发展中长期规划；研究提出市属高等学校、中等专业学校各类招生指导计划；协调各类考试、招生改革和管理工作；协调各类教育布局结构调整和功能优化；研究制定城市副中心教育改革发展重大政策；统筹协调京津冀教育协同发展工作；负责市属高等学校、中等专业学校的设置、变更、终止的初审；指导区教育行政部门高中阶段学校设置、撤并工作并进行备案；负责各级各类教育基本信息的统计、分析与发布。

教育信息化处统筹推进本市教育系统信息化工作。组织编制教育信息化发展规划、规章制度和标准规范；协调推进教育系统大数据建设、应用及信息技术与教育教学融合；负责教育系统信用体系建设工作；负责机关及直属单位教育信息化建设、管理与网络信息安全技术保障工作；负责教育系统信息化专业技术队伍建设及业务能力提升工作。[①]

三、培养单位管理部门

（一）培养单位研究生管理部门

高校研究生院或研究生处负责研究生教育管理工作。研究生院主要是指在承担研究生培养任务的高等学校中组织实施研究生教育工作的管理机构，设置研究生院应当符合国家经济建设、社会发展和科技进步对高层次人才的需求，以及研究生教育的发展规划。[②] 研究生院体现了一所大学相应的教学规模、科研实力等指标，需大学毕业及同等学历才能取得报考或申请入学资格，主要为培养硕士、博士人才及进行基础研究工作，许多大学教授也会在研究生院开课并领导研究工作。[③]

研究生院作为培养研究生和组织研究生教育的重要组织，在加强研究生教育质量保障和提升研究生教育质量方面肩负着不可推卸的历史重任。研究生院兼具教育组织形式和管理机构的双重性质。

高校的研究生院一般下设招生处、培养处、学位学部、研工部和综合办公室。同时，研究生院的工作与学校的学术委员会、学位委员会、招生领导组以及质量督导组相互关联。在研究生院决策模式上，绝大多数高校由校领导担任研究生院院长，另设一常务副院长（或执行院长）负责统筹各项事务，同时设若干副院长或处长具体协助实施某一领域管理业务。

此外，值得关注的是我国一流大学研究生院组织机构设置还出现了一些新的动向：

一是科室设置多元化、项目化日益凸显。随着在校研究生规模的持续增大以及研究生教育服务的精准化需求，科室设置的多元化、项目化日益凸显。如清华大学研究生院分别设置了"奖助管理办公室"与"国际教育办公室"等部门，而绝大多数高校只是将两项职能实现内化在"培养办公室（处）"里面。

二是科室设置体现出对时代关注与社会诉求的回应。研究生教育质量是时下社会普遍关注的重点话题，为此一些高校专门设置了质量管理、质量监控办公室。目前已有部分高校成立了以"质量管理"为核心的专业科室，如西北工业大学设立了"质量办公室"，北京理工大学设立了"质量监督与保障办公室"。

三是组织机构与行业学会的联系逐渐加强。调研发现，部分高校研究生院在履行研究生教育管理基本职能使命的同时，还积极加强与行业协会、教育学会等的联系，承担社会使命，成立相关学会、协会秘书处办公室，如北京大学研究生院内设院长联席会秘书处，清华大学研究生院内设中国学位与研究生教育学会秘书处、全国工程专业学位教育指导委员会秘书处，北京师范大学研究生院内设全国教育专业学位教育指导委员会等。

四是为研究生教育改革实践提供决策咨询的专业化科室逐渐引起重视，如哈尔滨工业大学研究生院设置了"教育研究与质量管理办公室"，同济大学研究生院设立"研究生教育研究管理中心"，中国科技大学研究生院创办中国学位与研究生教育学会会刊《研究生教育研

---

① 北京市教育委员会［EB/OL］. http：//jw. beijing. gov. cn/xxgk/zfxxgkml/zwgkjgzn/zw_jgzz.

② 中国学位与研究生教育信息网. 研究生院设置暂行规定［EB/OL］. http：//www. cdgdc. edu. cn/xwyyjsjyxx/xwbl/zcfg/gzzd/260156_2. shtml.

③ 百度百科［EB/OL］. https：//baike. baidu. com/item/%E7%A0%94%E7%A9%B6%E7%94%9F%E9%99%A2/9335524？fr=ge_ala.

究》等,这些部门均参与研究生教育政策研究,为学校研究生教育决策提供支撑。[①]

随着我国研究生教育社会影响的不断扩大,我国高校研究生教育管理也面临了很大的挑战。研究生教育管理与其他教育相比,管理的对象是充满活力的新生科研群体,所需要解决的问题更加复杂化、社会化,难度和层次更高,这就需要高校研究生院的教育管理走向专业化,需要一支兼具研究生教育管理实战经验与研究生教育研究理论功底的专业化队伍。这支队伍不仅要洞悉国内外研究生教育发展现状与动态、兄弟院校研究生教育改革举措,也需要对研究生教育规律、学科发展规律、研究生心理、导师队伍建设、导学关系特点等有深刻理解。这支队伍应能结合研究生教育实践,为我国研究生教育研究贡献理论成果、为国家研究生教育政策制定提供参考,能运用研究成果和理论知识指导本校研究生教育改革,能熟练运用信息化手段对本校研究生教育进行动态监测,及时分析发现存在的问题并提出科学、可行的解决方案,使研究生教育事业处于持续优化的状态。因此在研究生院组织机构变革方向上,应重视理论研究和政策研究部门的设置,推动管理向专业化方向发展,即使不单独设置此类部门,也应在相应的科室赋予该项工作职能。

研究生院应以"双一流"建设为引领,积极推动研究生教育的改革与发展。由于研究型大学发展的质量在很大程度上有赖于研究生教育与本科生教育之间的和谐发展、共融共进,因而研究生院要加强与本科生院的密切合作,比如优化人才培养体系中的课程设置,推行并扩大本—硕—博贯通培养模式的实施范围,紧密衔接两个阶段的教育任务。从学校来看,为保障研究生院的战略地位落在实处,需要在资源配置、队伍建设、制度环境等方面,平衡好研究生院与其他职能部门的关系,为深化研究生教育改革铺路搭桥。

完善高校内研究生教育管理主体的构成。随着研究生教育规模的日益扩张,多数高校已形成校院两级管理模式,因而在研究生院与培养单位之间形成责任明确、权利清晰的管理机制非常关键。因此,应通过政策引导、资源合理配置、科学评价等方式,充分发挥院系等基于学科规律认识基础上的人才培养自主权。对导师而言,要充分发挥人才培养的第一责任人的主体作用。同时,完善管理机制,充分发挥研究生的参与作用,并让研究生从被动参与到主动建设,成为学校研究生教育管理主体的重要成员。[②]

(二) 培养单位研究生管理部门案例

培养单位行政级别不同,研究生院/研究生处内部设置的部门不同,干部的级别也不一样,下面列举 2 个典型案例予以说明,一个是"双一流"高校,一个是一般高校。

图 4-1 所示为北京理工大学研究生院的部门设置。

1. 北京理工大学研究生院

招生处主要负责研究生的招生工作,包括专业目录、考试大纲及参考书目的制定;硕士研究生招生推免、研究生考试报名、现场确认、考试、复试、录取及招生宣传等;同时负责港澳台研究生招生各项工作;负责非全日制研究生招生各项工作。

培养处主要负责研究生的培养工作,包括学籍管理、新生导师双选、教学运行、研究生培养方案、课程和教材建设、培养环节审核、国际化与学术交流、教研教改、人才培养综合

[①] 王雅静,田庆锋,晁小荣. 我国高校研究生院组织变革探思——基于41所"世界一流大学"建设高校的实证分析[J]. 研究生教育研究,2019 (1): 75-79.

[②] 周叶中,赵丽娜. 新时期我国研究生院建设问题的思考[J]. 学位与研究生教育,2017 (9): 20-24.

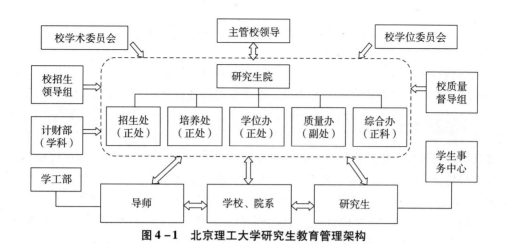

图 4-1 北京理工大学研究生教育管理架构

改革、奖助体系、实践基地、课程思政等。

学位与学部办公室主要负责各类研究生学位审核、博导硕导遴选及注册备案、优秀硕士/博士论文遴选、学科/学位授权点管理和评估、研究生学位论文学术不端检测、校内外研究生学位论文盲评送审工作、学位论文评阅相关管理等。

质量办主要负责研究生培养质量体系化建设、教学秩序检查、培养过程质量督导、研究生评教评导、毕业生质量调查、课程思政建设、学校研究生教育督导组日常管理等。

综合办公室主要负责各类综合性事务管理,包括研究生院信息系统维护;教育事业统计报表等各类统计、报表;校内外协调及外联工作;研究生院党支部相关工作;财务、证书制作、办公用品、会议室借用、接待等工作;接收毕业生、非事业编制人员招聘和调入调出等各类人力资源调配工作;专业技术职务评聘、职员评聘工作等。

2. 山东工商学院研究生处(一般高校)

山东工商学院的研究生处主要包含招生办公室、培养科、学位工作科三部分,构成较为简单,管理架构如图 4-2 所示。其中,招生办公室主要负责研究生的招生宣传工作;培养科主要负责研究生的教学培养、党务、实践基地建设工作;学位工作科主要负责学科与学位工作、网络宣传工作。其职能构成与北京理工大学的招生处、培养处、学位办相似。而在研究生质量保障、就业工作、档案管理、资产、工会、办公室等其他日常方面的工作,该校研究生处并未成立相应科室,主要由指定工作人员负责管理。①

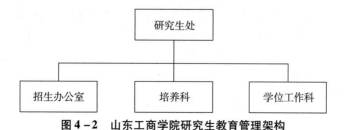

图 4-2 山东工商学院研究生教育管理架构

---

① 整理自山东工商学院官网 http://yjs.sdibt.edu.cn/。

第二节 研究生教育中间组织

研究生教育中间组织包括国家级社会团体、省市社会团体、各类评估机构以及培养单位下设的学术组织,它们对研究生教育的发展起着重要的支撑作用。

一、国家级社会团体

中国学位与研究生教育学会成立于 1994 年 7 月 26 日,是经中华人民共和国民政部批准成立的国家级学会,秘书处设在清华大学研究生院,截止到 2022 年 9 月 21 日,现有单位会员 686 个,个人会员 1 257 个,高级个人会员 80 个。2018 年 10 月 16 日召开了会员代表大会,选举产生了第六届理事会、常务理事会,理事会成员有教育行政部门、高等院校、科研单位等。

中国学位与研究生教育学会理事会(以下简称"学会")设有秘书处、学术委员会、会员部、国际合作与交流工作部等四个直属部门。秘书处为学会的日常办事机构,设有秘书处办公室、组织联络部、学术研究部等三个职能部门。学术委员会负责学会课题的立项与评审等相关评审工作。会员部负责发展和服务个人会员。国际合作与交流工作部负责开展国际合作与交流工作。学会现有 48 个分支机构,其中按学科门类组建的 8 个工作委员会即文理科工作委员会、工科工作委员会、师范类工作委员会、农林学科工作委员会、医药科工作委员会、地方研究生教育管理工作委员会、科研机构研究生教育工作委员会、继续教育工作委员会;7 个专门委员会是信息管理委员会、评估委员会、德育委员会、人才选拔与评价委员会、研究生教育学专业委员会、在线教育委员会、职业发展教育委员会;以及 35 个专业学位工作委员会。

学会内部刊物有学会《会讯》《国外研究生教育动态》期刊(电子版)。学会从 2012 年开始编写、出版年度《中国研究生教育研究进展报告》。该报告定位在"汇聚研究生教育研究成果、展示研究生教育研究现状、启示研究生教育研究方向、促进研究生教育科学发展"。为更好地了解国外研究生教育情况,紧密追踪国际研究生教育最新动态,加强中外研究生教育的比较和借鉴,学会的《国外研究生教育动态》期刊(电子版)每月选载、翻译世界各地报刊媒体和高等教育机构发布的最新信息,全面报道国外研究生教育的最新情况,目前已形成热点关注、国际新闻、数据与调查、聚焦中国、书籍推荐等几个固定板块。学会现有两部会刊,分别是《学位与研究生教育》与《研究生教育研究》。①

学会自成立以来,始终坚持探索研究生教育规律、培养研究生教育管理队伍、促进研究生教育工作交流、为政府决策提供咨询建议的发展定位;始终注重发挥理论研究、学术交流、书刊编辑、业务培训、国际合作、咨询服务、调研评估的职能。通过举办学术年会、研讨会、学术交流会、学术论坛等多种形式的会议,积极组织广大会员单位紧密结合当前研究生教育的热点、难点问题展开研讨与交流,起到了"组织开展学位与研究生教育的科学研究和学术交流活动"的功能,为广大会员单位的研究生教育管理和研究构建了良好的平台。

---

① 百度百科 [EB/OL]. https://baike.baidu.com/item/%E4%B8%AD%E5%9B%BD%E5%AD%A6%E4%BD%8D%E4%B8%8E%E7%A0%94%E7%A9%B6%E7%94%9F%E6%95%99%E8%82%B2%E5%AD%A6%E4%BC%9A?fromModule=lemma_search-box.

学会将通过多种举措,着力将自身建设成我国学位与研究生教育的政策智囊机构、全体会员的研讨交流平台、我国学位与研究生教育与国际同行的合作交流桥梁。

学会的核心目标为:活跃交流平台、做好教育中介、当好政府助手、推进会员工作、建设专兼职队伍。工作方向主要有三个,一是服务政府,为决策提供理论和实证支撑;二是服务会员,为地方和会员高校的研究生教育改革发展提供支持;三是服务社会,为各行业培养、输送、选拔优秀人才。学会组织架构如图4-3所示。①

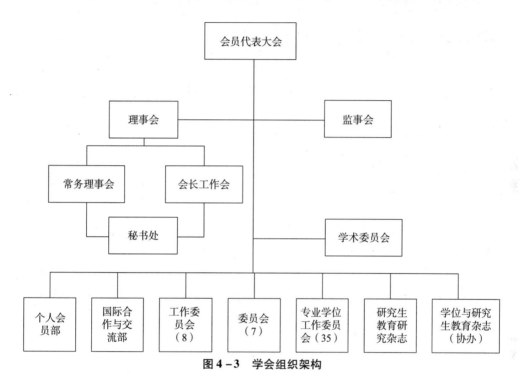

图 4-3　学会组织架构

二、省市级社会团体

改革开放后,随着我国研究生招生制度的恢复,研究生教育规模不断扩大,我国已经成为当之无愧的研究生教育大国。当今我国正处于由研究生教育大国向研究生教育强国的转型阶段,许多一流高校的在学研究生数量已经远远超过本科生,研究生培养成为高校人才培养最重要的环节。高等教育的层次结构逐步呈现上移态势,依靠原有的经验和思维去发展研究生教育已显得力不从心。自1985年以来,部分省市陆续成立了研究生教育学会(协会、研究会),详见表4-1。②

---

① 中国学位与研究生教育学会官网. http://www.csadge.edu.cn/column/xhjj.
② 全国研究生教育学会(协会、研究会)一览表[J]. 学位与研究生教育,1989(6):73-74.

表4-1 全国研究生教育学会（协会、研究会）一览

名称	建立日期	首届理事长（或主席、会长）
陕西省高校研究生教育协会	1985年2月1日	蒋德明（西安交通大学）
吉林省高校研究生教育研究会	1985年12月18日	伍卓群（吉林大学）
北京市高校研究生教育学会	1986年1月30日	柯有安（北京理工大学）
上海市研究生教育学会	1986年4月25日	谢希德（复旦大学）
江苏省高校研究生教育研究会	1986年5月28日	吴震春（中国矿业大学）
浙江省研究生教育学会	1986年6月13日	韩祯祥（浙江大学）
广东省高校研究生教育协会	1986年10月22日	李宝健（中山大学）
福建省高校研究生教育管理研究会	1986年12月	叶品樵（福建省教委）
天津市研究生教育学会	1987年3月5日	母国光（南开大学）
黑龙江省高校研究生教育研究会	1987年7月21日	刘家琦（哈尔滨工业大学）
山东省高校研究生教育学会	1987年12月24日	吴关生（山东大学）
河北省研究生教育研究会	1988年4月11日	汪培栋（河北大学）
云南省研究生教育学会	1988年6月9日	王文亮（云南大学）
江西省高校研究生教育研究会	1988年10月3日	李佛铨（江西师范大学）
内蒙古自治区高校研究生教育协会	1988年11月	曹之江（内蒙古大学）
湖北省研究生教育学会	1988年12月16日	陶德麟（武汉大学）
中国有色金属工业总公司研究生教育学会	1987年6月1日	孙崇顾（总公司教育局）

续表

名称	建立日期	首届理事长（或主席、会长）
中国核工业研究生教育研究会	1988年8月	李德元（中国工程物理研究院）
机电部高校研究生教育管理研究会	1988年9月21日	蒋仲方（吉林工业大学）

三、培养单位学术组织

（一）高校研究生教育研究中心

近年来，随着研究生教育的发展，北京大学、清华大学、复旦大学、天津大学、北京航空航天大学、北京理工大学等著名高校分别建立研究生教育研究中心。

1. 北京理工大学研究生教育研究中心

北京理工大学研究生教育研究中心成立于2012年12月，是中国首家专门从事学位与研究生教育研究的专业学术机构，是教育部学位管理与研究生教育战略研究基地，是全国首个研究生教育学的博士点，致力于打造国际知名、国内引领的研究生教育高端智库。秉持"中国问题、国际视野，攻坚克难、追求卓越"的发展理念，遵从"团结协作、学习创新、跨界融合、完美一流"的工作理念，实施"人才战略、品牌战略、国际战略"，注重专兼职研究队伍建设，培养、吸纳一流学者；注重学术平台建设，打造学术品牌；注重国际合作，创建国际合作研究共同体。中心以研究生教育理论研究、研究生教育质量保障和评估研究以及研究生教育发展战略研究为主要研究领域，先后承担了国家级、省市级20多项关于研究生教育的研究课题。

2. 北京大学中国博士生教育研究中心

北京大学教育学院设有中国博士生教育研究中心，成立于2011年。中心以研究生教育特别是博士生教育为核心，以连续性全国调查为基础，关注博士生教育的管理、政策、培养、质量保障等方面，实证及应用性研究与理论及历史研究并重。受国务院学位办、中国工程院、国家留学基金委、教育部学位与研究生教育发展研究中心、中国学位与研究生教育学会、中国研究生院院长联席会的委托，中心主持或参与完成了众多大型研究课题，成员参与了《教育部、国家发展改革委、财政部关于深化研究生教育改革的意见》《国家中长期教育改革和发展规划纲要（年）》《学位与研究生教育十三五规划》等重大政府文件的起草工作。

中心以北京大学教育学院为依托，吸纳相关大学的研究人员。与美国威斯康星大学麦迪逊分校教育政策系、德国卡塞尔大学国际高等教育中心等国外学术机构长期保持密切的学术合作，并定期举办国际研讨会。同时，与北京大学研究生院保持着密切合作关系，参与校内研究生教育的改革与研究工作。[1]

（二）研究生教育专业杂志

有正式出版号的研究生教育专业杂志包括《学位与研究生教育》《研究生教育研究》

---

[1] 北京大学教育学院 [EB/OL]. https://www.gse.pku.edu.cn/xygk/zzjg/yjzx/index.htm.

《中国研究生》《国外研究生教育动态》,此外还有会员部编撰的电子期刊《研究生教育论坛》。

1. 《学位与研究生教育》

《学位与研究生教育》创刊于 1984 年 9 月,1988 年由内部出版发行改为公开出版国内外发行(双月刊),2001 年改双月刊为月刊。《学位与研究生教育》杂志由国务院学位委员会主办,中国学位与研究生教育学会协办。杂志社设在北京理工大学。

《学位与研究生教育》是集有关学位与研究生教育的工作指导、理论研究、经验介绍和信息传播于一身的综合性高等教育学术刊物,其宗旨是:坚持理论联系实际的原则,从我国社会主义建设的实际需要出发,围绕研究生教育和学位工作中迫切需要解决的问题,总结国内外的实践经验,探索有效做法,为建设和发展有中国特色的研究生教育和学位制度服务。该刊辟有本刊专稿、专题研究、学术探索、导师论坛、学位、研究生培养、研究生教学、研究生管理、研究生德育、招生与就业、评估与质量保障、学科建设与发展、比较与借鉴、争鸣、人物、著述评介、信息窗、资料、培养单位介绍等 20 个栏目。读者群主要为招收、培养研究生的高等学校和科研机构中从事研究生教育和学位工作的各级管理干部、研究生导师、高等教育科学研究人员和在学研究生。

《学位与研究生教育》是目前研究生教育领域影响最大的专业性学术刊物。在广大作者、读者的关心支持下,该刊始终坚持高层次性、综合性和实用性的特色,已连续被评为全国中文核心期刊,并被美国 ULRICH 国际期刊指南收录。从 2002 年起,该刊经新闻出版总署批准,进入新创立的"中国期刊方阵"并被确定为"双效期刊"。该刊还入选为"中国学术期刊综合评价数据库统计源期刊""中国期刊全文数据库全文收录期刊",自 1998 年以来,连续被中国社会科学研究评价中心选用为《中文社会科学引文索引》(CSSCI)来源期刊,在读者中享有较高的声誉。

2. 《研究生教育研究》

《研究生教育研究》(双月刊)是由中国学位与研究生教育学会等机构主办、面向国内外公开发行的研究生教育领域学术期刊,是中国学位与研究生教育学会会刊,华东地区优秀期刊。

该刊前身为《教育与现代化》,由中国科学技术大学创办于 1986 年。为积极应对我国教育类期刊布局的变化,顺应高等教育发展的新趋势,经原国家新闻出版总署批准,期刊自 2011 年起更名为《研究生教育研究》,并由中国学位与研究生教育学会、中国科学技术大学共同举办。转型后的《研究生教育研究》,紧跟我国研究生教育改革发展的时代步伐,聚焦我国研究生教育领域的重要理论问题、重大实践问题、关注度高的热点问题组织稿源,积极探索专业学术期刊跨越式发展的创新之路,在激烈的竞争中开拓进取,砥砺前行,影响力快速扩大,学术影响力快速扩大,学术声誉不断提高。2012 年以来,期刊先后入选南京大学 CSSCI 来源期刊(含扩展)、北京大学"全国中文核心期刊"和中国社会科学院"中国人文社会科学核心期刊"(A 刊扩展),初步实现了入选人文社科领域"三大核心"的阶段目标。2021 年,本刊 CNKI 复合影响因子已由创刊(更名)初期 2012 年的 0.468 提高到 2.348,综合影响因子已由 0.309 提高到 1.578。影响因子学科排序也从 2018 年起,由 Q2 区调入 Q1 区,且相对位次逐年提升。目前,本刊已被国家哲学社会科学学术期刊数据库、中国期刊全文数据库、万方数据库、中文科技期刊数据库等重要数据库及有关报刊网全文收录,成为我国研究生教育研究者和管理者最重要的学术交流平台之一。

3.《中国研究生》

《中国研究生》杂志是教育部主管、教育部学位与研究生教育发展中心主办,经国家新闻出版署批准,国内外公开发行的唯一服务研究生群体的全国性综合媒体。自2002年创办以来,始终坚持正确的政治方向和舆论导向,展现研究生教育改革发展成果,助力研究生成长成才,做研究生的良师益友。

该杂志始终坚持"聚焦研究生教育,助力研究生成长"的办刊定位,秉持"以刊守正,公号创新,活动谋进"的工作思路,近年来取得了多项突破性进展。立足新时代,杂志改版扩版、丰富内容、优化栏目、美化版式,出品"大师说""青年笔谈""青春诗会""中研咖啡馆"等精品栏目;微信公众号品牌栏目"青听有你""研语新知""漫漫喜欢你",形式创新,贴近研究生生活,受到40余万粉丝关注;开展全国高校"百个研究生样板党支部"和"百名研究生党员标兵"创建活动,推动国家、省市、高校三级研究生党建标杆创建体系的形成,辐射带动全国高校研究生党建工作开展;每年出版研究生"新生指南"专刊,助力研究生新生上好读研第一课,服务研究生新生入学工作,单册销量突破17.5万册;聚焦国家年度大事,联合高校开展"我是中国研究生"主题活动,激发研究生爱国报国之情;每年发布"中国研究生教育十大热点",展示研究生教育服务国家大局的风貌,宣传研究生教育丰硕成果。

第三节 研究生导师队伍建设

导师制是一种教育制度,早在十四世纪,牛津大学就实行了导师制,其最大特点是师生关系密切。① 导师不仅要指导研究生的学习,还要指导他们的生活。近年来,国内各高校都在探索立德树人视角下的研究生导师制,以更好地贯彻全员育人、全过程育人、全方位育人的现代教育理念。这种制度要求在教师和研究生之间建立一种"导学"关系,针对研究生的个性差异,因材施教,指导研究生的思想、学习与生活。

导师是研究生培养第一责任人,负有对研究生的学习、品德和生活等方面进行个别指导的人才培养责任。研究生导师是高校高层次人才培养的主体力量,研究生导师队伍的建设对提升研究生培养质量有着至关重要的作用。建设品德高尚、学术修养深厚、守正创新、具有强烈责任感、使命感的导师队伍,是提高学校研究生培养质量和水平的根本保障。②

一、导师队伍的管理机制

(一)管理体制

2018年2月,为贯彻全国高校思想政治工作会议精神,努力造就一支有理想信念、道德情操、扎实学识、仁爱之心的研究生导师队伍,教育部印发《关于全面落实研究生导师立德树人职责的意见》(以下简称《意见》)。

---

① 郭友兵. 研究生师生关系的异化困境及其伦理超越[J]. 学位与研究生教育, 2019 (2): 6-11.
② 唐润, 尹星. 研究生教育中的师生博弈关系及管理策略分析[J]. 研究生教育研究, 2018 (6): 70-75.

《意见》指出,要落实导师是研究生培养第一责任人的要求,坚持社会主义办学方向,坚持教书和育人相统一,坚持言传和身教相统一,坚持潜心问道和关注社会相统一,坚持学术自由和学术规范相统一,以德立身、以德立学、以德施教。遵循研究生教育规律,创新研究生指导方式,潜心研究生培养,全过程育人、全方位育人,做研究生成长成才的指导者和引路人。

《意见》强化了研究生导师基本素质要求,"政治素质过硬,师德师风高尚,业务素质精湛"是研究生导师必须满足的三大基本素质要求。

《意见》明确了研究生导师立德树人职责,具体包括提升研究生思想政治素质、培养研究生学术创新能力、培养研究生实践创新能力、增强研究生社会责任感、指导研究生恪守学术道德规范、优化研究生培养条件、注重对研究生人文关怀等七个方面。

科学合理的导师选聘制度是提高研究生培养质量的重要举措,从根源上促进了导师队伍的质量和水平。所以高校要严格遵守国务院学位委员会制定的遴选标准,并考虑学校的实际情况,把控好遴选门槛。首先,按学科需要设置岗位。根据学科的实际需要,适应学校的发展,综合考虑学历结构、年龄结构、社会需求等设置导师岗位,避免师生比例失衡。其次,建立差别化的遴选标准,根据各学科和专业的特点制定遴选标准,同时遴选标准要有可调节性,以便于年轻优秀的教师加入研究生导师队伍,为研究生导师队伍注入新活力。最后,导师的遴选标准应坚守宁缺毋滥的原则,在遴选中既要考查教师的学术能力,又要重视教学沟通能力;既要考查科研素养,又要重视教学评价;既要考查管理水平,又要重视思想品德。

从本质上来说,导师队伍的规模,是保证研究生培养质量的一个重要因素,而扩大导师队伍的一个较快速的方法就是多渠道引进人才。首先,在专业学位和应用型学科引入社会人才对研究生进行指导。其次,聘请国外知名的教授担任专职或兼职导师,并且引进国外知名大学的博士留学研究生回国工作。最后,可以培养国内优秀的博士生,储备优秀的科研力量,充实教学队伍。除此之外,为了解决单一导师制的指导弊端,切实推广欧美国家普遍采用的导师团队指导制。由教师组成的指导委员会,将本学科的师资力量有效地集中起来,有利于研究生培养质量的提高,研究生还可以选择不同研究方向的导师进行指导,形成多学科的交叉融合。[①]

(二)导师分类

针对不同的类型应当制定合乎研究生导师管理逻辑的分类遴选标准。当前我国的研究生导师类型基本可以分为四类:

(1)根据培养目标分为学术型研究生导师与专业型研究导师。

(2)根据培养层次分为博士研究生导师和硕士研究生导师。

(3)根据导师职责分为全职研究生导师和兼职研究生导师。[②]

二、导师聘任和考核

研究生导师队伍管理包含导师聘任、调配、奖惩、职称评定和退职几方面。导师队伍管

---

① 刘成竹,党永杰. 基于"标准、监管、评估、服务"的研究生导师队伍建设研究——以华中师范大学为例[J]. 学位与研究生教育,2017(4):22-25.

② 田贤鹏. 研究生导师的动态管理机制研究[J]. 学位与研究生教育,2016(5):33-37.

理的目的是凝聚共识,使学校事业发展成为全体导师的共同意识,使广大教师在心理上认同与支持,并把自己的前途与高校的发展联系在一起,在教师的不断发展中实现学校组织文化建设目标。

(一)导师的聘任

《中华人民共和国教育法》中没有对教师聘任制设置进行定义性规定,只是明确规定,国家实行包括教师聘任制在内的有关制度,其目的在于"提高教师素质、加强教师队伍建设"。《高等教育法》第48条规定:"高等学校实行教师聘任制。教师经评定具备任职条件的,由高等学校按照教师职务的职责条件和任期聘任。高等学校的教师聘任,应当遵循双方平等自愿的原则,由高等学校校长与受聘教师签订聘任合同。"

导师选拔、聘任制度作为研究生导师管理最基本的制度和措施,其选拔导师的基本要求和量化标准是高校把握研究生导师能力、素质、结构和管理的关键一环。完善的导师聘任制度要有与之配套的科学评价体系,通过建立校内外同行专家评议制度、回避制度、代表作制度,采取定性与定量评价相结合的方式,保证评价的科学性和客观性。[1] 聘任制应是人才竞争机制,导师聘任制赋予高等学校和教师双方更大的选择空间,有利于加速人员的合理流动,有利于形成开放、竞争的用人氛围,有利于建立科学高效的选拔机制,从而最终实现人力资源的优化配置。

(二)导师的招生

在博士生导师招收博士生方面,无经费、无课题、无成果的博士生导师将不得招收博士生,博导需在科研成果培养质量、科研项目和经费、试验状况等方面具备一定的条件才可以上岗招生。

当前高校的博士生导师招收博士生多采用"申请考核"制,即由考生个人提出申请,提交相关材料,通过初审、综合考核,按照择优录取原则进行录取的招考方式。参加"申请考核"制选拔的考生不再参加学校组织的博士入学初试考试,即取消笔试。这样的制度,打破了传统的应试考试,其方案的制定既不放弃传统的书面测试,也注重了过程考试,便于导师从更为直观的角度对研究生各方面的能力有全面的把握,既有规范,也有一定的自由度。通过这样的方式,导师应当会对研究生的学术能力有更为准确的了解,同时也能够让更多有科研能力的研究生获得继续求学的机会,这也符合科研人才的选拔模式。另外,在"申请考核"制实行初审和复审的过程中,都有专家组的集体把关环节,而不是导师个人说了算。其次,整个招录过程有很高的公开度和透明度,申请者的主要学术背景资料要在网上公开,更有利于公众监督。最后,为实施"申请考核"制,各个学院均制定了严密细致的程序审查和公示制度,确保招录结果的公平合理。[2]

(三)导师的考核

在考核方式和内容方面,质量与数量相结合,教学与科研并重。在考核机制方面,要健全研究生导师评价激励机制。要把立德树人纳入教学评估和学科评估指标体系,加强对研究生导师立德树人职责落实情况的评价。明确表彰奖励机制,高校要将研究生导师立德树人评价考核结果,作为人才引进、职称评定、职务晋升、绩效分配、评优评先的重要依据,充

---

[1] 李焰,白秀琴,贺宜. 研究生团队导师制管理模式探讨[J]. 高教发展与评估, 2018, 34(4): 97-102+106.
[2] 陈谦. 博士招生"申请考核"制发展路径优化研究[J]. 研究生教育研究, 2019(1): 27-32.

发挥考核评价的鉴定、引导、激励和教育功能。落实督导检查机制，对于未能履行立德树人职责的研究生导师，高校视情况采取约谈、限招、停招、取消导师资格等处理措施；对有违反师德行为的，实行一票否决，并依法依规给予相应处理。

三、研究生导师指导行为准则

导师是研究生培养的第一责任人，肩负着培养高层次创新人才的崇高使命。长期以来，广大导师贯彻党的教育方针，立德修身、严谨治学、潜心育人，为研究生教育事业发展和创新型国家建设作出了突出贡献。为进一步加强研究生导师队伍建设，规范指导行为，努力造就有理想信念、有道德情操、有扎实学识、有仁爱之心的新时代优秀导师，在《教育部关于全面落实研究生导师立德树人职责的意见》（教研〔2018〕1号）、《新时代高校教师职业行为十项准则》的基础上，制定以下准则。

（1）坚持正确思想引领。坚持以习近平新时代中国特色社会主义思想为指导，模范践行社会主义核心价值观，强化对研究生的思想政治教育，引导研究生树立正确的世界观、人生观、价值观，增强使命感、责任感，既做学业导师又做人生导师。不得有违背党的理论和路线方针政策、违反国家法律法规、损害党和国家形象、背离社会主义核心价值观的言行。

（2）科学公正参与招生。在参与招生宣传、命题阅卷、复试录取等工作中，严格遵守有关规定，公平公正，科学选才。认真完成研究生考试命题、复试、录取等各环节工作，确保录取研究生的政治素养和业务水平。不得组织或参与任何有可能损害考试招生公平公正的活动。

（3）精心尽力投入指导。根据社会需求、培养条件和指导能力，合理调整自身指导研究生数量，确保足够的时间和精力提供指导，及时督促指导研究生完成课程学习、科学研究、专业实习实践和学位论文写作等任务；采用多种培养方式，激发研究生创新活力。不得对研究生的学业进程及面临的学业问题疏于监督和指导。

（4）正确履行指导职责。遵循研究生教育规律和人才成长规律，因材施教；合理指导研究生学习、科研与实习实践活动；综合开题、中期考核等关键节点考核情况，提出研究生分流退出建议。不得要求研究生从事与学业、科研、社会服务无关的事务，不得违规随意拖延研究生毕业时间。

（5）严格遵守学术规范。秉持科学精神，坚持严谨治学，带头维护学术尊严和科研诚信；以身作则，强化研究生学术规范训练，尊重他人劳动成果，杜绝学术不端行为，对与研究生联合署名的科研成果承担相应责任。不得有违反学术规范、损害研究生学术科研权益等行为。

（6）把关学位论文质量。加强培养过程管理，按照培养方案和时间节点要求，指导研究生做好论文选题、开题、研究及撰写等工作；严格执行学位授予要求，对研究生学位论文质量严格把关。不得将不符合学术规范和质量要求的学位论文提交评审和答辩。

（7）严格经费使用管理。鼓励研究生积极参与科学研究、社会实践和学术交流，按规定为研究生提供相应经费支持，确保研究生正当权益。不得以研究生名义虚报、冒领、挪用、侵占科研经费或其他费用。

（8）构建和谐师生关系。落实立德树人根本任务，加强人文关怀，关注研究生学业、就业压力和心理健康，建立良好的师生互动机制。不得侮辱研究生人格，不得与研究生发生不正当关系。①

第四节　研究生教育信息化

教育信息化是21世纪及改革与发展的鲜明特征，教育信息化建设作为国家信息化建设的重要组成部分，是国家信息化基础性、全局性、先导性的战略任务。通过多年的建设，我国教育信息化已经初具规模，为了充分发挥"信息技术对教育发展革命性影响"，《国家中长期教育改革和发展规划纲要（2010—2020年）》中明确提出要构建国家教育管理信息系统，加快教育信息化进程。当前，研究生教育改革和发展面临的许多问题，诸如教育管理与决策、高层次创新性人才培养，研究生教育质量提升，这些都离不开教育信息化的推动。研究生教育信息化，即在教育管理、教学和科研等领域，全面深入地运用现代信息技术来促进教育改革与发展，充分带动和推进教育现代化。将现代信息技术应用于教学领域，推进教育教学方式的现代化，以实现深化教学领域改革、提升教学水平和教育质量的目的。其一，利用计算机与网络技术，实现研究生教育管理层面的信息化建设。其二，利用计算机与网络技术，实现研究生教育教学及科研层面的信息化建设。

一、研究生教育过程信息化

教育管理信息化建设是社会信息化发展的必然要求，是提高研究生教育管理水平的必由之路。当前，研究生招生规模逐渐递增，有效的研究生教育过程管理成为关键。研究生教育管理信息化建设可以最大限度地利用教育资源信息，实现研究生教育与培养过程的全程跟踪与审核，对研究生教育管理、教学现状进行分析及科学有效的决策，并积极探索新的研究生培养体制和培养模式，进一步更新研究生教育管理手段，提高管理水平和工作效率。

研究生教育管理过程信息化，主要是指在教育教学的管理部门应用现代信息技术，对行政管理和教务管理进行有效辅助。不同于其他阶段，研究生教育中，自主科研创新是占据主要地位的，更需要利用信息化系统对整个研究生培养过程进行完整的管理记录，包括研究生管理过程信息化，以及招生、培养、学位管理、毕业发展等各个过程的信息化。具体路径如图4-4所示。

研究生教育信息化的载体分软件和硬件两个部分。软件部分就是以计算机技术应用为标志的研究生教育管理系统；硬件部分是指承载系统运行的基础设施，主要包括各类计算机网络设施、高性能计算中心、公共计算机服务中心、智慧化多媒体教室等。

一个完善的研究生教育管理系统应当充分考虑研究生教育各个阶段的连续性和特点，结合学校实际情况，个性化开发定制符合学校自身发展要求的功能管理体系，随着学校的建设和发展而不断更新升级或者重新建设。而完备的研究生教育信息化基础设施是将信息通信技术整合应用于研究生教育管理系统来实现研究生教育信息化必备的基本条件。随着业务系统

---

① 中华人民共和国教育部网站［EB/OL］. http://www.moe.gov.cn/srcsite/A22/s7065/202011/t20201111_499442.html.

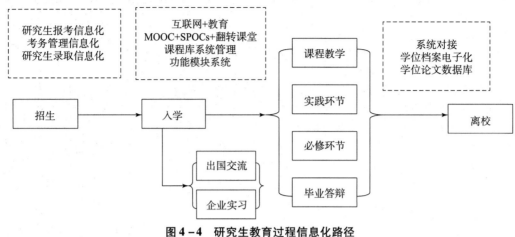

图 4-4 研究生教育过程信息化路径

的建设更新，对应的配套基础设施也应该进行优化升级。只有研究生教育信息化软硬件均衡协同发展，才能共同带动研究生教育事业的快速发展。

（一）管理过程的信息化

要做到管理环节的信息化，首先应加强多平台信息融合和数据共享。对于高校而言，每个部门都有自己的网站系统，人事系统、财务系统、研究生教务系统、科研系统等，最理想的形式是各个系统基于同一平台开发运行，系统和数据之间实现互通互联。而现实中，各个系统采用的开发平台不一，开发时间不一，数据对接可能会存在问题。因此，需要整合各个系统数据接口，形成质量导向的多部门数据协同机制，实现多平台数据互通、信息融合和资源共享，提高信息的使用价值。

其次，要注重提升师生人员的信息化素养。推进研究生教育信息化的核心在人，在于提升教师的信息化教学能力、研究生的信息化学习能力和管理者的信息化领导力。通过理论实践相结合，定期开展计算机能力素质培训，提升广大师生人员的信息化素养。

并且，完善研究生教育信息化安全防护建设。习近平总书记曾强调"没有网络安全就没有国家安全，没有信息化就没有现代化"，因此研究生教育信息化网络安全防护工作也是十分重要的。首先，定期对研究生系统应用程序、操作系统及数据库进行全面扫描，按要求进行系统升级打漏洞补丁，及时发现和修正系统和管理漏洞。此外，还要完善网络信息安全管理制度，加强技术人员网络安全知识以及相关法律法规学习，提高技术人员网络安全意识和技术能力。[①]

最后，聚焦国际化研究生教育信息化发展。近年来，随着中国综合国力和中国教育国际影响力的不断增强，越来越多的留学研究生来华追逐梦想。但是目前国内仍有很多高校尚未建立英文版校园网主页和英文版研究生教育管理系统，严重阻碍了高校研究生教育国际化发展步伐。因此，聚焦国际化研究生教育发展，建立友好完善的英文版校园网主页和研究生教育管理系统是研究生教育信息化发展的重要工作之一，同时也是高校在对外交流和教育国际

---

① 陈金华，陶春梅，张旭，等. 面向大数据的教育信息化持续推进模型建构［J］. 中国电化教育，2019（6）：52-57.

化进程中迈出的重要一步。

（二）招生过程的信息化

1. 研究生报考阶段

高校编报专业目录、初报及下达招生计划、初试、复试到录取工作等各个环节安排均实现互联网在线平台的呈现，同时向广大考生介绍学校发展及招生专业和招生政策的相关情况，它应该包括学校介绍、学院介绍专业目录、专业简介、招生政策、常见问题咨询、考试办法、联系方式等信息，利用学校官方网站、微信公众号平台等进行公示，使得研究生的信息获取渠道更加便捷，也使得高校达到招生宣传的目的。另外，考生在报考过程中，为了选择报考学校和专业，经常需要考虑多方面的因素，尤其是往年研究生的招生录取信息。因此，信息统计在研究生招生过程中也起着非常重要的作用。考生关注的招生录取信息主要是报考往年各专业的报名人数、录取人数、计划内录取人数、录取分数线、考试科目的分数分布情况等信息。招生单位在工作过程中不仅对上述信息进行统计，而且对统计结果进行分析总结，以引导考生合理选择报考专业，促进各专业的生源均衡。

2. 考务管理方面

信息化管理在考务管理中的应用主要体现在网上报名、考生信息更新、考试组织和成绩管理几个环节。网上报名系统的实施，一方面极大地减轻了报名点的工作量，方便了考生报名，同时又使考生信息更加准确和完善，为研究生的招生录取和入学后的培养工作提供了大量的数据信息，减少了部门间的重复工作。报名结束至录取通知书发放期间，由于相当一部分考生的个人信息会有所变动，此时招生单位可以通过建立网上信息更新系统来完成考生信息的更新，为以后准考证、复试通知和录取通知书的发放提供准确的数据和信息。报名结束后，为了做好考试的准备工作，可通过信息管理系统完成考场的编排、考场考生情况表、报名信息统计等工作，避免人工操作所带来的不准确性，提高工作效率。考生可在考前进行准考证打印，可以在线修改通信地址、联系方式等，研招管理平台还与第三方支付平台连接，实现研究生报名网上缴费，使得研究生的报考更加便捷高效。在阅卷结束后，招生单位应迅速将考试成绩导入信息系统，并通过网上查分、语音咨询电话和声询台等多种渠道方便考生查询成绩，以最快速度满足广大考生的需求。在复试的过程中，信息管理系统可根据招生计划和生源情况，生成多条参考复试分数线，招生单位最终根据学校整体情况来选择其中的一条作为复试分数线。各学院根据公布的复试办法和复试规则，对初试合格的考生进行复试。复试结束后，根据复试结果生成考生总成绩，考生总成绩由考生初试成绩和复试成绩两部分加权而成，各学院根据考生的总成绩排名来确定录取名单，然后通过多渠道及时对外公示，接受社会和群众的监督。录取结束后，同样需要通过网络和语音咨询系统将录取结果及时公布。①

3. 研究生录取方面

面对高校招生规模的日益扩大，为了保证招生的公平、公正，教育部推出了阳光招生工程，实行网上录取。作为网上录取的延伸，教育部又推出了学籍学历电子注册制度：高校招录的所有研究生必须在中国高等教育研究生信息网的"学籍学历信息管理平台"上进行电

---

① 翟志明. 浅析社会化考试网上报名信息管理系统 [J]. 计算机光盘软件与应用，2012，15 (19)：232 – 233.

子注册才能取得学籍,只有取得学籍的研究生才能进行学历注册,而学籍电子注册的依据便是招生时的录取数据,具有完整录取数据的研究生才能进行电子注册。网上录取与学籍学历注册的这种无缝对接,有效地保证了高考招生的"阳光性",确保了招生的公开、公平、公正。由于研究生招生的主要对象是普通高等教育毕业生,因此,实现研究生招生管理信息系统与"学籍学历信息管理平台"的无缝对接,使考生的原学籍学历信息能为研究生招生管理信息系统所用,对于确保招生数据的准确,高校对研究生原学习情况、科研情况、发展状况等的把控,以及提高招生管理工作的效率,都有非常重要的意义。[①]

(三)培养过程的信息化

1. 课程教学的信息化

(1) 利用"互联网+教育"的模式突破时间和空间的限制,让研究生通过互联网自主学习各种优质的教学课程。高校研究生有更多的网络信息搜索途径以及手段,学习者可以将碎片化的时间通过移动互联网用于学习,可以应用各种社会性软件建立学习平台和协作关系,可以针对同一学习内容或研究目的进行交流、探讨和研究,达到共同的学习目的。移动互联网资源有赖于教师的辛勤付出,以形象生动、通俗易懂的方式讲解知识,推送相关资料、相关的学习主题并开展讨论,有助于提高研究生学习和科研创新能力,激发研究生创造能力。

(2) 变革传统教学,发挥技术优势,引入新的教学模式,采用"MOOC+SPOCs+翻转课堂"多形式学习,提升教学的互动性,激发研究生学习的主动性。MOOC平台顺应了技术的普及和用户数字行为习惯的变化而产生,此平台不仅提供视频课件资源、文本材料以及在线答疑的服务,还提供用于讨论学习内容的相应主题的交互性社区。支持在线学习通过社会化网络学习环境向参与者提供围绕某个主题的分布式教育资源,允许参与者与在线的专业教师沟通,可以通过自主组织学习方式参与课程建设与分享,形成关联式课程。这个平台的最大特色在于充分体现以学者为中心的在线教与学理念,拥有全球用户,可以随时注册学习,提供全球名校的阶段性微课程,课程形式简单,内容丰富,当研究生达到课程要求即可获得证书。这个平台实际上提供了一个网上课程交易平台,可以满足学习者自主学习的需要,有利于推动世界优质教育资源共享。[②]

(3) 课程库系统管理。早前的高校课程库系统内容较为繁杂,且在一定程度上存在不科学的设置情况。如高校课程库内的课程数量庞大,课程开出学期分布不均,相同课程名称多而无规范性,课程类别多且混乱,课程库代码难以识别、大纲修订、课程英文名称有待完善,因选课人数不足停开率高等一系列问题。基于此,高校从需求的角度出发,进一步完善了课程库系统的科学管理:其一,缩减课程库数量,在系统中,凡未修订大纲的课程,一律做存档处理。为了有效缩减课程库数量,将课程性质一样的而存在学分学时不一致的课程进行合并。其二,统一课程库类别,规范课程名称与编码。明确专业课、公共课、选修课等一系列课程的类别设置规范,并将其课程名称与编码进行详细的归档处理,避免针对本科、硕士、博士不同阶段的相近课程命名过于相似,从而引起研究生的选择混乱。其三,按比例划出开课学期。在系统中进行详细的数据规划处理,保证针对不同研究生的不同学期的课程数

---

① 孙连京. 研究生招生管理信息化建设探讨 [J]. 文教资料, 2015 (1): 105-106.
② 孙红莺. "互联网+"在研究生教育中的应用研究 [J]. 研究生教育研究, 2016 (4): 55-59.

量适中，均衡分布。①

2. 培养环节的信息化

此处"培养环节"指除去课程教学外的一系列研究生培养过程，如导师选择、科研实验、成果申报、科研奖励、论文开题、论文答辩等各流程。

（1）功能模块系统设计。该环节的信息化，主要依托于研究生培养系统的需求分析、功能模块与流程设计，根据研究生教育管理的现实需求，高校积极设计了包含培养方案管理、学籍管理、教务信箱、基础数据管理、专业与个人信息管理、课程管理、教师管理（包括导师和任课教师）、论文管理、毕业与学位管理以及与之相关的各类申请管理、系统管理和短信平台等功能模块的研究生培养系统。针对系统主要操作用户不同的角色，赋予相应的工作内容和权限，并对各角色工作任务完成的进程进行全程记录；根据每个人的工作职责动态分配功能，同一用户在该系统中可以进行不同身份间的切换。此外，高校信息系统还设计了不同操作用户待办事项提醒功能，集中列出待办事项，及时进行提醒，方便各角色及时、高效地处理和审核相关业务。由于研究生培养过程涉及多级多方的配合与交互，系统设计还能够满足各种用户（包括研究生、导师、任课教师以及相关的负责人和管理人员等）通过网络提交和审批各种申请，包括调课申请、调整个人培养计划申请、开题报告申请、论文送审资格申请、授予学位申请等。②

（2）高校信息化系统中信息公示公开。如出国留学交换项目、实习就业中心的工作招聘、实习招募、兼职项目，又如学校官方网站内对研究生导师队伍的介绍、学科机构发展的介绍、高校基础设施及奖助体系的介绍等，均通过信息化互联网在线形式，最大限度上公示公开。

当前基于研究生培养环节的信息化系统在研究生教育的整体发展中起到极大的促进作用。其一，在评估方面，高校可参照评估指标体系来提取系统中师资队伍、培养过程、在校生学术成果、学位论文、毕业生就业情况等相关数据，经过算法生成报表，研究生培养过程中记录的学业成绩、课堂表现、研究领域、科研成果、社会实践等数据由负责部门授权分享后，导师便于综合了解研究生状态、开展深度辅导，学位办可用于申请学位资格审查，奖助部门可用于奖助学金资格遴选，有效提高了工作效率、避免人工失误。其二，在预测方面，通过实时采集的招生、选课、考试、开题、答辩、成果申报、科研奖励、就业等数据可客观地呈现出实际状态，将此状态与相关具体管理规定进行自动比对，如某项数据处于临界指标时平台发出预警信息，帮助研究生及其导师、管理部门及时发现问题、剖析原因、加以改进。其三，在决策支持方面，通过对学科与学位点建设、导师队伍管理的大数据分析，可以把握学科、学位点发展情况，把握人才队伍结构，为学位点动态调整、制定人才引进策略提供参考。其四，在研究生服务方面，研究生通过对系统中公示信息渠道的把握，如实习信息、导师信息等，能够避免出现信息不对称等一系列低效现象；简洁明确的课程管理、成绩管理以及培养系统，使得研究生能够更加清晰地了解自己的学习培养计划与安排；基于研究生个人信息与选择的不同，系统可自动呈现针对每位研究生不同的特色培养计划，更能够体

---

① 孙红莺."互联网+"在研究生教育中的应用研究［J］.研究生教育研究，2016（4）：55-59.
② 焦宝臣，陈诗明，刘振昌，等.研究生管理信息系统应用效果评价研究［J］.郑州大学学报（工学版），2017，38（2）：9-12.

现以人为本的特色化教育管理理念。①

（四）学位管理的信息化

研究生学位档案是指培养和授予硕士、博士学位活动中所形成的具有保存价值和利用价值的文字、图表、声像等文献材料。高等院校研究生档案包含了高等院校研究生培养整个过程中所形成的各类文档，它客观地反映了高等院校研究生培养方案的具体实施情况，以及研究生培养的能力、水平与最终成果。随着研究生招生规模的不断扩大，招生种类的日益增多，研究生学位档案管理迎来了重大挑战。依托信息化的学位档案管理因其检索快速、精确、存量大、传输快、资源共享等特点，成为当前学位管理上的必然趋势。

（1）多数高校在信息化的学位管理方面，使用互联网技术，实现了研究生管理系统与学位档案管理系统对接。目前很多高校都已建立研究生教育管理系统，每个研究生都拥有电子认证信息，包括研究生的姓名、学号、导师、专业、入学时间、学位论文题目、获学位时间等。这些信息均是建立学位档案管理系统所或缺的。建立两个系统信息的对接和共享可以有效推进学位档案信息化管理进程，简化档案工作流程，降低工作失误，提高工作效率。

（2）学位管理系统通过实现学位论文评审、毕业答辩申请等相关环节的网上管理，将学位档案电子化。由于研究生学位申请过程中论文评审、答辩等环节产生的是纸质材料，所以很多高校学位档案收集的材料仍以纸质材料为主，费时费力，保管困难，查阅、利用不方便，故而将其转为信息资源，能够有效提升存档效率。提高学位档案管理信息化水平与研究生学位管理系统信息化程度息息相关。

（3）高校为有效开发利用学位档案资源，在相应校内网站上建立了研究生学位论文数据库，实现学位论文的电子存档和在线查阅。另外，还进行了全国范围内各学校之间的合作，共享学术成果等，例如"高等院校学位论文全文数据库"是一个以"高等院校图书馆、地区中心、全国中心"三级文献保障模式的服务网络，申请加入的高等院校只要建设好本校的学位论文数据库并提供端口开放，就能够实现国内高等院校之间的学位论文资源共享。同时，将研究生的学位档案提供给社会及企业人事部门进行开放式查询，比如查询研究生的专业学习经历、科研实践能力以及学术成果等，这也为用人企业选拔与聘用到优秀的研究生人才提供了更加全面的参考依据。

研究生教育管理信息化建设是一个复杂的系统工程，涉及管理工程、软件工程、网络技术等多个领域。更重要的是，这种系统内涵不是一成不变的，随着学位与研究生教育的进步与发展，研究生教育规模的扩大，新的管理模式、管理思想和管理技术会逐渐渗透到信息化建设的各个方面，促使研究生教育管理信息化工作水平的进一步提升。研究生教育管理，必须做到"与时俱进"，采取及时有效的措施推进高等学校研究生教育管理信息化建设的发展。新时代研究生教育过程信息化管理，面向过程管理的研究生教育教学管理系统的目标是通过构建一个技术先进、环节完善、高效便捷、规范安全的面向研究生教育教学管理过程的全部业务，整合研究生招生管理、学籍管理、思想教育与管理、培养管理、学位管理、导师管理等各个过程管理环节，具备数据分析、结果预测、待办提醒、跟踪监控、学业预警等

---

① 唐晔楠. 基于教育大数据的研究生教育管理研究［J］. 文化创新比较研究，2019，3（10）：131-132.

"智能化"数据过程管理的教育教学管理多用户一体化设计的信息服务平台,① 以优化研究生教育教学资源配置,保障研究生教育教学过程科学规范,提高研究生教育教学管理工作效率,提升研究生教育管理服务水平。

二、研究生思政信息化管理

国无德不兴,人无德不立。习近平总书记在高校思想政治工作会议上着重阐述了构建"大思政"格局的重要思想,大思政体系是实现高校思想政治工作科学化的必要环节,要深刻理解"大思政"格局的丰富内涵,积极完善高校"大思政"格局的工作体系。就高校而言,"大思政"主要指运用社会、高校中一切可能的力量做好大研究生思想政治工作。加强高校思想政治工作,要把思想政治规律、教书育人规律、研究生成长规律统筹起来,把领导格局、工作格局、反馈格局统筹起来,共同推动形成高校"大思政"体系。② 在全国高校思想政治工作会议上,习近平总书记强调,要把思想政治工作贯穿教育教学全过程,调整好高校思想政治工作与国家和社会、高校思想政治工作与大研究生思想政治教育工作、思政课与各门课程、哲学社会科学及内部体系、校园内外各种育人要素之间的关系,建构起"全育人"工作格局。高校思想政治工作"大思政"格局是一个系统工程,要以系统思维指导并建构起体系化的高校思想政治工作"大思政"格局。

研究生思政教育是大研究生思想政治教育中相对薄弱的环节,面对研究生规模扩大、培养模式和管理方式发生变化的新情况新要求,缺乏积极应对的有效办法。加强和改进研究生思想政治教育,是当前全面推进大研究生思想政治教育工作中一项十分紧迫的任务,同时也是贯彻全国高校思想政治工作会议精神的具体要求。在教育信息化背景下,构建研究生教育大思政体系也成为一项至关重要的任务。图4-5所示为研究生思政信息化路径。

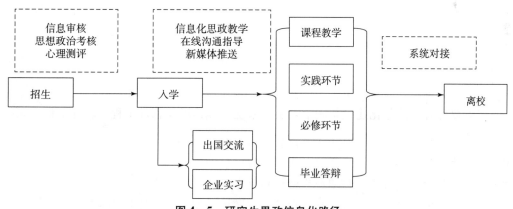

图4-5 研究生思政信息化路径

(一)招生过程的思政信息化

招生过程中,高校通过对研究生前期学习阶段内的思政信息、相应课程评分进行审核,

---

① 刘渊,袁胜亮,张彩霞,等. 研究生培养管理信息化建设与管理机制创新 [J]. 高等农业教育,2014 (12):103-106.
② 陈南坤,周彬. 研究生思政教育队伍建设的研究综述 [J]. 中国高校科技,2017 (S1):63-66.

作为前期人才选拔的重要流程；在考生考试复试过程中，增加思想政治考核，常由学院自行组织，如考核政府工作报告、国家时事政策等内容，并组织一系列心理测评，考核不通过者不予录取，是对研究生前期招生思政方面的筛选。而新生的思政考核、心理测评结果也会自动录入高校人才培养系统，进行保存与分析，对出现部分心理问题、思想问题的研究生，会经由系统自动检验识别，更加便捷高效的精准人群，使高校思政教育工作者能够根据有效的测评信息，有针对性地对研究生进行心理健康、思想政治方面的指导。

（二）培养过程的思政信息化

1. 课程教学方面

重视信息化教学应用。教育信息化下，研究生思政教育中可利用新媒体新技术进入思政课堂的实践，通过新媒体新技术更便捷地收集教学资源、更高效地组织课堂互动和线上线下的混合教学、更方便地掌控教学管理，更好地激活课堂氛围、提高教育教学质量，推动思政课教学改革，着力提高思想政治课教育实效，全面推进实践性教育，大力聚焦课堂教学，在改进中提高思政课教学质量。

同时，教师充分利用"微网络"丰富思想政治教育的教学内容与教学形式。传统的思想政治教育课已经不适应"微时代"信息传播迅速、更新快特点，教师偶尔在课堂上举的新鲜事例，研究生在课下早有耳闻。① 因此，教师充分利用"微网络"，将微博、微信与传统思想政治教学融合起来，在备课过程中时刻关注与思想政治教学有关的事例，这些事例在网络上经过专家们的分析和解读后，变得更加透彻易懂，将其引入课堂之中，研究生将很容易理解教育者的教育意图，教育效果事半功倍。在上课之前，教育者也可通过微博、微信的互动功能与研究生探讨一些时事政治、热点话题等，鼓励研究生提出自己的看法和观点，并做出适当的引导。这种师生共同参与微博、微信教学的活动，实现了教师和研究生之间的"共赢"。

2. 研究生日常生活方面

在对研究生进行思想政治教育时，可根据目前研究生班级组织整体分散、少数集中的特点，以不同专业、不同学科、不同项目为单位组建党（班）小组，利用思想政治教育网站、邮件组、聊天群等网络工具发布内容积极向上的信息，推送正能量文章或视频，开展正面的宣传教育，营造良好的学习氛围，扶正风气，增强正能量，把握舆情动态，确保每一位研究生同学能够在集体的环境下接受思想政治教育，以此增强整个班集体的凝聚力和向心力。教育工作者也可利用各种网络沟通手段与研究生群体展开充分沟通，吸引同学们参与各种特定问题的讨论，在讨论过程中发现研究生的思想动态及对某些热点问题的观点，并以此对研究生开展有针对性的思想教育工作，从而保证思想政治工作的时效性和针对性。同时对研究生进行网络教育，教育研究生如何利用好网络，抵制网络不良信息的影响，增强自控力，利用网络信息化优势提高科研效率。②

---

① 韩革军. 网络时代背景下学生思想政治教育问题的对策与研究［J］. 赤峰学院学报（汉文哲学社会科学版），2015，36（11）：234-235.

② 冷柏军，梁伟，张旭路. 网络环境下研究生思想政治工作的思考［J］. 北京化工大学学报（社会科学版），2011（4）：65-67.

（三）毕业过程的思政信息化

研究生毕业过程中，其思想政治状况、思想政治课成绩均由相应教师进行评级打分，并录入毕业系统，伴随研究生进一步转入其他高校或工作单位，能够有效保证其信息对接的连续性、真实性、准确性，同时也能够有效促进研究生的思想政治表现。

三、研究生教育教学手段信息化

随着科技的日新月异，教育技术信息化的发展，必将渗透到研究生课堂教学的每一个角落。2016年6月，教育部发布了《教育信息化"十三五"规划》。该规划明确，未来五年发展目标：到2020年，基本建成"人人皆学、处处能学、时时可学"与国家教育现代化发展目标相适应的教育信息化体系。《2016年新媒体联盟中国基础教育技术展望：地平线项目区域报告》显示：未来五年以下几项教育信息化必将改变中国教育。

（一）云计算：获取开放性教育资源

云计算是指基于互联网的相关服务的增加、使用和交互模式，通常涉及通过互联网来提供动态易扩展且经常是虚拟化的资源。云计算可以让人体验每秒10万亿次的运算能力，拥有如此强大的计算能力可以模拟核爆炸、预测气候变化和市场发展趋势。用户通过电脑、笔记本、手机等方式接入数据中心，按自己的需求进行运算。通过云计算，大量开放性的教学资源得以获取。

（二）翻转课堂：变革学习方式

翻转课堂是指重新调整课堂内外的时间，将学习的决定权从教师转移给研究生。在这种教学模式下，课堂内的宝贵时间，研究生能够更专注于主动的基于项目的学习，从而获得更深层次的理解。教师不再占用课堂的时间来讲授信息，这些信息需要研究生在课前完成自主学习，他们可以看视频讲座、听播客，还能在网络上与别的同学讨论，教师也能有更多的时间与每个人交流。在课后，研究生自主规划学习内容、学习节奏、风格和呈现知识的方式，教师则采用讲授法和协作法来满足研究生的需要和促成他们的个性化学习，其目标是让研究生通过实践获得更真实的学习。翻转课堂模式是大教育运动的一部分，它与混合式学习、探究性学习、其他教学方法和工具在含义上有所重叠，都是为了让学习更加灵活、主动，让研究生的参与度更强。

（三）智慧教室：智能课堂教学

智慧教室是数字教室和未来教室的一种形式。智慧教室是一种新型的教育形式，有别于传统授听课方式，课前研究生提前预习，课中学习分组讨论，随时测试，教师能快速掌握每位研究生学习情况，并进行针对性指导。智慧教室主要包括以下几个系统：

（1）教学系统：由内置电子白板功能的触控投影机一体机、功放、音箱、无线麦克、拾音器、问答器和配套控制软件构成。使用内置电子白板功能的触控投影机代替传统的黑板教学，实现无尘教学，可在投影画面上操作电脑，在每个桌位上配置问答器，实现师生交互式课堂教学。

（2）LED显示系统：由LED面板拼接而成，安装在教室黑板顶部，用于显示正在上课的课程名称、专业班级、任课教师、到课率和教室内各传感器采集的环境数据。

（3）人员考勤系统：在教室前后门各安装一个RFID考勤机，采用RFID标签（校园一卡通）对研究生进行考勤统计，对进入教室的人员进行身份识别，对合法用户进行考勤统计，对非法用户进行告警。

（4）资产管理系统：在教室前后门各安装一个高频读卡器，对教室内的实验仪器、设备等资产进行出入教室的监控与管理，对未授权用户把教室内资产带出教室进行告警，方便设备管理人员对教室设备的统一管理。

智慧教室运用现代化手段切入整个教学过程，让课堂变得简单、高效、智能，有助于开发研究生自主思考与学习能力。

（四）**移动学习**：实现个性化学习体验——处处能学、时时可学

移动学习是一种在移动设备帮助下能够在任何时间、任何地点发生的学习，移动学习所使用的移动计算设备必须能够有效地呈现学习内容并且提供教师与学习者之间的双向交流。移动学习在数字化学习的基础上通过有效结合移动计算技术带给学习者随时随地学习的全新感受，被认为是一种未来的学习模式，或者说是未来学习不可缺少的一种学习模式。

（五）**学习分析**：了解需求有针对性教学

学习分析学是以理解和优化学习及学习发生的环境为目的，所进行的有关学习者及其环境的数据之测量、采集、分析和报告。通过数据精确测量，形成针对不同研究生特定的数据系统，进而在充分了解研究生需求后有针对性地进行教学，有助于提高不同研究生的接受能力与学习效率。

（六）**大规模开放在线课程（慕课）**：实现远程学习

大规模开放在线课程，即慕课（MOOC），是"互联网+教育"的产物，是最新涌现出来的一种在线课程开发模式。顾名思义，"M"代表 Massive（大规模），与传统课程只有几十个或几百个研究生不同，一门 MOOCs 课程动辄上万人，最多达 16 万人；第二个字母"O"代表 Open（开放），以兴趣导向，凡是想学习的都可以进来学，不分国籍，只需一个邮箱，就可注册参与；第三个字母"O"代表 Online（在线），学习在网上完成，无需旅行，不受时空限制；第四个字母"C"代表 Course，就是课程的意思。它的出现成功实现了一种高端的知识交换。它可适用于专家培训，各学科间的交流学习以及特别教育的学习模式，任何学习类型的信息都可以通过网络传播。而网络课堂可以给研究生带来很多益处，让每个人都能免费获取来自名牌大学的资源，可以在任何地方、用任何设备进行学习，这便是 MOOC 的价值所在。慕课呈现出的课程特点主要如下：

（1）工具资源多元化：MOOC 课程整合多种社交网络工具和多种形式的数字化资源，形成多元化的学习工具和丰富的课程资源。

（2）课程易于使用：突破传统课程时间、空间的限制，依托互联网世界各地的学习者在家即可学到国内外著名高校课程。

（3）课程受众面广：突破传统课程人数限制，能够满足大规模课程学习者的学习。

（4）课程参与自主性：MOOC 课程具有较高的入学率，同时也具有较高的辍学率，这就需要学习者具有较强的自主学习能力才能按时完成课程学习内容。[①]

（七）**虚拟及远程实验室**：能进行或观察所有科学试验

正虚拟和远程实验室反映了教育机构中的一种趋势，即通过网络让世界各地的研究生更容易获得使用实体科学实验室中的设备和组件的机会。虚拟实验室属于网络应用，它模仿实

[①] 李门楼，郭嘉. 研究生教育管理信息化的实践与思考 [J]. 研究生教育研究，2011（3）：22 - 25.

体实验室的操作,能让研究生在使用实体实验室设备之前,在"安全"的环境中练习操作。研究生无论身在何处,通常能够随时访问虚拟实验室,并且可以一遍又一遍地进行实验操作。

(八) 创客空间:培养研究生创造力

创客空间指的是社区化运营的工作空间,在这里,有共同兴趣的人们(通常是对电脑、机械、技术、科学、数字艺术或电子技术感兴趣)可以聚会,社交,展开合作,可以利用开源硬件和互联网,把更多的创意转变为产品。通过创客空间,研究生之间彼此交流合作、头脑风暴,能够有效培养创造力。

四、数字赋能研究生教育

数字赋能教育意指利用计算机的技术进行教育,运用数字技术,为教育带来更多的智慧、高效、便捷的工具和手段,以此提高教育的质量、效率和覆盖范围的过程(图4-6)。教育数字化将深化我国教育理念变革。它不是简单地将传统教育方式线上化或视频化,而是通过全过程教学大数据的采集、分析和应用,将传统经验性教学向以数据交互、信息评估为主的数字化教育转变,推动教育和学习活动无处不在、无时不有。①

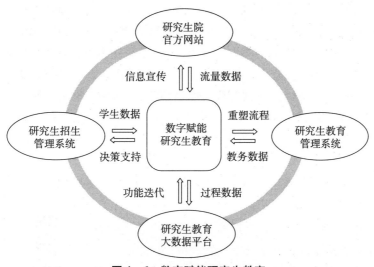

图4-6 数字赋能研究生教育

数字赋能研究生教育,可以极大地改善研究生教育的质量和效率。如数字化资源的普及和优化,使得个性化学习成为可能,学习不再受时间和空间的限制,让教育更加公平和开放。人工智能、大数据等先进技术的运用,使得研究生能更好地分析复杂数据、发现新的研究趋势,从而推动科研创新。数字化交流平台的搭建,促进了国家间的学术交流与合作,有助于提升我国研究生教育的国际影响力。

站在国家战略的高度,数字赋能研究生教育是实现教育现代化、培养高层次人才的重要

---

① 未来5年,12项教育技术将改变中国教育[EB/OL]. http://www.360doc.com/content/16/0223/10/2205372_536614120.shtml.

手段，不仅是教育领域的变革，更是国家创新发展的重要驱动力。我们应以数字化转型为契机，不断推进数字化教育的创新和应用，全面助力研究生教育的高质量发展。

（一）数字赋能研究生教育的时代趋势

1. 时代背景

党的二十大首次将"教育数字化"写进报告，明确强调教育、科技、人才是全面建设社会主义现代化国家的基础性、战略性支撑，坚持教育优先发展、科技自立自强、人才引领驱动，深入实施科教兴国战略、人才强国战略、创新驱动发展战略。党的二十大报告也提出了，要推进教育数字化，建设全民终身学习的学习型社会、学习型大国[①]。在新时代，全民教育、高等教育、个性化学习和终身学习成为教育数字化发展的重要特征，加快教育数字化落地实施对提高国民素质和增强人才创新方面起着战略性关键作用。

面对世界百年未有之大变局、中华民族伟大复兴战略全局，新时代的研究生教育正在发生转折性变化，一是从快速发展迈向高质量发展；二是从不断改革迈向全面系统改革；三是从持续开放迈向更加自信的开放；四是从注重创新迈向更加自主的创新。2023年5月，习近平总书记在中共中央政治局第五次集体学习时强调："教育数字化是我国开辟教育发展新赛道和塑造教育发展新优势的重要突破口。进一步推进数字教育，为个性化学习、终身学习、扩大优质教育资源覆盖面和教育现代化提供有效支撑。"发展数字教育，要通过创新教育的理念、方法和形态，让数字技术为教育赋能、更好地服务于育人的本质。教育部部长怀进鹏在世界数字教育大会上的主旨演讲中提出："二是强化数据赋能，提升教书育人效力。"教书育人作为高校教育的重要职责，事关高校人才培养的质量，事关立德树人根本任务的落实。数字技术的发展，为高校提高教书育人效力创造了条件和平台，对完善高校育人机制、加强高校师德师风建设具有积极意义。

这些文件为新时代研究生教育改革发展提供了比较全面系统的指南，适应信息化的发展，切实加强信息化建设，遵照共建共享共治的原则等，加快形成研究生教育共同体共享的信息平台和分享机制，助力研究生教育质量保障。

2. 价值意蕴

在教育数字化背景下，强化数据赋能，提升教书育人效力，是落实立德树人根本任务的必然之举，也是实施国家教育数字化战略行动的必由之路，把建设研究生教育体系的各项工作落地、落细、落到实处，又好又快地培养党和国家事业发展需要的高层次人才。

研究生教育要突出"研"字，创新意识、精神与能力的培养是研究生教育的本质。纵观人类发展历史，创新始终是一个国家、一个民族发展的重要力量，也始终是推动人类社会进步的重要力量。作为一种智慧育人范式，"智能育人"借助数字化、智能化的教育工具和平台，为师生及教育管理者提供云资源、云环境、云平台和云服务，创造出"信息、知识、智慧"一体的教育形式，形成了"公平包容、更有质量、适合人人、绿色发展、开放合作"的教育理念。在"智能育人"理念的推动下，高校教书育人工作也将走向智慧化和数字化。因此，在教育供给、平台、服务和内容设置上不仅要强调育人价值的最大化，也要追求教育效果的最优化，为培育时代新人和建设教育强国创造条件。具体优势体现在：

---

① 付卫东. 以数字化赋能教育高质量发展[J]. 湖北教育（政务宣传），2023（2）：1.

（1）教学创新：数字技术为研究生教育带来了更多的教学创新机会。通过在线教学平台和工具，教师可以开展多种形式的教学活动，如在线讲座、虚拟实验、远程讨论等。这些创新的教学方式可以激发学生的学习兴趣，提升教学效果。

（2）资源共享：数字化的教育平台可以方便研究生之间和教师之间的资源共享。教师可以将教学材料、课件等资源上传到平台上，供学生自主学习和下载。同时，学生们也可以通过平台分享自己的学习笔记、研究成果等，促进合作学习和学术交流。

（3）学习个性化：数字技术可以根据学生的个性化需求和学习进度，提供定制化的学习内容和学习路径。通过学习管理系统和智能化的推荐算法，教师可以根据学生的学习情况，推荐适合其个体差异的学习资源和活动，提高学习效果。

（4）实践机会：数字技术还可以为研究生提供更多的实践机会。例如，在线实验平台可以让学生进行虚拟实验，降低实验设备和场地的依赖性。同时，数字化的项目管理工具也可以促进学生的项目合作和实践经验的积累。

推动研究生教育数字化建设，是国家信息化发展的客观要求，对实现落实科教兴国战略、人才强国战略、创新驱动发展战略具备重要意义。作为培养人才的基础性事业，教育数字化已经成为国家重要战略，纵深推进国家教育数字化建设，有利于全方位调动、配置和利用教育资源，促进教育方式和管理发生创新性变革，逐步形成具有中国特色的现代化教育体系，推动教育信息化步入快速发展期，实现国家信息化发展的战略目标和要求。

（二）未来挑战与途径探索

近年来，我国研究生教育数字化建设成果显著，但必须清醒地认识到，加快推进研究生教育数字化还面临着诸多困难和挑战，共建共享的资源管理缺少统一、规范化的评价标准，优质数字化资源有待整合和集成，加快推进研究生教育数字化发展的人员队伍尚未形成，推进研究生教育数字化仍然是一项紧迫而艰巨的任务。

一方面，未来研究生教育资源将更加平等化。中国未来必将建成人人平等共享的优质教育资源环境，随着共建共享的资源建设机制不断完善，基础设施、教学资源、软件工具、应用能力等资源更多倾向于面向农村地区、边远贫困地区、民族地区等地区学校，信息化要素全面提升。

另一方面，未来研究生教育环境将更加智能化。鼓励发展启发式、探究式、讨论式、参与式教学，倡导利用教育资源和软件工具，逐步普及专家资源，教师教育技术运用力、专业人员支持力普遍提升，促进教师专业化、信息化、创新化、数字化改造。

未来数字教育的这种趋势和挑战要求高校立足教书育人目标，提供精准化、信息化、专业化和系统化的服务，从而推动研究生教书育人方式的变革和转型。

（1）加快推动数字校园建设：充分利用现代信息技术进行资源整合，全面搭建数字化基础设施，推进精品课程、图书文献、实验平台等数字资源共享，推进信息技术在教学中的普遍应用。

（2）促进人才培养模式创新：加强拔尖创新人才培养的融合，强化最新科研成果转化为优质教育教学资源，落实学生培养模式优质化、智能化、知识化、专业化，以高校为主、企业为辅的数字化力量不断壮大，教学与学习方式持续完成数字化改造。

（3）落实经费投入：制定教育数字化经费投入保障机制，制定经费标准等政策措施，明确政府主导作用，鼓励企业和社会多方投入，形成多渠道筹集经费保障机制，加强项目与资金管理，合理分配各环节的使用占比，提高经费使用效率效益。

第五节　研究生教育政策

　　研究生教育政策事关高层次创新人才培养和社会的发展进步，是研究生教育领域的重要命题。多年来，在正确、合理、高效、实施性强的研究生教育政策引领下，我国研究生教育取得了一系列丰硕成果，建立了较为完备的学位与研究生教育体系，规模从小到大，质量得到基本保证，实现了从快速式发展向内涵式发展的跨越式转变。尤其是党的十八大以来，以习近平同志为核心的党中央着眼国家战略发展和民族伟大复兴，高瞻远瞩、超前研判、顶层谋划、统筹布局，为我国研究生教育发展指明了方向、提出了总体要求。教育主管部门坚决贯彻落实党中央重要决策指示，通过接续出台一系列相关政策，系统性牵引、指导、规范和推进了我国学位与研究生教育高质量发展，形成了"立德树人、服务需求、提高质量、追求卓越"的工作主线，擘画了建立中国特色、世界一流的研究生教育强国的发展蓝图。[①]

　　本节阐述了研究生教育政策的定义和功能特点、研究生教育政策类型和政策制定，总结了1949年以来我国研究生教育政策发展历史阶段和政策特征，呈现了我国研究生教育渐进发展逻辑和改革发展脉络。

一、研究生教育政策概述

（一）概念内涵

　　自20世纪80年代以来，教育政策作为公共政策的组成部分，逐渐成为国内学者探索和研究的重要领域。我国学者对教育政策内涵有着众多的解释，目前得到公众共识的说法来自褚宏启的《教育政策学》，即教育政策是指由执政党和政府制定与颁布的，用以指导、规范、促进教育事业发展的一切价值准则与行为规范的总称，包括教育行政法规、教育行政规章及教育法律[②]。

　　根据上述定义，研究生教育政策作为教育政策范畴，可概述为：执政党和政府在一定历史时期，为实现特定的研究生教育目标，针对特定对象，为研究生教育发展方向制定的指导原则和战略规划，是为研究生教育工作制定的行动依据和准则。此概述包含了以下三层含义：

　　1. 公共性是教育政策最基础的特点

　　研究生教育政策与教育政策一样的，保障与实现的是公共利益，本质表现为公共性。公共性的本质属性是开放性和利他性，即公众参与和公众受益。也就是说，一方面，政策的制定、执行与评估等环节需要向社会公开，保证公众的知情权和参与权；另一方面，政策的出发点和根本目标是解决社会公共问题、实现公共利益的最大化。[③] 现实中，研究生教育政策不仅涉及教育领域，还与国家经济、科技、文化等社会各个方面密切相关，具有广泛的社会

[①] 王战军，李旖旎. 党的十八大以来学位与研究生教育政策论析[J]. 研究生教育研究，2022（5）：1-9.
[②] 褚宏启. 教育政策学[M]. 北京：北京师范大学出版社，2011：4.
[③] 刘昌乾，吴晨圆，陈鹏. 效率与公平——"双一流"政策价值导向的思考[J]. 中国人民大学教育学刊，2021（3）：73-84.

影响和公共意义，所以必须强调其以公共利益为导向，才能有助于确保研究生教育政策的公正性和可行性。

2. 研究生教育政策目标的特定性

研究生教育政策出台的出发点和根本任务是针对特定的目标，且为解决现实问题而进行的调解及利益分配。无论哪一项研究生教育政策的制定，都是执政党和政府围绕一定教育目标和任务而协调教育内外关系所制定的行动依据和准则。研究生教育政策特定目标的制定不仅要以相关的法律、法规为依据，即政策内容必须符合法律、法规所规定的范围以保证政策存在的合法性，同时也要遵循研究生教育规律的要求，体现研究生教育政策的合理性。

3. 研究生教育政策实施的动态延续性

研究生教育政策的实施是一个不断变化发展，持续更新的动态过程。在不同的历史时期，教育政策实施的时空环境的不同，目标和任务也必将发生变化，同时教育政策的演进和变革受到特定历史时期的生产力发展和上层建筑的影响，呈现出不同的价值取向。因此，政策制定者需要根据实际情况的变化和需要，对政策进行不断调整和改进，以保持政策的适应性和有效性。这种动态延续性包括政策目标的调整、政策内容的更新、政策实施方式的改进等方面。此外，研究生教育政策的实施效果需要进行评估和反馈，政策制定者可通过评估结果和反馈意见，对政策进行调整和改进。

（二）功能特性

研究生教育政策作为实现特定时期的教育目的和任务而制定的一系列行动规范准则，是约束指导人们行为的某种持续性、纲领性、计划性的行动纲领和行为准则，对人们的行为产生了重要的影响。其主要功能包括以下几方面：

（1）分配功能，即对受教育权力、资源与教育行政权力进行合理分配的功能。分配功能不仅要考虑资源的使用效率问题，更重要的是要考虑资源分配的公平性问题。有学者认为，教育资源的公平性体现在身份、需要、能力三个层面上建立起来的关系状态。要想在分配资源的过程中体现公平性，必须结合具体情况，综合考虑身份、需要、能力等三方面，才能保障和促进教育事业发展目标的实现。

（2）导向功能，即围绕政策目标和任务引导人们的行为或教育发展的功能。政策的导向功能是指政策在执行过程中，对人们的行为和教育事业发展的方向所进行规制和保障的控制功能。政策导向功能是否得到充分发挥，与教育政策目的与目标的明确性、合理性和易理解性等紧密相关，教育政策目的与目标越明确、越合理、越易于理解，就越能让人们接受，从而能有效统一人们的意志，使得人们按照政策规定的原则和要求行动，从而最大限度地促进教育目标和任务得以实现。

（3）控制功能，即指通过教育政策对人们的教育行为和教育活动发展进行制约或促进的功能。政策在执行的过程中，会受到环境和因素的变化而出现偏离预期目标的情况，所以必须对政策进行合理的控制。对于不同的问题，控制的合理限度是不同的。有些问题的出现会促进教育事业的发展，这时的控制应该是扶持性的，有些问题的出现会破坏教育事业，这时的控制应该是禁止性的。

（4）协调功能，即指教育政策为实现研究生教育的全面、协调、可持续发展，以合理性和合法性为依据，对教育发展过程中的各种失衡状态进行制约和调节的功能。如通过控制研究生教育的规模和发展速度的政策,来协调研究生教育规模与质量的协调发展;通过制定学科交叉融合政策,推动研究生教育内部不同领域、不同专业的交叉融合,促进知识的创新和发展,来协调研究生教育内部不同领域、不同专业之间的关系等。

二、研究生教育政策类型和政策制定

(一)政策类型

研究生教育政策类型可根据不同的标准进行分类。常见的分类方式包括:按照政策领域可分为学科建设政策、招生政策、培养政策、科研政策、就业政策等,其中每个领域的政策都有其特定的目标和内容;按照政策层级可分为国家层面的政策、省级层面的政策、高校层面的政策等;按照政策性质可分为指导性政策、规范性政策、支持性政策等;按照政策层次的划分,可分为政策方针、政策法规、政策规定、政策措施[①]。不同类型的政策在实施过程中具有不同的作用和特点。这里重点介绍一下按照政策层次划分的类型情况。

(1) 研究生教育政策方针:是指研究生教育总的思想和指导原则,通常包括对研究生教育的目标、发展方向、质量提升等方面的规划和要求,是制定和实施研究生教育政策的基本指导原则,是指导整个研究生教育发展的战略原则和行动纲领。例如1998年,教育部发布的《关于进一步深化研究生教育改革的意见》(教研〔1998〕2号)提出了"提高质量、优化结构、加强研究、扩大开放"的政策方针,旨在进一步深化研究生教育改革,提高研究生教育的质量和水平;2013年教育部发布的《关于深化研究生教育改革的意见》(教研〔2013〕1号)提出了"提质增效、服务需求、突出特色、创新引领"的政策方针,旨在推进研究生教育改革创新,提高研究生教育的质量和水平,为经济社会发展提供更好的人才支撑。这两份文件都属于研究生教育政策方针,都提出了研究生教育改革的方向和目标,为后续的政策制定和实施提供了指导原则。

(2) 研究生教育政策法规:是指针对研究生教育领域制定的具有法律约束力的政策文件。它通常包括法律法规、行政法规、部门规章等,对研究生教育的办学条件、管理体制、教育质量等方面做出了规定和要求,具有强制力和约束力。例如《中华人民共和国学位条例》是关于学位授予的法律法规,规定了学位的等级、授予条件和程序等,是保证研究生教育质量的重要法规。

(3) 研究生教育政策规定:是指针对研究生教育领域制定的具体政策措施和要求。它通常包括政策条款、政策标准、政策条件等,对研究生教育的学科建设、招生录取、培养模式、学位授予等方面做出了具体规定和要求,具有具体性和操作性。例如,2018年的《教育部关于全面落实研究生导师立德树人职责的意见》对全面落实研究生导师立德树人职责提出了指导意见和具体要求,旨在加强研究生导师队伍建设,提高研究生培养质量和水平,培养更多高层次创新人才,为建设创新型国家和实现中华民族伟大复兴的中国梦提供有力支撑。

(4) 研究生教育政策措施:是指为实现研究生教育政策目标而采取的具体行动步骤和措施。它通常包括财政措施、行政措施、技术措施等,对研究生教育的投入保障、教学管理、科研支持、师资建设等方面做出了具体安排和要求,具有直接性和针对性。例如2017

---

① 褚宏启. 教育政策学 [M]. 北京:北京师范大学出版社,2011:18.

年，教育部印发的《关于推动高校形成就业与招生计划人才培养联动机制的指导意见》（教研〔2017〕1号）就属于研究生教育政策措施。这份文件提出了具体的措施和要求，旨在推动高校形成就业与招生计划、人才培养联动的机制，提高人才培养质量和水平，促进高校毕业生就业创业。

（二）政策制定

1. 政策制定原则

研究生教育政策的制定需要经过多个步骤和环节，在制定的过程中，尤其应注重科学性、创新性和可操作性等原则。只有科学、合理、有效的政策才能为研究生教育的健康发展提供有力保障和支持。政策制定原则包括以下几个方面：

（1）注重科学性。研究生教育政策是以解决研究生教育中的实际问题为出发点的，应该针对当前存在的不足和需求，提出切实可行的解决方案。首先，政策制定者需要基于科学的数据和事实分析，运用科学的研究方法进行深入研究，才能避免主观臆断和片面性，以提高政策的科学性和有效性。

（2）突出创新性：政策的制定应该鼓励创新和改革，推动研究生教育的创新发展和人才培养质量的提升。此外，研究生教育涉及多个领域和方面，包括培养方案、课程设置、导师制度、科研管理、就业创业等。政策的制定应该注重各个方面的协调性和衔接性，以实现整体效果的最大化。

（3）加强可操作性：政策的制定应该注重实际操作性和可执行性，避免过于复杂或难以操作的情况。同时，还需要明确政策的目标和指标，以便于后续的监督和评估。

2. 政策制定步骤

研究生教育政策的制定是政策实施的首要阶段，主要任务是确定行动或改革的目标、任务与原则，为后继阶段与环节提供政策依据，具体步骤包括：

（1）确定政策目标，即基于对研究生教育现状的深入了解和分析，以及对其发展趋势的预判。明确政策的重点领域和方向，为后续的政策制定提供指导。

（2）开展政策研究，即收集和分析相关数据和信息，了解研究生教育的现状和发展趋势，以及国内外研究生教育政策的经验和做法。

（3）制定政策方案，即根据政策研究和目标制定政策方案，包括具体的政策措施、实施方式、时间表和预算等内容。

（4）征求意见和修改完善，即围绕制定好的政策方案广泛征求各方意见，包括专家学者、培养单位、学生代表等。同时根据反馈的意见和建议，对政策方案进行修改和完善。

（5）审议和颁布，即经过征求意见和修改完善后，政策方案需要通过相关部门或机构的审议，并由国家或地方政府颁布实施。

（6）监督和评估，即政策实施后，需要对其执行情况进行监督和评估，以确保政策的贯彻执行和预期效果。同时也需要根据监督和评估的结果，对政策进行必要的调整和完善。

三、我国研究生教育政策的发展

改革开放四十余年来，我国研究生教育改革和发展之所以取得了举世瞩目的成就，与研究生教育政策的积极推动密不可分。总体来说，我国研究生教育政策的发展进程是一个持续积极探索、不断提高水平的过程。

（一）我国研究生教育政策发展阶段

自中华人民共和国成立以来，我国研究生教育政策在不同历史时期呈现出不同的阶段性特征，可分为"初建阶段、改革阶段、完善阶段、深化阶段"等四个发展阶段①。

1. 探索借鉴、封闭单一的初建阶段（1949—1978年）

面对百废待兴的教育事业，我国实施了改革现代化的教育政策，投入了大量资金与人力来加快解决中国研究生教育落后的问题。在这一阶段，我国研究生教育政策以制度确立为中心，主要关注培养高级科学技术和教育工作者，有力促进了当时科技和教育事业的发展，为国家的发展做出了重要贡献，但同时我国研究生教育还处于初期发展阶段，规模较小，培养领域较为狭窄，研究生教育的普及和多样化程度较低。

2. 全面开放、多元发展的改革阶段（1978—1999年）

此阶段是我国高等教育的发展阶段，也是研究生教育的起步阶段。在这个阶段，我国开始建立研究生培养基地，培养高层次人才，逐步扩大研究生教育规模，并引入研究生招生考试，建立研究生教育评估和质量监控体系，实施科教兴国战略，对研究生教育实行改革开放政策，同时鼓励高校和科研机构开展科学研究，推动研究生教育的多元化发展。政府这一阶段的政策改革推动了研究生教育的发展和改革，提高了研究生培养的公平性和质量。然而，政策仍然偏重科技人才培养，其他领域的研究生教育相对滞后。

3. 快速发展、统筹协调的完善阶段（2000—2010年）

此阶段是我国高等教育大众化的阶段，也是研究生教育快速发展的阶段。在这个阶段，国家开始实施高等教育大众化政策，研究生教育规模迅速扩大，国家也开始加强对研究生教育质量的监管和评估，注重研究生培养的质量和实用性。同时为推动高校之间的研究生教育合作，国家鼓励高校与企业合作培养应用型研究生，出台了一系列政策，鼓励研究生参与科技创新和创业活动。这一阶段的政策推动了研究生教育质量和实用性的提高。

4. 注重实践、优化质量的深化阶段（2010年至今）

此阶段是我国高等教育全面深化改革的阶段，也是研究生教育创新发展的阶段。国家开始实施创新驱动发展战略，推动高等教育与经济社会的深度融合，推动研究生教育和科技创新的深度融合，加强对研究生创新能力和实践能力的培养，鼓励学科交叉和国际化培养，加强导师队伍建设和学术评价机制改革、加强对研究生教育质量的全面监管和评估、分类推进培养模式改革、统筹构建质量保障体系等，推动研究生教育的内涵式发展。这一时期的政策更加全面、系统和有针对性，为研究生教育的发展起到了巨大的推动作用。

综上，研究生教育政策在不同的阶段呈现出不同的目标和重点内容。在初始阶段，政策重点是建立研究生培养基地，培养高层次人才；在发展阶段，政策重点是实施改革开放政策，推动多元化发展；在大众化阶段，政策重点是实施高等教育大众化政策，扩大规模并加强质量监管；在创新发展阶段，政策重点是实施创新驱动发展战略，加强创新能力和实践能力的培养，加快实现研究生大国向研究生强国跨越的目标。

---

① 肖灿. 新中国成立以来研究生教育政策的话语指向及变迁［J］. 高等教评论. 2020（2）：168-177.

(二) 我国研究生教育政策发展特征

纵观我国研究生教育发展历史，研究生教育政策受市场需求、社会文化等深层结构影响而不断进行变迁，推动和引领着研究生教育从规模发展逐渐走向了高质量内涵发展。我国研究生教育政策在研究生教育发展中起着至关重要的作用，突出表现为以下发展特征：

1. 坚持党的领导和社会主义办学方向

我国研究生教育政策的首要特征是坚持党的领导和社会主义办学方向。我国政府高度重视研究生教育，将之纳入国家整体发展规划中，将培养社会主义建设者和接班人作为研究生教育的根本任务。这一特征在研究生教育政策中都得到了充分体现。例如，教育部、国家发展改革委、财政部2013年联合发布的《关于深化研究生教育改革的意见》（教研〔2013〕1号）提出，要全面贯彻党的教育方针，把立德树人作为研究生教育的根本任务。同时强调研究生思想政治教育的重要性，要求完善思想政治教育体系，加强导师的思想政治教育作用，培养研究生正确的世界观、人生观和价值观。

2. 以国家战略为导向，以适应国家和人民需求为目标

我国研究生教育政策始终将国家和人民的需求放在首位，紧密围绕国家战略，培养国家急需的高层次人才，为国家的经济社会发展提供人才支撑和智力保障。例如，教育部在《关于优化学术学位和专业学位布局的通知》中提出，要合理调整学术学位和专业学位授予单位的布局和授予数量比例，促进学术学位和专业学位协调发展以满足国家和人民对不同类型高层次人才的需求。党的十九大报告提出"建设教育强国"，研究生教育被赋予了为建设教育强国提供支撑的重要使命。

3. 围绕质量和效益，以渐进式调整为主要政策调整方式

我国研究生教育政策总体上是根据时代的发展和社会的需求，采取渐进式政策调整方式的。渐进式调整不是对原有政策的完全颠覆，而是在原有政策的基础上进行逐步的改进和优化，能保持政策的稳定性和连续性，同时又能针对研究生教育中存在的问题和不足，通过反复论证和实践检验后，采取有针对性的措施进行改进。事实也证明，中国研究生教育政策的渐进式调整是一种科学、稳健、有效的政策调整方式，能够适应时代的发展和我国社会的需求，大力推动了我国研究生教育的持续发展和进步。

【本章小结】

本章研究生教育管理主要包括研究生教育三级管理体系、研究生教育中间组织、研究生导师队伍建设、研究生教育信息化。研究生教育三级管理体系重点介绍了国务院学位委员会、省市学位委员会、培养单位学位委员会三级管理体系，介绍了研究生教育管理部门的组成和职能。中间组织详细介绍了中国学位与研究生教育学会的设立和组织架构，简要介绍了省市级研究生评估团体，举例介绍了北京理工大学研究生教育研究中心和北京大学博士生教育中心，介绍了五种研究生教育专业期刊，其中正式出版发行的有《学位与研究生教育》《研究生教育研究》《中国研究生》三种，电子期刊有《国外研究生教育动态》《研究生教育论坛》两种。研究生导师队伍建设主要介绍了教育部印发《关于全面落实研究生导师立德树人职责的意见》中的研究生导师管理机制、导师聘任和考核办法、导师队伍分类方式和导师职责。研究生教育信息化主要介绍了研究生教育过程信息化、研究生思政信息化和研究生教学手段信息化。研究生教育政策主要介绍了研究生教育政策的概念内涵、功能特性、政策类型及制定、我国研究生教育政策的发展阶段和特征。

【思考题】

1. 研究生教育三级管理体系是什么？
2. 研究生教育专业期刊有哪些？
3. 您如何理解研究生导师的职责？
4. 研究生教育信息化手段有哪些？
5. 研究生教育政策的内涵和功能有哪些？
6. 我国研究生教育政策发展特征有哪些？

【推荐阅读文献】

1. 周文辉．导师论导——研究生导师论研究生指导［M］．3版．北京：北京理工大学出版社，2017.
2. 褚宏启．教育政策学［M］．北京：北京师范大学出版社，2011.

第五章
研究生教育评估

【内容提要】

本章首先从研究生教育评估的内涵出发，解析研究生教育评估的两个基本概念，阐述了改革开放以来我国研究生教育评估发展主要经历的四个阶段，指出了研究生教育评估的目的和作用，介绍了合格评估、水平评估和监测评估三种评估类型各自的内涵和特征。接下来，介绍了研究生教育评估指标体系设计的基本原则、建立评估指标体系的基本步骤，以及数据采集和分析的基本方法。再者，介绍了研究生教育评估的基本步骤。最后，以2019年学位授权点专项评估为案例，介绍了合格评估的基本程序。

【学习目标】

1. 理解研究生教育评估涉及的基本概念。
2. 了解研究生教育评估的主要类型及其特征，并熟知彼此之间的区别和联系。
3. 把握研究生教育评估指标体系设计的基本原则及基本步骤。
4. 熟悉掌握研究生教育评估的基本步骤。

【关键词】

研究生教育评估；评估类型；评估指标体系

Chapter Ⅴ
Evaluation of Graduate Education

【Content Summary】

This chapter begins with the connotation of graduate education evaluation, analyzes the two basic concepts of graduate education evaluation, expounds the four phases of graduate education evaluation development since the reform and opening-up, points out the purpose and role of graduate education evaluation, and introduces respectively connotations and features of qualified evaluation, level evaluation and monitoring evaluation. Next, it introduces the basic principles of the design of graduate education evaluation index system, the basic steps to establish an evaluation index system, and the basic methods of data collection and analysis. Furthermore, the basic steps of graduate education evaluation are introduced. Finally, the basic procedure of the qualified evaluation is introduced in the case of the special evaluation of the degree authorization units in 2019.

【Objectives】

1. Understand the basic concepts involved in graduate education evaluation.
2. Know the main types and characteristics of graduate education evaluation and be familiar with the differences and connections between them.
3. Grasp the basic principles and basic steps in the design of the evaluation index system for graduate education.
4. Familiar with the basic steps of graduate education evaluation.

【Key words】

Graduate Education Evaluation; Evaluation Type; Evaluation Index System

教育评估是教育科学的一个重要分支。有关教育评估的研究，是当今世界教育科学研究的三大领域之一。研究生教育评估作为教育评估的重要组成部分，是政府加强研究生教育宏观管理的主要抓手，是确保培养单位持续提高研究生教育质量的重要举措，是社会参与研究生教育治理的重要手段。本章围绕研究生教育评估的基本概念、研究生教育评估的主要技术与方法、研究生教育评估的组织与实施三个方面，分别进行论述。

第一节 研究生教育评估的基本概念

掌握研究生教育评估的核心理念和主要内容，必须首先明晰研究生教育评估的核心概念，了解我国研究生教育评估产生与发展的历史，掌握研究生教育评估的主要目的和作用，熟悉研究生教育评估的类型与特征。

一、研究生教育评估的产生与发展

研究生教育评估是以研究生教育为对象开展的一种社会实践活动。一方面，它随着研究生教育的发展而发展，人们对研究生教育评估的认识也在不断深化。另一方面，由于研究生教育自身的不断发展，因而人们关于什么是"研究生教育评估"的认识也是仁者见仁。

（一）研究生教育评估的内涵解析

经过长期的发展，在研究生教育领域逐步形成了一些专用名词和概念。为了便于掌握和理解这些名称与概念的内涵，下面对研究生教育评估涉及的两个核心概念：评估和研究生教育评估，分别进行了解析。

1. 评估的内涵

评估（Evaluation）：评估是根据一定的标准，以定性或定量的形式去对事物作出判断。需要指出的是，在实践活动中，评估（Evaluation）、评价（Assessment）、认证（Audit）等，经常被当作同义语使用。

2. 研究生教育评估的内涵

研究生教育评估（Evaluation of Graduate Education）是以研究生教育为对象，依据一定的评估标准，利用科学、客观和可行的评价技术和手段，系统收集评估信息，通过定性与定量的分析，对评估客体进行给予价值判断的过程。①

（二）我国研究生教育评估的产生与发展

研究生教育评估是随着研究生教育活动的兴起而发展起来的。相对而言，我国研究生教育评估的发展时间较短。改革开放以来我国研究生教育评估的产生和发展大致经历了四个阶段：探索阶段、发展阶段、完善阶段和新阶段。

1. 研究生教育评估的探索阶段（1978—1993 年）

1978 年 1 月原国家教委发布了《关于高等学校 1978 年研究生招生工作安排意见》，决定将 1977 年、1978 年两年的研究生招生计划合并，1978 年正式恢复招收研究生。研究生招生制度的恢复，使我国研究生教育事业发展走向了正常化。1981 年开始实施的《中华人民

---

① 王战军. 学位与研究生教育评估技术与实践 [M]. 北京：高等教育出版社，2000：5.

共和国学位条例》，对授予博士、硕士学位须达到的学术水平进行了明确规定，并为我国开展研究生教育评估，构建完善的研究生教育质量保障体系提供了法律依据。1985 年 5 月《中共中央关于教育体制改革的决定》明确提出："国家及其教育管理部门要加强对高等教育的宏观指导和管理。教育管理部门还要组织教育界、知识界和用人部门定期对高等学校的办学水平进行评估，对成绩卓著的学校给予荣誉和物质上的重点支持，办得不好的学校要整顿以至停办。"从 1985 年开始，在国务院学位委员会的统一部署之下，我国开展了一系列的研究生教育评估的理论与实践探索。这一阶段，我国研究生教育评估呈现如下特点：

一是积极学习和借鉴国内外评估理论。相对于国外而言，我国高等教育评估的理论研究和实践探索均起步较晚。因此，为了学习和借鉴国外先进的评估理念和理论，原国家教委在 1986 年专门派出高等工程教育评估考察团对美国和加拿大的高等教育评估制度、政策、标准等进行了专题考察。此次考察的标志性成果是收集并编辑出版了四册《美国、加拿大高等教育评估》，其中第四分册是《研究生学科的评估》。与此同时，这一阶段，国内高等教育评估得以发展，国内学者出版了一系列有关教育评估的著作。其中，以陈玉琨教授的《教育评估的理论与技术》、陈谟开教授的《高等教育评价概论》等为代表的有关高等教育评估论著，对我国研究生教育评估起到了理论指导作用。

二是明确了政府在研究生教育评估中占主导地位。1985 年 2 月，国务院学位委员会第 6 次会议决定从 1985 年开始逐步建立各级学位授予质量检查和评价制度，这是国家加强对研究生教育进行宏观指导和质量管理的重要政策举措。1985 年颁布的《中共中央关于教育体制改革的决定》，对我国高等教育评估提出了明确要求，也明确了政府在高等教育评估中的主导地位。1986 年 12 月，在原国家教委颁布的《关于加强和改进研究生工作的通知》中明确提出："各培养单位要定期进行自检和追踪调查，各有关部门和地区可以组织培养单位之间的互检，国家教育委员会会同国务院学位委员会有重点地进行检查和评价。"

三是组织开展了形式多样的评估实践活动。学位授予质量检查和评价是改革开放后最早开展的研究生教育评估活动。[①] 这一阶段，国务院学位委员会先后组织和开展了多项质量检查评价。1985—1987 年，国务院学位委员会办公室先后对政治经济学、物理化学、有机化学、通信与电子系统、化学工程、财政学、货币银行学等 14 个专业的硕士、博士学位质量实施了质量检查评价。1990 年国务院学位委员会办公室以科学社会主义、国际共产主义运动、民族民主运动三个专业为对象，对全国 29 家研究生培养单位的 40 个硕士点和 6 个博士点组织开展了学位授予与研究生教育质量评估。另一方面，有关部委和地方教育行政部门实施了一系列的研究生教育质量检查和评估。例如，1992—1994 年，农业部教育司和国务院学位办共同组织实施农科博士学位授予质量和研究生教育质量评估。1992—1996 年，上海、江苏、四川、陕西和湖北五省市的学位委员会和教育委员会分别牵头，组织实施对上海片、江苏片、西南片、西北片和华中片若干通用学科的硕士点开展学位授予质量检查和研究生教育评估。

2. 研究生教育评估的发展阶段（1994—1999 年）

经过十几年的探索，我国研究生教育评估进入发展阶段。与探索阶段相比，处于发展阶段的研究生教育评估呈现出组织机构和人才队伍日趋专业化、实践活动影响日益扩大化的特

---

① 梁桂芝. 硕士学位授予质量检查和评估工作的初步探讨 [J]. 学位与研究生教育，1985 (3)：3-6.

点,从而推动我国研究生教育评估日趋走向科学化、制度化和专业化。

一是建立了专业化的评估机构。1995年,国务院学位委员会办公室成立了质量监督与信息工作处,专门负责全国学位与研究生教育评估工作的组织与领导工作。为建立完善研究生教育评估制度,引入竞争,提高研究生教育质量,促进国家对研究生教育管理职能的转变,国务院学位委员会于1994年4月专门发函,委托北京理工大学建立"学位与研究生教育评估咨询机构"。[①] 1994年7月29日,中国第一家专门从事学位与研究生教育评估的非营利性事业机构"高等学校与科研院所学位与研究生教育评估所"在北京成立,受国务院学位委员会、国家教委委托开展学位与研究生教育评估活动及相关咨询服务。[②] 1995年,研究生教育评估的学术性社会组织——中国学位与研究生教育学会评估工作委员会在北京成立。

二是形成了一支专兼职相结合的研究队伍。经过十几年的发展,我国逐步形成了一批长期从事研究生教育评估的专业队伍。他们活跃在研究生教育评估理论与实践的各个方面,为推动我国研究生教育评估事业的发展做出了重要贡献。在这一阶段,广大研究人员一方面通过开展研究生教育评估课题研究和参与学术会议,积极投身于研究生教育评估理论研究工作,不断丰富我国研究生教育评估理论。另一方面,通过参与研究生教育评估活动,推动了我国研究生教育实践的发展。

三是第三方在研究生教育评估中发挥了积极作用。20世纪90年代,我国政府积极转变职能,简政放权,为第三方参与研究生教育评估提供了良好的外部环境。在此阶段,以"高等学校与科研院所学位与研究生教育评估所"为代表的第三方机构,为推动我国研究生教育评估实践做出了重要作用。根据政事分开原则,受国务院学位委员会、国家教委委托,"高等学校与科研院所学位与研究生教育评估所"组织实施了研究生院评估、按一级学科进行学位与研究生教育评估和按一级学科行使博士学位授权审核试点、对授予同等学力的在职人员硕士学位工作的检查评估、前四批博士硕士学位授权点基本条件合格评估等具有历史意义的研究生教育评估实践活动,对研究生教育评估的理论与实践的深入发展具有重要价值。[③]

3. 研究生教育评估的完善阶段(2000—2010年)

进入21世纪以来,随着我国高等教育规模的不断扩大,完善研究生教育评估制度,积极开展多项评估活动,成为这一阶段我国研究生教育评估的核心任务。这一阶段,我国研究生教育评估取得了新的成就。

一是成立国家层面的专业机构。2003年,"教育部学位与研究生教育发展中心"(简称"教育部学位中心")在"全国学位与研究生教育发展中心"发展的基础上正式成立,成为教育部从事研究生教育评估的专业机构。这一机构的成立,成为我国研究生教育评估的专业力量,为提高我国研究生教育质量发挥了重要作用。

二是加强研究生教育评估制度建设。这一阶段,教育部和国务院学位委员会先后出台了

---

① 国务院学位委员会办公室,教育部研究生工作办公室. 学位与研究生教育文件选编[M]. 北京:高等教育出版社,1999:610.
② 陈玉琨,李如海. 我国教育评价发展的世纪回顾与未来发展[J]. 华东师范大学学报(教育科学版),2000(1):1-2.
③ 赵沁平. 社会发展的需要 改革开放的成就—中国学位与研究生教育50年发展回顾[J]. 学位与研究生教育,1999(5):3-8.

《关于加强和改进研究生培养工作的几点意见》《关于开展对博士、硕士学位授权点定期评估工作的几点意见》等一系列政策,推动了我国研究生教育评估的制度化和法制化建设。

三是继续开展多样化的评估活动。在这一阶段,教育行政部门先后组织开展了学位点定期评估等评估活动。其中影响力较大的研究生教育评估活动包括:在教育部和国务院学位委员会的直接领导下,由教育部学位管理与研究生教育司组织开展的全国优秀博士学位论文评选工作,以及由教育部评估中心组织开展的第一轮和第二轮一级学科水平评估活动等。

4. 研究生教育评估的创新阶段(2011年至今)

随着我国高等教育发展进入外延式扩展向内涵式发展的新阶段,"立德树人,服务需求,提高质量,追求卓越"成为新阶段我国研究生教育的重要使命。特别是党的十八大以来,我国构建了以培养单位为主体,政府主导、社会广泛参与的,以建立健全评估制度为重点,以培养单位自我评估活动为核心,以外部评估活动为保障的研究生教育评估体系。

一是持续完善研究生教育评估制度。近年来,我国先后出台了《关于加强学位与研究生教育质量保证和监督体系建设的意见》《学位授权点合格评估办法》《一级学科博士、硕士学位基本要求》《学位授权点合格评估办法》等一系列政策文件,为推动我国研究生教育评估提供了政策支持。

二是积极组织开展多种评估活动。在这一阶段,教育行政部门和第三方机构组织开展了形式多样的研究生教育评估活动。如2014年,国务院学位办组织开展了首次学位点专项合格评估。2016年,教育部学位中心受国务院教育督导委员会办公室委托,对法律、教育等8个专业学位开展了专业学位水平评估。此次专业学位水平评估试点共有293所研究生培养单位的650个专业学位点参评,2020年,教育部学位中心受国务院教育督导委员会办公室委托,对金融、应用统计等30个专业学位类别进行专业学位水平评估。同时,教育部学位中心以独立的第三方机构身份,分别在2012年、2016年和2020年开展了第三轮、第四轮和第五轮学科评估。

二、研究生教育评估的目的与作用

截至2018年,我国研究生在校总人数达到273.13万人。[①] 随着研究生教育规模的不断扩展,如何保障研究生教育质量成为我国研究生教育发展面临的重要问题。为此,我们必须明确研究生教育评估的目的,深刻理解研究生教育评估在研究生教育中的至关重要作用。

(一)研究生教育评估的主要目的

研究生教育有其自身独特的规律和属性,开展研究生教育评估的主要目的在于:加强政府宏观管理,提高研究生教育质量;健全质量评价体系,激发培养单位活力;服务经济社会发展,满足多元主体需求。

1. 加强政府宏观管理,提高研究生教育质量

政府和教育行政部门充分发挥研究生教育评估的诊断和监督作用,对我国研究生教育进行宏观管理,是研究生教育评估的重要目的。政府通过评估活动反馈的结果,能够及时掌握我国研究生教育的状态,发现存在的问题,从而利用各种调控手段,及时调整有关研究生教

---

① 2018年教育数据统计来自教育部发展规划司编印的《中国教育事业发展统计简况》。

育政策，实现研究生教育管理的科学化。同时，政府和教育行政部门还可以利用评估所具有的导向作用，对研究生教育实施宏观控制和指导，重点建设一批研究生培养基地，打造一批高质量的学科点，从而优化我国研究生教育的学科布局和结构，提升研究生教育的办学水平和效益，提高研究生培养质量。

2. 引入激励竞争机制，激发培养单位活力

研究生培养单位是研究生教育质量保障的主体。充分调动研究生培养单位的积极性，激发其内在活力，是研究生教育面临的重要任务。通过开展研究生教育评估，引入激励竞争机制，能够增强各培养单位之间的横向比较，使他们在竞争中获得发展的动力。通过采取激励竞争机制，能够促使研究生培养单位持续提高教育教学质量，推动一批高校和学科赶超世界先进水平。同时，通过评估对不合格的学位授权单位或学位授予学科点进行限期整改、停止招生、撤销授权等处理，能够激发培养单位的活力，促进其持续改进和提高研究生培养质量和学位授予质量。通过奖优罚劣，能够调动研究生培养单位的积极性，从而建立能上能下、能进能出、能增能减的研究生教育资源配置竞争机制。

3. 服务经济社会发展，满足多元主体需求

"立德树人、服务需求、提高质量、追求卓越"是新时期我国研究生教育发展的主线。长期以来，我国研究生教育始终围绕服务国家发展战略需要，分类推进研究生培养模式改革，统筹构建研究生质量保障体系，为服务国家和区域经济社会发展做出了重要贡献。通过评估，一方面能够帮助研究生培养单位更好地理解社会经济发展对研究生教育的人才培养规模、结构、层次、规格、学科等多方面、多层次的需求，从而推动研究生教育更好地服务于经济社会发展。另一方面，通过评估，能够帮助政府、教育行政部门、研究生培养单位、在读研究生、研究生家长、用人单位以及社会公众等研究生教育的利益相关者了解我国研究生教育质量状态，推动我国研究生教育质量的不断提高和持续改进。

（二）研究生教育评估的主要作用

研究生教育评估在促进我国研究生教育事业持续健康发展和提高研究生教育质量方面发挥着至关重要的作用。归纳起来，研究生教育评估的作用主要包括：鉴定作用、导向作用、诊断作用、激励作用和监督作用。

1. 鉴定作用

研究生教育评估的鉴定作用是指通过评估获得的结果来区分评估对象的优劣程度或是用评估结果来衡量评估对象是否已经达到所规定的合格标准。[1] 通过评估，政府和教育行政部门能够及时掌握我国研究生教育状态，对于评估成效显著的学科和研究生培养单位在人力、物力和财力等方面给予大力支持；对于存在问题的学科和研究生培养单位根据情况，分别对其进行质量约谈、亮牌警告、停止招生，甚至是撤销学位授权。同时，通过评估有助于用人单位掌握研究生培养单位的人才培养质量和教育教学质量，有助于社会公众客观了解各研究生培养单位在人才培养、科学研究、服务社会等方面的优良程度。

2. 导向作用

研究生教育评估是根据我国经济社会发展和研究生教育发展需要，为了持续提高我国研

---

[1] 王战军. 学位与研究生教育评估技术与实践［M］. 北京：高等教育出版社，2000：15.

究生教育质量而开展的实践活动。在研究生教育评估活动过程中，从制定评估方案，到使用评估结果，都会对研究生培养单位起到重要的导向作用。通过评估活动，一方面引导研究生培养单位必须服务于社会主义现代化建设，服务国家发展战略和区域经济发展，必须为我国经济社会发展培养符合社会需求的合格的高层次、创新型、复合型人才；另一方面，通过评估活动，引导被评估对象加强自身建设，推动我国研究生教育走内涵式发展道路。

3. 诊断作用

研究生教育评估不仅是利用现代信息技术和手段广泛持续收集评估对象信息，更重要的是对这些信息进行系统、全面、深入的统计和分析，对评估结果给予科学、客观、合理和公正的解释与运用，并且指出评估对象的优点与缺点，成绩与不足等。通过评估，可以使评估对象客观了解自身状态，及时发现存在的问题，从而使评估对象及时了解自身状态，对学科发展、人才培养进行预测和预警。研究生教育评估的过程就是分析问题和发现问题的过程，这就决定了评估在诊断问题、改进教育教学工作、提高研究生教育质量等方面，发挥着其他方式不可替代的作用。

4. 激励作用

开展研究生教育评估活动，构建具有中国特色的研究生教育评估制度，从根本上而言是要建立优胜劣汰的竞争机制，以激发各研究生培养单位、管理人员、研究生导师和广大教职工办人民满意的研究生教育热情。良好的评估结果，既是对学位授权单位和学科点建设的充分认可，也能够激发广大导师和研究生管理人员的积极性和主动性，增强其成就感。同时，研究生评估也能够给各培养单位、各学科带来一定的压力和动力，从而增强彼此之间的学习、交流和竞争，从而推动研究生教育质量的不断提高。

5. 监督作用

研究生教育评估的监督作用主要表现为两个方面。一是通过评估，督促培养单位贯彻落实国家有关法律法规和政策，建立良好的外部监督机制，保障学位授予质量。二是通过研究生教育评估，为研究生教育主管部门决策依据提供参考和依据，推动有关部门进一步调整和完善相关法律法规，从政策和制度层面保障并监督各研究生培养单位坚持社会主义办学方向，遵循研究生教育的办学规律和育人规律，保障和提高研究生教育质量，为社会主义现代化建设服务。

（三）研究生教育评估的对象与内容

1. 研究生教育评估的主要对象

研究生教育评估是一个多层次、多类型和多元素的复杂系统。根据评估对象的特点，可以将研究生评估的对象主要分为三类。第一类是研究生培养单位。目前，国家主要是对经国务院学位委员会批准的新增研究生培养单位和研究生培养单位进行整体性评估。第二类对象是学科点。目前，我国对学科点进行的评估活动主要包括：一级学科点、博士点、硕士点、新增一级学科点、新增博士点和新增硕士点。第三类是研究生培养和学位授予工作。主要有研究生招生、学位论文抽查、优秀博士论文评选、各级研究生教育管理工作等。

2. 研究生教育评估的主要内容

研究生教育评估涉及诸多内容，包括研究生德育、研究生培养及其质量、学科建设与成效评估、办学条件、学位授予质量、研究生就业等多方面。下面我们重点介绍一下研究生德育、研究生培养及其质量、学科建设与成效评估的主要内容。

育人为本，德育为先。培养适应时代发展所需要的高层次人才，必须加强对研究生的德育教育，以培养德智体美劳全面发展的社会主义事业的建设者和接班人。研究生德育评估包含：研究生思想政治教育、形势与政策教育、国情教育、德育培养与教育情况、研究生思想政治工作管理体系和成效等方面。

研究生培养及其质量是研究生教育评估的重要内容。它既是研究生教育评估的重要组成部分，又是研究生教育评估的独立项目。研究生培养及其质量涉及的内容十分广泛，包括生源及规模效益、导师队伍水平、研究生课程建设、研究生科研水平、研究生获奖情况、研究生学位论文质量等。

学科建设是研究生教学、科研等各项工作的基础和载体，是办学水平、学术水平、学校特色和社会声誉的主要标志。学科建设与成效评估的主要内容包括，学科点的基本情况、学术队伍及其水平、主要研究方向与水平、学科点获批的项目和经费情况、科研成果等方面。

三、研究生教育评估的类型与特征

研究生教育评估是一个复杂的系统，包含了多种评估项目。依据不同的标准，可以将现有评估划分为不同的类型。例如，依据不同的评估目的，可以将现有评估分为合格评估和水平评估两类；按照评估主体分类，可以将现有评估活动分为学位授权单位自我评估、政府评估和第三方评估。依据评估客体分类，可以将现有评估分为研究生培养单位评估，学科、专业评估和单项评估。同时，随着现代信息技术的发展，监测评估作为一种全新的评估类型开始出现，并开始引领新一代教育评估发展的方向。下面，我们将重点介绍合格评估、水平评估和监测评估的基本内涵和特征。

（一）合格评估及其特征

合格评估顾名思义就是通过设立一套合格标准，由评估机构组织专家评判学校是否达到合格的最基本条件，并由评估专家根据各校具体情况提出改进建议的一种评估分类。[1] 合格评估是依据评估的目的和标准，通过对新增研究生培养单位、学科点等进行评估，判断其导师队伍、科研水平、办学条件、人才培养等方面，是否到达基本要求和标准。一般合格评估分为"通过""暂缓通过""不通过"三个档次，对评估结果不强调划分等级和区分度。对于达到评估标准的研究生培养单位或学科点，准予其学位授予。对于未达到评估标准者，给予一年的建设周期，再对其进行重新评估。此外，通过对已获得研究生培养单位、学科点开展复查评审，认定其人才培养质量和办学基本条件是否能够满足基本要求。对于通过合格评估的研究生培养单位、学科点，允许其继续进行研究生招生和培养。对于不合格的研究生培养单位、学科点，则根据评估的结果，要求其限期整改、暂停招生甚至取消其学位授予权。例如学位授权审核、六年一轮的学位点定期评估等，都属于合格评估。

以学位授权点合格评估为例，其分为学位授予单位自我评估和教育行政部门随机抽评两个阶段。学位授予单位自我评估的程序是：

（1）学位授予单位参考《学位授权点自我评估指南》制定自我评估实施方案，提出本

---

[1] 王红. 我国高等教育评估分类与现实选择初探［J］. 中国高等教育，2011（7）：44 – 45.

单位自我评估的基本要求。

（2）学位授权点在总结分析的基础上，按照本单位自我评估基本要求组织自我评估材料。

（3）聘请外单位同行专家对学位授权点进行评议，提出诊断式评议意见。

（4）学位评定委员会根据同行专家评议意见，提出各学位授权点的自我评估结果。自我评估结果分为"合格"和"不合格"。

（5）学位授予单位根据自我评估结果，结合社会对人才的需求和自身发展情况，按学位授权点动态调整的有关办法申请放弃或调整部分学位授权点。

（6）学位授予单位在自我评估的基础上，参照《学位授权点抽评要素》按抽评部门的要求撰写《学位授权点自我评估总结报告》，填写《学位授权点自我评估结果汇总表》，并在指定的信息平台上向社会公开《学位授权点自我评估结果汇总表》和各学位授权点的《自我评估总结报告》。

教育行政部门随机抽评是在学位授予单位自我评估的基础上，随机抽取一定数量的学位授权点进行评估。抽评材料主要是学位授予单位公开的《学位授权点自我评估总结报告》，从信息平台上直接调取。抽评采用通讯评议的方式进行，个别学位授权点可进行专家实地评估。抽评专家根据抽评材料和本学科或专业学位类别的《博士硕士学位基本要求》，对学位授权点提出评议意见。评议意见分为"合格"和"不合格"。省级学位委员会和中国人民解放军学位委员会将学位授权点合格评估结果和处理意见报国务院学位委员会办公室，由国务院学位委员会办公室报国务院学位委员会审批。国务院学位委员会根据学位授权点合格评估结果和处理意见，依据《中华人民共和国学位条例》第十八条之规定，分别做出限期整改或撤销学位授权的处理决定，处理决定向社会公开。

（二）水平评估及其特征

水平评估是根据评估目的制定评估标准（或称目标）、制定评估指标体系，用这个既定的标准对研究生培养单位和学科授权点的工作或功能进行评估，判断其达标的程度或能力，量度被评估者水平的高低。因此，水平评估也称作为选优评估、分等评估。水平评估强调对评估对象进行比较、排序和分等级。水平评估的结果甚至是许多具体数据都以公开的方式公布，以便于社会公众和学校之间开展比较。因此，水平评估着重于建立激励机制，促进彼此之间的竞争。例如20世纪90年代的全国普通高等学校研究生院评估、全国优秀博士学位论文评选、国家重点学科遴选、一级学科评估等都属于水平评估。同时，社会上的教育评估中介机构、大学研究机构以及一些课题组推出的研究生教育领域的各种排名也属于水平评估。①

以全国第五轮学科水平评估为例，其基本程序包括：

1. 明确评估的目的

本轮评估的目的旨在深入贯彻落实习近平总书记关于教育的重要论述和全国教育大会精神，深入贯彻中共中央、国务院《深化新时代教育评价改革总体方案》精神，落实立德树人根本任务，遵循教育规律，扭转不科学的评价导向，加快建立中国特色、世界水平的教育评价体系，提升我国学科建设水平和人才培养质量，推动实现高等教育内涵式发展。

---

① 王战军，李明磊，李江波. 研究生教育评估新思维［J］. 清华大学教育研究，2012（1）：17-22.

2. 制定参评规则

学科评估始终坚持在"自愿申请、免费参评"原则基础之上,确定实行"相近学科同时参评"规则。

3. 确定指标体系

教育部学位与研究生教育发展中心(以下简称学位中心)在继承前四轮评估指标体系基本框架的基础上,经广泛调研论证形成了此次"客观评价与主观评价相结合"的指标体系。

4. 信息采集

采用"公共数据获取与单位审核补充相结合"的信息采集模式和全程无纸化的信息报送方式。

5. 信息核实与公示

学位中心通过三个步骤核实相关信息:一是通过材料形式审查、公共数据比对、证明材料核查、重复数据筛查等七项措施,对评估数据进行全面核查和"清洗";委托军队国防相关部门对涉密数据进行核查。二是在确保信息安全的前提下,对部分评估信息进行网上公示,由参评单位相互监督并提出异议;三是将信息核查结果和有关公示异议汇总反馈至相关单位进行核实确认,参评单位对存疑数据提出处理意见、情况说明和支撑材料,由学位中心进行复核,对因数据填报失实而被删除的数据不予补报。

6. 权重确定

第一步,在上轮评估指标权重基础上,结合本轮评估改革思路和前期调研意见,研究制定权重"初始值";第二步,召开指标权重专题研讨会,研讨指标权重设置思路,研究形成权重"参考值";第三步,征求国务院学位委员会学科评议组全体专家意见,专家参考"权重设置思路"和"参考值",分别给出权重"建议值";第四步,按一级学科分别统计形成权重"最终值"。

7. 结果产生

8. 结果公布

第五轮评估结果按照"精准计算、分档呈现"的原则,根据"学科整体水平得分"的位次百分位,将排位前70%的学科分为10档公布。

(三)监测评估及其特征

监测评估是利用现代信息技术持续收集和深入分析有关信息,直观呈现高等教育状态,为多元主体进行价值判断和科学决策提供客观依据的过程。① 监测评估是适应我国高等教育发展新常态而出现的一种高等教育质量保障新类型。较之于合格评估和水平评估等,监测评估具有四大特征:常态监测教育教学状态,用数据呈现教育质量,及时反馈、持续改进教育教学质量,多元主体对质量状况进行价值判断。②

---

① 王战军,乔伟峰,李江波. 数据密集型评估:高等教育监测评估的内涵、方法与展望[J]. 教育研究,2015(6):29-37.

② 王战军,乔刚,李芬. 高等教育质量保障的新类型:监测评估[J]. 高等教育研究,2015(4):39-42+60.

所谓常态监测教育教学状态是指，高等教育主管部门通过对高等学校的师资队伍、生师比、科学研究、学科建设等有关信息进行常规性、连续性、系统性与制度化的采集，直观呈现高等学校在师资队伍、办学条件、德育工作、教学管理、质量监控与改进等方面的基本状态，实现对高等学校教育教学状态监测的常态化。

用数据呈现教育质量是强调充分发挥大数据的规模性、多样性、高速性和价值性等特点，在广泛收集高等学校有关教育教学海量常态数据的基础之上，利用数据库平台强大的统计、分析、研判和预测预警等功能，帮助高等学校及时准确地"找状态"。

及时反馈、持续改进教育教学质量是利用现代信息技术手段，对教育教学有关信息实施每季度或每月、每周、每日甚至实时动态的采集、整理与分析，实现教育教学状态的及时反馈。同时，监测评估通过对收集到的教育教学信息进行系统处理，及时发现存在的问题及各种变异的趋势，快速查找偏离目标的原因和不足之处，明确改进的方向和内容，并有针对性地采取改进措施的系统过程。

多元主体对质量状况进行价值判断是指，监测评估的主体既包括政府部门、非政府部门、独立的第三方社会评估机构，也包括高等学校、教师、学生、用人单位等，各利益相关者从各自的角度，依据一定的评判标准对高等教育的质量独立进行价值。

概括而言，合格评估是找短板，水平评估是找长处，监测评估是找状态（表5-1）。随着现代信息技术的发展，监测评估必然成为我国研究生教育评估的新方向。

表5-1　三种评估类型的比较[①]

项目	合格评估	水平评估	监测评估
目的	保障教育的基本质量	测量教育的发展水平	监控教育的发展状态
功能	事实和价值判断	事实和价值判定	辅助价值判断
方法	基本标准	基于比较	基于常态的事实或数据

第二节　研究生教育评估指标体系设计与数据分析方法

研究生教育评估是一个系统工程。开展研究生教育评估必须构建科学、客观和可行的指标体系，必须运用多样化的数据采集与分析技术，掌握多种评估方法。

一、研究生教育评估指标体系设计

构建科学、客观和可行的评估指标体系是实施研究生教育评估的基础。研究生教育评估成效的取得，很大程度上取决于评估指标体系设计的科学性。

（一）指标体系的基本概念

1. 指标

在现代汉语词典中，指标（Index）是指计划中规定达到的目标。研究生教育评估中，指标是将具有原则性、概括性和抽象性特征的评估目标逐步分解，使之最终成为具体的、行

---

① 王战军，李明磊，李江波. 研究生教育评估新思维［J］. 清华大学教育研究，2012（1）：17-22.

为化和可测的诸多分目标，这些经过分解可测的分目标，我们称之为目标。或者说，指标就是具体化的目标。指标是对评估对象的某一部分（或要素）的价值判断，因此每一个指标一定有一个与之相对应的价值判断的标准，也就是对评价要素进行价值判断的准则或尺度。同时，目标和指标是一个相对概念，一个目标可能是比它大的管理系统目标中的一个指标，一个指标也可能是它包含的子系统中的一个目标。[①]

2. 指标体系

指标体系（Index System）是指由表征评价对象各方面特性及其相互联系的多个指标，所构成的具有内在结构的有机整体。因此，指标体系具有整体性的特征。指标体系一般表现为树状结构，它由若干一级指标、二级指标，甚至是三级指标构成。其中，一级指标 A_1，A_2，…，A_n 构成了一个指标集 $\{A_1, A_2, …, A_n\}$，这一指标集合的每一个指标分解后，得到 n 个子系统，又构成 n 个二级指标的集合，如 $\{B_{11}, B_{12}, …, B_{1n}\}$（见图 5-1）。同时，在一个指标集合中，每一个指标的重要程度是不同的，因此，一个指标对应一个权重，每一个指标集合对应了一个权重集合。

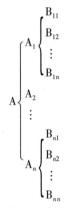

图 5-1　指标系统树状结构图

3. 评价指标体系

对于评价目标而言，评价指标系统反映了它的结构，权重系统反映了构成它的各个部分之间的关系，评价标准系统是对相应的评价对象的各个部分以及整体进行价值判断的准则和尺度。这三部分构成了目标的评价指标体系。因此，我们将由反映评价目标整体的评价指标系统，以及与之对应的指标权重系统和指标评价标准系统构成的整体，称为目标的评价指标体系。

（二）评估指标的分类

根据各类指标的特征，可以将其划分为目标指标、过程指标和条件指标三类。

1. 目标指标

目标指标是反映评估对象水平与质量本质特征的指标，是研究生教育评估指标体系的重要组成部分。这类指标主要是指成绩、成果和效益的数量与质量。毕业生的社会声誉，社会对毕业生的满意度，科研成果的获奖数量，以及公开发表的高水平科研成果数等，都属于目

---

① 王战军. 学位与研究生教育评估技术与实践 [M]. 北京：高等教育出版社，2000：47.

标指标。

2. 过程指标

过程指标是反映达到评估目标的实现程度的指标。这类指标与实施过程有密切的关系，是潜在因素和先行条件，它特别侧重于教育教学水平和管理水平的评价，它的成效必然在目标绩效中得以体现。教学计划的实施与管理、人才培养过程、研究生德智体美劳全面发展等，都属于这类指标。

3. 条件指标

条件指标是实现评价目标所必需的人力、物力、财力的指标。这类指标主要是指基本的办学必不可少的要素。如各类实验室数量、导师数量和水平、科研经费数量、图书馆人均藏书量等，都属于条件指标。需要指出的是，办学条件评估是针对培养单位最基本的办学条件而开展的评估，是评估是否具备研究生培养所需的基本人财物，而不是评估办学条件的优劣。

（三）构建评估指标体系的基本原则

科学的评估指标体系是开展研究生教育评估的基础。建立科学的评估体系必须遵循导向性原则、整体性原则、客观性原则、可测性原则和简易可行性原则。

1. 导向性原则

导向性原则是研究生教育评估的基本原则。从总体上看，研究生教育评估指标体系设计首先应体现社会主义办学方向和研究生教育改革与发展方向。当前，我国研究生教育发展迈入内涵式发展的新阶段。研究生教育评估指标体系的设计应着重于引导研究生培养单位不断提高质量，服务国家战略和区域发展需求，形成自己的办学特色，体现研究生培养单位的办学水平，推动研究生培养单位走内涵式发展道路。

2. 整体性原则

评估指标体系作为一个系统，应保持自身的整体性，并确保完整地体现所应达到的目标。因为指标是目标一个方面的规定，目标存在于指标的总和之中。指标的整体性原则本质上要求指标体系内的各项指标能在它们相互配合中，在它们的总和中实现目标。在研究生教育评估中，我们一方面必须运用整体思维去思考和设计指标体系；另一方面，应把握影响目标的主要因素，有意识地忽略部分虽有影响但属于次要的要素。

3. 客观性原则

研究生教育评估的重要目的就是必须尽量客观反映研究生教育的状态和水平。因此，我们建立研究生评估指标体系应客观可信、符合实际，才能较好地反映出评估对象的真实水平。评估指标体系的客观性，一方面是每个指标应如实地反映评估对象的客观本质，而不是从主观臆断出发。另一方面，评估指标体系中不存在相互重叠的指标。就是要求指标体系内同一层次的各项指标必须相互独立，不互相包含，不存在因果关系，或者说指标之间是线性无关的。

4. 可测性原则

评估目标是通过指标体系中各项具体指标对评估对象的实测来实现的。因此，在设计指标时，必须达到使每一项指标所规定的内容都可以实际测量或观察，以获得明确的结论。从指标的可测性要求考虑,所有的指标都可以归为定量指标和定性指标。原则上是,在研究生教育评估中,首先应坚持用数据说话的原则,能用数据的一定用数据客观反映,所有采用定性的指标,应有明确结论。同时,所有定量指标都应当赋予相应的量标,所有的指标都应赋予相关的权值,才能进行横向比较。

5. 简易可行性原则

指标的简易可行性包含两方面的含义:一是简易,即指标的设计应便于评估实测者易于操作和实施;二是可行,即指标所要求提供的数据和案例可实地获取,并具有实际意义。在研究生教育评估中,建立的指标体系是否简易可行,是否在人力、物力、财力和信息的提供方面被评估对象所接受,是评估指标体系设计予以充分考虑的重要因素。因此,如何简化评估指标体系是评估指标体系设计的关键环节和核心要义。

(四)建立评估指标体系的基本步骤

建立评估指标体系一般需要经过初步设计评估指标体系、不断改进指标体系品质、提高指标的可行程度三个步骤。

1. 分解评估目标,初步设计评估指标体系

评估指标体系设计的基本途径是逐级分解目标,即通过分解目标来形成指标体系。在分解目标的同时,要求分解的指标必须与评估目标相一致。由于研究生教育活动的复杂性,在实际操作过程中,一般需要将目标分解三四个层次,才能满足可测性要求。

例如,2020年第五轮学科评估中,将工学门类(不含建筑学、城乡规划学、风景园林学学科)进行评估的指标体系分解为"人才培养质量""师资队伍与资源""科学研究""社会服务与学科声誉"4个一级指标。而"人才培养质量"一级指标又分为"思政教育""培养过程""在校生"和"毕业生"4个二级指标,而"思政教育"又分解为"思想政治教育特色与成效"1个三级指标,这些三级指标均可以直接测得,成为末级指标,具体见表5-2。

表5-2 2020年第五轮学科评估指标体系(工学门类,不含建筑学、城乡规划学、风景园林学学科)[①]

一级指标	二级指标	三级指标	三级指标说明	数据来源
A. 人才培养质量	A1. 思政教育	S1. 思想政治教育特色与成效▲	①总结"三全育人"综合改革情况,在课程思政改革、社会实践开展、意识形态阵地管理、基层党组织建设、思政队伍建设等方面的特色做法和主要成效。 ②思想政治教育对学生思想水平、政治觉悟、道德品德、文化素养等方面的问卷调查	学校填报问卷调查
	A2. 培养过程	S2. 出版教材质量▲	近四年出版或再版的代表性教材(含国外教材译本)限5本	学校填报

[①] 指标体系来自教育部学位与研究生教育发展中心2020年11月《第五轮学科评估邀请函》(学位中心〔2020〕44号)文件.

续表

一级指标	二级指标	三级指标	三级指标说明	数据来源
A. 人才培养质量	A2. 培养过程	S3. 课程建设与教学质量▲	①列举研究生主要课程、国家级一流课程（国家级线上一流课程（原国家精品在线开放课程）、国家级线下一流课程、国家级线上线下混合式一流课程、国家虚拟仿真实验教学一流课程（原国家虚拟仿真实验教学项目）、国家级社会实践一流课程（均不包括省级一流课程））、课程教学改革与质量督导方面的主要做法。②国家级教学成果奖、中国学位与研究生教育学会研究生教育成果奖以及其他5项代表性教学成果奖（如军队教学成果奖、省级教学成果奖）。③提供一定比例的学生进行课程设置与教学质量问卷调查	学校填报问卷调查
		S4. 科研育人成效▲	科研（与实践）训练对学生学术道德和科研（与实践）能力的提升，提供一定比例的学生进行问卷调查	问卷调查
		S5. 学生国际交流情况	①赴境外学习交流连续超过90天的学生；②来华学习交流连续超过90天的境外学生（含授予学位学生）；③中外合作办学机构/项目质量	学校填报
	A3. 在校生	S6. 在校生代表性成果▲	①总结在校生"德智体美劳"全方位总体学习成果，并列举表现突出的20名学生及其代表性成果；②党建思政获奖、学术成果与获奖、优秀学位论文、学科竞赛获奖、体育比赛获奖、实践与创业成果、美育与劳动教育成果、其他	学校填报
		S7. 学位论文质量	全国博士学位论文抽检情况	公共数据
	A4. 毕业生	S8. 学生就业与职业发展质量▲	①提供近四年毕业生的总体就业情况（就业率、就业去向、签约单位类型和地域分布、艰苦地区和基层就业情况等）。②并列举30名近十五年优秀博士、硕士毕业生	学校填报
		S9. 用人单位评价▲	提供一定比例的毕业生及其工作单位联系方式，学位中心对毕业生的职业胜任力、职业道德、满意度等进行问卷调查	问卷调查

续表

一级指标	二级指标	三级指标	三级指标说明	数据来源
B. 师资队伍与资源	B1. 师资队伍	S10. 师德师风建设成效▲	总结师德师风建设机制与成效，教授为本科生上课和指导研究生，注重先进典型的激励作用	学校填报
		S11. 师资队伍建设质量	①提供师资队伍结构包括年龄结构、学历结构、职称结构、学缘结构、生师比等。②按"学科方向"列举10～30名（不同学科数量要求不同）代表性骨干教师，除提供年龄、职称、国内外学术组织任职、学术水平等信息外，还提供在本单位工作年限、年均课时数等信息。③代表性教师中，45岁以下青年教师不少于1/3	学校填报
	B2. 平台资源	S12. 支撑平台和重大仪器情况（部分学科）	①国家重大科技基础设施、国家研究中心、前沿科学中心、集成攻关大平台、国家重点实验室、2011协同创新中心（不含省部共建协同创新中心）、国防科技重点实验室；国家技术创新中心、省部共建国家重点实验室、国家工程技术研究中心、国家工程研究中心、国家工程实验室、国家地方联合工程研究中心（实验室）、国家国际科技合作基地、国家科技资源共享服务平台、国家野外科学观测研究站、国家级实验教学示范中心、国家级虚拟仿真实验教学中心、国家教材建设重点研究基地。②教育部重点实验室、教育部工程研究中心、省部共建协同创新中心、教育部国际合作联合实验室、国防重点学科实验室、高等学校学科创新引智基地、教育部野外科学观测研究站。③其他代表性支撑平台（如省部级重点实验室、基地、中心）。④重大仪器设备。提供本学科购置或研制的、单台（套）价值最高的5项重大仪器设备与实验装置，并简述对本学科人才培养、科学研究和社会服务的支撑作用	学校填报
C. 科学研究	C1. 科研成果与转化	S13. 学术论文质量▲	从本学科发表的学术论文中凝练出5项标志性学术成果；每项成果分别简述其原创性、前沿性、突破性创新内容和学术贡献，并提供若干篇代表性学术论文（须包含一定比例的中国期刊论文，哲学社会科学学科可填写"三报一刊"理论文章）进行支撑。所提供代表性论文的核心内容应能有效支撑标志性成果	学校填报
		S14. 学术著作质量（部分学科）▲	对本学科5～10本（不同学科数量要求不同）代表性著作进行评价	学校填报
		S15. 专利转化情况（部分学科）	发明专利（含国防专利和国际专利）的实施转化数和实施转化平均到账金额	学校填报

续表

一级指标	二级指标	三级指标	三级指标说明	数据来源
C. 科学研究	C1. 科研成果与转化	S16. 新品种研发与转化情况（部分学科）	国家或省级审定的农作物品种、林木良种，国家授权的植物新品种，国家审定的畜禽新品种、新饲料和饲料添加剂、水产新品种、草品种研发与转化情况	学校填报
		S17. 新药研发情况（部分学科）	新批准或注册的新农药、新兽药（农学门类）和新药（医学门类）	学校填报
	C2. 科研项目与获奖	S18. 科研项目情况	①本单位牵头立项的国家级科研项目（国家自然科学基金、国家社科基金、国家科技重大专项、国家重点研发计划等）；②其他30~40项（不同学科数量要求不同）重要科研项目（如中央和国家机关委托项目、有关行业和重要企业委托项目等）；③为充分反映对国防和军队建设的贡献，工学门类还将"武器装备型号项目"等重要国防和军队项目纳入指标体系。	学校填报
		S19. 科研获奖情况	①国家最高科学技术奖、自然科学奖、技术发明奖、科技进步奖、国际科学技术合作奖。②教育部高等学校科学研究优秀成果奖（科学技术）、国防科学技术奖、军队科学技术奖（科学技术）、中国专利奖（仅填写二等/银奖及以上奖项）。③其他代表性科研奖励（如省级"三大奖"、重要国际奖、学会协会奖、社会奖）限10项	学校填报
D. 社会服务与学科声誉	D1. 社会服务贡献	S23. 社会服务贡献▲	提供学科在社会服务方面的主要贡献及典型案例，包括但不限于：瞄准世界科技前沿，解决关键核心技术问题；参与国家重大工程，实施科技成果转化，服务经济社会发展与国防军队建设；服务新冠疫情防控和脱贫攻坚等国家重大需求；参与政策法规、行业标准与规划制定，服务行业发展；举办重要会议论坛，创办学术期刊或学术组织，制定学科与学术发展规划，服务学术共同体；开展科学普及、行业人才培训、全民终身学习等社会公共与公益服务。案例强调突破性贡献	学校填报
	D2. 学科声誉	S24. 国内声誉调查情况▲	同行和行业专家参考《学科简介》（包括本学科基本情况、学科方向与优势特色、人才培养目标、生源情况、国内外影响等），对学校声誉和学术道德等进行评价	专家调查
		S25. 国际声誉调查情况（部分学科）▲	教育学、心理学、考古学、数学、物理学、化学、机械工程、材料科学与工程、计算机科学与技术、化学工程与技术、生物医学工程、软件工程、兽医学、口腔医学、药学、工商管理、音乐与舞蹈学、设计学等18个学科请境外专家开展学科声誉调查	专家调查

注：▲为主观评价指标，△为部分主观评价指标；学生指博士、硕士研究生；设置上限指标，超过上限均为满分。

2. 分析指标内涵，不断改进指标体系品质

研究生教育评估指标体系分解的同时，要进一步仔细分析指标的内涵及相互关系，既要保证指标之间的独立性与完整性，又要注意遵循指标设计的导向性、可测性和简易可行性等原则。尽量做到使每一个指标内涵明确，易于理解，外延清晰，易于界定。同时，在指标设计过程中，应抓住评估的目标和核心要素，忽略影响较小且属于较为次要的指标，删除在实质上是同一个对象的指标，避免指标设计的大而全，尽量用关键性、代表性指标满足评估工作需要。

3. 完善指标体系，提高指标的可行程度

研究生教育评估指标体系的设计，无论是分解某一指标，还是对于整个指标体系，都必须从实际出发，不断完善以提高其可行性。从实际出发，首先就是要从现实的条件出发。事实上，无论是评估的信息来源，还是人力、物力、财力，都是评估活动面临的现实问题。在设计指标体系过程中，一方面要考虑人力物力财力，评估活动确实可行，另一方面也要确保指标数据的易得性。如果无法获取该项指标数据，那么再好的指标也无法使用。

二、研究生教育评估的数据分析方法

研究生教育评估活动的实施不仅依赖于科学、客观、可行的指标体系，也依赖于科学的数据采集、统计与分析方法。

（一）研究生教育评估的数据采集

研究生教育评估在确定评估指标体系后，就应根据末级可测指标进行信息采集。因此，科学、客观、有效的信息采集途径与方法，是做好评估工作的重要条件。在研究生教育评估中，应针对不同的评估项目和评估目的，选择不同的信息采集与统计方法。随着信息技术的发展，特别是随着大数据、云计算和互联网+的现代信息技术的快速发展，研究生教育评估数据的采集途径和手段更加丰富，这为开展研究生教育评估提供了便利条件。

1. 研究生教育评估数据采集的途径

（1）自我评估。自我评估是被评估者根据评估组织者的要求，自行检查本单位的研究生教育工作，它是各项研究生教育评估的基础，也是我国研究生教育评估的特色之一。在自我评估阶段，被评估者应首先制定自我评估实施方案，提出本单位自我评估的基本要求，并按照本单位自我评估基本要求组织自我评估材料开展自评评估获得。在自我评估结束时，被评估者应向评估者提交《自我评估总结报告》，并在指定的信息平台上向社会公开。通过这些报表、表格和公开的信息，我们可以获得大量的评估信息。

（2）专家评价。专家评价主要有三种方法：一是将有关材料提供给专家，请他们对评估指标体系中的若干指标进行评价，获得这些末级指标的评估信息；二是专家实地评估过程中，通过参观、师生座谈、听课等形式对评估指标体系中的若干指标进行评价，获得末级指标的评估信息；三是组织有关专家会议，请他们对评估对象作出价值判断。由于同行专家非常熟悉各单位本学科的学术队伍、研究方向、科研成果、人才培养等方面的情况，他们会做出比较科学、客观和公正的评价，因此，在各类评估信息采集途径中同行专家的可信度较高。

（3）社会评价。研究生教育培养人才质量的高低，办学的优劣，声誉的好坏，终究应

由社会予以评价。因此，社会评价是研究生评估信息采集的一个重要渠道。社会评价包括：用人单位、第三方社会机构、毕业生等开展的评价。用人单位评价主要围绕对毕业研究生的知识、能力等进行评价，获得评估信息；请毕业研究生根据自己的工作经历和要求，对母校的研究生教育情况给予评价，获取评估信息。例如，部分高校开展了毕业生调查。请第三方社会机构对在校研究生的学习、科研等方面开展评价，获取评估信息。社会评价获得的评估信息有一定的广泛性、代表性和群体性，且客观性较强。社会评价样本越大，准确性就越高。例如，目前由北京理工大学研究生教育研究中心和学位与研究生教育杂志联合举行的在校研究生满意度调查，自2012年以来连续开展了8年，参与人数多达30万人。但是，社会评价的缺点是比较分散，工作量大，其意见返回率较低。

（4）公共数据。现代信息技术的发展，为研究生教育评估信息的采集开辟了新途径。同时，随着各级政府和教育行政部门在教育信息化方面的建设和信息公开力度加大，也为公共数据的采集提供了可能性。对公共数据的采集，是指从各级政府、教育行政部门和研究生培养单位的官方网站、公共信息网站等上获得末级评估指标所需的评估信息。随着时代的发展，通过公共信息网站获得评估所需数据，是研究生教育评估的趋势。

2. 研究生教育评估数据采集的方法

研究生教育评估数据采集的方法是指数据采集的工具和手段。按照数据采集的自动化程度高低，可以将研究生教育评估数据采集方法分为人工采集、半自动采集和全自动采集三种。

一是人工采集法。在研究生教育评估中，并不是所有的数据都可以通过现代信息技术获得，甚至是部分数据不采用人工采集的方法，是无法获取的。例如，调查数据，访谈、行为观察等。即便是统计数据，也存在大量无法通过信息技术获取的情况。例如，部分以纸质方式存放的统计年鉴数据，需要以人工的方式进行数据采集。

二是半自动采集法。半自动采集法又可称为计算机辅助采集法，它是获取评估信息和核实评估信息的有效方法。一方面，是根据评估指标体系，针对某些末级指标通过编写数据采集程序进行数据采集，另一方面通过人工干预数据采集的进程。随着信息技术的不断发展，传统研究生教育评估中所采用请评估对象（或有关专家、有关人员、有关部门）填写有关信息，以此来采集评估信息的方法，也逐渐转变为利用计算机技术和手段进行数据的采集。

三是全自动采集法。全自动数据采集就是采用现代信息技术，对互联网上的公开数据通过自动传感器和适应性爬虫等手段进行数据采集的方式。这一方式的优点在于，能够实时采集大量公开数据，减少了人工采集的工作量。需要指出的是，全自动采集数据的前提是数据以电子化的形式存储。同时，全自动采集到的数据，也需要人工对相关数据进行甄别和处理，从而确保采集到的数据能够较好地用于评估活动中。

（二）研究生教育评估的数据分析

运用多种途径，采用多样方法采集到的研究生教育评估数据，只是反映评估对象的某些侧面。为了把握评估对象的全面，得出综合性的评估结果，必须运用一定的方法，对采集的数据进行系统的整理和分析。

1. 研究生教育评估数据的量化方法

在本书中，量化是指将评估信息转化为评估数据的过程。一般来说，由于评估信息类型较多且没有统一标准，部分信息是用数字表示，部分信息用文字表示，甚至还有部分模糊信息，因此无法进行综合处理。为了对评估对象进行系统的、综合的分析，我们有必要将评估信息量化为评估数据。常用的量化方法有：

一是均值法。在研究生教育评估中，一部分末级评估指标是用均值表示的，而我们采集到的数据是原始客观数据，这就需要将这些评估信息用均值法转化为表示末级指标优劣的评估数据。若 N 个单位（这里的单位可以是人、年、学科点等）的某些数值总量为 X，则均值为：$Y = \dfrac{X}{N}$。其中，X 表示某项数值的总量，N 表示拥有某项数值的单位数，Y 为 N 个单位此项数值的平均值。

二是比率法。在研究生教育评估中，部分指标若用绝对数值表示，往往不能确切地反映事物的真实情况。因此，在评估指标体系中，末级指标有一部分是效益指标。效益指标一般用相对数来表示。所谓相对数是两个计量单位相同的有联系的统计量相比的一种数量尺度，是一种对比关系量，一般用百分比表示，我们称之为比率。比例法的计算公式为：比例 = $\dfrac{比数}{基数} \times 100\%$。在比率法的公式中，基数是用来做比较标准的数字，比数是用来与基数对比的数字。

三是当量法。在研究生评估中，有些数据信息是不等质的。为了解决这个问题，必须将不等质的数据转为近似等质，这种方法称为当量法。例如，在科研成果统计中，由于发表的期刊层次不同而出现信息不同质的问题。若单一以数量进行统计，则不易为人们接受。为解决这一问题，我们必须对不同层次的期刊进行加权，从而使不同层次的期刊转化为近似等值的数据。

2. 研究生教育评估数据的处理方法

研究生教育评估数据的处理，包括对数据的预处理和统计处理。其中，我们首先需要对采集的数据进行预处理，这是因为通过评估数据的量化，是将评估指标体系中末级指标的评估信息转化为评估数据。在研究生教育评估的末级指标中，部分指标是线性的，部分是非线性的。对于非线性指标，我们不能直接用评估数值的大小来判断其优劣，而需要对这些数据进行预处理，使其转化为标准的评估数据，才能进行科学的分析。在研究生教育评估中，数据的预处理主要有以下三种方法：

一是将效益型数据转变为标准评估数据。由于这类评估数据是线性的，我们一般采用百分线性变换。其公式为：

$$z_{ij} = \dfrac{y_{ij}}{y_j^{\max}} \times 100$$

式中，z_{ij} 表示第 i 个单位第 j 项指标的标准化数据；y_{ij} 表示第 i 个单位第 j 项指标的原始评估数据；$y_j^{\max}$ 表示所有评估对象中第 j 项指标的组大值，即 $y_j^{\max} = \max\{y_{ij}\}$，$i = 1, 2, \cdots N$，$N$ 为评估对象总数。

二是将成本型评估数据变换为标准评估数据。由于这类评估数据也是线性的，我们也采用百分线性变换。其公式为：

$$z_{ij} = \left(1 - \dfrac{y_{ij}}{y_j^{\max}}\right) \times 100$$

式中，z_{ij} 表示第 i 个单位第 j 项指标的标准化数据；y_{ij} 表示第 i 个单位第 j 项指标的原始评估数据；y_j^{max} 表示所有评估对象中第 j 项指标的组大值，即 $y_j^{max} = \max\{y_{ij}\}$，$i = 1, 2, \cdots N$，$N$ 为评估对象总数。

三是把非线性评估数据变换为标准数据。由于这类评估数据是非线性的，其评价标准可能的门坎值也可能是一个区间。在对非线性评估数据进行百分变换时，一般采用下列公式：

对于效益型评估数据，应采用下列公式：

$$z_{ij} = \{0, y_{ij} < y_j^0 \begin{cases} 0, y_{ij} < y_j^0 \text{ 或 } y_{ij} > y_j^* \\ \dfrac{y_{ij}}{y_j^*} \times 100, y_j^0 \leq y_{ij} \leq y_j^* \end{cases}$$

式中，y_j^0 表示 y_j 评价标准区间下限；y_j^* 表示 y_j 评价标准区间上限。

对于成本型评估数据，应采用下列公式：

$$z_{ij} = \{0, y_{ij} < y_j^0 \begin{cases} 0, y_{ij} < y_j^0 \text{ 或 } y_{ij} > y_j^* \\ \left(1 - \dfrac{y_{ij} - y_j^0}{y_j^* - y_j^0}\right), y_j^0 \leq y_{ij} \leq y_j^* \end{cases}$$

式中，若 $y_j^* = \infty$，则 y_j^0 变为门坎值；若 $y_j^0 = 0$，则 y_j^* 变为门坎值。

通过以上评估数据的预处理，我们可以把各项评估数据都变换成标准评估估计 [0, 100]。之后，我们就可以利用数理统计方法进行处理，最终得出评估结果。

在研究生教育评估中，最常用的数据统计处理方法是加权求和法。

设 n 项指标的标准评估数据为 $X = \begin{bmatrix} x_1 \\ x_2 \\ \vdots \\ x_n \end{bmatrix}$，权重集为 $W = (w_1, w_2, \cdots, w_n)$，其上级指标的标准评估数据为：

$$N = W \cdot X = \sum_{i=1}^{n} w_i \cdot x_i$$

式中，w_i 是第 i 项指标的权重，$\sum_{i=1}^{n} w_i = 1$；x_i 是第 i 个指标标准评估数据；N 是上级指标的统计处理得分。

通过多次使用上述公式，先对末级指标进行加权求和继而对较高层次的诸项进行加权求和，直到对一级进行加权求和，最终得到评估结果。

第三节 研究生教育评估的组织与实施

研究生教育评估是加强研究生教育管理，促进研究生教育改革与发展，保障和提高研究生教育质量和学位授予质量的重要手段。强化研究生教育评估手段，取得较好的评估结果，必须将研究生教育评估组织好、实施好、利用好。

一、我国研究生教育评估的组织与管理

科学的组织和管理体系是保障研究生教育评估活动开展的基础和前提。经常长期的发

展，特别是经过改革开放40多年的发展，我国已经建立了比较完备的研究生教育评估组织体系和管理机构。为此，我们必须熟知研究生教育评估的组织体系，了解研究生教育评估的管理机构的职能，才能更好地开展研究生教育评估活动，才能更好地促进研究生教育评估事业的持续健康发展。

（一）我国研究生教育评估的组织领导

《中华人民共和国高等教育法》第四十四条规定："高等学校的办学水平、教育质量，接受教育行政部门的监督和由其组织的评估"。从法律的角度讲，研究生教育培养单位开展研究生教育活动就必须接受教育行政部门的监督和由其组织的评估。因此，研究生教育评估的组织领导机构是中央和省级教育行政部门。具体而言，研究生教育评估的组织领导部门包括国务院学位委员会、教育部、各省级学位委员会和省级教育主管部门。其中，国务院学位委员会办公室和教育部学位管理与研究生教育司，是研究生教育评估的常设组织领导机构，具体主管业务处室是质量与学科建设处。

政府部门作为研究生教育评估的组织和领导机构，其主要职能是辅助制定有关研究生教育评估的法规和政策；指导和协调全国的研究生教育评估工作；监督、检查、审定评估过程和评估结果；分析利用结果，奖优罚劣；综合利用评估信息加强研究生教育管理，深化研究生教育的改革与发展。

近年来，我国政府积极转变职能，简政放权，深化放管服改革。在研究生教育评估方面，各级政府将研究生教育评估工作的职能转变为侧重于建立健全研究生教育质量标准和评估制度，积极鼓励和支持独立第三方专业机构从事研究生教育评估活动，实现研究生教育评估由政府评价为主，转向政府评价和社会评价的有机结合。

（二）我国研究生教育的评估机构

根据评估机构的性质，可以将研究生教育评估的机构主要划分为两类，自我评估机构和独立的第三方评估机构。其中，本书中所谓的自我评估机构是指研究生培养单位。独立的第三方评估机构是指独立政府部门的、具有独立行为能力的评估机构。研究生教育评估的独立第三方机构是通过独立开展或接受委托的方式，对研究生教育的质量作出价值判断，并以评估的方式联系政府、社会和研究生培养单位，具有相对独立性的专门组织。独立的第三方评估机构通过独立开展或以委托形式开展研究生教育评估活动，其目的是增强研究生教育评估的科学化和民主化，保障和提高研究生培养质量。另外，我国还存在教育部学位与研究生教育发展中心这一类专业化、具有政府背景的评估机构。

二、研究生教育评估的步骤

研究生教育评估和其他事务一样，有其内在的客观规律，研究和掌握其内在的客观规律，有助于我们按客观规律办事，提高评估结果的可信度和有效性，不断推动评估工作的完善。

（一）研究生教育评估的基本程序

一般而言，研究生教育评估分为确定评估项目，制定评估方案，组织实施评估和公布评估结果四个阶段（图5-2）。

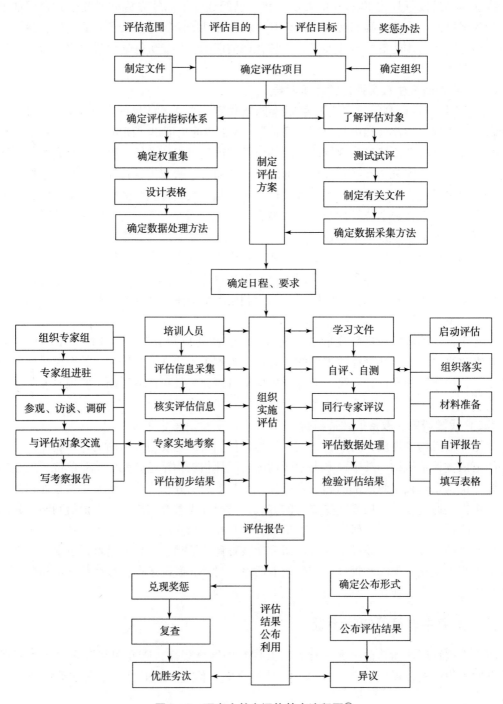

图 5-2 研究生教育评估基本流程图①

---

① 王战军. 学位与研究生教育评估技术与实践 [M]. 北京：高等教育出版社, 2000: 120.

1. 确定评估项目

这个阶段主要是解决为什么评估和评估什么的问题。开展研究生教育评估活动首先要明确指导思想、评估目的、评估目标、评估范围以及奖惩办法。其次要起草有关文件，确定评估活动主要组织者和参评人员。例如，学位授权点的合格评估目的是以人才培养为核心，重点评估研究生教育质量和学位授予质量。

2. 制定评估方案

科学的评估方案是保证研究生教育评估活动取得较好成效的基础。在制定评估方案阶段，主要完成以下工作：了解和分析评估对象的特征；设计指标体系，确定指标体系的权集；确定获取评估数据的途径和方法；确定评估数据处理方法；设计有关评价表；制定有关文件；确定评估的实施步骤和日程安排。

3. 组织实施评估

在组织实施评估阶段，主要完成以下工作：学习有关文件和评估理论，培训信息员；自评自测（组织落实，材料准备，自评报表，填写表格等）；采集评估数据，收集有关资料；检查、核实评估信息；专家评议；评估数据的处理与分析；评估结果的检验、验证与分析；撰写评估报告。

4. 公布评估结果

评估结果的公布与使用，是评估的最后一个阶段，一般需要完成四个方面的工作：确定评估结果的公布形式；公布评估结果；异议期；根据评估结果进行奖惩。研究生教育评估基本流程见图 5-2。

（二）研究生教育评估应注意的问题

在研究生教育评估中，我们应该注意以下两个问题。一是要充分发挥专家的作用，特别是在指标体系设计的过程中，要注重发挥专家的经验，依靠同行专家对指标体系作出判断。二是要注意优化评估过程，提高评估效率。为此，一方面我们在指标体系设计过程中应注意优化评估指标体系，突出重点和特色，减少次要指标，合并相近指标，删除无关指标；另一方面应尽量减少评估对象填写数据的工作量，充分发挥现代信息技术的优势，能够公开获取的数据，应通过公开途径获取。同时，公开获得的数据也有助于我们更加客观地开展评估活动。

三、研究生教育评估结果的分析与使用

研究生教育评估结果正式公布之前，应该对结果进行分析，并使结果尽可能符合实际，充分发挥研究生教育评估的作用，达到"以评促建，评建结合，以建为主"的目的。

（一）研究生教育评估结果分析

在研究生教育评估中，我们需要对研究生评估结果进行信度和效度分析，才能进一步保证评估结果的科学性和客观性。

1. 评估结果的可信性分析

可信性分析主要是根据各级各项评估指标的结果，检查和分析评估的各个环节是否可信。在研究生教育评估过程中，由于受到主客观条件的限制，收集到的数据在概念明确性、

时间一致性和等质性等方面存在一定的问题。为此，研究生教育评估过程中需要运用一定的方法对评估信息的可信性进行分析。一是根据各级各项评估指标的结果，检查和分析评估指标体系的完整性。二是采用不同的评估数据，用相同的方法对评估数据进行处理，以检验评估结果。一般而言，针对某一项指标，用不同组数据分别进行相同的数据处理，其评估结果应该是一致的。若出现不一致的情况，就要分析原因，甚至是改进评估数据处理方法。三是针对各级各项具体指标的相同评估数据，运用不同的方法分别进行数据处理，以检验评估结果。我们在选择评估数据处理方法时，可以用不同评估数据处理方法反复进行实验，以确定比较合适的评估数据处理方法。

2. 评估结果的有效性分析

评估结果的有效性是指，评估结果在多大程度上能真实而准确地反映评估对象的状态和水平。任何一种评估方法，其评估结果的有效性，都直接决定了评估结果的可行性与实用性。一般而言，一种评估方法只有在合乎其一定的目标限度和范畴内进行，才能发挥出最大的效度。也就是说，评估的有效性与评估目的有密切的关系。为此，我们应从内容有效性、方法有效性和预期有效性三个方面全面分析研究生教育评估结果的有效性。所谓的内容有效性是指被评估的事务或行为同本次评估的目标是否密切相关，为了达到评估目的选取哪些评估内容比较合适。方法有效性是指某一种评价方法是否适用于为达到预期目标，对评估对象能进行有效的评估信息采集和评估信息处理。一般情况下，某种评估方法对于评估某一特定对象，达到某一特定目标可能是有效的，而对于其他的评估对象和目标未必适用。因此，在评估过程中，需要检验评估方法的有效性，才能更好地开展评估活动。预期有效性是指某一次评估得到的结果，对其有关目标有无预测性，这种预测的有效程度有多大。一般而言，一个科学的、全面的评估，不仅对本次评估有意义，同时在一定程度上也对其他相关的目标具有相对的预测有效性。我们进行研究生教育评估的目标之一就是希望从评估的结果中对未来的发展趋势进行科学预测。因此，对预测有效性的检验，在某种意义上来讲非常重要。

（二）研究生教育评估结果使用

研究生教育评估的重要内容之一就是充分利用评估结果。从系统论的整体观出发，利用研究生教育评估的结果，发挥研究生教育评估的反馈作用、导向作用，有助于建立奖优罚劣、优胜劣汰的竞争机制，增强研究生教育的活力，达到保障和提高研究生教育质量的目的。在研究生教育评估活动中，一般需要向三类主体报告评估结果：一是向研究生教育主管部门报告，为他们开展研究生教育决策提供依据和建议；二是向评估对象反馈评估结果，使其掌握自身研究生培养的质量和水平，实现以评估促建设，以评促进改革的目标；三是在一定范围内公布评估结果，让社会公众了解研究生培养单位的研究生教育状态，加强社会监督。因此，在研究生教育评估活动中，要充分发挥好评估结果的反馈作用，为多元主体服务。

此外，研究生教育评估具有较强的导向作用。在获得评估结果以后，我们应该充分认识、认真分析，很好地利用好这一导向作用，以此来推动我国研究生教育的改革与发展。研究生教育评估的范围和内容比较广泛，一般分为宏观评估和微观评估。因此，研究生教育评估结果的导向作用也分为宏观导向作用和微观导向作用。就宏观导向作用而言，它强调的是评估结果对于当前和今后一个时期我国研究生教育整体事业的发展，战略规划的制定，某些重大决策的出台等，都具有重要的参考价值。相对于宏观评估结果的导向作用，微观评估产生的评估结果导向常常是具体的、近期的，对指导和改进培养单位工作具有重要意义。

当然，对研究生教育评估的导向作用，我们既要重视，也要适度，使其发挥应有的作用。只有这样，才能让研究生教育评估更具有生命力和活力，才能更好地推动我国研究生教育的改革和发展，保障和提高研究生教育人才培养质量，培养卓越的创新型、复合型人才。

四、学位授权点专项评估的典型案例

为更好地帮助我们了解研究生教育评估的基本程序，我们以 2020 年学位授权点专项评估为案例，详细介绍此次评估的范围、内容、方式和程序等。

（一）评估范围

2016 年获得授权且未调整的学位授权点，以及按规定"限期整改"期满应进行复评的学位授权点（以下简称参评点）。

（二）评估组织

专项评估由国务院学位委员会办公室负责，委托相关的国务院学位委员会学科评议组（以下简称学科评议组）和全国专业学位研究生教育指导委员会（以下简称教指委）组织实施。

（三）评估内容

专项评估主要检查学位授权点研究生培养体系和内部质量保证体系的完备性，以及研究生培养全过程管理执行情况，包括师资队伍（队伍结构、导师水平、师德师风）、人才培养（招生选拔、培养方案、课程教学、学术训练或实践教学、学位授予）和质量保证（制度建设、过程管理、学风教育）等。具体评估指标与内容由各学科评议组、教指委结合人才培养特点分别制订。

（四）评估方式

专项评估相关工作主要采取通讯评议、视频会议等方式进行，除非疫情防控允许，不做进校实地考察安排。

（五）评估程序

（1）各学科评议组、教指委按照本通知要求，根据各学科或专业学位类别实际，研究制订专项评估工作方案，专项评估工作方案应包括评估方式、评估指标与内容、评估材料要求、评估程序，反馈评估意见和接受异议的时限、方式，处理异议的具体办法等，由国务院学位委员会办公室转发相关学位授予单位。

（2）学位授予单位根据专项评估工作方案组织评估材料并提交有关学科评议组、教指委，同时上传至全国学位与研究生教育质量信息平台。

（3）各学科评议组、教指委根据专项评估工作方案，组织专家评阅、参评点评估材料。参评专家一般应为学科评议组成员或教指委委员。考虑到新冠疫情风险尚未解除，本次专项评估相关工作主要采取通讯评议、视频会议等方式进行，除非疫情防控允许，不做进校实地考察安排。

（4）各学科评议组、教指委组织参评专家在充分评议基础上，对参评点进行表决。参加表决的人数应达到本次参评专家总数的 2/3。表决意见分为"合格"和"不合格"（未按

时提交参评点评估材料且未申请主动放弃的,该参评点按评估"不合格"处理)。

(5)学科评议组、教指委汇总评议情况和表决结果,应当将参评点主要问题和具体改进建议形成评估意见。

(6)学科评议组、教指委在表决结束后 10 个工作日内,通过全国学位与研究生教育质量信息平台等渠道,向参评点及其所属学位授予单位反馈评估表决结果、可能的后果,以及具体评估意见。参评点所属学位授予单位对评估意见提出异议的,学科评议组、教指委应按专项评估工作方案作出处理。

(7)各学科评议组、教指委应当于 2020 年 9 月 30 日前将本次专项评估报告(应包括参评点评估表决统计结果、评估意见、异议处理情况等)报国务院学位委员会办公室。

(六)结果处理

国务院学位委员会办公室汇总评估结果后报国务院学位委员会审批。国务院学位委员会根据评估结果,对参评点分别做出继续授权、限期整改或撤销学位授权的处理决定。评估结果及处理决定向社会公开。

2021 年《国务院学位委员会关于下达 2020 年学位授权点专项评估结果及处理意见的通知》(学位〔2021〕2 号),公布了 2020 年学位授权点专项评估结果。参加此次专项评估的学位授权点在 345 个,334 个学位授权点评估结果认定为"合格"(占 96.81%);5 个学位授权点评估结果认定为"限期整改"(占 1.45%),其中博士学位授权点 0 个、硕士学位授权点 5 个;6 个学位授权点评估结果认定为"不合格"(撤销授权)(占 1.74%),其中博士学位授权点 0 个、硕士学位授权点 6 个;0 个学位授权点被学位授予单位主动提出放弃授权。评估结果为"不合格"的学位授权点,自发文之日起撤销学位授权;评估结果为"限期整改"的学位授权点,即日起要进行为期 2 年的整改;学位授予单位主动提出放弃授权的学位授权点,优先用于放弃授权点的学位授予单位进行学位授权点动态调整。

【本章小结】

研究生教育评估是以研究生教育为对象开展的一种社会实践活动。它是保障和提高研究生教育的重要手段。依据不同的评估目的，可以将现有评估分为合格评估和水平评估两类。随着现代信息技术的发展，监测评估作为一种全新的评估类型开始出现，并开始引领新一代教育评估发展的方向。新时代，我国研究生教育评估必须树立新理念、构建新思维、运用新方法，才能更好地服务于我国研究生教育事业的改革与发展。

【思考题】

1. 什么是研究生教育评估？研究生教育评估的主要目的和作用是什么？
2. 研究生教育评估的类型与特征都有哪些？
3. 现代信息技术对研究生教育评估带来了哪些机遇和挑战？

【推荐阅读文献】

1. 陈玉琨. 教育评价学 [M]. 北京：人民教育出版社，1999.
2. 王战军. 学位与研究生教育评估技术与实践 [M]. 北京：高等教育出版社，2001.
3. 埃贡·G·古贝，伊冯娜·S·林肯. 第四代评估 [M]. 北京：中国人民大学出版社，2008.

第六章
中国学位制度

【内容提要】

本章主要内容由五部分组成：一是学位概述，包括学位概念、学位功能以及学位制度的内涵；二是我国学位制度的建立与发展，具体介绍了学位条例及其暂行实施办法的基本内容与特点；三是学位管理体制，重点阐释了国家学位管理机构、省级学位管理机构、学位授予单位学位管理机构的定义及其职能；四是学位分级与学科目录，分别介绍了学士、硕士、博士三级学位以及学科门类、专业学位目录的设置与调整；五是学位授予与学位授权审核，包括硕士、博士、名誉博士学位授予以及学位授予单位、学位点的授权审核。

【学习目标】

掌握学位的概念，理解学位、学历、学力之间的区别与联系。

了解我国三级学位管理体制。

认识自主审核单位新增学位点的条件与程序。

【关键词】

学位；学位制度；学位授予；学位授权审核

Chapter VI
China's Academic Degrees System

【Content Summary】

The main content of this chapter consists of five parts. The first is the general introduction to degrees, including the concept of degrees, the function of degrees and the connotation of the academic degrees system. The second is the establishment and development of the academic degrees system in China, which specifically focuses on the basic content and characteristics of the Regulations on Academic Degrees and their Interim Implementation Measures. The third is the degree management system, which focuses on the definition and functions of the national degrees management institution, the provincial degrees management institution, and the degrees management institution of the degree conferring institutions. The fourth is the degrees classification and discipline catalogue, which focuses on bachelor, master, and doctoral academic degrees system respectively, the setting and adjustment of fields of disciplines of conferring academic degrees and professional degree catalogues. The fifth is the conferring of degrees and degree authorization audit, including master's degree, doctoral degree, honorary doctorate award, and degree authorization unit and degree authorization audit.

【Objectives】

1. Master the concept of degrees and understand the differences and connections between degrees, the educational course, and academic ability;

2. Understand China's three-level degree management system;

3. Understand the conditions and procedures for adding a new degree unit by self-audit unit.

【Key words】

Academic Degree System; Conferring of Degrees; Degree Authorization Audit

学位是授予个人的一种称号,表示他在某一学科领域里已经达到的水平。学位制度作为现代教育制度的一个组成部分已有 200 多年的历史,考察学位制度的起源,可以追溯到 1 000 多年前。早在古代阿拉伯国家和欧洲中世纪,学位作为一种任教资格就已经存在。巴黎大学、博洛尼亚大学和牛津大学的硕士和博士最早被承认有不再经过考试即可到处任教的权利,这是最初学位的意义。现代学位制度为适应现代生产和科学技术的发展而建立。它最初产生于 19 世纪德国的高等教育改革。当时改革的重要内容就是设立哲学博士学位,可以说,德国哲学博士的设立是现代学位制度产生的标志。德国科学的大发展促使其他国家相继效仿。随着学位制度的不断发展与日趋完善,它逐步与高等教育的几个培养阶段联系起来,促使高级人才的培养高速发展和制度化。

第一节　学位的概念与内涵

掌握中国学位制度内容的基础在于明晰学位这一核心概念。了解学位与高等教育的关系,明确学位与学历、学力、文凭之间的联系与区别,掌握学位的功能,熟悉学位制度的功用、形式与内容。

一、学位的概念

学位的概念随着大学的发展涉及多个方面。不同研究尝试从不同角度对学位下定义。从学位授予者受教育程度标志视角,《教育大辞典》将学位描述为是"授予个人的一种终身称号,表明称号获得者曾受教育的水平,或已达到的学历水平"。[①] 从衡量学术水平的评价视角,将学位界定为是评价学术水平的一种尺度,标志被授予者学术水平或专业技术水平达到规定标准的学术水平。[②] 从受教育程度与学术水平相结合的视角,学位(Degree,Academic Degree)是授予个人的一种学术称号或一种学术性荣誉称号,表示其受教育的程度或在某一学科领域里已经达到的水平,或是表彰其在某一领域中所做出的杰出贡献。[③] 也有研究从学位的本质认识出发,将学位定义为"高深知识的等级证明"。[④] 从高等教育管理的视角,在民众追求高学历的社会,学位往往具有评价与选拔人才的工具作用。综合上述研究,这里将学位定义为评价学位获得者受教育程度与学术水平的标志,是社会评价、筛选的衡量尺度。

学位与高等教育相联系,其获得的途径是经过系统的高等教育。系统性指取得学位需要学习的课程包括核心课程、专业课等,这些课程的学习顺序及方式都经过精心的设计,以符合学习者的心智发展规律和水平,最大限度地促进学习者心智的发展,同时,系统性不仅指课程安排上要遵循教育规律,还指学位的获得要经过一套严格的、系统的审查环节和程序。"系统的"高等教育能够为学习者提供必要的学术训练,使其具备从事某一职业的基本能力与态度。只有接受系统的高等教育,符合学位授予要求的学习者才可以获得相应的学位。学位代表一定的学术水平。学术水平体现在发现、综合、传授、应用知识等多个方面。对知识的贡献,不仅仅强调对外显的编码化知识的贡献,还强调对隐含的默会知识的贡献。

---

① 顾明远. 教育大辞典 [M]. 上海:上海教育出版社,1997:3.
② 康翠萍. 学位论 [M]. 北京:人民教育出版社,2004:30-31.
③ 秦惠民. 学位与研究生教育大辞典 [M]. 北京:北京理工大学出版社,1994:3-5.
④ 张陈. 我国当代学位制度的传统与变革 [M]. 重庆:重庆大学出版社,2014:24.

(一) 学位与学历、学力、文凭

学历、学力、文凭与学位之间既有联系，又有区别。学历一般指个人求学的经历，包括曾在某种类型与等级的学校肄业或毕业，并获得某种学位或证书。[①] 生活中学位与学历的概念易于混淆。当受教育者从小学毕业，该受教育者就具备小学学历，从中学毕业就具有了中学学历。基础教育阶段学历与学位无关，只存在学历。学位的产生与高等教育阶段相关。本科阶段学历是获得学位的必要条件，而研究生教育阶段学历与学位情况复杂，可能出现取得硕士研究生或博士研究生毕业证书但不一定具有硕士或博士学位；取得相应的硕士或博士学位不一定具有相应的毕业证书与学历，出现学历与学位不一致的情况。学历主要指具有某种学习经历和掌握了一定的知识以及受到一定的能力训练；而学位指在掌握了一定的系统知识基础上对知识进行创新，具有某种从事科学研究的能力，因此，申请学位的受教育者往往需要撰写学位论文。学位证书的授予是高等学校学术权力机构决定的授权行为，而学历证书的授予是在高等学校行政管理权力监督下，遵循行政法律法规及规章制度的具体规定而作用的一种准行政行为。二者的核心区别在于学历证书是高等学校发给受教育者并表明其受教育者程度的凭证。而学位证书则是学位申请者所达到的学术水平的凭证。因此，受教育者要想获得学历证书，主要由其学习经历和是否达到学业课程、学习成绩等一些明确的客观标准决定；而学位申请者除了达到基础标准外，还需要对学术水平进行评价。[②]

学力（Educational Level）英文的含义指受教育的程度或水平。《教育大辞典》广义上将学力界定为借助学校教育所形成的能力，亦即通过学科教学及生活指导而形成的能力的总称。狭义上指借助学科教学而形成的能力。[③] 学力可以理解为通过教育而获得的知识与能力。学力与学历、学位的关系可从两方面把握。一方面，当学历与学位一致时，学力等同于学历与学位。即当受教育者接受教育获得了知识与能力，可以说他具有某种程度的学力，同时表明受教育者达到某种学历和学位。另一方面，当学历与学位不一致时，学力等同于学历，即受教育者在经过学习后达到的知识与能力只相当于学历层次的水平，还未达到一定层次的学术水平。只有申请后撰写学位论文并通过，才可以获得学位。

文凭（Diploma）在古代特指官吏赴任作为凭证的文书。现代意义的文凭不同于古代与官吏相联系，现在文凭专指学校发给学生的毕业证书。在生活中，毕业证书实际上就是文凭的代名词，是选拔和评价人才的一个重要依据和凭证。现代意义的文凭与学历有关，它是毕业生所取得的一种学历凭证。例如，一个人小学或中学肄业或毕业，都可承认他有小学或中学学历，但是，即便是有小学或中学学历，而没能完成所规定的全部课程和学业，不具备毕业资格，就只能称是小学或中学肄业，而不能发放毕业证书或文凭。而当取得了某一级文凭后，必然会承认其相应的学历。因此，在一定意义上，文凭主要表明持证者在某一级学校系统地学习过一定的科学文化知识，并经过一定的考核而合格、达到毕业要求。文凭也与学位相关，学位证书也可以说是一种文凭。例如法国对学位与文凭并不作严格的区分，各学位之间设有多种国家文凭，使各层次的教育既相互联系，又相对独立。

(二) 学位的功能

学位具有提升学位获得者经济地位的功能。劳动力市场通常将学位作为筛选工具，学位

---

① 顾明远. 教育大辞典 [M]. 上海：上海教育出版社，1997：1802.
② 康翠萍. 学位论 [M]. 北京：人民教育出版社，2004：30-31.
③ 顾明远. 教育大辞典 [M]. 上海：上海教育出版社，1997：1801-1802.

的获得意味着更有机会得到一份安全的、能保证生存需要的工作。经济回报收益率高，收入增长相对较快，储蓄水平相对较高，个人和职业的流动性增强，较高的、稳定的收入能保证学位获得者更好地消费，从而提升社会地位，长远有助于提高下一代人的生活质量。

学位具有增进社会公共利益的功能。促进社会公共利益表现为学位获得者具有更高的劳动生产力和更高的消费能力，对政府经济资助的依赖性降低，个人对利益的追求与整个社会对利益的追求更为一致。学位获得者在经济流通领域中的积极表现可以增加税收，从而促进这个社会的发展。

学位具有降低人力资源交易成本的功能。学位包含了人力资本的存量的信息，这种信息能改变现代社会职业市场的信息不对称，降低人力资源的交易成本。学位隐含的信息是高等教育机构里一系列的学习计划、严格的层层筛选程序，以及学者共同体对学位获得者的考核等制度化保障机制，这在一定程度上能够保证学位持有人的知识、技能和道德品质，用人单位可以依据学位持有者的生产效能和发展潜力做出概率性评价和预测，从而降低人力投资风险，节约人才搜寻费用。

学位具有促进社会民主和平等的功能。与历史上其他类型的社会相比，学位的出现打破了财富、权力、声望对资源的垄断，在信息社会，知识的掌握成为决定社会地位的主要因素。这就给社会底层、弱势群体的学生和家庭以希望。学位的分级和类型的多样化使稀缺资源分化，为人们通过自身努力获得这些资源提供了各种可能性，并有了制度上的保障。学位制度可以说是正义的社会制度的组成部分。

然而由于学位在求职市场上所具有的优势，学位的获得所具有的潜在收益很容易使人片面追求学位，盲目追求高学位，而忽视了教育的本质和内在价值，从而导致教育的非理性消费，产生学术泡沫。此外，也容易使人们采取不正当手段获取学位甚至伪造学位，形成文凭泡沫，干扰、降低学位在求职市场上的信息可信度，使学位所标志的人力资本信号失真和紊乱，从而增加人力投资的风险和成本。[①]

二、学位制度

学位制度（Academic Degree System）指国家或高等教育为授予学位和保证授予学位的质量以及对学位工作实施有效性的管理所制定的有关法令、规程或办法的总称。[②] 学位制度是国家制度中的一个重要组成部分。

学位制度可以从功用、形式、内容三个方面认识。从功用来看，制度本身是对人实践活动的一种规范，因此，制度一旦制定必然要求人在实践活动中来共同遵守。一般来讲，制度由一定的标准及其相应的规则、规范构成。不同的制度所规范的实践活动有不同类型和不同层面，每种制度则以一套标准来规范其所使用范围内的所有活动。因此，对学位制度来说，其功能旨在使学位申请、学位授予和评价的实践活动标准化、规范化。从形式来看，学位制度发生作用的方式有很多种，它即可能以法规的形式出现，也可能以政策的形式出现。因为，任何一项学位制度的出台都经过长期的实际总结，并且要经过科学的论证。无论是以什么形式出现，它都要保证其严肃性与政策性。从内容来看，学位制度从产生就有特定的内

---

① 骆四铭. 中国学位制度：问题与对策 [M]. 武汉：华中科技大学出版社，2007：222-227.
② 秦惠民. 学位与研究生教育大辞典 [M]. 北京：北京理工大学出版社，1994：3-5.

容，如中世纪的学位制度就对学位申请者的培养目标和教学内容以及学习年限有明确的规定。现代学位制度沿袭了中世纪学位制度的传统，对以上的内容不断地完善和扩展。

学位制度基本内容主要涉及学位授予资格、学位授予条件、学位授予程序和学位质量保障。[①] 学位授予权的审定制度解决的是学位授予的法律依据和学位授予单位的资格问题，它处理的是国家或社会与学位授予单位之间的法律关系；学位申请者的培养制度要解决的是学位授予单位与学位申请者之间的教育关系问题，它所处理的是学位授予单位如何培养、学位申请者如何接受教育或者通过学习达到学位授予单位所确定的标准等；学位的授予制度要解决的是学位授予单位授予学位的一些基本程序、仪式等；学位质量的评价制度要解决的是科学的学位质量标准以及社会或学位授予单位如何评价学位质量问题。

第二节　我国学位制度的建立与发展

中华人民共和国成立后，政府为建立学位制度曾做出了多次努力，但由于受到多种因素的干扰，最终都功亏一篑。十一届三中全会以后，我国对内改革，对外开放。在解放思想、实事求是的思想指引下，通过立法程序颁布了《中华人民共和国学位条例》，从此，我国的学位制度正式建立起来。

一、学位制度建立

我国经历了两次建立学位制度的努力。第一次学位制度的制定与当时研究生教育的发展密切相关。中华人民共和国成立后，各项社会主义建设突飞猛进，为培养科研人才以及高校师资人员，1951年6月，中国科学院、教育部联合发出《1951年暑期招收实习员、研究生办法》决定招收研究生。1953年，高等教育部颁布《高等学校培养研究生暂行办法（草案）》，对培养机构、招生、培养等方面做出规定，研究生教育得到恢复与发展，但当时研究生培养仅是学历教育，毕业的研究生只能获得毕业证书，没有学位证书。

随着研究生教育的发展，学位制度的建立受到政府关注。1955年9月，根据中共中央和国务院的指示，开始进行我国的学位制度的拟定工作。1956年6月，学位条例（草案）规定，我国的学位等级结构分为硕士、博士两级，不设学士一级的学位。[②] 条例受苏联影响，学科分类细化，学位按哲学、数学、物理学、化学、天文学、地质学、地理学、生物学、工学、建筑学、农学、林学、医学、药学、兽医学、历史学、经济学、法学、语言学、教育学、心理学、文学、艺术23个学科门类授予。对荣誉博士的授予也制定了相应的规定。学位的管理和授予由国务院学位与学衔委员会负责。但是，受"整风反右"运动的开展，条例草案没能正式出台。

第二次学位制度的建立工作离不开聂荣臻的推动。1961年7月，在"调整、巩固、充实、提高"的环境下，聂荣臻提出的《关于自然科学工作中若干政策问题的请示报告》得到中共中央的同意。1964年4月，根据国务院法律室的意见，国家科委党组对条例草案进

---

① 康翠萍. 学位论 [M]. 北京：人民教育出版社，2004：30-31.
② 吴镇柔，陆叔云，汪太辅. 中华人民共和国研究生教育与学位制度史 [M]. 北京：北京理工大学出版社，2001：62.

行修改后,正式定名为《中华人民共和国学位授予条例(草案)》。这一次的学位条例将学位等级分为博士与副博士两级,受理学位的高等学校与科研机构,由国务院学位委员会提名,报国务院批准。条例对名誉博士的授予制定了规定,明确提出"对卓越的学者和社会活动家,可以授予名誉博士学位"。在当时中苏关系恶化、西方国家敌视的环境下,为避免学习模仿他国,而我国缺乏可借鉴的经验,此次没有对学科门类做出明确的规定。但是,由于"文化大革命"的发动,十年浩劫破坏了高等教育的秩序,这一次的学位条例同样未能颁布。

二、我国学位制度的建立

1978年党的十一届三中全会开始拨乱反正,做出了把工作重点转移到社会主义现代化建设上来的决策。这为建立学位制度营造了良好的环境。随着高考制度以及研究生教育的恢复,学位制度的重建工作急需开展。1978年4月,邓小平在全国教育工作会议上指出:"学校和科学研究单位培养、选拔人才的问题,要建立学位制度,也要搞学术和技术职称"。①

(一)《中华人民共和国学位条例》的制定与颁布

1979年3月22日,根据中央建立学位制度的指示,教育部、国务院科技干部管理局组建"学位小组",研究我国学位制度的重建问题,由时任教育部部长的蒋南翔担任组长。"学位小组"在过去两次拟定经验的基础上,调查了国外70年以来学位制度的发展,并广泛地向国务院有关部委和省、市科委、高教厅以及高等学校和科研机构征求意见,1 000多名著名的科学家与学者参加了讨论。1979年12月,"学位小组"拟定了《中华人民共和国学位条例(草案)》,同年12月24日,全国人大常委会法制委员会全体会议讨论了条例(草案)。条例经过修改,于1980年2月12日第五届全国人大常委会第十三次会议得到通过,规定自1981年1月1日起施行。之后,1981年5月国务院又批准了《中华人民共和国学位条例暂行实施办法》和《国务院学位委员会关于审定学位授权单位的原则与办法》,进一步保障了学位条例的贯彻与实施。我国学位制度来之不易,在经历曲折后才得以真正建立。

学位制度的建立,标志着我国高等教育制度的日臻成熟和完善,并已建立起独立的教育体系,能够自己培养为国际上所承认、有相当水平的科学人才。现代学位制度的建立,是特定历史条件下的产物。中华人民共和国成立前,半封建半殖民地的社会性质,决定了我们必须依赖国外培养人才,先进的科学技术不可能在国内扎根生长,我们只能跟在别人的后面走。中华人民共和国成立以后,高等教育走过了一段曲折的道路,学位问题也几起几落。党的十一届三中全会作出了把工作重点转移到社会主义现代化建设上来的决策。高质量的人才是支撑现代化建设的重要资源,因此,研究生教育迅速发展,从1978年恢复招生到现在,我国已经可以大规模地招收和培养研究生,表明我国已经结束依赖国外的历史,已经具备条件独立自主地培养社会主义现代化建设所需的各方面的人才。

学位制度的建立,是推动培养和选拔人才的一项重要措施。学位制度为我们提供了科学地评价学术水平和衡量高等教育质量的正规制度。由于各级学位都有明确的、严格的学术标准,可以调动学习者攀登科学高峰的积极性,使其勤奋学习、刻苦钻研,激励其学术上的进

---

① 邓小平. 邓小平文选(第2卷)[M]. 北京:人民出版社,1944:109.

取心，提高我国的学术水平，并为跻身世界科学发展前列提供支撑。同时，学位获得者的学术水平也是授予单位教育水平的标志，因此，学位制度必然促进高等教育质量的提高，而且为人才的选拔提供了学术方面的依据。

学位制度的建立，有利于促进我国的国际学术交流。学位是国际公认的通用惯例，也代表着一个国家的学术地位。过去我国的出国学者由于没有学位，往往不受重视或不能受到相应的待遇，在学术交流上，也不能按照对等的原则。实行学位制度后，便于我国学者参加国际学术活动，对来华学习的留学生，也可以授予相应的学位；对国际上著名学者和社会活动家，可以授予名誉博士学位。这些都将促进国际学术交流和友好往来。

（二）学位条例及其暂行实施办法的基本内容与特点

《中华人民共和国学位条例》（以下简称《学位条例》）和《中华人民共和国学位条例暂行实施办法》（以下简称《暂行实施办法》）是我国学位制度的基石，为我国学位制度的规范与发展奠定了基础。它不仅吸收西方发达国家传统以及旧中国对学位制度的有益尝试，而且继承了中华人民共和国成立以来学位制度的经验，颁布至今已近40多年，经得起历史的检验。

1. 《学位条例》及其《暂行实施办法》的主要内容

《学位条例》共20条，针对学位结构、学位授予、学科门类等方面做了规定。

《学位条例》规定我国的学位分为学士、硕士、博士三级。学士学位授予标准：高等学校本科毕业生，成绩优良，较好地掌握本门学科的基础理论、专门知识和基本技术，具有从事科学研究工作，或负担专门技术工作的初步能力，授予学士学位；硕士学位授予标准：高等学校和科学研究机构的研究生，或具有研究生毕业同等学力的人员，通过硕士学位的课程考试和论文答辩，成绩合格，在本门学科上掌握坚实的基础理论和系统的专门知识，具有从事科学研究工作或独立负担专门技术的能力，授予硕士学位。博士学位授予标准：高等学校和科学研究机构的研究生，或具有研究生毕业的同等学力的人员，通过博士学位的课程考试和论文答辩，成绩合格，在本门学科上掌握坚实宽广的基础理论和系统深入的专门知识，具有从事科学研究工作的能力，在科学或专门技术上做出创造性成果，授予博士学位。

《学位条例》规定，国务院设立学位委员会，负责领导全国学位授予工作。学士学位，由国务院授权的高等学校授予；硕士学位、博士学位，由国务院授权的高等学校和科学研究机构授予；名誉博士学位，由学位授予单位提名，经国务院学位委员会批准后授予。授予学位的高等学校和科学研究机构及其可以授予学位的学科名单，由国务院学位委员会提出，经国务院批准公布。学位授予单位，应当设立学位评定委员会，并组织有关学科的论文答辩委员会。《学位条例》规定，学位授予单位对于已经授予的学位，如发现有舞弊作伪等严重违反本条例的情况，经学位评定委员会复议，可以撤销；国务院对于已经批准授予学位的单位，在确认其不能保证所授学位的学术水平时，可以停止或撤销其授予的学位资格。

《暂行实施办法》共25条，规定按哲学、经济学、法学、教育学、文学、历史学、理学、工学、农学、医学等10个学科门类授予学位。《暂行实施办法》还具体规定了授予学士、硕士、博士学位的学术标准、授予对象及工作程序细则；学位授予单位学位评定委员会的职责及其人员的组成条件；授予名誉博士学位的办法；三级学位证书的制定等。

2. 《学位条例》及其《暂行实施办法》的特点

我国是社会主义国家，学位制度要从我国的实际出发，为社会主义建设事业服务。我国的学位制度是适合中国国情和具备自己的特点的。

（1）坚持社会主义方向。我国是一个社会主义国家，因此对学位获得者不仅在学术上而且在政治上也有明确的要求。《学位条例》明确规定，申请学位的公民必须"拥护中国共产党的领导，拥护社会主义制度"，这是因为建立学位制度的目的在于为社会主义现代化建设培养人才。我国在《学位条例》中明确把政治条件列入学位制度之中。

（2）坚持理论联系实际的方针。我国《学位条例》对学士、硕士、博士三级学位根据不同情况提出了掌握基础理论和专门知识的要求，而且对从事科学研究和负担专门技术工作的能力也提出了要求，既重视知识也重视能力，既重视学术水平的提高，也重视解决实际问题能力的培养。在研究生培养过程中，培养单位无论是课程内容还是论文选题都力求与我国社会发展需要相联系。

（3）硕士学位是中国学位结构中的一级独立学位。学位是学位获得者学术水平和受教育程度的标志，我国的学士、硕士、博士三级学位，分别与我国本科教育、硕士生教育与博士生教育三个层次和阶段相对应。与英美等国将硕士学位作为过渡学位不同，我国的硕士学位是一级独立学位，学制较长，学术水平要求较高，不仅要求课程，而且要求撰写论文，即"课程与论文"并重。这是因为，我国是一个发展中国家，处在社会主义的初级阶段，在相当长的时间内难以在各个学科大规模地培养博士生。硕士学位是我国高层次专门人才培养的重要方面。

（4）为在职人员以研究生毕业同等学力申请硕士、博士学位开辟了道路。《学位条例》规定不仅高等学校和科学研究机构的研究生可授予学位，具有研究生毕业同等学力的人员，通过课程考试和论文答辩，成绩合格，并具有规定的学术标准，可授予硕士或博士学位。这向未能接受过硕士、博士研究生教育的在职人员提供申请硕士、博士学位的机会。国务院学位委员会据此制定了《关于授予具有研究生毕业同等学力人员的在职人员硕士、博士学位暂行规定》及其实施细则进一步做了规范，为我国的经济建设与社会发展培养了大批人才。

（5）坚持质量第一的原则。建立和实行学位制度的根本目的在于促进高层次专门人才的培养，为社会主义现代化建设提供智力支持。因此，保证学位授予质量是关键。在《学位条例》及其《暂行实施办法》中要求学位获得者德、智、体全面发展。对课程学习、论文评审、论文答辩和学位授予等各个环节都作出了严格的规定。《学位条例》规定学位授予单位对于已经授予的学位，如发现有舞弊作伪等严重违反本条例的情况，经学位评定委员会复议，可以撤销；国务院对于已经批准授予学位的单位，在确认其不能保证所授学位的学术水平时，可以停止或撤销其授予的学位资格。这些规定一方面显示出对学位授予质量的高度重视，另一方面也为保证学位授予质量在法律上提供了支持。

三、学位制度的发展

《学位条例》及其配套文件的颁布与实施奠定了中国当代学位制度的基础，为我国研究生教育工作顺利开展指明了方向。多年来，中国学位制度在继承《学位条例》的基础上不断发展，逐步优化学位结构、下放学位授权以及完善学位授予制度。

（一）逐步完善学位类型结构

我国学位制度创设之初只有学术学位一种类型。随着经济社会的发展，以应用型为导向的人才需求量不断增加。为了使研究生教育与社会需求结构相适应，1990 年国务院学位委员会发布《关于设置和试办工商管理硕士学位的几点意见》，1991 年清华大学等 9 所高校试点工商管理硕士学位，开始了专业学位建设的探索。1995 年后，增设了法律硕士、工程硕士、临床医学、口腔医学、公共管理等专业学位。此后，专业学位的种类与招收人数不断增加，至 2009 年我国共有 19 种专业硕士学位、5 个专业博士学位与 1 个专业学士学位。从 2009 年起，专业学位纳入职前教育。除工商管理硕士等少数不适宜应届生就读的专业学位外，教育部决定专业学位面向应届毕业生招生，实行全日制培养。截至 2023 年 9 月，专业学位类别 67 个，其中，博士专业学位类别 36 个，硕士专业学位类别 31 个，覆盖了国民经济社会发展的多个领域，成为我国研究生教育的重要组成部分。

（二）增加非全日制的学习方式

针对在职人员，1983 年国务院学位委员会办公室开展了在职人员申请学位的试点工作，1985 年正式下发了《关于扩大在职人员申请硕士、博士学位试点工作的通知》，拉开了在职人员申请硕士、博士学位的帷幕。2016 年 9 月，教育部办公厅下发《关于统筹全日制和非全日制研究生管理工作的通知》，对非全日制做了界定，指采取多种方式和灵活时间安排进行非脱产学习的研究生。全日制与非全日制坚持同一质量标准，学历学位证书具有同等法律地位和相同效力。在招生计划与招生录取方面与全日制研究生并无二致。非全日制研究生迈上了全新的发展阶段。

（三）调整学位的学科目录

我国 1983 年颁布施行的学科目录按照哲学、经济学、法学、教育学、文学、历史学、理学、工学、农学、医学 10 个学科门类授予学位。此后，我国学科目录先后经过 1990 年、1997 年、2001 年、2022 年 4 次调整，学科门类在原来的基础上增加了军事学、管理学、艺术学、交叉学科，使原来的学科由过去的 10 个增加为 14 个，一级学科由 64 个增加到 117 个。最初版本的学科目录对学科门类下的一级学科与二级学科做了详细的规定，包含了 647 个二级学科。在 2011 年颁布的学科目录版本中，除增加了部分学科门类与学科目录外，最显著的特色在于并未公布二级学科，而是对相应的管理办法进行了设定，由各学位授予单位自行设定。2018 年 4 月，教育部学位管理与研究生教育司发布了更新后的《学位授予和人才培养学科目录》，对工学下的一级学科、"工程"专业学位类别等作了调整。2022 版《学科专业目录》设有 14 个门类。下设一级学科 117 个，比 2011 版目录增加 4 个。专业学位类别 67 个，比 2011 版目录增加 17 个；其中，博士专业学位类别 36 个，比 2011 版目录增加 18 个，硕士专业学位类别 31 个。创新学科专业建设模式，《学科专业目录》与《学科专业清单》并行，我国的学科目录根据实践需要不断进行调整优化。

（四）逐步下放学位授权

1986 年，国务院学位委员会开始对学位授权审核制度改革。一方面，学位授权向地方分权，从 1991 年开始，试点在江苏、陕西、上海、四川、湖北、广东 6 省、直辖市设立省级学位委员会。1993 年第五次学位授权审核将部分硕士点的审批权下放到省级学位委员会。1997 年允许各省自行成立省级学位委员会。在 2000 年第八次学位授权审核中，硕士学位授权学科及专业委托到省级学位委员会。① 另一方面向高校分权。从1993年开始试点博士生导师由博士学位授予单位自行审定，到1999年博士生导师全部由学位授权单位自行审定。2005年，北京大学、清华大学在第十批学位授权审核中可以自主设置学位点，到2010年新一轮的学位授权审核中，自主设置学位点的范围扩大到了具有研究生院的56所高校。2020年9月，国务院学位委员会发布《关于开展2020年博士硕士学位授权审核工作的通知》，启动第十三次博士、硕士学位授权审核，学位授权审核制度不断改革发展。

四、《中华人民共和国学位法（草案）》

2023年8月28日，十四届全国人大常委会第五次会议对《中华人民共和国学位法（草案）》进行了审议。中国人大网公布《中华人民共和国学位法（草案）》（以下简称《学位法（草案）》），向社会公众征求意见。《学位条例》作为我国首部教育法律，为培养支撑国家战略需求和技术创新的高层次人才提供重要的法律支撑，奠定了近40年来中国研究生教育事业改革发展的制度框架。40年来，我国研究生教育发展取得了巨大成就，累计培养数以千万计的高层次人才，但在发展中也面临新形势、新问题、新任务，迫切需要修订法律政策，支撑新发展阶段的深入改革。

（一）学位法修订的必要性

首先，新发展阶段需要新的法律保障。研究生教育是教育强国、科技强国和人才强国建设的重要结合点。党的二十大报告首次将教育、科技、人才三大战略一体规划，提出"教育优先发展、科技自立自强、人才引领驱动"，对新时期学位管理和研究生教育改革提出了新要求。然而，20世纪80年代发布的《学位条例》和《暂行实施办法》已经不能适应未来研究生教育改革发展需要，迫切需要以建设研究生教育强国为方向，开展修订完善工作。

其次，法律体系的完善需要学位制度体系同步更新。改革开放初期，诸多改革"摸着石头过河"，立法技术不够完善，法律体系不够成熟。当前，学位管理和研究生教育管理工作中的若干重要制度（如学位授权审核制度）尚未反映在《学位条例》中，相关工作开展缺乏有针对性的法律指导，迫切需要依据我国研究生教育40年的改革实践，丰富和优化学位管理的法律。

最后，学位体系的制度创新迫切需要在法律层面予以保障。《学位条例》建立时，专业学位尚未出现。即使是面向工程领域高层次应用型人才培养的硕士研究生教育，也冠名"工科硕士（工程类型）"。直至《学位条例》出台约10年后，首个专业学位（工商管理硕士）才获批设立。但到2022年，专业学位已增至67种，迫切需要在学位管理的法律中获得合法性地位和法律规范支持。

（二）《学位法（草案）》相较于《学位条例》的变化

第一，广纳40年改革实践成果，并将其上升至法律层面。40年来，我国学位管理与研究生教育改革在两个方面体现得尤为明显。一方面是学位授权审核制度不断改革创新，逐步明晰国家、省市和高校权责，整体呈现权力下放趋势。自2010年后，学位授权审核制度趋于稳定，形成了国家、省市分工审核授权，部分学位授予单位"以质量换自主"的自主审核模式。因此，《学位法（草案）》规定，设立学士学位授予单位或增设学士学位授予点，

---

① 宋晓平，梅红. 我国学位授权审核的历程与动因分析［J］. 高等教育研究，2009，30（8）：72-78.

由省级学位委员会组织审批,审批结果应报国务院学位委员会备案。设立硕士、博士学位授予单位或者增设硕士、博士学位授予点,由国务院教育行政部门或者省级学位委员会组织审核,提出名单,报国务院学位委员会审批。自主审核单位增设的学位授予点,应当报国务院学位委员会审定。

另一方面是专业学位的建立和繁荣,逐步形成学术学位和专业学位研究生教育的分类发展,学术型人才和应用型人才分类培养、分类评价的新格局。《学位法(草案)》规定,学位分为学术学位、专业学位等类型;学术学位获得者须具有从事科学研究工作的能力,专业学位获得者须具有承担专业工作的能力;学术学位获得者须在科学研究领域作出创新性研究,专业学位获得者须在专业领域作出创新性研究。

第二,坚持问题导向为研究生培养和评价提供法律保障。由于《学位条例》中未对法律救济渠道进行设计,导致研究生教育领域常会出现一些争议性法律事件,且集中在学位授予环节。比如,学生未达到院校自定学位授予条件而不被授予学位、因学术成果存在学术道德规范问题被取消学位、论文抽检不合格被取消学位等。对此,《学位法(草案)》针对研究生法律救济作出了多项规定,以保障研究生的合法权益。比如,规定在同行专家评阅、答辩、学术成果认定等过程中,学位申请人对相关学术组织或人员作出的学术评价结论有异议的,可以向学位授予单位申请学术复核。再比如,规定学位申请人对不授予其学位、学位获得者对撤销其学位的决定不服的,可以向学位授予单位申请复核等。

第三,强化学位授权点布局的国家导向。一般而言,学位授权点布局往往遵循学术逻辑和市场逻辑。师资力量充足、科研水平良好者可获批学术学位点;市场需求旺盛、产教融合有效者可获批专业学位点。然而,高精尖缺领域的研究存在从事人员往往较少、学术力量容易分散等现象,也难有较大规模的市场需求,因此迫切需要国家通过宏观调控进行统筹布局。

《学位法(草案)》明确提出,国家立足经济社会发展对各类人才的需求,优化学科结构和学位授予点布局,加强基础学科、新兴学科、交叉学科建设。国务院学位委员会可以根据国家重大需求、经济和社会发展、科技创新、文化传承和维护人民群众生命健康的需要,对相关学位授予点的设置、布局和学位授予设定特殊条件和程序。

第四,为未来学位管理制度改革创新预留空间。《学位法(草案)》面向社会征求意见时,有学者认为,可考虑将现有学术学位和专业学位两类学位,调整为学术学位、专业学位和职业学位三类。其中,学术学位研究生致力于理论研究;专业学位研究生致力于应用研究和技术转化;职业学位研究生致力于成为高层次专门人才,学位与职业资格挂钩,类似于西方国家的第一职业学位。对此,学位法草案虽然仅明确学术学位、专业学位,但在专业学位后加"等"字,为未来丰富学位类型留出空间。同时,《学位条例》中出现的"同等学力"及其相关表述,在《学位法(草案)》中不再出现。这是由于研究生教育形态已发生变化,同等学力的功能已可由非全日制教育代替,但《学位法(草案)》保留了"国家规定的其他方式",为未来取消或增加相关形式预留法律空间。

(二)《学位法(草案)》明晰相关争议

一是对学位授予条件的明晰。《学位条例》规定的学位授予条件是充分条件还是必要条件?学校能否自定学位授予条件?学校自定条件是否具有法律效力?能否依据学校自定条件对学位申请者作出授予或撤销学位的决定?这些问题一直是法律争论和社会舆论的焦点。对此，《学位法（草案）》作出了肯定的回答，明确规定学位授予单位应根据本法第十五条至第十八条规定的条件，结合本单位学术评价标准，科学制定各学科、专业的学位授予具体标准并予以公布。

二是对申请学位成果的明晰。专业学位是否需要完成学位论文？申请专业学位的创新成果是否必须以论文形式呈现？这也是影响学术学位和专业学位分类发展的重要问题。也正由于《学位条例》未对专业学位发展有所涉及，即使是 2004 年修订时，也严守研究生申请学位时所具备的"学术水平"，在一定程度上造成学术学位与专业学位同质化现象。学位授予单位大多不敢用调研报告、工程设计、技术开发、艺术创作等形式替代论文。对此，《学位法（草案）》在申请学位条件中提出"完成科研或者实践训练，通过学位论文或者实践成果答辩"，为后续政府或专业组织制定实践成果的认定方式和评价标准奠定了基础。

三是不讨论副学士、业士等概念。从各方建议看，职业教育融入国家学位体系可能有三种方式，即增设副学士，并在高职高专院校授予；在本科层次的学士基础上增设业士（执业之士）类型；直接授予学士学位，与专业学位对接。《学位法（草案）》虽未明确提出职业教育的学位授予问题，但因国家已开展本科层次职业教育试点，部分高职院校可授予学士学位，且建筑学本科也可授予专业学位，因此《学位法（草案）》未提及副学士、业士等相关表述。至于职业教育对接专业学位研究生教育的问题，可在未来统筹衔接职业教育学科专业目录和研究生教育学科专业目录时予以解决。①

第三节 三级学位管理体制

研究生教育管理与学位工作管理属于两个系统。我国在《学位条例》颁布之前，只有针对研究生教育的管理，并没有学位工作的管理。随着 1981 年《学位条例》的颁布与实施，学位管理得到了法律依据与制度保障。我国学位制度历经初建、发展与改革之后日趋完善，学位管理体制伴随着学位工作的发展也不断调整规范，逐步形成了由国家、省级政府和学位授予单位共同组成的三级学位管理体制。2023 年 6 月提请全国人大常委会审议《学位法（草案）》对学位管理体制做出明确规定。

一、国家学位管理机构

1. 国务院学位委员会

依据《学位条例》第七条的规定，国务院学位委员会于 1980 年 12 月 1 日正式成立。《学位法（草案）》规定，国务院设立学位委员会，负责领导全国学位工作。国务院学位委员会设主任委员一人，副主任委员和委员若干人。主任委员、副主任委员和委员由国务院任免，每届任期五年。国务院学位委员会设立专家组织，负责学位评审评估、质量监督、研究咨询等工作。国务院学位委员会在国务院教育行政部门设立日常办事机构，实施国家的学位制度，负责学位管理工作。

国务院学位委员会按照授予学位的不同学科门类设立学科评议组，并按照学科或几个相近的学科组成若干评议分组。学科评议组是国务院学位委员会领导下的专家组织，从事学位

---

① 王传毅，续智丹. 为研究生提供更多法律保障！学位法草案透露改革新方向［N］. 北京日报，2023（0909）.

与研究生教育的咨询、研究、监督和审核等工作。它由国内各学科中学术造诣深厚、具有指导博士生经验的教授或相当专业技术职务的学者专家组成,每个学科评议组一般由7~21人组成,设召集人2人。专业学位研究生教育指导委员会按照国务院学位委员会批准设置,是协助主管部门开展相应类别专业学位研究生教育研究咨询、指导评估和交流合作的专业组织。指导委员会一般由有关主管部门、行业、企业和事业单位及学位授予单位推荐的专家和负责人组成,由15~35人组成。

2. 国务院学位委员会办公室

国务院学位委员会办公室是国务院学位委员会的日常办事机构,其主要任务涉及多个方面。制定和修改学位条例实施办法报国务院批准后组织实施并制定有关规章制度;组织并指导国务院学位委员会学科评议组工作;组织制定授予博士、硕士学位的学科、专业目录;组织审定授予博士、硕士学位的单位及其学科、专业;指导和检查博士、硕士学位授予工作;负责名誉博士学位的审批工作;负责学位工作的国际交流的合作;推动学位工作的改革,提出修改学位条例的建议。

国家学位管理机构的职能历经博士、硕士授权点和博士生导师资格权力下放等改革,其权力与职能逐渐明确。国家学位管理机构的职能在于制定相应的规章制度,为全国学位工作开展提供政策、制度保障;加强宏观政策的管理和指导,组织各级各类学位授予单位实施《中华人民共和国学位条例》,拟定全国学位和研究生教育工作的改革与发展规划;指导与管理研究生培养工作,指导学科建设与管理工作;随着教育体制改革和学位管理制度的不断完善,国家学位管理机构正在逐渐下放相关权利到省级、校级学位管理部门。国家学位管理机构的工作重点集中到相关标准的制定、审批审核过程监控、确定限额和最终的审核审批。将制定计划、组织申报和专家审核的权利下放到省级政府和相关高校。

二、省级学位管理机构

省级学位委员会是由省级政府设立,主管地方学位工作的机构。省级学位委员会接受省、自治区、直辖市人民政府的指导,同时业务上接受国务院学位委员会的领导,按照国务院学位委员会授权承担相应工作。结合本地区情况统筹规划本地区的学位工作。省级学位委员会的建立,是我国三级学位管理体制逐步走向完善的标志。

省级学位管理机构的出现历经发展演化。在《学位条例》颁布之初,学位管理工作集中在国务院学位委员会,各省、自治区、直辖市的学位工作一般由其政府的教育部门负责。随着研究生教育与学位工作的繁荣,学位工作任务较重的地方省市提出成立学位委员会的要求。国务院学位委员会经过认真研究,在国务院学位委员会第八次会议中同意成立省一级学位委员会。1991年,江苏省经过国务院学位委员会同意批准建立省级学位委员会,同时国务院学位委员会提出《国务院学位委员会关于试行建立地方学位委员会的几点意见》的要求,并对建立地方学位委员会应具备的条件做了规定。随后四川、上海、陕西、湖北、广东先后建立了学位委员会。省级学位管理机构承接了国务院学位管理机构下放的部分权力。1996年5月,国务院学位委员会在南京召开的工作座谈会上,16个省市学位委员会代表之间进行了探讨交流。试行建立省级学位委员会结果表明,建立省级学位委员会是积极推进高等教育体制改革,实行中央和省级两级管理、以省级统筹为主的体制的成功尝试,有利于调动地方政府的积极性,促进教育更好地为社会主义建设服务。1997年,国务院学位委员会与国家教育委员会联合下发的《关于加强省级人民政府对学位与研究生教育工作统筹的意见》指出没有建立省级学位委员会的省、自治区、直辖市可以根据需要自行建立。在文件精神的指引下，山西、云南、甘肃、内蒙古等各省市纷纷建立了学位委员会。省级学位管理机构在全国的推广，适应了学位与研究生教育发展和管理体制改革的要求，充分调动了学位管理的积极性。

国务院学位委员会明确了省级学位委员会的主要职责和授权范围。省级学位委员会的主要职责包括贯彻执行《学位条例》《暂行实施办法》以及国务院学位委员会工作方针、决议和有关规定，结合本地区情况统筹规划本地区的学位工作。按国务院学位委员会的统一部署和有关规定制定实施办法，对已有硕士学位授予权的本区所属单位申请新增硕士学位授予学科、专业进行审批，报国务院学位委员会备案并抄送有关部委；根据国务院学位委员会的有关规定，对本地区各学位授予单位的学士学位授予、硕士学位授予、博士学位授予等工作进行管理。负责对研究生课程进修班的管理和监督；按国务院学位委员会有关规定对本地区硕士学位授予学科、专业学位授予质量，以及本地区有关学位授予单位授予具有研究生毕业同等学力的在职人员硕士、博士学位质量进行检查和评估。对不能确保所授硕士、博士学位质量的学位授予单位，有权对其有关学科、专业或单位提出暂停或者撤销其授予学位资格的建议。《学位法（草案）》规定，省、自治区、直辖市人民政府设立学位委员会。省级学位委员会在国务院学位委员会的指导下，负责领导本地区学位工作。省、自治区、直辖市人民政府教育行政部门负责本地区学位管理工作。

三、学位授予单位学位管理机构

学位授予单位学位管理机构是指拥有学位授予权的高校或科研院所成立的校级学位评定委员会，是学位授予单位的学位管理机构。《学位法（草案）》第十条规定：学位授予单位设立学位评定委员会，负责本单位学位授予工作。学位评定委员会在本单位所取得的学位授予权限内，履行以下职责：①审议本单位学位授予的实施办法和标准。②审议学位授予点的增设、调整、撤销等事项。③作出授予、撤销相应学位的决定。④研究和处理学位授予争议。⑤受理对学位申请人、学位获得者的投诉或者举报。⑥审议其他与学位相关的事项。学位评定委员会的组成人员应当为不少于九人的单数，由学位授予单位具有高级专业技术职务的负责人、教学科研人员组成，学位评定委员会主席由学位授予单位负责人担任。学位评定委员会作出决定，应当以会议的方式进行。审议本条第一款第一项至第四项所列事项或者其他重大事项的，会议应当有全体成员的三分之二以上出席方为有效。决定以投票方式表决，经全体成员过半数同意，方为通过。学位评定委员会可以设置若干分委员会，并可以委托分委员会履行相应职责。学位评定委员会及分委员会的组成、设立程序、任期、职责分工等由学位授予单位确定并公布。

第四节 我国学位分级与学科目录

为表明学位获得者学术水平的差异，学位划分为不同等级，形成学位层次，以不同的学术称号授予学位。各国对学位等级的划分，因其文化传统和授予学位历史的不同而存在差异。我国按照学科目录授予学位。国务院学位委员会学科评议组以学科目录为依据审核授予学位的专业划分，学位授予单位按照学科目录中各专业所归属的学科门类，授予相应学位。

一、学位的分级

我国的学位分级采取了世界上多数国家的做法，设学士、硕士、博士三级学位，并与高等教育的几个培养阶段相一致，即大学本科毕业，可被授予学士学位；攻读硕士学位研究生毕业，可被授予硕士学位；攻读博士研究生毕业，可被授予博士。根据《学位法（草案）》第四章第十五至十八条的规定，各级学位的授予条件为：

学士学位：通过毕业论文、毕业设计或者其他毕业实践环节审查；较好地掌握本门学科或者专业领域的基础理论、专门知识和基本技能；具有从事科学研究工作或者承担专业工作的初步能力。

硕士学位：完成科研或者实践训练，通过学位论文或者实践成果答辩；在本门学科或者专业领域掌握坚实的基础理论和系统的专门知识；学术学位获得者须具有从事科学研究工作的能力，专业学位获得者须具有承担专业工作的能力。

博士学位：完成科研或者实践训练，通过学位论文答辩；在本门学科或者专业领域掌握坚实宽广的基础理论和系统深入的专门知识；学术学位获得者须具有独立从事科学研究工作的能力，专业学位获得者须具有独立承担专业工作的能力；学术学位获得者须在科学研究领域作出创新性研究，专业学位获得者须在专业领域作出创新性研究。

学位授予单位应当根据学位法规定的条件，结合本单位学术评价标准，科学制定各学科、专业的学位授予具体标准并予以公布。与一些国家把硕士作为过渡学位的做法不同，我国把硕士学位作为独立的一级学位，要求比较高。在硕士阶段不仅要学习和考核课程，而且要撰写具有新见解的学位论文。这是由于在制定《学位条例》时处于十年动乱结束不久，国家的工作重点开始转移到经济建设上来，迫切需要尽快地、大量地培养出各类科技人才。而当时我国的科学技术与教育事业遭受了严重的破坏与摧残，在相当的一段时间内，从培养能力和条件上都受到限制，不可能大批量地培养博士研究生，对高层次人才的需求只有靠培养硕士研究生来解决，所以把硕士作为一个独立的、完整的阶段。[①]

二、学科的设置与调整

学科目录适用于学士、硕士、博士的学位授予与人才培养，并用于学科建设和教育统计分类等工作。学科目录分为学科门类、一级学科和二级学科三级。学科门类和一级学科是国家进行学位授权审核与学科管理、学位授予单位开展学位授予与人才培养工作的基本依据，二级学科是学位授予单位实施人才培养的参考依据。学科目录构建放管结合、设置规范、动态调整的目录管理新机制，逐步向指导性、统计性目录转变，完善中国特色研究生教育学科专业体系。

（一）学科门类的设置与调整

学位学科门类（Fields of Disciplines of Conferring Academic Degree）是授予学位的学科类别。国际上对学位学科门类的划分并不一致，划分方法也并不相同。国外大体有两种做法，一种是国家统一规定各级学位授予的学科门类，另一种是不作统一规定，而由授予单位自行

---

① 郭文岩，张丽霞，魏长日，等. 研究生教育管理［M］. 济南：山东大学出版社，1990：196.

规定。我国的学科目录由国务院学位委员会组织编写论证。学科门类是对具有一定关联学科的归类，其设置应符合学科发展和人才培养的需要，并兼顾教育统计分析惯例。

我国在1956年学位制度第一次尝试时，认为国家科学比较落后，学科划分得细一些，可以鼓励和推进科学水平的提高，因此学科划分为：物理、数学、天文学、化学、生物学、地质和矿物学、工业、农学、历史学、经济学、哲学、语言学、地理学、法学、教育学、医学、药剂学、兽医学、艺术学、心理学、建筑学等。1981年《暂行实施办法》规定，我国学位按下列十个学科门类授予：哲学、经济学、法学、教育学、文学、历史学、理学、工学、农学、医学。在学位条例的实施办法中划得比较粗主要考虑到随着科学的发展，各个学科相互渗透，边缘学科、新型学科不断出现，分细了不能保罗齐全；分得过细也不利于学位获得者概括其全面的知识。1983年12月，国务院学位委员会第五次会议，根据中国人民解放军学位领导小组的建议，增设了军事学学位。由于时代的发展、学科之间的相互渗透，我国先后对学科目录进行了5次调整，具体颁布的博士、硕士学科专业目录版本见表6-1。1997年版本的学科门类在原来的基础上增加了管理学学科，学科门类达到12个。在此基础上，2011年版本增加艺术学学科。2018年对学科目录进行了一次更新。2021年"交叉学科"成为我国第14个学科门类，2022年新版目录有14个门类，共有一级学科117个，博士专业学位类别36个，硕士专业学位类别31个。

表6-1 国家颁布的博士、硕士学科专业目录版本

版次	时间	文件名称
第一版	1983年	高等学校和科研机构授予博士学位和硕士学位的学科专业目录（试行草案）
第二版	1990年	授予博士、硕士学位和培养研究生的学科、专业目录
第三版	1997年	授予博士、硕士学位和培养研究生的学科、专业目录（1997年颁布）
第四版	2011年	学位授予和人才培养学科目录
第五版	2022年	《研究生教育学科专业目录（2022年）》和《研究生教育学科专业目录管理办法》

学科门类的设置应保持相对的稳定，其调整需要按照一定的程序进行，首先，国务院学位委员会办公室根据学科专业发展、人才培养和教育统计分类的要求提出调整方案；其次，国务院学位委员会办公室广泛征求省级学位委员会、学位授予单位、有关学术团体、行业组织和部门代表以及专家意见，完善调整方案；再次，国务院学位委员会学科发展战略咨询委员会对调整方案进行审议咨询；最后，国务院学位委员会审议批准后编入目录，并向社会公布。

（二）一级学科的设置与调整

一级学科设置须体现知识分类，应符合以下基本条件。①具有确定的研究对象，已形成相对独立、自成体系的理论、知识基础和研究方法，研究领域和学科内涵与其他一级学科之间有比较清晰的界限。②一般应具有多个明确的二级学科。③已得到学术界的普遍认同。在构成本学科的领域内，有一定数量的学位授予单位已开展了较长时间的人才培养和科学研究工作，已形成较为系统的课程体系、一定规模的师资队伍及其他培养支撑条件。④社会对本

学科培养的人才有较稳定和一定规模的需求。①

2022年《研究生教育学科专业目录管理办法》指出新增一级学科采取先试点后编入目录的方式进行设置。试点设置的一级学科或专业学位类别编入目录，按以下程序进行：①试点设置单位不少于3所、毕业生不少于3届、就业需求旺盛的一级学科或专业学位类别，可由试点设置单位联合其他学位授予单位或相关部门、学术团体、行业组织，按照本办法中第八条的要求进行论证，并联合行文向国务院学位委员会办公室提交编入目录申请。②国务院学位委员会办公室组织专家对有关申请进行评议，以无记名投票方式进行表决，须获得三分之二及以上专家同意。③国务院学位委员会学科发展战略咨询委员会对申请进行审议咨询。④国务院学位委员会审议批准后编入目录，并向社会公布。1983年国务院学位委员会修订的《高等学校和科学研究机构授予博士和硕士学位的学科、专业目录（试行草案）》共设置了63个一级学科。学科目录在后续的调整过程中不断增加，2011版的学科目录达到了110个，2022版的学科目录达到117个一级学科（增加14个一级学科同时删除7个一级学科），博士、硕士学科专业目录的部分一级学科设置对比见表6-2。

（三）二级学科的设置与调整

二级学科是组成一级学科的基本单元。1983版的学科目录二级学科为647个，到1997年的版本时，二级学科的数量减少到387个。根据《学位授予和人才培养学科目录设置与管理办法》的规定，二级学科由学位授予单位依据国务院学位委员会、教育部发布的一级学科目录，在一级学科学位授权权限内自主设置与调整。我国2011年颁布的学科目录已不再公布二级学科的设置。

（四）专业学位的设置与调整

专业学位作为具有职业背景的一种学位，为培养特定职业高层次专门人才而设置。随着我国研究生教育的发展，教学科研型人才的断层得到缓解，而企业等部门对应用型高层次人才需求的呼声不断高涨。国务院学位委员会第九次会议决定在我国设置和试办工商管理硕士学位，1998年年底，我国设置了工商管理硕士（MPA）专业学位、建筑学专业学位、法律硕士专业学位、教育硕士专业学位、工程硕士专业学位以及临床医学专业学位6种，成为我国学位类型的重要组成部分。专业学位分为学士、硕士和博士三级，各级专业学位与对应的我国现行各级学位处于同一层次。

专业学位发展初期在学位设置类别、学位授予单位数量、人才培养规模上都十分缓慢。国务院学位委员会在第二十三次会议（2007年）审议通过的《硕士、博士专业学位研究生教育发展总体方案》中提出要"适应经济社会发展需要，宏观设计，总体规划，积极发展专业学位教育"，要求从2010年起分别下达学术型与专业学位硕士研究生招生计划，通过增量发展和存量调整扩大全日制硕士专业学位研究生招生规模。2009年后我国扩大招收以应届本科毕业生为主的全日制硕士学位范围，专业学位教育规模急剧扩张，迎来了飞速发展时期。② 国务院学位委员会、教育部印发的《专业学位研究生教育发展方案（2020—2025）》指出到2025年将硕士专业学位研究生招生规模扩大到硕士研究生招生总规模的三分之二左

---

① 国务院学位委员会，教育部. 关于印发《研究生教育学科专业目录（2022年）》《研究生教育学科专业目录管理办法》的通知［EB/OL］.［2022-09-14］. http://www.moe.gov.cn/srcsite/A22/moe_833/202209/t20220914_660828.html.
② 廖湘阳，周文辉. 中国专业学位硕士研究生教育发展反思［J］. 清华大学教育研究，2017, 38（2）：102-110.

表 6-2 博士、硕士学科专业目录部分一级学科设置对比

学科门类	1983 版共 64 个一级学科	1990 版共 72 个一级学科	1997 版共 89 个一级学科	2011 版共 110 个一级学科	2022 版共 117 个一级学科
理学	数学、物理学、化学、天文学、地理学、地球物理学、地质学、大气科学、海洋科学、生物学、管理科学、自然科学史 12 个	增加系统科学、图书与情报学；减少管理科学	将科学史（工学）和技术史（工学）合并设立科学技术史；将图书与情报科学拆分为图书、情报与档案管理（管理学）	增设生态学、统计学	未变化
工学	力学、机械设计与制造、仪器仪表、金属材料、冶金、动力机械及工程热物理、电工、电子学与通信、计算机科学与技术、建筑学、（土建、水利）、测绘、非金属材料、化学工程与工业化学、地质勘探、矿业、石油）、（铁路、公路、水运）、（纺织、轻工）、船舶、航空工程、原子能科学技术、兵器科学与技术、技术科学史 25 个（括号中为一一级学科名称）	增加农业工程，将纺织、轻工分为两个一级学科；将金属材料和非金属材料合并设计为材料科学与工程；机械设计与制造改名为机械工程；管理工程（理学）改名为管理科学与工程；船舶更名为船舶与海洋工程	增加光学工程、信息与通信工程、环境科学与工程、生物医学工程、食品科学与工程；将土建、水利拆分为地质资源与地质工程、矿业工程、石油与天然气工程、仪器科学与技术更名为电工电气工程；电子学与通信工程更名为电子科学与技术、信息与通信工程；自动控制学科更名为控制科学与工程；化学工业化学更名为化学工程与技术；将纺织、轻工拆分为纺织科学与工程、轻工技术与工程；铁路、公路、水运更名为交通运输工程，将技术科学史、管理科学与工程调整至别的学科	增加城乡规划学、风景园林学、生物工程、软件工程、安全科学与工程、公安技术	删除风景园林学，增设网络空间安全
农学	农学、畜牧、兽医、农业机械化与电气化、林学、水产 6 个	减少农业机械化电气化	将农学拆分为作物学、园艺学、农业资源利用、植物保护	增加草学	增设水土保持与荒漠化防治学

192

续表

学科门类	1983版共64个一级学科	1990版共72个一级学科	1997版共89个一级学科	2011版共110个一级学科	2022版共117个一级学科
医学	基础医学、临床医学、公共卫生与预防医学、中医、中西医结合、药学6个	未变化	增加口腔医学、中药学	增加特种医学、医学技术、护理学	删除医学技术，增设法医学
哲学	哲学1个	未变化	未变化	未变化	未变化
经济学	经济学1个	未变化	增加理论经济学、应用经济学	未变化	未变化
法学	法学、政治学、国际政治、国际关系、社会学、民族学5个	未变化	增加马克思主义理论	增加公安学	增加中共党史党建学、纪检监察学
教育学	教育学、心理学、体育3个	体育改称体育学	未变化	未变化	未变化
文学	中国语言文学、外国语言文学、艺术学3个	未变化	增加新闻传播学	减少艺术学	未变化
历史学	历史学1个	未变化	未变化	增加考古学、中国史、世界史	未变化
军事学	未设置	增加军事理论及军事史、战略学、战役学、战术学、军事指挥学、军制学、军队政治工作、后勤学8个一级学科	军事后勤学改为军事后勤学与军事装备学	增加军事训练学；将军事后勤学拆分为军事装备学与军事装备学	原有一级学科表述调整为联合作战学、军兵种作战学、军事管理学、增设军事智能
管理学	未设置	未设置	增设管理学学科门类，下设管理科学与工程、工商管理、农业经济与管理、公共管理、图书情报与档案管理5个	未变化	增设信息资源管理，删除图书情报与档案管理

193

续表

学科门类	1983版共64个一级学科	1990版共72个一级学科	1997版共89个一级学科	2011版共110个一级学科	2022版共117个一级学科
艺术学	未设置	未设置	未设置	增设艺术学学科门类，下设艺术学理论、音乐与舞蹈学、戏剧与影视学、美术学、设计学5个	艺术学理论更名为艺术学，删除音乐与舞蹈学、戏剧与影视学、美术学、设计学
交叉学科					增设集成电路科学与工程、国家安全学、设计学、遥感科学与技术、智能科学与技术、纳米科学与工程、区域国别学

右，大幅增加博士专业学位研究生招生数量①。

2022版学科专业目录修订遵循专业学位与学术学位并重的原则，改变了过去将专业学位类别目录作为学科专业目录附表的呈现方式，将主要知识基础相近的一级学科和专业学位类别统筹归入相应学科门类，实现了"并表"呈现，并用不同的编码加以标识，以凸显两类人才、两种学位同等重要。专业学位人才培养得到高度重视，新设了气象、医学技术、文物等博士专业学位类别和应用伦理、数字经济、知识产权、国际事务、博物馆、食品与营养、针灸、密码等硕士专业学位类别，并将法律、社会工作、体育、国际中文教育、应用心理、翻译、出版、风景园林、农业、林业、公共卫生、药学、会计、审计等专业学位类别升格到博士层次。这既有利于高等学校组织和开展专业学位研究生招生和培养，满足社会对高层次应用型人才的迫切需求，推进学术学位与专业学位分类培养和分类发展；亦有利于用人单位选人用人，促进公众对专业学位的了解，提高专业学位的社会认可度。目前中国共有学士专业学位1种，硕士专业学位31种，博士专业学位36种②，中国专业学位设置情况见表6-3。

表6-3 中国专业学位的设置情况

层次	专业学位名称
学士	建筑学学士
硕士	应用伦理、金融、应用统计、税务、国际商务、保险、资产评估、数字经济、警务、知识产权、国际事务、新闻与传播、博物馆、建筑、城乡规划、食品与营养、护理、中药、针灸、联合作战指挥、军兵种作战指挥、作战指挥保障、战时政治工作、后勤与装备保障、军事训练与管理、工商管理、公共管理、旅游管理、图书情报、工程管理、密码
博士	法律、社会工作、教育、体育、国际中文、应用心理、翻译、出版、气象、电子信息、机械、材料与化工、资源与环境、能源动力、土木水利、生物与医药、交通运输、风景园林、农业、兽医、林业、法医学、公共卫生、中医、医学技术、会计、审计、音乐、舞蹈、戏剧与影视、戏曲与曲艺、美术与书法、设计、文物

硕士专业学位类别设置应符合以下基本条件：①具有明确的职业指向，主要服务国家战略、区域经济社会发展和行业发展重大需求，培养高素质、应用型、技术技能人才。②所对应职业领域人才的培养规格已形成相对完整、系统的知识结构和实践创新能力的要求。③具有比较广泛的社会需求。

博士专业学位类别设置应符合以下基本条件：①主要服务国家重大发展战略需求，培养某一职业领域的高层次应用型未来领军人才。②所对应职业领域对知识、技术、创新能力有较高要求。③具有较大且稳定的博士层次人才需求。④原则上具有硕士专业学位类别人才培养与学位授予的基础。

---

① 国务院学位委员会 教育部．专业学位研究生教育发展方案（2020-2025）[EB/OL]．http：//www.moe.gov.cn/srcsite/A22/moe_826/202009/t20200930_492590.html. 2020-09-30.

② 钟秉林．高质量高等教育体系建设进程中的重要事件——写在新版《研究生教育学科专业目录》颁布之际[J]．教育研究，2022，43（9）：98-106．

三、学科的撤销

学位授予单位根据经济社会发展需要，结合学科专业发展目标和人才培养条件，可撤销试点设置的一级学科或专业学位类别。撤销需征求有关教职工意见，在履行相关校内程序后，经省级学位委员会报国务院学位委员会批准。国务院学位委员会根据国家需求重大变化或试点效果，可撤销已试点设置的一级学科或专业学位类别。被撤销的一级学科或专业学位类别在学研究生，可按原培养方案继续培养直至毕业。试点设置与撤销的一级学科与专业学位类别，经国务院学位委员会审议批准后，及时向社会公布。

一级学科或专业学位类别退出目录，按以下程序进行。①根据经济社会发展、科学技术进步带来的知识分化融合和人才需求变化，国务院学位委员会办公室对相应的一级学科或专业学位类别提出退出草案。②国务院学位委员会办公室组织专家对草案进行评议，以无记名投票方式进行表决，须获得三分之二及以上专家同意。③国务院学位委员会学科发展战略咨询委员会对草案进行审议咨询。④国务院学位委员会批准后，从目录中退出并向社会公布。退出目录的一级学科或专业学位类别在学研究生，可调整至相关一级学科或专业学位类别培养，也可按原培养方案继续培养直至毕业。对于社会仍有需求，但已退出目录的一级学科或专业学位类别，学位授予单位可结合自身实际，通过学位授权自主审核方式继续开展相关人才培养工作。

四、2022年学科目录调整举措

2022版学科目录在统筹一级学科和专业学位类别设置方面迈出了重要步伐，强化了对学术型和应用型两类高层次人才培养的基础支撑，也是夯实分类培养、分类发展基础的重要举措。学科专业设置与管理将实行放权与规范并进的目录管理新机制。主要举措有：一是将研究生教育学科专业体系分为学科门类、一级学科与专业学位类别、二级学科与专业领域三个层级，统筹设置、调整与管理工作。二是坚持高起点设置，高标准培育，一级学科和专业学位类别设置实行先探索试点、成熟后再进目录的放管结合新机制。三是对学科门类的设置与调整、一级学科和专业学位类别的命名规则、编码规则、设置条件、设置程序、编入目录等作出明确规定。四是缩短目录调整周期。学科门类、一级学科和专业学位类别的修订周期缩短为5年，学位授予单位自主设置的二级学科和专业领域每年定期统计发布。五是建立了调整退出机制。规定了学科门类的调整程序、试点设置一级学科和专业学位类别的撤销程序、一级学科和专业学位类别退出目录的程序和要求。

2022版学科目录的改革举措主要是实现"三并"。一是目录与清单并行，构建"目录+清单"（研究生教育学科专业目录+急需学科专业引导发展清单）的学科专业建设管理新模式。目录是基本盘，突出规范性、普遍性、成熟度，每5年修订一次，以学界业界的共识为基础；清单是补充盘，突出灵活性、创新性，每年动态调整，不求系统性、完整性，着重服务国家重点发展领域和重大需求。二是学术学位与专业学位并重，改变过去专业学位类别目录是学科目录附表的呈现方式，把两个单子"并表"，将主要知识基础相近的一级学科和专业学位类别统筹归入相应学科门类，凸显两种类型人才培养同等重要，进一步强化了两类人才的培养均须把创新能力摆在突出位置的要求。三是放权与规范并进，进一步放权学位授予单位自主设置学科专业，同时明确各单位自主设置学科专业的规范程序，加强对自主设置学科专业监管，不能保证建设质量的坚决予以退出。

第五节 学位授予与学位授权审核

学位授予与学位授权相联系。学位授予是国家对学位管理的基础和前提，同时也是国家的职责所在。但是，由于地区、学校、学科、专业、申请者之间存在广泛的差异，无法通过国家统一开展相关工作，必须采取授权或委托的方式交由其他机构具体执行，其执行内容包括接受学位申请者的申请，审核和决定向其授予学位以及颁布学位证书的工作过程。在学位授予的过程中意味着拥有了相关的支配权限，这样的权限是一种稀缺的资源，需要经过一定的鉴定程序分配给最适合的机构，鉴定的过程是学位授予的前提，这就是学位授权审核。[①]

一、学位授予

（一）硕士、博士学位授予

《学位条例》及其《暂行实施办法》对硕士、博士学位授予的标准和要求都有明确规定，各个学位申请者只有达到统一的标准，才可以获得学位证书。2023年6月提请全国人大常委会审议的《学位法（草案）》对学位授予条件做出了明确规定。学位授予单位应当根据学位法规定的条件，结合本单位学术评价标准，科学制定各学科、专业的学位授予具体标准并予以公布。

1. 硕士学位授予条件

高等学校、科学研究机构对接受硕士研究生教育的学生或者受教育者授予硕士学位，学位获得者还应当符合下列条件：①完成科研或者实践训练，通过学位论文或者实践成果答辩；②在本门学科或者专业领域掌握坚实的基础理论和系统的专门知识；③学术学位获得者须具有从事科学研究工作的能力，专业学位获得者须具有承担专业工作的能力。

2. 博士学位授予条件

高等学校、科学研究机构对接受博士研究生教育的学生或者受教育者授予博士学位，学位获得者还应当符合下列条件：①完成科研或者实践训练，通过学位论文答辩；②在本门学科或者专业领域掌握坚实宽广的基础理论和系统深入的专门知识；③学术学位获得者须具有独立从事科学研究工作的能力，专业学位获得者须具有独立承担专业工作的能力；④学术学位获得者须在科学研究领域作出创新性研究，专业学位获得者须在专业领域作出创新性研究。

3. 硕士、博士学位授予程序

符合《学位法（草案）》规定条件的学生或者受教育者，达到学位授予单位规定的学业要求和相应标准的，可以根据学位授予单位的要求提交申请材料、申请获得相应学位。学位授予单位应当在申请日期截止后六十日内审查决定是否受理申请，并将结果通知申请人。学生或者受教育者对学位授予单位不受理其学位申请有异议的，可以依照相关规定申请复核。非学位授予单位的应届毕业生，由学习所在单位推荐，可以向相关学位授予单位申请学位。

---

① 陈子辰，王家平．我国学位授权体系结构研究［M］．杭州：浙江大学出版社，2012（1）．

申请硕士、博士学位，学位授予单位应当在组织答辩前，将学位申请人的学位论文或者实践成果送同行专家评阅。评阅之后，符合学位授予单位规定的，进入答辩程序。学位授予单位应当按学科、专业组织硕士、博士学位答辩委员会。硕士学位答辩委员会应当不少于三人，博士学位答辩委员会应当不少于五人。博士学位答辩委员会必须有外单位的同行专家参加。学位论文或者实践成果应当在答辩前送答辩委员会委员审阅。除内容涉及国家秘密或者商业秘密外，答辩应当公开举行。

答辩委员会应当就学位申请人是否通过答辩形成决议，决议经全体成员三分之二以上同意，方为通过。硕士学位论文或者实践成果答辩不通过的，经答辩委员会同意，可以在一年内修改，重新申请答辩一次。博士学位论文答辩不通过的，经答辩委员会同意，可以在两年内修改，重新申请答辩一次。博士学位答辩委员会认为学位申请人的论文虽未达到博士学位的水平，但已达到硕士学位的水平，且学位申请人尚未获得过本单位该学科、专业硕士学位的，可以作出建议授予硕士学位的决议，报送学位评定委员会审定。学位评定委员会应当根据答辩委员会的决议组织审核，作出是否授予硕士、博士学位的决定。学位评定委员会作出授予学士、硕士、博士学位的决定后，学位授予单位应当公布授予学位的名单，颁发学位证书，学位授予信息由省级学位委员会汇总后报国务院学位委员会备案。

（二）名誉博士学位授予

名誉博士学位是世界多数国家通行授予的一种荣誉性学术称号，目的在于表彰国内外卓越的学者、著名的社会活动家在学术、经济、教育、科学、文化和卫生等领域，以及社会发展和人类进步事业中做出的贡献。名誉博士学位由国务院授权博士学位授予单位授予。授予名誉博士学位须经学位授予单位的学位评定委员会讨论通过，由学位授予单位报国务院学位委员会批准后授予。

名誉博士的授予对象主要为学者和科学家、政治家、社会活动家和知名人士。不同类别的授予对象需要满足一定的条件才可以获得荣誉博士学位。学者和科学家需要学术上造诣高深，在某一学科领域取得重大成就，具有国际学术界公认的学术地位和声望；在促进我国参与国际学术交流与合作方面做出了重要贡献。政治家在维护世界和平与促进人类进步事业方面做出重要贡献；在增进我国对外友好合作、扩大我国国际影响方面做出了长期、突出的贡献。社会活动家和知名人士在促进国际友好往来和全面合作方面，声誉卓著；在繁荣和发展我国经济、教育、科学、文化、卫生和体育等事业方面做出了重大贡献。

《学位法（草案）》第三十八条规定，对在学术或者专门领域、在推进科学教育和文化交流合作方面作出突出贡献，或者对世界和平与人类发展有重大贡献的个人，可以授予名誉博士学位。具有博士学位授予权的学位授予单位，经学位评定委员会审议通过，报国务院学位委员会批准后，可以向符合规定条件的个人授予名誉博士学位。联合国教科文组织总干事阿马杜－马赫塔尔·姆博先生是我国首位名誉博士获得者。阿马杜－马赫塔尔·姆博先生学识渊博，曾经担任塞内加尔国民教育部部长。在联合国教科文组织担任总干事期间，为扩大联合国教科文组织和中国的合作，为世界各国教育、科学、文化的交流和合作，为维护第三世界各国的利益和世界和平，为促进人类的进步事业，做出了卓越的贡献。1983年8月5日在北京大学为其举行了学位授予仪式。

（三）在职人员以同等学力申请学位

《学位条例》规定："凡是拥护中国共产党的领导、拥护社会主义制度，具有一定学术水平的公民都可以按照本条例规定申请相应的学位。"但在学位条例实施的初始时期，申请和获得学位的唯一途径是研究生教育。为全面贯彻《学位条例》和适应社会需求，1983年3月15日召开的国务院学位委员会第四次会议决定，从1984年起逐步开展在职人员申请学位工作。1998年6月18日国务院学位委员会第十六次会议审议通过了《国务院学位委员会关于授予具有研究生毕业同等学力人员硕士、博士学位的规定》，对同等学力水平认定有了明确的要求。

1. 在职人员申请硕士学位

在职人员申请者经过资格审查通过后，学位授予单位从三方面对申请人是否具备硕士研究生毕业同等学力水平进行认定。①教学、科研、专门技术、管理等方面做出成绩的认定。②专业知识结构及水平的认定。③学位论文水平的认定。

申请人除学位授予单位按研究生培养方案组织学位课程考试外，还有国家组织的水平考试，包括外国语水平全国统一考试和学科综合水平统一考试，申请人在四年内不能通过课程考试，本次申请无效。申请人应在通过全部考试后的一年内提出学位论文，论文用中文撰写，并且要有中文和外文摘要。学位授予单位应聘请至少三名论文评阅人，答辩委员会由不少于五名专家组成，且都需要聘请至少一位是学位授予单位和申请人所在单位以外的专家。论文答辩未通过，本次申请无效。论文答辩未通过，但论文答辩委员会建议修改论文后再重新答辩者，可在半年后至一年内重新答辩一次，答辩仍未通过或逾期未申请者，本次申请无效。申请人通过同等学力水平认定，经学位授予单位学位评定委员会同意，报学位评定委员会批准，授予硕士学位并颁发学位证书。

2. 在职人员申请博士学位

在职人员申请博士学位必须已获得硕士学位，并在获得硕士学位后工作五年以上。应在教学、科研、专门技术领域做出突出成绩，在申请学位的学科领域独立发表过高水平的学术论文，或出版过高水平的专著，其科研成果获得国家级或省部级以上奖励。学位授予单位对申请人从教学、科研、专门技术、管理等方面做出成绩、专业知识结构及水平以及学位论文水平三方面进行认定。

学位授予单位按博士研究生培养方案规定的课程组织考试，对于在科学或专门技术上有重要著作、发明、发现或发展者，经有关专家推荐，学位授予单位同意，可以免除部分或全部课程考试，直接申请参加博士论文答辩。学位论文用中文撰写，并有中文和外文摘要。申请人必须到学位授予单位，在该单位指定的博士生导师指导下，参加为期不少于三个月的与论文相关的科学研究工作，并在相应学科专业学位授权点报告其论文工作情况且接受质疑。论文评阅人不得少于五名，其中外单位专家至少三名。论文答辩委员会成员不少于七名，其中至少有四人是博士生导师，二人是外单位专家。论文答辩未通过，本次申请无效，论文答辩未通过，但论文答辩委员会建议修改论文再重新答辩者，可在半年后至二年后重新答辩一次；答辩仍未通过或逾期未申请者，本次申请无效。申请人通过同等学力水平认定，经学位授予单位学位评定委员会同意，报学位评定委员会批准，作出授予博士学位的决定；授予学位人员的姓名及其博士论文等应及时向社会或申请人所在单位公布，并经三个月的争议期后颁发学位证书。

（四）硕士、博士学位撤销

已经获得学位者，在获得该学位过程中有下列情形之一的，经学位评定委员会审议决定，由学位授予单位撤销学位证书：①学位论文或者实践成果存在抄袭、剽窃、伪造、数据造假、人工智能代写等学术不端行为的。②盗用、冒用他人身份，顶替他人取得的入学资格，或者以徇私舞弊等非法手段取得入学资格、毕业证书的。③在学习期间存在不应当授予学位的其他违法违规行为的。盗用、冒用他人身份，顶替他人取得的高等学历教育入学资格等行为，构成犯罪的，依法追究刑事责任。

学位申请人对同行专家评阅、答辩、学术成果认定等过程中相关学术组织或者人员作出的学术评价结论有异议的，可以向学位授予单位申请学术复核。学位授予单位组织复核的，应当在收到学术复核申请之日起六十日内进行复核并作出复核决定，复核决定为最终决定。学术复核的办法由学位授予单位制定。学位申请人对不授予其学位、学位获得者对撤销其学位的决定不服的，可以向学位授予单位申请复核。学位授予单位应当在收到复核申请之日起三十日内进行复核并作出复核决定。对复核决定仍不服的，可以向省级学位委员会提出申诉。

二、学位授权审核

博士硕士学位授权审核是指国务院学位委员会依据法定职权批准可授予学位的高等学校和科学研究机构及其可以授予学位的学科（含专业学位类别）的批准行为。学位授权审核要全面贯彻国家教育方针，围绕国家区域发展战略和经济社会发展，以服务需求、提高质量、推动研究生教育内涵发展为目的，依法依规进行。

（一）学位授予单位的审定

对学位授予单位的审定，是贯彻实施《学位条例》，保证我国学位质量最关键的一个环节。1981年2月24日，国务院学位委员会发布的《关于审定学位授予单位的原则和办法》指出"坚持标准、严格要求、保证质量、公正合理"的原则，从学术力量、教学工作质量、科学研究基础等方面综合考察审定学位授予单位，规定了学位授予单位的条件。我国在2017年3月发布的《学位授权审核申请基本条件（试行）》对新增博士硕士学位授予单位审核、新增博士硕士学位授权点审核、自主审核单位确定的条件做出了详细严格的规定。

1. 新增硕士学位授予单位申请基本条件

（1）已列入省级学位委员会新增硕士学位授予单位立项建设的普通高等学校。

（2）原则上应是已获得学士学位授权8年以上。拥有国家科研平台、承担国家科研任务、具有国内高水平师资队伍的普通高等学校，可不受年限限制直接申请。

（3）坚持社会主义办学方向，全面落实立德树人根本任务，办学定位清晰、目标明确、特色鲜明，党建和思想政治工作落实到位。拟开展硕士生教育的学科或专业学位类别，必须是服务本地区经济社会发展急需的应用型学科或专业学位类别。

（4）应有师德高尚、业务水平优良的师资队伍；专任教师中具有博士学位教师的比例不低于25%（艺术体育类高校的比例不低于5%），具有硕士以上学位教师的比例不低于80%，年龄结构合理，全日制在校学生人数与专任教师的比例不超过17∶1（艺术体育类高校的比例不超过15∶1），部分教师担任过硕士生导师，拟聘导师中应有一定比例的双师型教师及行业、企业专家。

（5）现有本科生培养质量高，社会声誉良好。近5年内一般应获得多项省部级及以上教学奖励、精品课程、卓越计划和通过专业认证，无重大学术不端事件。已制定科学完整的硕士研究生培养方案，能够按方案开设高水平硕士生课程。

（6）应具有一定的科学研究基础，目前承担多项省部级及以上科研项目，以及若干产教结合的横向科研项目。近5年，师均年科研经费不低于4万元（文科单科性高校和艺术体育类高校不低于1万元）。一般应获得多项省部级及以上科研奖励，有多项科研成果直接服务经济社会发展，取得较好的经济社会效益。

（7）具有支撑硕士研究生培养所必需的实验室、基地等教学实践平台；拥有充足的教学科研仪器设备、图书文献资料；国内学术交流与合作活跃，与行业、企业等有实质性合作成果；学校生均经费收入不低于3万元（艺术体育类高校不低于4万元）。

（8）学校研究生教育管理机构健全，专职管理人员配置合理，规章制度完善，执行情况较好。有完善的研究生奖助体系，公共服务体系完备。

2. 新增博士学位授予单位申请基本条件

（1）已列入省级学位委员会新增博士学位授予单位立项建设的普通高等学校。

（2）原则上应已获得硕士学位授权8年以上。拥有国家重大科研平台、承担国家重大科研任务、具有国际一流高水平师资队伍的普通高等学校，可不受年限限制直接申请。

（3）坚持社会主义办学方向，全面落实立德树人根本任务，办学定位清晰、目标明确、特色鲜明，党建和思想政治工作落实到位。拟开展博士生教育的学科专业，必须是服务本地区和国家经济社会发展急需的学科专业。

（4）应有师德高尚、业务精湛的高水平师资队伍，专任教师中具有博士学位教师的比例不低于45%（艺术体育类高校的比例不低于20%），年龄结构合理，全日制在校学生人数与专任教师的比例不超过16∶1（艺术体育类高校的比例不超过12∶1），部分教师担任过博士生导师。

（5）现有本科生和硕士研究生培养质量高，社会声誉良好。近5年内一般应获得多项省部级及以上教学奖励，无重大学术不端事件。已制定科学完整的博士研究生培养方案，能够按方案开设高水平博士生课程。

（6）应有较好的科学研究基础，目前承担多项国家级、省部级及横向科研项目，师均科研经费充足。近5年，师均年科研经费不低于10万元（农医类高校不低于6万元，文科单科性高校和艺术体育类高校不低于2万元）。一般应获得多项省部级及以上科研奖励，取得若干高水平学术成果，有多项研究成果应用转化或被政府采纳，取得较好的经济社会效益。

（7）应具有较好的学科基础，学科设置合理；具有支撑博士研究生培养所必需的省部级及以上实验室、基地、智库等科研平台；拥有充足的教学科研仪器设备、图书文献资料；国内外学术交流与合作活跃，有实质性成果；学校生均经费收入不低于4万元（艺术体育类高校不低于7万元）。

（8）学校研究生教育管理机构健全，专职管理人员配置合理，规章制度完善，执行情况较好。有完善的研究生奖助体系，公共服务体系完备。

3. 自主审核单位申请基本条件

（1）坚持社会主义办学方向，全面落实立德树人根本任务，办学定位、目标明确稳定，党建和思想政治工作落实到位，已成为我国研究生培养和科研的重要基地，近五年每年授予博士学位人数不少于 500 人（不包括授予同等学力人员博士学位）。

（2）具有很强的综合办学实力，在国内外享有较高的学术声誉和社会声誉，具有很高的国际知名度和较大的国际影响力。学科整体水平较高，博士学位授权一级学科不少于 20 个，其中 50% 以上一级学科排名进入国内同类学科前 10%（或前两名），并有一定数量的学科处于国际前列。

（3）师资整体水平处于国内前列，具有博士学位教师比例占教师总数的 65% 以上，拥有一批具有较大国际影响力的知名学者，全日制在校学生人数与专任教师的比例不超过 16∶1。

（4）研究生教育理念先进，有丰富的博士研究生教育经验。全日制在校研究生数与全日制在校本科生数的比例不低于 0.6，本科生和研究生教育质量高，毕业生在社会上享有很高的声誉。

（5）总体研究实力处于国内高校前列，承担了一批国家重大科研任务，取得了一批具有国际水平和影响力的研究成果，拥有一批国家级研究平台和基地。

（6）与国际一流高校和研究机构建立了密切、平等的合作关系，深度开展了实质性的研究生教育合作项目；研究生参加境外交流、合作研究比例较高，有一定比例的来华攻读博士、硕士学位留学生且生源质量较高。

（7）研究生管理体系和管理制度完善，具有一支高素质的研究生教育管理队伍，质量保障体系健全有效，具有完善、可持续的研究生资助体系，能够为研究生提供完备的公共服务体系。[1]

国务院学位委员会分别于 2018 年 4 月、2019 年 5 月共批准 31 所高校获准开展学位授权自主审核，分别为北京大学、清华大学、中国农业大学、中国人民大学、北京航空航天大学、北京师范大学、南开大学、天津大学、吉林大学、哈尔滨工业大学、复旦大学、同济大学、上海交通大学、南京大学、浙江大学、中国科学技术大学、厦门大学、武汉大学、西安交通大学、中国科学院大学、北京理工大学、华东师范大学、东南大学、山东大学、华中科技大学、中南大学、中山大学、四川大学、重庆大学、西北工业大学、兰州大学。

（二）博士硕士学位授权审核的办法

按照 2017 年颁布的《博士硕士学位授权审核办法》的规定，学位授权审核包括新增学位授权审核和学位授权点动态调整两种方式。新增学位授权审核分为新增博士硕士学位授予单位审核、学位授予单位新增博士硕士一级学科与专业学位类别审核、自主审核单位新增学位点审核。其中、自主审核单位新增学位点审核是指根据国务院学位委员会的授权，具备条件的学位授予单位可以自主按照开展新增博士硕士学位点、新兴交叉学位点评审，评审通过的学位点报国务院学位委员会批准。[2]

1. 新增博士硕士学位授予单位授权审核基本程序

新增学位授予单位审核原则上只在普通高等学校范围内进行。对新增硕士学位授予单位

---

[1] 国务院学位委员会.关于开展 2017 年博士硕士学位授权审核工作的通知［EB/OL］.［2017-03-30］. http://www.moe.gov.cn/s78/A22/A22_gggs/A22_sjhj/201703/t20170330_301553.html.

[2] 国务院学位委员会.关于印发《博士硕士学位授权审核办法》的通知［EB/OL］.［2017-03-30］. http://www.moe.gov.cn/srcsite/A22/yjss_xwgl/moe_818/201703/t20170330_301525.html.

以培养应用型人才为主。

（1）符合新增博士硕士学位授予单位申请基本条件的普通高等学校向本地区省级学位委员会提出申请，报送材料。

（2）省级学位委员会对申请学校的资格和材料进行核查，将申请材料在本省（区、市）教育主管部门官方网站上向社会公开，并按有关规定对异议进行处理。

（3）省级学位委员会组织专家对符合申请条件的学校进行评议，并在此基础上召开省级学位委员会会议，研究提出拟新增博士硕士学位授予单位的推荐名单，在经不少于5个工作日公示后，报国务院学位委员会。

（4）国务院学位委员会组织专家对省级学位委员会推荐的拟新增博士学位授予单位、按照新增博士硕士学位点申请基本条件推荐的拟新增博士、硕士学位授予单位进行评议，专家应在博士学位授权高校校领导、国务院学位委员会学科评议组召集人、全国专业学位研究生教育指导委员会主任委员与副主任委员及秘书长范围内选聘。获得2/3（含）以上专家同意的确定为拟新增博士硕士授予单位。经省级学位委员会推荐的符合硕士学位授予单位申请条件的学校，若无重大异议，可直接确定为拟新增硕士学位授予单位。

（5）国务院学位委员会将拟新增博士硕士学位授予名单向社会进行为期10个工作日的公示，并按有关规定对异议进行处理。

（6）国务院学位委员会审议批准新增博士硕士学位授予单位。

2. 新增博士硕士学位点的基本程序

（1）学位授予单位按照申报指南和学位点申请基本条件，确定申报的一级学科和专业学位类别，向本地区省级学位委员会提出申请，报送材料，并说明已有学位点的队伍与资源配置情况。

（2）省级学位委员会对学位授予单位的申请资格和申请材料进行核查，将申请材料在本省（区、市）教育主管部门的官方网站上向社会公开，并按有关规定对异议进行处理。

（3）省级学位委员会根据学位点的类型，组织专家对符合申请基本条件的博士硕士学位点进行评议，专家组人员中应包括相应学科评议组成员或专业学位教指委委员。

（4）省级学位委员会在专家组评议基础上召开省级学位委员会会议，提出拟新增博士硕士学位点的推荐名单，在经不少于5个工作日公示后，报国务院学位委员会。

（5）国务院学位委员会委托学科评议组或专业学位教指委，对省级学位委员会推荐的拟新增博士学位点进行评议，获得2/3（含）以上专家同意的确定为拟新增博士学位点。

（6）国务院学位委员会将拟新增博士硕士学位点名单向社会进行为期10个工作日的公示，并按有关规定对异议进行处理。

（7）国务院学位委员会审议批准新增博士硕士学位点。

3. 自主审核单位新增学位点的审核

国务院学位委员会根据研究生教育发展，逐步有序推进学位授予单位自主审核博士硕士学位点改革，鼓励学位授予单位内涵发展、形成特色优势、主动服务需求、开展高水平研究生教育。自主审核单位原则上应是我国研究生培养和科学研究的重要基地，学科整体水平高，具有较强的综合办学实力，在国内外享有较高的学术声誉和社会声誉。

新增学位点审核程序。符合申请基本条件的学位授予单位可向省级学位委员会提出开展自主审核新增学位点申请。省级学位委员会对申请材料进行核查后，将符合申请资格的学位授予单位报国务院学位委员会。国务院学位委员会组织专家评议后，经全体会议同意，确定自主审核单位。自主审核单位应制订本单位学位授权审核实施办法、学科建设与发展规划和新增博士硕士学位点审核标准，报国务院学位委员会备案，并向社会公开。自主审核单位新增博士硕士学位点审核标准应高于国家相应学科或专业学位类别的申请基本条件。自主审核单位须严格按照本单位自主审核实施办法和审核标准开展审核工作。对拟新增的学位点，应组织不少于7人的国内外同行专家进行论证。所有拟新增的学位点均须提交校学位评定委员会审议表决，获得全体委员2/3（含）以上同意的视为通过。自主审核单位可每年开展新增学位点审核，并于当年10月31日前，将本单位拟新增学位点报国务院学位委员会批准。

自主审核单位可根据科学技术发展前沿趋势和经济社会发展需求，探索设置新兴交叉学科学位点。此类学位点经国务院学位委员会批准后纳入国家教育统计。自主审核单位应加强对新增学位点的质量管理，每6年须接受一次评估。对已不再符合申请基本条件的，国务院学位委员会将取消其自主审核学位授权点的权限。自主审核单位发生严重研究生培养质量或管理问题，或在学位点合格评估和专项评估中出现博士硕士学位点被评为"不合格"的，国务院学位委员会将取消其自主审核学位授权点的权限。

4. 服务国家特殊需求人才培养项目

根据国务院学位委员会第二十八次会议审议通过的《关于开展"服务国家特殊需求人才培养项目"试点工作的意见》，决定开展学士学位授予单位培养硕士专业学位研究生试点工作。该项目针对国家有关行业领域特殊需求的高层次专门人才，现有硕士、博士学位授予单位难以满足培养需求，择需、择优、择急、择重安排少数办学水平较高、特色鲜明、能够服务国家战略发展需要，且在人才培养方面具有不可替代性的高等学校，在一定时期内招收培养研究生并授予相应学位的人才培养项目。

硕士专业学位授权以5年为期，实行动态管理。项目期满后，国务院学位委员会将组织专家对项目实施情况进行评估验收，根据人才需求变化和项目实施质量决定是否继续授权。对于不能达到预期目标，或人才需求已经发生变化的项目，不再安排其招收研究生，已招收的研究生全部毕业后项目即行终止。2017年7月国务院学位委员会开展服务国家特殊需求人才培养项目验收评估工作。2017年验收评估的高校为2011年批准的51所特需项目试点高校。2018年验收评估的高校为2012—2013年批准的47所特需项目试点高校。验收内容涉及人才培养质量、服务需求情况、管理与支撑条件三个方面，重点考察特需项目的人才培养模式及特色、研究生实践能力和学位授予质量等方面的情况；重点考察特需项目的人才培养直接服务国家特殊需求情况，包括实践教学、科学研究和就业等；重点考察试点高校对特需项目研究生培养的管理体系和制度建设、人才培养所需要的教学科研平台和资源投入情况。

（三）我国学位授权体系建设与发展

国务院学位委员会于1981年启动了全国第一次博士硕士学位授权审核，到2023年已开展了13次。31个省（区、市）均有博士、硕士学位授予单位。总体而言，我国基本建立了"学科门类齐全、学术学位与专业学位并重，地区覆盖全面的学位授权体系"，为高层次人次培养和研究生教育事业发展提供了有力支撑。

从1981年至2023年间，我国共进行了13次学位授权审核。每一时期的工作重点均有所不同，但基本工作内容包括：第一，审议批准新增博士和硕士学位授权单位；第二，审议批准新增博士和硕士学位点；第三，审议批准新增研究生导师；第四，根据当时经济社会发展需要特殊事项的审议。比如，为保障学位授权审核有章可循，不定期地审议和批准《授予博士、硕士和培养研究生的学科、专业目录》；又如，为加强学位授权审核制度化建设，在第四次学位授权审核中通过了《国务院学位委员会议事规则》；再如，为扩大高校办学自主权和激发地方政府办学活力，在第三次、第五次、第六次、第七次、第十次的学位授权审核中审议了扩大地方学位授权审核权以及部分学科、学位点下放给高校自主审核等事项。[1]

2017年3月17日国务院学位委员会颁布《关于开展2017年博士硕士学位授权审核工作的通知》（学位〔2017〕12号），标志着我国第十二次博士硕士学位授权审核工作正式启动，而2018年5月2日国务院学位办发布的《增列博士、硕士授予单位及其学位授权点名单的通知》，标志着第十二次博士硕士学位授权审核工作完成。[2] 第十二次学位授权审核设置了"新增博士硕士学位授予单位申请基本条件"和"博士硕士学位授权点申请基本条件"。"新增博士硕士学位授予单位申请基本条件"根据不同高校从事研究生教育的层次，分为"博士学位授予单位审核标准"和"硕士学位授予单位审核标准"。"博士硕士学位授权点申请基本条件"按照研究生教育《学位授予和人才培养学科目录》规定的一级学科和专业学位类别设置，分为"博士学术学位学科审核标准""硕士学术学位学科审核标准""博士专业学位审核标准"和"硕士专业学位类别审核标准"四大类247个分类标准。实施准入条件，是对任何一所高校申请开展研究生办学水平的入门标准，只要达到准入条件的高校，都有申报开展相应层次和相应学科学位授予的权力。

但是由于历史和现实经济发展水平的原因，我国区域高等教育发展极不均衡，西部地区研究生教育较东部地区相对落后。为了更好地服务西部高校和少数民族高校高层次办学需求，第十二次学位授权审核确定的政策倾斜包括三类高校：第一，西部高校。西部高校在申请新增博士硕士学位授权单位和学位授权点时，申请标准可降低20%；第二，民族高校。中央民族大学、西北民族大学、中南民族大学、西南民族大学等六所民族高校在申请新增博士硕士学位授权单位和学位授权点时，申请标准可降低20%；第三，单科性等高校。艺术体育类、农医类和文科单科性高校，在申请新增博士硕士学位授权单位和学位授权点时，专任教师中具有博士学位教师的比例由普通高校不低于45%降为艺术体育类高校不低于20%，全日制在校学生人数与专任教师比例由普通高校不超过16∶1降为艺术体育类高校比例应不超过12∶1，近5年，师年均科研经费由普通高校不低于10万元降为农医类高校不低于6万元，文科单科性高校与艺术体育类高校不低于2万元。近5年，生均经费收入由普通高校不低于4万元提高为艺术体育类高校不低于7万元。申请新增硕士学位授权审核单位时，专任教师中具有博士学位教师的比例由普通高校不低于25%降为艺术体育类比例不低于5%。在校学生人数与专任教师比例由普通高校不超过17∶1提高到艺术体育类比例不超过15∶1。近5年，师均年科研经费由普通高校不低于4万元降低到文科单科性高校和艺术体育类高校不低于1万元。生均经费收入由普通高校不低于3万元提高到艺术体育类高校不低于4万元。申请标准的部分降低，既是我国国家战略发展和区域协调的需要，也是保障研究生教育质量

---

[1] 李福华，姚云，钟秉林. 中国研究生学位授权审核法治化35年的回顾与发展展望［J］. 高等教育研究，2017，38（9）：50-55.

[2] 姚云，钟秉林. 第十二次博士硕士学位授权审核政策解析［J］. 研究生教育研究，2018（4）：9-13.

的需要。

2020年9月，国务院学位委员会发布《关于开展2020年博士硕士学位授权审核工作的通知》，启动第十三次博士硕士学位授权审核。通知指出，审核工作要从国家战略和经济社会发展出发，统筹规划、科学布局，对国家发展重点领域、空白领域和急需领域的一级学科和专业学位类别的新增予以倾斜。原则上，新增的硕士学位授予单位只能进行专业学位研究生教育工作，新增的博士学位授权点关注专业博士学位的发展。与第十二次相同，西部地区、民族高校可低于标准1/5申请新增学位授予单位和授权点。为保证质量，国家严格控制了博士硕士学位授予单位新增数量和自主审核单位数量[①]。

三、学位授予与自主设置二级学科案例

（一）上海大学学位申请指南

上海大学是教育部与上海市人民政府共建高校、教育部一流学科建设高校。上海大学学科门类齐全，涵盖哲学、经济学、法学、文学、历史学、理学、工学、管理学、艺术学等学科门类。现设有26个学院、1个学部（筹）和2个校管系；设有82个本科专业，42个一级学科硕士学位授权点、2个二级学科硕士学位授权点（一级学科未覆盖）、15种硕士专业学位类别；24个一级学科博士学位授权点、2个二级学科博士学位授权点（一级学科未覆盖）、8个交叉学科博士点。

1. 上海大学硕士学位申请指南

硕士学位申请答辩时需领取硕士学位申请材料，包括上海大学申请硕士学位指南、上海大学硕士学位申请表、《中国优秀博硕士学位论文全文数据库》出版章程、关于《中国优秀博硕士学位论文全文数据库》出版学位论文致导师函、博硕士学位论文同意发表声明以及学位论文在《中国优秀博硕士学位论文全文数据库》发表意见书。其中，要求作者在博硕士学位论文同意发表声明签字，学位论文在《中国优秀博硕士学位论文全文数据库》发表意见书上导师签名。

答辩决议建议授予硕士学位后，学位申请者向学院递交硕士学位申请材料。具体包括上海大学硕士学位申请表两份、上海大学研究生学习成绩单一张、学校统一组织拍照的二寸数码照片一张、硕博士学位论文同意发表声明、学位论文在《中国优秀博硕士学位论文全文数据库》发表意见书、与学位论文有关的代表性学术论文或科研成果等复印件。论文复印件需提供论文期刊封面、期刊目录、发表论文首页和三大检索证明。科研成果复印件需提供鉴定书封面、鉴定结果和主要研制人员名单，其中鉴定结果需专家组签名，鉴定单位盖章。专利成果复印件提供中华人民共和国国家知识产权局颁发的"专利证书"复印件或中华人民共和国国家知识产权局下发的相关通知书。此外，学位申请者需登录上海大学研究生院网站提交材料。网上提交材料包括学位信息登记表、研究生发表论文与科研成果表、学位论文中英文摘要和学位论文全文。

2. 上海大学博士学位申请指南

博士学位申请答辩时需领取博士学位申请材料，包括上海大学申请博士学位指南、上海

---

① 国务院学位委员会.国务院学位委员会关于开展2020年博士硕士学位授权审核工作的通知［EB/OL］.（2020-09-30）［2023-09-20］.http://www.moe.gov.cn/srcsite/A22/yjss_xwgl/moe_818/202009/t20200930_492604.html.

大学博士学位申请表、《中国优秀博硕士学位论文全文数据库》出版章程、关于《中国优秀博硕士学位论文全文数据库》出版学位论文致导师函以及学位论文在《中国优秀博硕士学位论文全文数据库》发表意见书。其中，学位论文在《中国优秀博硕士学位论文全文数据库》发表意见书上要求导师签名。

答辩决议建议授予博士学位后，学位申请者向学院递交博士学位申请材料。具体包括上海大学博士学位申请表两份、上海大学研究生学习成绩单一张、学位论文两本、学校统一组织拍照的二寸数码照片一张、硕博士学位论文同意发表声明、学位论文在《中国优秀博硕士学位论文全文数据库》发表意见书、与学位论文有关的代表性学术论文或科研成果等复印件。论文复印件需提供论文期刊封面、期刊目录、发表论文首页和三大检索证明。科研成果复印件需提供鉴定书封面、鉴定结果和主要研制人员名单，其中鉴定结果需专家组签名，鉴定单位盖章。专利成果复印件提供中华人民共和国国家知识产权局颁发的"专利证书"复印件或中华人民共和国国家知识产权局下发的相关通知书。两本学位论文需答辩委员会签名。此外，学位申请者需登录上海大学研究生院网站提交材料。网上提交材料包括学位信息登记表、研究生发表论文与科研成果表、中文摘要 1 500 字和英文摘要、中文概要 500 字和学位论文全文。

（二）北京理工大学自主设置研究生教育学博士专业

北京理工大学是全国首家具有研究生教育学博士学位授权的培养单位。研究生教育学二级学科是自主增设目录外二级学科，该学科严格按照要求的工作流程，经教育学评议组专家论证、全国公示、主管部门备案等合法程序，于 2016 年 11 月自主设置。

1. 方案论证

北京理工大学对拟增设目录外二级学科研究生教育学方案进行必要性、可行性论证。方案指出研究生教育学的学科内涵，对国内外设置研究生教育学学科的状况和发展情况分析得出研究生教育学科化在世界范围内并未得到足够重视和积极关注，因此申请增设研究生教育学设置为教育学一级学科下的二级自主学科。将开展研究生教育基础理论研究、研究生教育发展研究、研究生教育质量保障与评估研究等作为学科的主要研究方向。明确了研究生教育学学科的理论基础以及与其相近二级学科的关系。从社会对研究生教育学学科人才的需求情况、研究生教育学学科的目的、北京理工大学设置研究生教育学学科已具备的基础以及研究生教育学学科发展前景方面分析设置该学科的必要性和可行性。论证方案还包括研究生教育学学科的人才培养方案，详细说明研究生教育学学科培养目标、生源要求和选拔方式、课程体系的设计方案及依据、培养和学位的基本要求四个部分，并指出研究生教育学科的建设规划。

2. 专家评议

北京理工大学研究生教育学学科专家评议会于 2016 年 9 月 8 日进行，会议聘请了 7 位同行专家，分别为北京航空航天大学赵沁平教授、中国科学技术大学张淑林教授、浙江师范大学眭依凡教授、首都师范大学孟繁华教授、中国人民大学秦惠民教授、清华大学袁本涛教授、北京师范大学周海涛教授。专家认为，设置研究生教育学二级学科将为我国研究生教育改革和发展提供理论支撑和智力支持；促进我国研究生教育质量和水平的提高，提升国际影响力。北京理工大学具有研究生教育学二级学科博士学位授予的历史积淀和现实基础，设置研究生教育学学科的人才培养方案合理可行，学科发展规划思路明晰，教学科研条件及运行机制有保障，专家组一致同意北京理工大学设置"研究生教育学"二级学科。

3. 网上公示

北京理工大学校园官网在机构设置原发展规划处栏目对"教育学"一级学科下自主设置目录外二级学科"研究生教育学"进行公示，公示时间为 2016 年 9 月 8 日—2016 年 9 月 17 日。随后，北京理工大学将拟增设"研究生教育学"论证方案、专家评议意见等材料提交到中国学位与研究生教育信息网"二级学科自主设置信息平台"进行公示，接受同行专家、其他学位授予单位及社会公众为期 30 天的质询，公示期为 2016 年 9 月 27 日—2016 年 10 月 27 日。

4. 增设表决与上报结果

北京理工大学根据公示结果，经北京理工大学学位评定委员会审核并表决做出了增设的决定。北京理工大学于 2016 年 12 月 31 日之前将 2016 年年度增设研究生教育学学科相关电子材料通过"二级学科自主设置信息平台"上报至国务院学位委员会办公室。经教育部平台审核，准予备案。

【本章小结】

学位为评价学位获得者受教育程度与学术水平的标志,是社会评价、筛选的衡量尺度。学位与学历、学力、文凭之间有联系也有区别。通过立法程序施行的《学位条例》标志着学位制度的正式建立。多年来,学位制度在继承《学位条例》的基础上不断发展。学位管理在调整规范中逐步形成国家、省级政府和学位授予单位共同组成的三级学位管理体制。我国学位的分级采取了世界上多数国家的做法,设学士、硕士、博士三级学位,并与高等教育的几个培养阶段相一致。学科目录分为学科门类、一级学科和二级学科三级,适用于学士、硕士、博士的学位授予与人才培养,并用于学科建设和教育统计分类等工作。学位授予是国家对学位管理的基础和前提,具体包括硕士、博士、名誉博士学位授予以及在职人员以同等学力申请学位。学位授权审核包括新增硕士、博士学位授予单位审核,新增博士、硕士学位授权点审核以及自主审核单位审核等。

【思考题】

1. 什么是学位?学位的功能有哪些?
2. 国务院学位委员会办公室主要承担什么任务?
3. 自主审核单位申请需要满足哪些基本条件?

【推荐阅读文献】

1. 吴镇柔,陆叔云,汪太辅. 中华人民共和国研究生教育与学位制度史 [M]. 北京:北京理工大学出版社,2001.
2. 吴本厦. 中国学位与研究生教育的创立及实践 [M]. 北京:高等教育出版社,2010.
3. 张陈. 我国当代学位制度的传统与变革 [M]. 重庆:重庆大学出版社,2014.
4. 康翠萍. 学位论 [M]. 北京:人民教育出版社,2004.

附录：

中华人民共和国学位法（草案）

第一章 总 则

第一条 为了规范学位授予活动，保护学位申请人的合法权益，保障学位制度实施，促进教育、科技和文化事业的发展，培养德智体美劳全面发展的社会主义建设者和接班人，培养担当民族复兴大任的时代新人，服务全面建设社会主义现代化国家，根据宪法和教育法，制定本法。

第二条 国家实行学位制度，学位分为学士、硕士、博士三级，分为学术学位、专业学位等类型。学位按学科门类和专业学位类别等授予。

在中华人民共和国境内实施学位制度，适用本法。

第三条 实施学位制度应当坚持中国共产党的领导，全面贯彻党和国家的教育方针，践行社会主义核心价值观，落实立德树人根本任务，尊重教育规律，坚持公平、公正、公开，坚持学术自由与学术规范相统一，遵守法定程序，保障学位质量，促进科技创新和人才成长，提高人才自主培养质量。

第四条 依法实施高等学历教育的高等学校、科学研究机构，经审批取得学位授予权，成为学位授予单位，其相应学科、专业经审批成为学位授予点。学位授予单位可以根据所取得的权限授予学位。

第五条 设立学位授予单位或者增设学位授予点，应当符合国家和地方经济社会发展需要，符合高等教育发展规划和国务院学位委员会的规定。

第六条 拥护中国共产党的领导、拥护社会主义制度、遵守宪法和法律、遵守学术道德和学术规范的中国公民，在学位授予单位学习或者通过国家规定的其他方式，达到相应的学术水平或者专业水平的，可以按照本法规定的条件和程序申请获得相应学位。

第二章 学位管理体制

第七条 国务院设立学位委员会，负责领导全国学位工作。国务院学位委员会设主任委员一人，副主任委员和委员若干人。主任委员、副主任委员和委员由国务院任免，每届任期五年。国务院学位委员会设立专家组织，负责学位评审评估、质量监督、研究咨询等工作。

第八条 国务院学位委员会在国务院教育行政部门设立日常办事机构，实施国家的学位制度，负责学位管理工作。

第九条 省、自治区、直辖市人民政府设立学位委员会。省级学位委员会在国务院学位委员会的指导下，负责领导本地区学位工作。省、自治区、直辖市人民政府教育行政部门负责本地区学位管理工作。

第十条 学位授予单位设立学位评定委员会，负责本单位学位授予工作。学位评定委员会在本单位所取得的学位授予权限内，履行以下职责：

（一）审议本单位学位授予的实施办法和标准；

（二）审议学位授予点的增设、调整、撤销等事项；

（三）作出授予、撤销相应学位的决定；
（四）研究和处理学位授予争议；
（五）受理对学位申请人、学位获得者的投诉或者举报；
（六）审议其他与学位相关的事项。

学位评定委员会的组成人员应当为不少于九人的单数，由学位授予单位具有高级专业技术职务的负责人、教学科研人员组成，学位评定委员会主席由学位授予单位负责人担任。

学位评定委员会作出决定，应当以会议的方式进行。审议本条第一款第一项至第四项所列事项或者其他重大事项的，会议应当有全体成员的三分之二以上出席方为有效。决定以投票方式表决，经全体成员过半数同意，方为通过。

学位评定委员会可以设置若干分委员会，并可以委托分委员会履行相应职责。学位评定委员会及分委员会的组成、设立程序、任期、职责分工等由学位授予单位确定并公布。

第三章 学位授予权的取得

第十一条 学士学位由实施本科教育并取得学士学位授予权的高等学校授予。硕士、博士学位由实施研究生教育并取得相应学位授予权的高等学校、科学研究机构授予。

第十二条 设立学士学位授予单位或者增设学士学位授予点，由省级学位委员会组织审批，审批结果应当报国务院学位委员会备案。设立硕士、博士学位授予单位或者增设硕士、博士学位授予点，由国务院教育行政部门或者省级学位委员会组织审核，提出名单，报国务院学位委员会审批。设立学位授予单位或者增设学位授予点，负责审批的单位应当组织专家评审。

第十三条 设立学位授予单位或者增设学位授予点，应当在规定的申报期限内提出申请。负责审批的单位应当在受理申请后九十日内作出是否通过的决议，并向社会公示不少于十日。对在公示期内提出异议的，应当组织复核。

专家评审所需时间不计算在前款规定的审批期限内。

第十四条 符合条件的学位授予单位，经国务院学位委员会批准，可以自主开展增设硕士、博士学位授予点审核。自主增设的学位授予点，应当报国务院学位委员会审定，具体条件和办法由国务院学位委员会制定。

国家立足经济社会发展对各类人才的需求，优化学科结构和学位授予点布局，加强基础学科、新兴学科、交叉学科建设。国务院学位委员会可以根据国家重大需求、经济和社会发展、科技创新、文化传承和维护人民群众生命健康的需要，对相关学位授予点的设置、布局和学位授予制定特别条件和程序。

第四章 学位授予条件

第十五条 在高等学校、科学研究机构接受教育的学生或者通过国家规定的其他方式接受教育的受教育者，拥护中国共产党的领导，拥护社会主义制度，遵守宪法和法律，通过规定的思想政治理论课、基础理论课和专业课等课程考核，遵守学术道德和学术规范，达到毕业要求和相应学术水平或者专业水平的，可以分别按照本法第十六条、第十七条、第十八条规定的相应条件授予相应学位。

第十六条 高等学校对接受本科教育的学生或者受教育者授予学士学位，学位获得者还应当符合下列条件：

（一）通过毕业论文、毕业设计或者其他毕业实践环节审查；

（二）较好地掌握本门学科或者专业领域的基础理论、专门知识和基本技能；

（三）具有从事科学研究工作或者承担专业工作的初步能力。

第十七条 高等学校、科学研究机构对接受硕士研究生教育的学生或者受教育者授予硕士学位，学位获得者还应当符合下列条件：

（一）完成科研或者实践训练，通过学位论文或者实践成果答辩；

（二）在本门学科或者专业领域掌握坚实的基础理论和系统的专门知识；

（三）学术学位获得者须具有从事科学研究工作的能力，专业学位获得者须具有承担专业工作的能力。

第十八条 高等学校、科学研究机构对接受博士研究生教育的学生或者受教育者授予博士学位，学位获得者还应当符合下列条件：

（一）完成科研或者实践训练，通过学位论文答辩；

（二）在本门学科或者专业领域掌握坚实宽广的基础理论和系统深入的专门知识；

（三）学术学位获得者须具有独立从事科学研究工作的能力，专业学位获得者须具有独立承担专业工作的能力；

（四）学术学位获得者须在科学研究领域作出创新性研究，专业学位获得者须在专业领域作出创新性研究。

第十九条 学位授予单位应当根据本法第十五条至第十八条规定的条件，结合本单位学术评价标准，科学制定各学科、专业的学位授予具体标准并予以公布。

第五章 学位授予程序

第二十条 符合本法规定条件的学生或者受教育者，达到学位授予单位规定的学业要求和相应标准的，可以根据学位授予单位的要求提交申请材料、申请获得相应学位。学位授予单位应当在申请日期截止后六十日内审查决定是否受理申请，并将结果通知申请人。学生或者受教育者对学位授予单位不受理其学位申请有异议的，可以依照相关规定申请复核。

第二十一条 申请学士学位，由高等学校学位评定委员会组织审查，作出是否授予学士学位的决定。

第二十二条 申请硕士、博士学位，学位授予单位应当在组织答辩前，将学位申请人的学位论文或者实践成果送同行专家评阅。评阅之后，符合学位授予单位规定的，进入答辩程序。

第二十三条 学位授予单位应当按学科、专业组织硕士、博士学位答辩委员会。硕士学位答辩委员会应当不少于三人，博士学位答辩委员会应当不少于五人。博士学位答辩委员会必须有外单位的同行专家参加。

学位论文或者实践成果应当在答辩前送答辩委员会委员审阅。除内容涉及国家秘密或者商业秘密外，答辩应当公开举行。答辩委员会应当就学位申请人是否通过答辩形成决议，决议经全体成员三分之二以上同意，方为通过。

第二十四条 硕士学位论文或者实践成果答辩不通过的，经答辩委员会同意，可以在一年内修改，重新申请答辩一次。博士学位论文答辩不通过的，经答辩委员会同意，可以在两年内修改，重新申请答辩一次。

博士学位答辩委员会认为学位申请人的论文虽未达到博士学位的水平，但已达到硕士学位的水平，且学位申请人尚未获得过本单位该学科、专业硕士学位的，可以作出建议授予硕士学位的决议，报送学位评定委员会审定。

第二十五条 学位评定委员会应当根据答辩委员会的决议组织审核，作出是否授予硕士、博士学位的决定。

第二十六条 学位评定委员会作出授予学士、硕士、博士学位的决定后，学位授予单位应当公布授予学位的名单，颁发学位证书，学位授予信息由省级学位委员会汇总后报国务院学位委员会备案。

第二十七条 学位授予单位应当保存学位申请人的申请材料和学位论文、实践成果等档案资料；博士学位论文应当同时交存国家图书馆和有关专业图书馆。涉密的学位论文应当按照国家有关保密规定实施保密管理。

第六章　学位质量保障与监督

第二十八条 学位授予单位应当建立本单位学位质量保障制度，加强招生培养、学位授予等全过程质量管理，及时公开相关信息，接受社会监督，保证授予学位的质量。

第二十九条 学位授予单位应当为接受研究生教育的学生配备具有较高学术水平或者较强实践能力的教师、科研人员或者专业人员承担指导工作。

研究生指导教师应当为人师表，履行立德树人职责，关心爱护学生，指导研究生开展研究和实践、遵守学术道德和学术规范、提高学术或者专业能力。

第三十条 国务院教育行政部门和省级学位委员会应当在各自职责范围内定期组织专家对已经批准的学位授予单位及学位授予点进行质量评估。

对经质量评估确认不能保证所授学位质量的，经国务院学位委员会批准，可以视情节分别作出责令限期整改、撤销相应学位授予权等处理。

自主开展增设硕士、博士学位授予点审核的学位授予单位，研究生培养质量达不到规定标准或者管理发生严重问题的，国务院学位委员会应当撤销其自主审核资格。

第三十一条 学位授予单位可以根据本单位学科、专业需要，向省级学位委员会或者国务院学位委员会申请撤销相应学位授予点。

第三十二条 国务院教育行政部门应当加强信息化建设，完善学位信息管理系统，依法面向社会提供信息服务。

具有相应专业能力、资质的专门机构或者组织可以依法开展学位质量的监督、评价等活动。

第三十三条 已经获得学位者，在获得该学位过程中有下列情形之一的，经学位评定委员会审议决定，由学位授予单位撤销学位证书：

（一）学位论文或者实践成果存在抄袭、剽窃、伪造、数据造假、人工智能代写等学术不端行为的；

（二）盗用、冒用他人身份，顶替他人取得的入学资格，或者以徇私舞弊等非法手段取得入学资格、毕业证书的；

（三）在学习期间存在不应当授予学位的其他违法违规行为的。

盗用、冒用他人身份，顶替他人取得的高等学历教育入学资格等行为，构成犯罪的，依法追究刑事责任。

第三十四条 学位授予单位非法授予学位、颁发学位证书的，由教育行政部门宣布证书无效，责令收回或者予以没收，并按照教育法的有关规定处理。

第三十五条 学位授予单位作出不授予学位或者撤销学位的决定时，应当听取学位申请人或者学位获得者的意见，书面告知决定的内容及事实、理由、依据。

第三十六条 学位申请人对同行专家评阅、答辩、学术成果认定等过程中相关学术组织或者人员作出的学术评价结论有异议的，可以向学位授予单位申请学术复核。学位授予单位组织复核的，应当在收到学术复核申请之日起六十日内进行复核并作出复核决定，复核决定为最终决定。学术复核的办法由学位授予单位制定。

学位申请人对不授予其学位、学位获得者对撤销其学位的决定不服的，可以向学位授予单位申请复核。学位授予单位应当在收到复核申请之日起三十日内进行复核并作出复核决定。对复核决定仍不服的，可以向省级学位委员会提出申诉。

第七章 附 则

第三十七条 军队设立学位委员会。军队学位委员会依据本法负责管理军队院校和科学研究机构的学位工作。

第三十八条 对在学术或者专门领域、在推进科学教育和文化交流合作方面作出突出贡献，或者对世界和平与人类发展有重大贡献的个人，可以授予名誉博士学位。具有博士学位授予权的学位授予单位，经学位评定委员会审议通过，报国务院学位委员会批准后，可以向符合前款规定条件的个人授予名誉博士学位。

第三十九条 对在学位授予单位学习的中国境外个人，可以按照本法规定授予或者撤销相应学位。

第四十条 本法自×年×月×日起施行，《中华人民共和国学位条例》同时废止。

第七章
学科建设

【内容提要】

世界一流学科是高等教育强国的标志之一，学科建设对于大学建设起着核心引领作用。本章主要内容包括三部分，第一部分讲述学科的基本概念、学科与专业的区别、学科的不同分类，学科建设的定义、原则与特征以及对学校发展和研究生教育的作用等；第二部分讲述了学科建设的基本策略，从学校层面、学科两个层面分别列举了主要学科建设任务，并讲述了学科建设管理的模式与机制；第三部分以三个案例的形式，介绍了我国的重点建设项目、学校层面和学科层面如何具体开展学科建设有关工作。

【学习目标】

1. 掌握学科建设的定义、特征与原则等基本概念。
2. 了解高等学校学科建设的基本策略和主要任务。
3. 利用实例了解学校层面和学科层面的学科建设主要内容。

【关键词】

学科；学科建设；重点建设

Chapter VII
Discipline Construction

【Content Summary】

The world-class discipline is one of the symbols of a powerful higher education country. The discipline construction plays a core leading role in university construction. The main contents of this chapter include three parts. The first part describes the basic concepts of disciplines, the differences between disciplines and majors, the different classifications of disciplines, the definition, principles and characteristics of discipline construction, and its role to school development and graduate education. The second part describes the basic strategy of discipline construction. It lists the main discipline construction tasks from the school level and the discipline level, and describes the model and mechanism of discipline construction management. The third part presents three cases on how to carry out relevant work on discipline construction at three levels of the key construction projects, school and discipline.

【Objectives】

1. Master the basic concepts of definition, characteristics and principles of discipline construction.

2. Understand the basic strategies and main tasks of discipline construction in higher education institutions.

3. Use examples to understand the main content of discipline construction at the school level and at the disciplinary level.

【Key words】

Discipline; Discipline Construction; Key Construction

我国学科建设的发展，是伴随着学位与研究生教育共同成长发展起来的。改革开放四十年来，通过政策引导、经费支持、相关资源配套等手段，政府层面不断推动着我国学科建设工作不断前进发展。高等学校作为学科建设的主体，在积极落实国家有关政策和项目的同时，不断根据自己的特色和发展方向，以学科建设为引导学校发展的龙头工作，开展内涵建设，提升学校核心竞争力。本章主要介绍学科建设的基本概念和基本策略，并通过实例来阐述学科建设的主要内容。

第一节　学科建设基本概念

理解学科和学科建设的基本概念，是开展学科建设工作的出发点。学科在古代和当代，从不同的视角有不同的理解方式和分类方式。对学科建设的定义、特征和原则进行梳理，是探讨学科建设的基本策略和主要任务的基础。

一、学科

（一）学科的含义

学科，discipline。在我国古代，一是指学问的科目门类，在《如唐书》卷一九八《儒学传序》中记载："自杨绾郑馀废郑覃等以大儒辅佐，议优学科，先经谊，黜进士，后文辞，亦弗能克也。"；二是指唐宋时期科举考试的学业科目，宋代孙光宪《北梦琐言》卷二："咸通中，进士皮士休进书两通，其一，请以《孟子》为学科"。

在1979年版的《现代汉语词典》中，学科的描述为："①唐宋时期科举考试的学业科目，宋代孙光宪《北梦琐言》卷二：'咸通中，进士皮士休进书两通，其一，请以《孟子》为学科。'②按照学问的性质而划分的门类。如自然科学中的物理学、化学；社会科学中的历史学、经济学等。③学校教学的科目，如语文、数学、地理、生物等。④军事训练或体育训练中的各种知识性的科目（区别于'术科'）。"[1]

在2009年版的《辞海》中，学科的定义如下："①学术的分类，指一定科学领域或一门科学的分支，如自然科学中的物理学、生物学；社会科学中的史学、教育学等。②'教学科目'的简称，按一定逻辑顺序和学生接受能力，组织某一科学领域的知识与技能而构成的课程，如中学的物理、化学等；高等学校心理学系的普通心理学、儿童心理学等。"[2]

而2009年国家标准《学科分类与代码》（GB/T13745—2009）中指出："学科是相对独立的知识体系。"[3]

国外学者对学科主要有以下几种解释[4]。例如伯顿·克拉克认为"学科包含知识和组织两种形态方面的含义：一是作为一门门知识的'学科'；二是围绕这些'学科'而建立起来的组织"；黑克豪森认为"学科是指同类问题所进行的专门科学研究，从而实现知识的新旧更替，学科活动不断导致某学科内现有知识体系的系统化和再系统化"；沙姆韦认为"学科一方面用来描述基于经验方法和诉诸客观性的新知识，另一方面亦指军队和学校的训练方

---

[1] 中国社会科学院语言研究所词典编辑室. 现代汉语词典 [M]. 北京：商务印书馆，1979：245-246.
[2] 辞海编辑委员会. 辞海：第六版彩图本 [M]. 上海：上海辞书出版社，2009：2603.
[3] 中国标准化研究院. 中华人民共和国学科分类与代码国家标准GB/T13745—2009，2009：1.
[4] 周光礼，武建鑫. 什么是世界一流学科 [J]. 中国高教研究，2016.1.

法"。

根据上面的一些描述，可以将学科的定义归结为"学科是在教育、科学领域内按专业知识划分的知识门类，是相对独立的知识体系。"①

从不同的角度来看，学科有不同的含义。从创造知识和科学研究的角度来看，学科是一种学术的分类，指一定科学领域或一门科学的分支，是相对独立的知识体系；从传递知识和教学的角度看，学科就是教学的科目；从大学里承担教学科研的人员来看，学科就是学术的组织，即从事科学与研究的机构。

（二）学科与专业

学科与专业是两个既有区别又有联系的概念。

在《教育大辞典》第3卷中，将专业定义为："中国、苏联等国高等学校培养学生的各个专业领域。大体相当于《国际教育标准分类》的课程计划或美国学校的主修。根据社会职业分工、学科分类、科学技术和文化发展状况及经济建设与社会发展需要划分。"在《辞海》中，专业的定义为："高等学校或中等专业学校依据社会分工需要所分成的学业门类"。广义的专业指"知识的专门化领域"，狭义的专业指"按课程结构培养人才的一种组织形式"②。

学科与专业的主要区别在于专业设置是根据社会分工需要所形成的学业门类，随着产业结构的变化和人才需求的变化而变化，而学科是按照知识划分的知识门类，相对保持稳定；专业是按照课程结构培养人才的一种组织形式，发展的核心是教学，而学科的形成和发展遵循的是科学发展的规律。在高等学校中，本科教育目录一般称之为专业目录，研究生教育目录一般称之为学科目录。

学科与专业联系紧密，都具有人才培养的功能，与一定的知识相联系；学科是专业的基础，专业是学科的支撑。

教育部等五部门于2023年年初联合印发《普通高等教育学科专业设置调整优化改革方案》③。文件指出学科专业是高等教育体系的核心支柱，是人才培养的基础平台，学科专业结构和质量直接影响高校立德树人的成效、直接影响高等教育服务经济社会高质量发展的能力。文件要求高校要科学制定学科专业发展中长期规划，主动适应国家和区域经济社会发展、知识创新、科技进步、产业升级需要，做好学科专业优化、调整、升级、换代和新建工作。

二、学科分类

（一）按知识体系划分

按照知识体系划分，在我国学科主要有两个分类：《研究生教育学科专业目录》④《中华人民共和国学科分类与代码国家标准》。

---

① 苏均平，姜北. 学科与学科建设（第2版）[M]. 上海：第二军医大学出版社，2014：2.
② 谢桂华. 高等学校学科建设论[M]. 北京：高等教育出版社，2011：59.
③ 教育部等五部门关于印发《普通高等教育学科专业设置调整优化改革方案》的通知，2023年2月21日，http://www.moe.gov.cn/srcsite/A08/s7056/202304/t20230404_1054230.html.
④ 国务院学位委员会 教育部关于印发《研究生教育学科专业目录（2022年）》《研究生教育学科专业目录管理办法》的通知，2022年9月13日，http://m.moe.gov.cn/srcsite/A22/moe_833/202209/t20220914_660828.html.

1. 《研究生教育学科专业目录》

《研究生教育学科专业目录》是由国务院学位委员会、教育部规定印发的，分为学科门类、一级学科和专业学位类别，是国家进行学位授权审核与学科专业管理、学位授予单位开展学位授予与人才培养工作的基本依据，适用于硕士博士学位授予、招生培养，学科专业建设和教育统计、就业指导服务等工作。

从 1983 年至今，一共颁布了 5 版目录。1983 年，《高等学校和科研机构授予博士、硕士学位和培养研究生的学科、专业目录（试行草案）》，共设 10 个学科门类、63 个一级学科、666 个二级学科。1990 年，《授予博士、硕士学位和培养研究生的学科、专业目录》，共设 11 个门类、72 个一级学科、654 个二级学科。1997 年，《授予博士、硕士学位和培养研究生的学科、专业目录（1997）》，一级学科由原来的 72 个增加到 88 个，二级学科（学科、专业）由原来的 654 个减少到 381 个。2011 年，《学位授予和人才培养学科目录（2011 年）》，增设了艺术学门类，一级学科由 88 个增加到 110 个，不再颁布二级学科；将《专业学位授予和人才培养目录》作为附件发布，专业学位类别共 39 个。2022 年，《研究生教育学科专业目录（2022 年）》，增设了交叉学科门类，一级学科由 110 个增加到 117 个，二级学科目录另行发布；目录把学术学位和专业学位摆在同等重要地位，将专业学位归类到各门类，与一级学科并列，专业学位类别共 66 个；发布目录的同时发布了新版《研究生教育学科专业目录管理办法》，学科专业设置与管理将实行放权与规范并进的目录管理新机制，主要包括：①将研究生教育学科专业体系分为学科门类、一级学科与专业学位类别、二级学科与专业领域三个层级。②一级学科和专业学位类别设置实行先探索试点、成熟后再进目录的放管结合新机制。③对学科门类的设置与调整、一级学科和专业学位类别的命名规则、编码规则、设置条件、设置程序、编入目录等作出明确规定。④学科门类、一级学科和专业学位类别的修订周期缩短为 5 年，学位授予单位自主设置的二级学科和专业领域每年定期统计发布。⑤规定了学科门类的调整程序、试点设置一级学科和专业学位类别的撤销程序、一级学科和专业学位类别退出目录的程序和要求。

2. 《中华人民共和国学科分类与代码国家标准》

《中华人民共和国学科分类与代码国家标准》简称《学科分类与代码》，是中华人民共和国关于学科分类的国家推荐标准。该标准 1992 年首次发布，最新版本是 GB/T13745 – 2009。该标准建立的学科分类体系是直接为科技政策和科技发展规划以及科研项目、科研成果统计和管理服务的，因此主要收录已经形成的学科，而对于成熟度不够或者尚在酝酿发展有可能形成学科的雏形则暂不收录。

在该标准中，学科指相对独立的知识体系；学科群指具有某一共同属性的一组学科，每个学科群包含了若干个分支学科。共设 62 个一级学科或学科群、676 个二级学科、2 382 个三级学科。一级学科之上可归属到科技统计使用的门类，门类不在标准中出现。门类排列顺序是：A 自然科学，B 农业科学，C 医药科学，D 工程与技术科学，E 人文与社会科学。

该标准中学科分类主要依据学科的研究对象，学科的本质属性或特征，学科的研究方法，学科的派生来源，学科研究的目的与目标等五方面进行划分。

3. 其他

在我国，还有若干其他国家职能部门根据自身的业务管理需要分别制定的目录。

《普通高等学校本科专业目录（2012年）》①是高等教育工作的基本指导性文件之一。它规定专业划分、名称及所属门类，是设置和调整专业、实施人才培养、安排招生、授予学位、指导就业，进行教育统计和人才需求预测等工作的重要依据。目录包含基本专业和特设专业。基本专业一般是指学科基础比较成熟、社会需求相对稳定、布点数量相对较多、继承性较好的专业。特设专业是满足经济社会发展特殊需求所设置的专业，在专业代码后加"T"表示。2023年版本是在2012年基础上，增补了近年来批准增设、列入目录的新专业，新专业均列为特设专业。

《国家自然科学基金委员会申请代码》主要用于申报国家自然科学基金，以主要研究方向进行分类资助和管理，分为九大部：数理科学部、化学科学部、生命科学部、地球科学部、工程与材料科学部、信息科学部、管理科学部、医学科学部、交叉科学部。交叉科学部②于2020年11月成立，以重大基础科学问题为导向，以交叉科学研究为特征，统筹和部署面向国家重大战略需求和新兴科学前沿交叉领域的研究，建立健全学科交叉融合资助机制，促进复杂科学技术问题的多学科协同攻关，推动形成新的学科增长点和科技突破口，探索建立交叉科学研究范式，培养交叉科学人才，营造交叉科学文化。

《中国图书馆图书分类法》是中华人民共和国成立后编制出版的一部具有代表性的大型综合性分类法，简称《中图法》。其编制始于1971年，先后出版了五版。它按照一定的思想观点，以学科分类为基础，结合图书资料的内容和特点，分门别类组成分类表。

（二）按管理层次划分

从学科建设的管理层次来看，可以把学科分为国家重点学科、省部重点学科、院校重点学科、非重点学科。

1. 国家重点学科

国家重点学科，是国家根据发展战略与重大需求，而择优确定并重点建设的培养创新人才、开展科学研究的重要基地，在高等教育学科体系中居于骨干和引领地位。其建设目标是：一批学科总体水平处于国内同类学科前列，其中部分学科达到国际同类学科先进水平。提升我国高等教育的创新能力和人才培养能力，为建设创新型国家提供人才和智力支撑。③

我国从1983年开始提出建设国家重点学科，分别于1987年、2001年、2006年开展了三次国家重点学科的遴选与考核工作；2014年，取消国家重点学科审批。

国家重点学科在三十年的发展过程中，通过重点带动效应，大大促进了各校学科建设与发展，为研究生教育整体水平的提升做出了重大贡献。国家重点学科的评选制度趋于完善，特别是第三次重点学科评选，采取了原有考核、增补评选、一级学科认定的三步走方式，引导学校和学科点要注重建设而不是申报；评选指标体系也更加多元化，不仅要考察水平，还要考察建设成效，更加强调过程建设；专家投票方式由之前的个人投票改为学校投票与互评，减少了非学术因素的影响。评审方式、评选指标体系等的变化，都促使单位和国家重点

---

① 教育部关于印发《普通高等学校本科专业目录（2012年）》《普通高等学校本科专业设置管理规定》等文件的通知，2012年9月，http://www.moe.gov.cn/srcsite/A08/moe_1034/s3882/201209/t20120918_143152.html；关于公布2022年度普通高等学校本科专业备案和审批结果的通知，2023年4月，http://www.moe.gov.cn/srcsite/A08/moe_1034/s4930/202304/t20230419_1056324.html。

② 国家自然科学基金委员会，交叉科学部简介，2020年11月，https://www.nsfc.gov.cn/publish/portal0/tab1333。

③ 教育部，国家重点学科建设与管理暂行办法，2006年10月，教研〔2006〕3号。

学科点要以评促建，高度重视建设过程。

2. 省部重点学科

省部重点学科，主要是各个省市、部委根据各自的发展特点和实际需求而确定的区域性或行业性重点投资建设学科。这些学科对国家重点学科起到支撑作用，同时又做到了补充和完善的作用。

省部重点学科的评选与建设，大大提升了高等学校学科建设水平，推动了学科结构的调整与优化，汇聚了高水平的师资队伍，增强了科学研究实力，为培养高层次优秀人才提供了良好的基础与平台，为国家、地区、行业以及高等学校的发展做出了重大贡献。

3. 院校重点学科

院校重点学科是由各个院校根据自己的特点、优势与发展需求而确定的拟重点支持的学科，既是国家重点学科、省部重点学科的基础、落脚点和发源地，也是落实学校拟重点发展学科的重要方式。

4. 非重点学科

对于其他未列入重点学科的非重点学科来说，并不是可有可无，这些学科的水平可能尚未达到重点学科的水平，但有可能对学科的教学等工作起到支撑、不可或缺的作用。

虽然国家重点学科的遴选和审批已经取消，但随着"双一流"建设中的"一流学科"名词的产生和建设，按照管理层次进行学科建设的思路和做法仍将持续。

（三）按学科建设性质划分

一个学校完整的学科体系应当是由多种性质的学科组成的，包括骨干学科、优势学科、支撑学科、必要学科、新兴交叉学科等。

1. 骨干学科

骨干学科是学校最具有核心竞争力、最能体现学校特色的学科，代表着学校学科的最高水平，也是社会影响力最强的学科。骨干学科必须加强重点建设，管理上重视、政策上倾斜，形成集中优势，从而产生大成果。

2. 优势学科

优势学科是指在学科的某一方面或方向上具有明显领先优势的学科，一般在同类学科中具有综合优势，形成学校学科体系中的第二层次。

3. 支撑学科

支撑学科一般是指一些基础性学科，这些学科的发展本身不一定具有特别明显的优势和非常高的水平，但这些学科能够对学校的骨干学科、优势学科的发展起到支撑作用，支撑学科与骨干学科、优势学科相互作用、共同发展。

4. 必要学科

在高校中，除了要产生标志性成果的骨干学科、优势学科、支撑学科之外，还有一些是必要学科，这些学科对学校的人才培养等来说是必不可少的，例如英语、马克思主义理论等学科，是学科综合素质培养的基础性学科。

5. 新兴交叉学科

随着科学技术的发展，新兴交叉学科不断涌现。各学科间的相互交叉渗透形成新的知识体系，从而派生出很多新学科，很多创新点也来自新兴交叉学科，成为学科体系中不可或缺的部分。

不同类型的学科，在学校的发展与建设中起着不同的作用，相互带动、引领、支撑，构成学校的学科生态系统。

三、学科建设

（一）学科建设的定义

学科建设，指学科主体根据社会发展的需要和学科发展的规律，结合自身实际，采取一切必要的、可行的措施和手段，促进学科发展和学科水平提高的一种社会实践活动。从系统角度，学科建设是一个由人、财、物等基本要素组成的系统工程；从效益角度，学科建设是通过"投入"获得"产出"的过程；从内容角度，学科建设是以学科学术性质为核心，集学科方向建设、学科梯队建设、平台建设于一体的综合性建设；从目的角度，学科建设就是按照一定的学科方向，对学术队伍和条件进行规划与建设，从而形成人才培养与科学研究的综合实力。

学科建设其实就是对学科自发演进的一种促进和引导活动[1]，努力为学科发展创造有利条件，使学科的发展与社会经济文化的发展相适应。学科建设以社会经济发展与社会进步为导向，由学者—社会—政府共同推动的、使基础研究—应用研究—开发研究相互促进的、围绕各类学科而进行的生产—传播—应用知识的活动。这种活动既包括学科的合理划分、学科的恰当设置、学科的逐级建制化，也包括学科布局和结构的调整，甚至包括学科环境的营造。

（二）学科建设的特征

学科建设具有综合性与系统性、适应性与创新性、长期性与持续性的特征。

1. *综合性与系统性*

学科建设是一项综合性很强的工作，它辐射和渗透到学校的每个环节，既包括理论探索，又包括实践检验；既包括教学科研活动，又包括学校的组织管理；既包括教学科研平台等硬环境的建设，又包括机制、体制及文化等软环境的营造。反之，学科建设还受到来自学校各方面的因素制约，如学校的目标定位、发展规划、建设资源等。学科建设是一个系统工程，是学校建设的综合性体现。

2. *适应性与创新性*

学科建设要适应科技发展与国家、社会和学校发展的需求，主动瞄准学科发展的前沿和世界科技发展的新动向，不断开辟新的领域和新的研究方向，同时注重在发展中创造和形成新的学科优势和特色。"适应"是学科生存的环境，"创新"是学科发展的动力。

3. *长期性与持续性*

学科建设不是一朝一夕所能完成的，是关系到高校长远发展的战略性建设，具有明显的长期性建设特征。任何一门学科都要经历从无到有、从小到大、从弱到强的过程，这需要相当长的建设时间，且需要经受时间和历史的考验。学科建设不会因领导的离位而消失，只会

---

[1] 谢桂华. 高等学校学科建设论 [M]. 北京：高等教育出版社，2011：63.

因外界环境的变化甚至学科建设主体的改变而转移建设重点，但学科建设仍会持续下去。

（三）学科建设的原则

学科建设是一项复杂的系统工程，需要用科学的方法来建构；应该坚持系统性原则、科学性原则、创新性原则和实效性原则。

1. 系统性原则

学科建设是一项综合性很强的工作，涉及学校多个相关部门的工作，当各职能部门的管理形成一致的合力时，学科建设就会达到最大效果。因此，必须将高校的学科建设放在一个完整的、综合的系统中来开展，综合考虑系统中相互联系、相互依存和相互作用的要素，根据系统的整体性、相关性和有序性来开展学科建设。

2. 科学性原则

学科建设应遵循科学性原则，体现在一切从实际出发。学科建设必须结合国家和地区的经济建设、科技进步与社会发展的需要，结合行业发展的需要，结合地区学科布局情况，结合本校人才培养目标和学科建设的实际情况来开展。

3. 创新性原则

学科创新是学科发展的生命，也是学科建设取得成效的关键。学科建设必须立足于学科创新，努力进行理论创新和制度创新，将创新精神始终贯穿于教学、科研、人才、方向等建设中，与时俱进开展教学和科研改革，创设有效的激励机制促使人才脱颖而出。

4. 实效性原则

学科建设必须讲求实际效果，注重投入与产出双向增长。在投入大量的人力、物力和财力的同时，学科建设应遵循实效性原则，建立有效的管理和检查监督机制，实现各种资源优化配置，合理开发，督促和检查学科建设阶段性目标的实现情况、经费的使用情况。

（四）学科建设对大学建设发展的作用

学科建设在大学建设中起到核心、引领的"龙头"作用，学科建设的水平影响、决定着学校建设发展的水平，一流大学必然是由若干一流的学科组成，一流的学科汇聚一流的大师、在一流的平台上培养一流的人才、产出一流的成果。

学科建设对大学建设发展起到推动作用。[①] 大学是教育、科技、人才"三位一体"发展的基本单元，学科是"三位一体"发展的交叉汇聚点。[②] 学科建设可以促进学校学科布局结构的优化，可以建设高水平的师资队伍，可以改善学校的基础设施和办学条件，可以促进大学制度的完善，可以提升校园文化，能够为大学发展赢得资源。学科建设是培养高质量人才、进行高水平研究、提升社会服务能力、传承优秀文化、促进国际交流的基础性建设。

（五）学科建设对研究生教育的促进作用

学科建设是大学建设发展中的核心工作，研究生教育是高水平院校履行人才培养职能的重要工作。二者相互促进与共同发展。通过学科建设提升综合办学实力，从而更好地实现高水平研究生教育、培养一流的优秀人才。

学科是研究生教育活动的支撑平台，是为研究生教育服务的，学科建设必须紧紧围绕研

---

① 谢桂华. 高等学校学科建设论 [M]. 北京：高等教育出版社，2011：67.
② 张军. 坚持教育、科技、人才"三位一体"加快推进"双一流"高质量建设 [J]. 中国高等教育，2023（8）.

究生教育展开，不能脱离人才培养。通过抓学科建设，可以系统全面地提升师资队伍水平和支撑平台条件，为研究生教育提供更多更好的资源；优秀的研究生是科学研究队伍的重要组成力量，是国际学术交流的重要人员，因此，高水平的研究生教育对学科建设工作的影响也是积极和促进的。

第二节　学科建设基本策略

学科建设是一个实践的过程，是高等学校大学建设的核心，在很大程度上决定着大学职能（人才培养、队伍建设、科学研究、社会服务、文化传承、国际交流）的履行效果。学科建设对于学校层面和学科点层面，有不同的建设任务；建立良好的学科建设管理体制，能够促进学科水平的提升。

一、高等学校学科建设主要任务

在大学中，学科建设的任务主要体现在两个层面：对于学校而言，要制定学校的学科发展规划、优化和调整学科布局和结构、突出重点、加强评估、构建有利于学科发展的管理体制与运行机制；对于各个学科点来说，学科建设任务主要是学科方向凝练、学术队伍汇聚建设、条件平台构筑等，目的是开展科学研究、人才培养、社会服务等工作。

（一）学校层面的建设任务

1. 加强顶层设计，科学制定规划

学科建设规划是学科建设的依据和蓝图，是学校教育事业发展规划的重要组成部分，是学院规划、其他有关专项规划的基础，是切实贯彻"以学科建设为龙头"的重要体现。学科建设规划由两部分组成，一部分是学校层面的整体性学科建设规划，包括学校学科布局、重点建设学科、有关措施和制度保障等；另一部分为每个一级学科所做的学科建设规划，包括本学科的二级学科设置、队伍、目标、主要建设内容等。

学科建设规划的制定必须与学校的定位、发展战略目标相一致，并为实现这一目标服务；必须依托学校的办学特色，发挥现有的学科优势，通过学科间的"强强交叉、强弱融合、以强带弱、弱弱抱团"，打造出新的优势学科；必须坚持"四个面向"，为国家和地区经济建设、科技进步、社会发展、人类生命健康等方面服务，特别是要与行业的发展相结合。

制定学科建设规划，必须求真务实。一流的大学，并不一定拥有所有门类或领域的学科，也不是所有的学科都是一流的；一流学科，也不等同于所有的二级学科或研究方向都是一流的。因此，应当结合学校的实际情况，在学校准确定位的基础上，结合学科前沿以及国家、地区和行业需求，制定科学合理、目标明确、重点突出、措施切实可行、有操作性的学科发展规划。

2. 调整学科布局，优化学科结构

学校的学科结构和布局决定了学校的功能和特色，影响着学科水平的提升。在调整学科布局、优化学科结构时，要遵循和体现学校的定位和发展目标，结合学科的发展趋势和社会发展的需要，正确地进行学科布局的调整和学科结构的优化。要根据学校实际的人才资源、硬件条件和经费情况，本着实事求是、重点突出的原则，建构特色鲜明、结构合理、相互促进的综合性学科体系。

从世界一流大学的学科结构来看，一般具有以下特点：一是有比较宽厚的文理基础性学科，知识体系相对比较完善，既是培养人才的基本文化素质的知识基础，又是应用学科和工程技术学科发展的源泉；二是学科门类较多，注重不同学科之间的彼此交叉和相互融合，能持续不断地生成新学科；三是有一批具有世界一流水平的顶尖学科。世界一流大学的这种学科结构特点，有宽厚的基础学科作基础，有强大的应用学科和技术学科作支柱，有利于顶尖学科的深入发展；有多学科的相互渗透、相互促进、相互交叉，能更好地促进多学科的协同发展。

结合世界一流大学学科建设的经验，学科布局调整和学科结构优化应从以下着手：①加强对传统学科、单一学科的改造、更新、拓展、延伸，大力发展新兴学科、高新技术学科、综合交叉学科；②大力提高基础学科的研究水平，使基础研究具有前沿性、原创性；增强应用学科的应用性，使其能够满足经济建设和社会发展的需要。

3. 突出重点，强化特色

在制定规划和进行学科建设时，一定要"突出重点，强化特色"。建设世界一流大学和学科，不仅指要有中国特色，还要强调学校特色、学科特色。每所高校都有自己的发展历史，并在发展过程中形成了自己的传统和办学特色，这是一所高校能否在高等教育阵地站稳脚跟并求得发展的根本。特色是一所学校区别于其他大学而存在的理由，特色同时又是这所学校继续生存与发展的前提，有特色的大学才能受到社会的重视并迎来发展的机遇，在坚持特色和发扬优势的前提下突出创新。不同学校的相同学科，在历史发展过程中也都有其特色的产生和存在，要鼓励百花齐放，不能千篇一律。

要打破平均发展的观念，根据"有所为，有所不为"的方针，集中人力、物力、财力，重点投资、重点建设，打造学科高峰，创造一流。同时，要坚持统筹兼顾的原则，正确处理重点学科与特色学科、基础学科与应用学科、传统学科与新兴交叉学科之间的关系，在加强重点学科建设的同时，加大对基础学科的投入和建设力度，有计划、有步骤地发展前景好、经济社会发展需要的应用学科建设。

4. 加强学科建设的考核评估

学科建设的考核评估是对不同发展时期学科建设水平的评价与测定，是学科建设管理中的重要环节。考核评估对学科发展具有鉴定、导向、诊断、激励和监督作用。考核评估标准的建立要基于现状，不能好高骛远、不切实际；要瞄准未来，有一定的前瞻性和挑战性，成为持续改进的动力。通过考核评估，不断推动学科的发展，增强学科实力，实现以评促建。

5. 加强制度建设，建立良好的管理体制与运行机制

对于大学来说，要以体制机制改革和制度建设创新为关键着力点，从而实现促进大学治理能力现代化、激发大学自主办学活力的深化综合改革的根本目的。制度建设中，要遵循"规范授权、明确责任、实施问责、责任追究"的思路，建立权利清单制度，还要有严格而科学的问责体系。要精简管理层次、明确岗位职责、缩短工作流程。

构建管理中心下移的责权利体系。以一级学科为基础，提出责、权、利的要求与规范，根据不同建设目标配置人财物，激发基层活力。加强学术组织建设，充分发挥其在学科建设

方面的重要作用。

(二) 学科点层面的主要任务

学科点是学科建设任务的微观执行单位，其主要任务可归纳为：凝练学科方向、汇聚学科队伍、构筑学科平台。一级学科建设规划的制定对学科建设任务的完成起着非常重要的作用。

1. 编制学科建设规划

编制学科建设规划是在对过去若干年工作经验和问题总结的基础上，进行国内外多指标的详细对比，重点是找出差距，从而以问题和目标为导向，列出今后若干年拟做的事情和计划，然后实施。为了每个学科能够较好地编制规划，可以制定规划纲要，从而减轻各个学科的盲目性和工作量。表7-1为某校的"十三五"一级学科建设规划纲要。在编制学科建设规划时，翔实的数据分析对比是基础，可以搜集学科在知名评估、排名中的有关指标和数据，以及国内外同学科的发展情况进行详细的分析；之后是结合本学科的特点，列出科学、可行的建设内容及建设经费需求。

表7-1 "十三五"一级学科建设规划纲要

一级学科建设规划纲要
一、学科基本情况
（一）学科简介
（二）学科方向
1. 我校本学科的学科方向
2. 本学科国际主流学科领域及研究方向概述
3. 本学科国内主流学科领域及研究方向概述
（三）学科队伍
1. 学科队伍总体情况
2. 学科方向队伍情况
（四）科学研究
（五）人才培养
（六）国际交流
（七）学科平台
1. 学科科研教学平台情况
2. 学科方向科研教学平台情况
（八）存在的主要问题
二、建设目标及发展思路
（一）总体建设目标
（二）具体建设目标
（三）发展思路
三、主要建设内容及具体措施
（一）学科方向
（二）学科队伍
（三）科学研究
（四）人才培养
（五）国际交流
（六）学科平台
（七）社会服务
（八）学科交叉
四、所需经费支持
五、建议

2. 凝练学科方向

明确合理科学的学科方向（即二级学科），是学科建设发展的关键。学科方向是纲，明确了学科方向后，围绕学科方向汇聚学科队伍、构筑学科平台，才能形成学科合力，促进学科的良性发展。

在凝练学科方向时，既要对比国内外主流、先进的方向，又要瞄准国家社会重大需求；在具有前瞻性、科学性的同时，要在一定时间内保持方向的稳定性及可持续性；与研究生招生、培养工作等保持一致，以利于在学校内各项相关工作的统筹开展。

在科学技术发展日益迅速的今天，要密切关注学科方向的前沿与交叉性，创新性成果往往产生于学科交叉中。学科方向不能一成不变，也不能与研究方向趋同，要根据科技社会发展变化而变化。

学科方向要有自己的特色，才能形成优势，从而立于不败之地。

3. 汇聚学科队伍

学科队伍是开展学科建设工作的主体力量，是学校最重要的资源，是在学术及社会影响力等方面的决定性因素。

学科队伍需要各个层面的人员组成，既要有学术水平高、具有一定人格魅力的学科带头人，也需要有骨干教师、普通教师、其他教学科研辅助人员等；同时，学科队伍要注意年龄结构、学历结构、学缘关系等。在汇聚队伍时，需要从多方面分析现状与差距，结合建设目标，按照学科方向，分析列举出本学科急需引进、培养的人才（为什么需要、进入学科后的角色、以什么方式进人、瞄准哪些国内外高校、希望学校给予的政策和支持等），进而制订可行的计划。

计划制订后，需要学科带头人、学科骨干等发挥各方面的优势，"广纳天下英才"，使学科队伍能够真正按照设想汇聚，并充分发挥不同层次人才的作用。

4. 构筑学科平台

学科平台是学科开展科学研究、人才培养的基地，是学科队伍的"英雄用武之地"，同时也是"梧桐树"，从而吸引"金凤凰"。在构筑学科平台时，要结合建设目标和学科方向，详细分析本学科现有平台和设备等基础条件情况（包括现有大型设备的用途、是否与其他设备组成系统、对本学科科学研究和人才培养的支撑度、使用情况等），分析本学科急需购买的仪器和设备（购买的必要性、与现有设备的关系、对本学科科学研究和人才培养的支撑度、购买数量和所需经费等），使现有设备使用充分、新购设备论证充分，力争建设高规格的学科大平台。

在做好以上工作之后，就为开展科学研究、人才培养提供了坚实的基础。从而，学科的产出性成果也就水到渠成了。

二、学科建设管理

学科建设是一项综合性强、系统性强、涉及面广的工程，只有相关参与方的通力合作，才能使学科建设朝着设想的方向不断前行。为了更好地开展学科建设工作，对其加强有效领导和科学管理，变得越来越重要。学科建设管理就是通过科学的管理手段，合理调配和使用有限的学科建设资源，提高学科建设的效率和效益，促进学科的建设和发展。

（一）学科建设的管理体制

受我国整体管理体制的影响与约束，学科建设的管理体制为国家、高等学校主管部委或省级政府、高等学校三级管理体制。具体现状可以概括为：国家宏观指导、省级统筹协调、高等学校具体实施。其典型特点是中央集权、行政主导、责权明确。

1. 国家层次

国家层级的学科建设管理部门以教育部为主，财政部、国家发展和改革委员会参与工作。国务院学位委员会及学科评议组、专业学位教育指导委员会等，体现学术权力的评议、咨询；教育部学位管理与研究生教育司（国务院学位委员会办公室）负责学科建设的日常管理工作。

国家层级的学科建设管理部门的主要职责是：制定国家关于学科建设与发展的总体规划、政策和规章制度，宏观指导和调控学科建设工作；出台并组织全国性重大学科建设项目（如"211工程"、"985工程"、"双一流"建设等）的实施；筹措和安排学科建设资金等。

2. 省（部）层面

省（部）的教育主管部门，承担着联系国家层面和高等学校层面学科建设的承上启下的作用，其主要职责是：贯彻实施国家有关学科建设的规划、政策和规章制度；制定本地区（部门）的学科建设发展规划、实施办法和管理细则，指导和调控本地区（部门）学科建设工作，引导高校分类建设学科，在各自类别和领域追求卓越、争创一流等，支撑地方或者某些行业的经济社会与教育高质量发展。尤其是省教育主管部门，会鼓励当地的部属高校发挥优势，带动提升地方省属、市属高校整体质量和水平。

3. 高等学校层面

高等学校是国家、省（部）学科建设规划的执行单位，具体实施学科建设的工作。一般情况下，高等学校内部学科建设可分为学校、学院/研究院、学科点三级。

学校的主要职责是加强顶层设计，科学制定规划；优化学科布局，调整学科结构；加强制度建设，改革体制机制。

学院/研究院的主要职责是承上启下，贯彻落实学校的学科建设规划，指导学科点的有关工作，统筹调配相关资源等。

学科点的主要职责是凝练方向、汇聚队伍、构筑平台，然后开展人才培养和科学研究工作。

（二）学科建设的管理模式

不同时期、不同类型的学校，为了更好地开展学科建设，会采用不同形式的学科建设管理模式，大体可分为申报导向管理模式、规划建设管理模式、立项建设管理模式、学科特区管理模式、交叉学科管理模式。

1. 申报导向管理模式

由于高等学校层次、类别不同，各个学校在不同阶段的学科建设重点任务不同，因此在实践过程中，有目的地以申报为导向的学科建设管理模式长期存在。

申报导向的管理模式，最开始就是伴随着学位授权点的申报、国家重点学科的申报等产生与发展起来的，属于学科建设管理的最初始模式。这种管理模式的针对性与目标非常明确，管理过程也相对简单，主要是按照目标评选的指标体系和基本条件要求，逐项落实，以实现目标。

对于一些还没有获得博士、硕士学位授权单位的高等学校来说，申报导向管理模式更为普遍。由于没有授权，包括研究生培养等在内的一些工作无法开展，能够参与到学科建设工作中的人员也比较少，一般也没有专门的学科建设管理机构，很难有对学科的具体建设。但出于申报的需求，又需要开展一些初期的学科建设工作，因此这种管理模式在一定时期内仍将在少数学校存在。

2. 规划建设管理模式

规划建设管理模式是我国高等院校学科建设管理的基本模式，即先指定学科建设规划，然后按照规划来组织各学科具体建设的一种管理模式。随着越来越多的高等学校将学科建设的职能并入发展规划处（部）之后，这种管理模式得到了新的变革和发展。

规划建设管理模式现阶段一般以一级学科为管理对象。高等学校的学科建设主管部门首先根据学校发展目标与定位、各个一级学科的现状与发展趋势，确定各个一级学科的建设目标；然后由各个一级学科根据规划纲要，在客观分析本学科点发展历史、国内外对标学科、本学科点存在的优势和不足的基础上，设立学科发展的总目标和具体目标，确定在学科方向、学科队伍、科学研究、人才培养、国际交流、平台建设等方面的建设任务和建设进度；各个一级学科建设规划经学校审核确定后，进入实施建设阶段；在建设的过程中，相关部门对一级学科建设进行监督和指导，各一级学科负责具体实施；一个建设周期临近结束时，学校对各个一级学科的建设成效进行评价和验收；然后根据评议和验收结果，再进入下一个建设周期。一般情况下一个建设周期为五年，与国家规划周期保持一致。

近十年来，越来越多的高等学校将学科建设职能并入发展规划处（部），为规划管理模式的创新和发展提供了有利条件，使得规划建设管理模式更加适合对于一级学科的长期、稳定的建设。

由于学科建设内容涉及学科方向、学科队伍、人才培养、科学研究、国际交流、平台建设等方方面面，学科建设的龙头作用也表现为引领学校大部分相关工作的同向开展与实施，所以在学科建设过程中涉及大量的统筹与协调工作。发展规划处（部）在执行学科建设职能时，既可以在制定学校整体教育事业规划时，统筹考虑学科建设与其他职能的协调、统一，又能够在发现问题时迅速与相关部门协同解决，因此提高了管理的效率和水平。

但是在这种管理模式中，要注意与其他部门工作的区分，要做到"各司其职、分兵把手"，才能够做到"同心、同向、同时"发力，以达到学科建设的最大成效。

3. 立项建设管理模式

立项建设管理模式是指以项目形式对各个学科点进行全过程的建设与管理，学科点既可能是一级学科点，也可能是新兴、交叉学科点。立项建设管理模式主要出现在"211 工程"开始后，由于国家重大建设的需要，采取了立项建设的方式。"211 工程""985 工程""双一流建设"，都是以建设项目的形式存在的。从而，各个高等学校也纷纷在校内组织对学科建设的项目立项并管理，这些学科建设项目既可能是由国家立项的，也可能是由地方政府立项的，还有学校自己立项建设的项目。

立项建设管理模式的基本过程为：各学科根据现状和需求提出学科建设方案、管理部门

(校内或校外）组织专家进行论证、管理部门（校内或校外）确定立项建设学科与项目、实施建设、跟踪监控或中期考核、终期评估验收、项目结束。

立项建设管理模式较为适合多个一级学科组成的学科群建设或者交叉学科建设。这样的建设，一般是在一段时间内特定目标的建设，目标完成后就有可能解散学科群或者交叉学科，具备短期暂时性的特点。立项建设管理模式以项目为对象，建设主体明确，项目负责人责权利相对明确，能够对项目建设起到积极有效的作用。

4. 学科特区管理模式

学科特区管理模式最早是南京大学在1999年率先提出的，是在学科建设实践过程中的创造。南京大学在"211工程"和"985工程"建设中，确立了"全面规划，突出重点，促进交叉，提高内涵"的学科建设指导思想，先后成立了分子医学研究所、地球系统科学研究所、理论与计算化学研究所、模式动物研究所、现代数学研究所、人文社会科学研究所6个学科特区。学科特区的目标定位是建设具有国际先进水平的新兴学科，引进和培养一批杰出人才，形成一流的学科队伍。在管理制度和运行机制上，参照国际管理，实行所长负责制。由于这一做法突出了人才建设这一核心，同时在学科特区中实行了灵活的管理机制，所以学科特区成立后成效显著，在申报国家级重大项目、发表高水平论文等方面取得了很好的成绩。

学科特区的核心和实质在于一个"特"字，及针对特殊学科成立独立的特殊机构、采取特殊政策、给予特殊支持，以在较短时间内实现该特殊学科的特定学科建设目标。

正是由于学科特区管理模式的"特"字，这种管理模式只能是针对少数对高等学校建设与发展起到重要作用的学科，而不可能在高等学校内部广为采用。

B大学为了加强某学科的建设，强化该学科的领先优势，于2017年成立了该学科特区，创新运行机制，汇聚多学科高水平学术队伍，培养高层次高质量复合型人才，开展重大需求与前沿性科学研究，有力促进该学科与其他学科的交叉融合，引领行业发展，使该校成为该领域人才培养和科学研究的重要基地。

高等学校采取申报导向管理模式、规划建设管理模式、立项建设管理模式、学科特区管理模式中的一种或多种管理模式，应当根据时代发展需要、建设目标需要、学校现状、学科现状等多种因素考虑，而不能简单地照搬某学校的学科建设模式，要做到"实事求是"，要采取最行之有效的管理模式，才能最大限度地促进本单位的学科建设与发展。

5. 交叉学科管理模式

学科交叉融合是当前科学技术发展的重大特征，是新学科产生的重要源泉，是培养复合型创新人才的有效路径。交叉学科是多个学科相互渗透、融合形成的新学科，具有不同于现有一级学科范畴的概念、理论和方法体系，已成为学科、知识发展的新领域。

交叉学科的建设过程主要分3个阶段。第一个阶段是建设初期，交叉学科与学校现有一级学科存在强耦合，需要依托原有的师资力量、原有的科教平台，通过原学科专业基础+交叉选修课开展人才培养。第二个阶段是建设发展期，这个时期逐渐围绕交叉问题凝练交叉学科需要建设的新方向，通过引进新方向的教师开展新兴交叉研究，同时论证建设能够解决新问题的交叉平台，并梳理符合交叉学科的课程知识体系。第三个阶段是建设成熟期，这个时期交叉学科已形成了自身稳定的学科内涵，组建了成熟稳定的交叉人才梯队，通过承担国家级重大项目提升科研水平并形成新的稳定的方向，建设高水平的一流课程和示范教材。对于交叉学科建设不同阶段的特点，学校应给予相应的资源保障。

根据交叉学科成长方式的不同，可以采取不同的建设模式。模式一是建设目录内交叉学科，或有明确主要依托学科的，其特点是知识内涵明晰、学科方向明确。例如目录内设置的交叉学科集成电路科学与工程，其主干学科是电子科学与技术；智能科学与技术，其主干学科可以是控制科学与工程或计算机科学与技术。这些交叉学科可以通过现有学院或新建学院，依托主干学科加速建设，同时带动其他学科发展。模式二是建设目录外交叉学科，或主依托学科不明确的，这类交叉学科的特点是依托学科较多、交叉范围广泛。例如碳中和技术与管理、国家安全学，这些交叉学科的主干学科需要是若干个传统的一级学科，依托每个一级学科承担交叉学科下设的一个学科方向建设。这些交叉学科不好依托某个学院开展建设，可以通过设置校级研究院推进建设，校内导师采取双聘，通过引进高层次人才实现增量发展。

建设交叉学科的关键就是明确建设责任主体，完善交叉学科跨学院、跨机构建设的保障机制。交叉学科需要现有传统学科专任教师的柔性参与建设，但是重点还是要靠增量持续发展。交叉学科的建设成果还可以反哺传统学科，这需要创新学科发展机制来保障，完善人员、成果、绩效的考核评价机制，比如对参与交叉学科建设的专任教师成果的认定等方面要给予鼓励支持，最大限度调动学科发展力量。同时学校要加强跟踪管理，定期对建设情况进行自我评估，通过适当方式向社会公开交叉学科建设和人才培养成效。

（三）学科建设的管理机制

学科建设管理机制是指在学科建设管理系统内，各组织在实现管理目标过程中相互作用、相互联系、相互制约的形式及其运作原则和内在的、本质的工作方式，包括运行机制、动力机制和制约机制。其中，运行机制是指学科建设的活动方式、系统功能和运行原理。动力机制是指学科系统动力的产生与运作的机理，主要由利益驱动、政令推动和社会心理推动三方面构成。制约机制指对学科系统行为进行限定于修正的功能与机理，主要包括四个方面的约束因素，即权力约束、利益约束、责任约束和社会心理约束。具体而言，学科建设管理运行机制包括目标导向机制、决策机制、协调机制、评价机制和风险防范机制等；动力机制包括激励机制、竞争机制等；制约机制包括外部制约和内部制约两种，外部制约主要指政府宏观调控和市场调节，内部制约主要指学校内部的监督和约束。

第三节 学科建设案例

学科建设是我国高等学校的一项核心重要工作，也是具有中国特色的一项工作。四十年来，在重点建设的带动下，各个学校根据各自特点开展了学科建设工作，使我国整体的学科水平有了非常大的进步。特别是在"985工程"等的重点建设与支持下，我国若干学科的水平已经跻身世界一流，为实现高等教育强国的目标作出了贡献。本节以若干案例来回顾学科建设之路。

一、重点建设项目概要

（一）"211工程"

20世纪90年代，科教兴国被提到了国家战略地位，为我国高等教育的发展提供了历史机遇。如何在较短时间内,由高等教育大国发展为高等教育强国,缩小与发达国家高等教育之间的差距,"重点建设"的方式就被推上了历史舞台。

"211 工程",即面向 21 世纪、重点建设 100 所左右的高等学校和一批重点学科,是"中华民族面向世纪之交的国内、国际形势而做出的发展高等教育的高瞻远瞩的重大决策"。"211 工程"从 1995 年开始实施,历经"九五""211 工程"、"十五""211 工程"、"211 工程"三期共三个阶段的建设,共重点建设了 112 所高校,名单和分布见表 7-2。

表 7-2 "211 工程"学校名单及分布

地区	数量	学校名称
北京	23	北京大学、中国人民大学、清华大学、北京交通大学、北京工业大学、北京航空航天大学、北京理工大学、北京科技大学、北京化工大学、北京邮电大学、中国农业大学、北京林业大学、北京中医药大学、北京师范大学、北京外国语大学、中国传媒大学、中央财经大学、对外经济贸易大学、北京体育大学、中央音乐学院、中央民族大学、中国政法大学、华北电力大学
天津	3	南开大学、天津大学、天津医科大学
河北	1	河北工业大学
山西	1	太原理工大学
内蒙古	1	内蒙古大学
辽宁	4	辽宁大学、大连理工大学、东北大学、大连海事大学
吉林	3	吉林大学、延边大学、东北师范大学
黑龙江	4	哈尔滨工业大学、哈尔滨工程大学、东北农业大学、东北林业大学
上海	10	复旦大学、同济大学、上海交通大学、华东理工大学、东华大学、华东师范大学、上海外国语大学、上海财经大学、上海大学、第二军医大学
江苏	11	南京大学、苏州大学、东南大学、南京航空航天大学、南京理工大学、中国矿业大学、河海大学、江南大学、南京农业大学、中国药科大学、南京师范大学
浙江	1	浙江大学
安徽	3	安徽大学、中国科学技术大学、合肥工业大学
福建	2	厦门大学、福州大学
江西	1	南昌大学
山东	3	山东大学、中国海洋大学、中国石油大学
河南	1	郑州大学
湖北	7	武汉大学、华中科技大学、中国地质大学、武汉理工大学、华中农业大学、华中师范大学、中南财经政法大学
湖南	4	湖南大学、中南大学、湖南师范大学、国防科学技术大学
广东	4	中山大学、暨南大学、华南理工大学、华南师范大学
广西	1	广西大学
海南	1	海南大学

续表

地区	数量	学校名称
四川	5	四川大学、西南交通大学、电子科技大学、四川农业大学、西南财经大学
重庆	2	重庆大学、西南大学
贵州	1	贵州大学
云南	1	云南大学
西藏	1	西藏大学
陕西	8	西北大学、西安交通大学、西北工业大学、西安电子科技大学、长安大学、西北农林科技大学、陕西师范大学、第四军医大学
甘肃	1	兰州大学
青海	1	青海大学
宁夏	1	宁夏大学
新疆	2	新疆大学、石河子大学

注：数据来自教育部网站

在"211 工程"的主要任务中，建设重点是学科建设，并以重点建设学科为依托，加强基础设施建设。"九五"期间，"211 工程"在 99 所高校中安排了 602 个重点学科建设项目；"十五"期间着力建设和发展了 821 个左右的重点学科建设项目；"211 工程"三期重点建设学科项目 1 073 个。

"211 工程"是加快我国高等教育发展的"基础工程"[①]，是培养和造就创新人才的"人才工程"，是解决国家和地区科技、经济和社会发展重大问题的"带头工程"，是高等教育改革的"催化工程"。通过"211 工程"建设，大大加快了我国高等教育发展步伐，学科建设成效显著、学科水平大幅提升、学校实力整体增强，若干所大学与世界一流大学的差距明显缩小，部分学科已经接近或达到国际先进水平。学校育人能力大幅提升，教学改革成效明显，显著提升了我国科技和人才竞争力。

（二）"985 工程"

在世纪之交的 1998 年，随着"211 工程"的实施，我国重点建设的大学办学条件得到了较大改善，学科水平大幅提升，学校整体实力明显增强。但是，与当时世界一流大学相比，在世界影响力、高端人才队伍、科技创新能力等方面，我国还没有大学能够与之相比。因此，在科技竞争日趋激烈的背景下，对少数高校加大投入力度进行重点支持，使之成为世界一流大学，是时代发展的需要。"985 工程"应运而生。

1998 年 5 月 4 日，江泽民同志在北京大学百年校庆大会上宣布："为了实现现代化，我国要有若干所具有先进水平的一流大学。这样的大学，应当是培养和造就高素质的创造性人才的摇篮，应该是认识未知世界、探求客观真理、为人类解决面临的重大课题提供科学依据的前沿，应该是知识创新、推动科学技术成果向现实生产力转化的重要力量，应该是民族优秀文化与世界先进文明成果交流借鉴的桥梁。"1998 年 12 月 24 日，教育部发布了《面向

---

① 郭新立. 中国高水平大学建设之路——从 211 工程到 2022 计划 [M]. 北京：高等教育出版社，2012：26-28.

21世纪教育振兴行动计划》，提出：若干所高校和一批重点学科进入或接近世界一流水平；经过长期的建设和积累，我国少数大学在少数学科和高新技术领域已达到和接近国际先进水平，拥有一批高水平的教授，尤其是本科生培养质量较高，为创建世界一流大学创造了条件；要相对集中国家有限财力，调动多方面积极性，从重点学科建设入手，加大投入力度，对于若干所高等学校和已经接近并有条件达到国际先进水平的学科进行重点建设。今后10~20年，争取若干所大学和一批重点学科进入世界一流水平。

1999年1月，国务院批转了该项计划，"985工程"正式实施。"985工程"从1999年正式开始实施，历经"985工程"一期（1999—2003年）、"985工程"二期（2004—2007年）、加快推进世界一流大学和高水平大学建设（2010—2013年）三个阶段。共重点建设高校39所，名单和分布见表7-3。

表7-3 "985工程"建设高校名单及分布

地区	数量	学校名称
北京	8	北京大学、中国人民大学、清华大学、北京航空航天大学、北京理工大学、中国农业大学、北京师范大学、中央民族大学
天津	2	南开大学、天津大学
辽宁	2	大连理工大学、东北大学
吉林	1	吉林大学
黑龙江	1	哈尔滨工业大学
上海	4	复旦大学、同济大学、上海交通大学、华东师范大学
江苏	2	南京大学、东南大学
浙江	1	浙江大学
安徽	1	中国科学技术大学
福建	1	厦门大学
山东	2	山东大学、中国海洋大学
湖北	2	武汉大学、华中科技大学
湖南	3	湖南大学、中南大学、国防科学技术大学
广东	2	中山大学、华南理工大学
四川	2	四川大学、电子科技大学
重庆	1	重庆大学
陕西	3	西安交通大学、西北工业大学、西北农林科技大学
甘肃	1	兰州大学

注：数据来自教育部网站

"985工程"的实施，使39所重点建设高校在学科建设、队伍建设、人才培养、科学研究、国际交流、体制机制创新等方面取得了显著成效，全面加快了中国特色高水平大学建设的进程，大大缩小了我国高水平大学与世界一流大学的差距。

（三）"双一流"建设

20世纪90年代中期以来，"211工程"和"985工程"等重点建设项目的实施，全面加快了中国特色高水平大学建设的进程，大大缩小了我国高水平大学与世界一流大学的差距。党的十八大以来，教育改革全面深入，经济发展步入新常态，新形势和新任务对高等教育实施内涵发展、提高国际竞争力提出了更高的要求。因此，继续推进世界一流大学建设成为历史发展的必然选择。

2014年5月4日，习近平总书记在北京大学师生座谈会上明确指出，要坚定不移地建设世界一流大学。国家教育体制改革领导小组认真总结以往建设经验，深入分析世界上高水平大学建设规律和趋势，提出了推进世界一流大学建设的新方案。中央高度重视，在全面深化改革领导小组第15次会议上，审议通过了《统筹推进世界一流大学和一流学科建设总体方案》。2015年10月，国务院下发了《国务院关于统筹推进世界一流大学和一流学科建设总体方案的通知》，标志着中国向实现高等教育强国的历史性跨越迈进。

2017年1月，教育部、财政部、国家发展改革委下发《统筹推进世界一流大学和一流学科建设实施办法（暂行）》；2017年6月，教育部办公厅下发《教育部办公厅关于编制世界一流大学和一流学科建设方案的通知》；2017年9月，教育部、财政部、国家发展改革委公布《世界一流大学和一流学科建设高校及建设学科名单》；2017年10月，在党的十九大报告中明确提出"加快一流大学和一流学科建设，实现高等教育内涵式发展"；2018年8月20日，教育部、财政部、国家发展改革委印发《关于高等学校加快"双一流"建设的指导意见》的通知。

在《统筹推进世界一流大学和一流学科建设总体方案》中，明确了建设的基本原则为坚持以一流为目标、坚持以学科为基础、坚持以绩效为杠杆、坚持以改革为动力。

总体目标为推动一批高水平大学和学科进入世界一流行列或前列，加快高等教育治理体系和治理能力现代化，提高高等学校人才培养、科学研究、社会服务和文化传承创新水平，使之成为知识发现和科技创新的重要力量、先进思想和优秀文化的重要源泉、培养各类高素质优秀人才的重要基地，在支撑国家创新驱动发展战略、服务经济社会发展、弘扬中华优秀传统文化、培育和践行社会主义核心价值观、促进高等教育内涵发展等方面发挥重大作用。

——到2020年，若干所大学和一批学科进入世界一流行列，若干学科进入世界一流学科前列。

——到2030年，更多的大学和学科进入世界一流行列，若干所大学进入世界一流大学前列，一批学科进入世界一流学科前列，高等教育整体实力显著提升。

——到本世纪中叶，一流大学和一流学科的数量和实力进入世界前列，基本建成高等教育强国。"双一流"建设的基本原则是，坚持以一流为目标，坚持以学科为基础，坚持以绩效为杠杆，坚持以改革为动力。

"双一流"建设的任务有5个，即建设一流师资队伍、培养拔尖创新人才、提升科学研究水平、传承创新优秀文化、着力推进成果转化；改革任务也同样是5个，即加强和改进党对高校的领导、完善内部治理结构、实现关键环节突破、构建社会参与机制、推进国际交流合作。

"双一流"建设采取总体规划、分级支持的方式，由各个高校根据自身实际情况来合理选择一流大学和一流学科建设路径；同时强化绩效评估，动态支持；多元投入，合力支持。

在教育部、财政部、国家发展改革委2017年公布的《世界一流大学和一流学科建设高校及建设学科名单》中，一流大学建设高校42所，名单及分布见表7-4，其中东北大学、郑州大学、湖南大学、云南大学、西北农林科技大学、新疆大学 6 所高校为 B 类，其余 36 所高校为 A 类；一流学科建设高校 95 所，名单及分布见表 7-5；"双一流"建设学科 465 个。

表 7-4 一流大学建设高校名单及分布

地区	数量	学校名称
北京（11000）	8	北京大学、中国人民大学、清华大学、北京航空航天大学、北京理工大学、中国农业大学、北京师范大学、中央民族大学
天津（120000）	2	南开大学、天津大学
辽宁（210000）	2	大连理工大学、东北大学
吉林（220000）	1	吉林大学
黑龙江（230000）	1	哈尔滨工业大学
上海（310000）	4	复旦大学、同济大学、上海交通大学、华东师范大学
江苏（320000）	2	南京大学、东南大学
浙江（330000）	1	浙江大学
安徽（340000）	1	中国科学技术大学
福建（350000）	1	厦门大学
山东（370000）	2	山东大学、中国海洋大学
河南（410000）	1	郑州大学
湖北（420000）	2	武汉大学、华中科技大学
湖南（430000）	3	湖南大学、中南大学、国防科学技术大学
广东（440000）	2	中山大学、华南理工大学
重庆（500000）	1	重庆大学
四川（510000）	2	四川大学、电子科技大学
云南（530000）	1	云南大学
陕西（610000）	3	西安交通大学、西北工业大学、西北农林科技大学
甘肃（620000）	1	兰州大学
新疆维吾尔自治区（650000）	1	新疆大学

注：数据来自教育部网站

表 7-5 一流学科建设高校名单及分布

地区	数量	学校名称
北京（110000）	23	北京交通大学、北京工业大学、北京科技大学、北京化工大学、北京邮电大学、北京林业大学、北京协和医学院、北京中医药大学、首都师范大学、北京外国语大学、中国传媒大学、中央财经大学、对外经济贸易大学、外交学院、中国人民公安大学、北京体育大学、中央音乐学院、中国音乐学院、中央美术学院、中央戏剧学院、中国政法大学、华北电力大学、中国科学院大学

续表

地区	数量	学校名称
天津（120000）	3	天津工业大学、天津医科大学、天津中医药大学
河北（130000）	1	河北工业大学
山西（140000）	1	太原理工大学
内蒙古自治区（150000）	1	内蒙古大学
辽宁（210000）	2	辽宁大学、大连海事大学
吉林（220000）	2	延边大学
黑龙江（230000）	3	哈尔滨工程大学、东北农业大学、东北林业大学
上海（310000）	10	华东理工大学、东华大学、上海海洋大学、上海中医药大学、上海外国语大学、上海财经大学、上海体育学院、上海音乐学院、上海大学、第二军医大学
江苏（320000）	13	苏州大学、南京航空航天大学、南京理工大学、中国矿业大学、南京邮电大学、河海大学、江南大学、南京林业大学、南京信息工程大学、南京农业大学、南京中医药大学、中国药科大学、南京师范大学
浙江（330000）	2	宁波大学、中国美术学院
安徽（340000）	2	安徽大学、合肥工业大学
福建（350000）	1	福州大学
江西（360000）	1	南昌大学
山东（370000）	1	中国石油大学
河南（410000）	1	河南大学
湖北（420000）	5	中国地质大学、武汉理工大学、华中农业大学、华中师范大学、中南财经政法大学
湖南（430000）	1	湖南师范大学
广东（440000）	3	暨南大学、广州中医药大学、华南师范大学
广西壮族自治区（450000）	1	广西大学
海南（460000）	1	海南大学
重庆（500000）	1	西南大学
四川（510000）	6	西南交通大学、西南石油大学、成都理工大学、四川农业大学、成都中医药大学、西南财经大学
贵州（520000）	1	贵州大学
西藏自治区（540000）	1	西藏大学

续表

地区	数量	学校名称
陕西（610000）	5	西北大学、西安电子科技大学、长安大学、陕西师范大学、第四军医大学
青海（630000）	1	青海大学
宁夏回族自治区（640000）	1	宁夏大学
新疆维吾尔自治区（650000）	1	石河子大学

注：数据来自教育部网站

在国家开展"双一流"建设的同时，各地方也纷纷跟进，开展了地方"双一流"建设。各个地方开展的"双一流"建设，是对国家"双一流"建设的良好补充，特别是针对地方院校的一流大学和一流学科建设，能够推动不同类型和层次的学校积极投身于一流建设中，切实实现"重点突破、全面推进"，提升我国高等教育的整体水平。

2022年经中央全面深化改革委员会第二十三次会议审议通过，教育部、财政部、国家发展改革委印发《关于深入推进世界一流大学和一流学科建设的若干意见》，明确了"双一流"建设的新方位、新使命、新要求，强调以习近平新时代中国特色社会主义思想为指导，深入贯彻党的十九大和十九届历次全会精神，深入落实习近平总书记关于教育的重要论述、关于研究生教育工作的重要指示精神和全国教育大会、中央人才工作会议精神，全面贯彻党的教育方针，全面落实立德树人根本任务，对标2030年更多的大学和学科进入世界一流行列以及2035年建成教育强国、人才强国的目标，更加突出"双一流"建设培养一流人才、服务国家战略需求、争创世界一流的导向，深化体制机制改革，统筹推进、分类建设一流大学和一流学科，在关键核心领域加快培养战略科技人才、一流科技领军人才和创新团队，为全面建成社会主义现代化强国提供有力支撑。深入推进新时期"双一流"建设要牢牢抓住人才培养这个关键，对接和加快培养国家急需学科领域的高层次创新人才和工程领军人才，建设卓越工程师队伍，服务科技自立自强和原始创新突破，优化支撑创新驱动发展的学科专业布局，加快在更多领域方向冲击世界一流前列。

经国务院批准，教育部、财政部、国家发展改革委公布了《第二轮"双一流"建设高校及建设学科名单的通知》，第二轮建设名单不再区分一流大学建设高校和一流学科建设高校。与首轮"双一流"建设名单相比，北京大学、清华大学自主确定建设学科并自行公布；新增山西大学、华南农业大学、南京医科大学、湘潭大学、广州医科大学、上海科技大学和南方科技大学7所高校；有15所高校的16个学科被公开警示或撤销，并将在2023年接受再评价，届时未通过，则调出建设范围。

二、高等学校学科建设案例——以B学校为例

"十四五"初期，B学校确定了到2025年的建设目标是中国特色世界一流大学建设再上新台阶，若干学科进入世界一流前列。为了实现这一建设目标，学校坚持前沿学科引领战略，响应国家重大战略、关键领域和社会重大需求，瞄准"高精尖缺"，以一流学科建设为

牵引，构建优势与特色、传统与新兴、应用与基础、综合与交叉相促进的工理管文医协同发展格局。

（一）学科建设的主要思路和措施

1. 优化结构布局，构筑高水平学科体系

强化国防特色学科建设，积极培育新的学科增长点，做实做强交叉学科建设。以优势工科为基础，全力铸就珠峰学科；进一步提升学校高峰学科比例，凝聚珠峰学科建设后备力量；系统建设高原学科，提升学科整体水平。以珠峰学科引领、高峰学科带动、高原学科支撑，打造基础到应用纵向贯通、协调发展的学科体系。

2. 统筹建设路径，致力学科分类卓越

秉持"六发展、四建设"原则，注重学科整体发展、内涵发展、特色发展、融合发展、协同发展、创新发展，坚持"项目进方向、人员进团队、成果进教学、设备进平台"，通过重大任务落实落细学科建设目标。兼顾学科发展现实基础与建设世界一流大学的未来需求，做好学科发展路径的顶层设计，强化顶尖工科引领优势，推动优质理科融工强基，夯实精品文科发展底蕴，加强新兴医工内涵建设，加快交叉学科融合发展，促进学科水平全面提升。

3. 健全机制保障，创造良好发展环境

健全学科建设责任体系，出台学科建设管理办法，落实学科建设责任主体，明确责任分工，营造有利于学科发展的制度环境。优化学科建设资源配置体系，通过实施学科"至臻行动"设立学科建设项目，统筹人财物等各类资源支撑学科高质量发展。完善学科持续发展体系，优化与新时代教育评价改革相适应的学科评价方式，不断加强学科科学化、精细化管理水平。

（二）学科建设的实践

学校围绕所制定的"十四五"学科建设目标和思路，开展了一系列的工作。

1. 一流学科引领，构筑高水平学科体系

学校围绕"大兵器、大信息、大理科、大交叉"四个板块，以兵器、材料、控制、物理4个一流学科为牵引，打造"6+7+2"学科群，促进学科交叉融合，重点建设6个冲击世界一流前列的学科、7个冲击世界一流行列的学科、2个特色急需学科，实现人才培养和科技创新能力显著增强，带动学校办学水平整体提升。

2. 加强顶层设计，持续优化学科布局

学校坚持"顶尖工科、优质理科、精品文科、新兴医工"的建设方针，持续优化学科布局，弘扬军民融合的学科发展特色，提升服务国家急需能力，推动学科高质量内涵式发展。增设集成电路科学与工程、碳中和技术与管理、人工智能、外国语言文学、理论经济学5个一级学科博士点，生物与医药、资源与环境2个专业学位类别博士点。

3. 坚持理工交叉，原始创新能力不断突破

学校实施"基础学科专项计划"，加强物理学、数学、化学、生物学等基础学科建设，在代数及其表示、国防量子技术、MOF智能分子材料、绿色生物制造与合成生物学等领域取得突破，多项成果在《自然》《科学》上发表。推进优质理科与顶尖工科的深度融合，在信息安全数学理论与计算、脑智与人工智能、重大疾病分子机理、医药分子设计与制造等方

向形成新的学科增长点。

4. 传承红色基因，推进一流马克思主义理论学科建设

学校以承担重大项目为牵引，促进马克思主义理论学科内部交叉；以建设科教平台为支撑，开展马克思主义理论与管理、经济、法学等文科间交叉；以服务国家重大战略需求为导向，推动国家治理领域"理工管文"大交叉。建设期内获批 5 项国家社会科学基金重大项目，数量位居全国前列，以高质量党建引领经济社会、政府企业、高等院校等治理领域高质量发展。

三、特色学科案例——S 大学教育学一级学科

S 大学教育学科始创于 1954 年，著名教育家和著名书法教育家曾长期在此执教，与众多教育学前辈共同培育了大量人才，为教育学科的建设与发展奠定了坚实的基础。

60 多年来，该学科坚持夯实基础理论、致力学术创新、立足人才培养、服务教育实践的指导思想，形成了实践取向、协同发展、大学和中小学合作的鲜明特色。

该学科根据社会发展变迁、教育改革进展和学科发展内在逻辑，形成了重点突出、特色鲜明、布局合理、学科整体功能优化的学术格局。重点建设了 6 个学科方向：①教育学原理，涵盖教育基本理论与教育哲学、教育政治学与教育法学、教育社会学与教育人类学等研究领域。②现代学校制度与学校发展，涵盖教育组织与决策、校长领导力、教育经济等研究领域。③课程与教学论，涵盖课程与教学基本理论、科学教育课程与教学、人文和公民教育课程与教学等研究领域。④教师教育，涵盖教师教育原理、教师专业发展、教师教育课程与教学改革、教师教育人才培养模式等研究领域。⑤教育技术学，涵盖智能学习支持环境、教育信息化绩效技术、知识工程等研究领域。⑥比较教育，涵盖国际科学教育理论、国际科学教育改革和比较教学论等领域。

该学科围绕学科方向，汇聚了一支结构合理、整体实力突出的学术队伍，共有教授 40 人，副教授 56 人，讲师 40 人；由知名学术专家作为学科带头人，有一批有重要学术影响的学科带头人；18 位教师入选百千万工程国家级人才、教育部新世纪人才等各项人才计划；10 名教师作为核心成员参与国家基础教育课程标准研制与修订。

同时，该学科围绕拟定的学科方向构筑平台，建设了教育部数学教育技术应用与创新研究中心、北京市首都教育发展协同创新中心、基础教育研究基地和基础教育信息化实验教学中心等教学科研平台；与教育部教育发展研究中心共建中国教育政策评估研究中心、与基础教育课程教材发展中心共建中国基础教育教科书研究与评价中心、与北京市教委共建首都教育政策与法律研究院、自主筹建教科书博物馆等研究机构，有机整合与协同了学术力量，锻造了学术共同体，在团队建设、科学研究、人才培养与社会服务等方面取得了显著成效。

近年来，各学科方向之间形成了良好的协同发展机制，以问题勾连学科，形成理论与实证互补、定性与定量互证、历史与比较互融的学术研究立场，实现在一级学科框架下展开学科建设，培养功底扎实、视野开阔、学科融通、面向未来的学术人才。

近年获"北京市教学成果奖（基础教育）"一等奖、"北京市教育教学成果奖（高等教育）"一等奖、"国家级教学成果奖"二等奖等多项奖励。

与美国哈佛大学教育学院、英国伦敦大学学院、加拿大阿尔伯塔大学等 30 多所大学和研究机构建立了密切的学术合作与人才联合培养机制。

【本章小结】

学科建设是高等学校建设的核心工作，是起统领性作用的"龙头"，对大学发展起着重要的推动作用。对于学校而言，要制定学校的学科发展规划、优化和调整学科布局和结构、突出重点、加强评估、构建有利于学科发展的管理体制与运行机制；对于各个学科点来说，学科建设任务主要是学科方向凝练、学术队伍汇聚建设、条件平台构筑等，目的是开展科学研究和人才培养工作，一流的学科培养出一流的人才，产生一流的成果。本章主要介绍了学科和学科建设的基本概念、学科建设的策略，并用案例阐述了学科建设工作的开展情况。

【思考题】

1. 学科建设的定义、特征与原则。
2. 高等学校学科建设的主要任务。
3. 我国重点建设项目的简要概述。

【推荐阅读文献】

1. 谢桂华. 高等学校学科建设论［M］. 北京：高等教育出版社，2011.
2. 翟亚军. 大学学科建设模式研究［M］. 北京：科学出版社，2011.
3. 梁传杰. 学科建设理论与实务［M］. 武汉：武汉理工大学出版社，2009.

第八章
研究生教育研究方法

【内容提要】

学习研究方法是开展研究生教育研究的必备和前提。本章分为三节，概述研究生教育研究方法。第一节阐述研究生教育研究方法基础，涉及社会科学研究方法、研究生教育的研究范式和一般研究过程。第二节重点说明研究生教育研究的基本研究方法，包括文献法、问卷法、访谈法、案例法、比较法、统计分析、质性分析等。第三节介绍研究生教育研究方法的应用，包括研究生教育的研究主题及其方法、研究方法的选择和适用。

【学习目标】

1. 了解研究生教育研究方法体系。
2. 掌握并运用研究生教育的主要研究方法。
3. 提高研究方法意识，初步具备从事研究生教育研究的能力。

【关键词】

研究方法；研究范式；研究过程

Chapter VIII
Research Methods for Graduate Education

【Content Summary】

Learning research methods is an essential and prerequisite for conducting graduate education research. This chapter is divided into three sections that outline the research methods of graduate education. The first section describes the basics of graduate education research methods, involving social science research methods, research paradigms for graduate education, and general research processes. The second section focuses on the basic research methods of graduate education research, including data studies, questionnaires, interviews, case studies, comparative methods, statistical analysis, qualitative analysis and so on. The third section introduces the application of graduate education research methods, including the research topics and methods of graduate education, the selection and application of research methods.

【Objectives】

1. Know about the research method system of graduate education.
2. Master and apply the main research methods of graduate education.
3. Improve the awareness of research methods and initially get the ability to engage in graduate education research.

【Key words】

Research Method; Research Paradigm; Research Process

法国社会学家涂尔干认为,"一门学科想要发展成科学的学术,首先必须有确定的研究主题与对象,其次必须有科学的研究方法。"① 研究生教育正试图建立研究生教育学学科,亟待建立科学的研究方法体系。本章主要学习内容为研究生教育的基本研究方法和研究方法的应用。

第一节 研究生教育研究方法基础

研究生教育研究方法是依照一定的研究过程,将研究生教育领域内的教育现象、教育问题作为研究对象,产生研究生教育规律性知识,解决或指导研究生教育实践问题的研究行为。本节主要介绍社会科学研究方法、研究生教育研究性质和一般过程。

一、社会科学研究方法②

系统来讲,社会科学研究方法是一套方法体系,包括研究方法论、研究方式、研究方法与技术等。

1. 研究方法论

研究方法论是指导研究的一般思想方法或哲学,探讨研究的基本假设、逻辑、原则、规则、程序等问题,通常与一定的哲学观点和学科理论相联系,不同理论学派的方法论有所不同。研究社会现象可供选择的方法论、研究途径和判断标准各不相同,研究中应遵循何种方法论,需要对具体现象做具体分析。

2. 研究方式

研究方式指贯穿于研究全过程的程序和操作方式,表明研究的主要手段与步骤,主要分为研究方法与研究设计类型。社会科学研究的主要研究方法是统计调查研究、实地研究、实验研究和间接研究。研究设计类型是指选择研究类型、研究程序和具体方法,并制定详细的研究方案。不同研究类型和设计方案决定了不同的研究方式。研究设计的类型从研究目的上可分为描述性研究、解释性研究和探索性研究;从研究的时间性上可分为横剖研究和纵贯研究;从调查的范围上可分为普查、抽样调查和个案调查。另外,研究设计类型还可划分为理论研究与应用研究、宏观研究与微观研究等。研究设计的任务还包括确定抽样方案和测量方法。

3. 研究方法与技术

社会科学研究使用的具体方法、技术主要包括资料收集方法、资料分析方法和其他技术手段或工具。资料收集方法有问卷法、访问法、观察法、量表法、实验法和文献法。研究的具体技术包括问卷与观察表格的制作技术、调查指标的设计、观测仪器、录音录像设备、实验设备、计算机技术、资料整理的方法与技术等。

社会科学研究方法的三个层次相互联系。研究方法论影响研究者对研究方式的选择,而一定的研究方式规定了一套与其相应的具体方法和技术。了解各种可供选择的方法论和研究

---

① 谭光鼎,王丽云. 教育社会学:人物与思想 [M]. 上海:华东师范大学出版社,2009:37.
② 袁方,王汉生. 社会研究方法教程 [M]. 北京:北京大学出版社,2004:14-27.

方法，有助于研究者在实际研究中有效地应用某种特定的方法，并认清各种方法的特点、局限性及互补性。

二、研究生教育研究性质[1][2][3]

研究生教育研究一方面旨在支撑建构研究生教育学理论体系，另一方面是服务于我国研究生教育实践需求。

1. 客观性

客观性贯穿于研究生教育研究的全过程之中，要求研究者应当采取实事求是的态度，排除因自身价值观、好恶、愿望等各种主观因素所致偏差的影响，力求了解事实真相，积极反映研究生教育中的现实问题。研究生教育研究需从研究生教育的实践需要和实际情况出发，在科学的研究设计基础之上，通过相关验证，得出相应的结论。

2. 工具性

通过研究生教育研究使研究者或相关领域研究生具备开展研究及创新创造的能力。研究生教育研究力求揭示研究生教育发展规律、明晰研究内容与特点，为解决实践问题提供学术依据。社会不断发展对研究生教育研究提出了更高的要求，其工具性属性将有效服务于研究生教育实践问题的解决。

3. 复杂性

研究生教育是与社会发展结合最为密切的教育阶段，因此其研究更多受到国家政策、社会因素等影响。一方面，研究生教育研究面向群体具有复杂多样性，其关注的是有发展意识和意向的成年个体；另一方面，研究生教育需在综合考虑政治、经济、文化发展的综合基础上展开。研究生教育研究难以仅采用单一的研究方法，而是需要多种研究方法的综合运用才能达到研究目的。

4. 发展性

研究生教育研究是在探究研究生教育现象和本质以及解决研究生教育问题的过程中螺旋式发展的。其一为研究方法的与时俱进。比如数字时代数据挖掘等大数据研究方法运用至研究生教育研究之中；其二研究生教育研究的主题根据国家、社会、个体等诸多要素不断变换和更新。

三、研究生教育研究的一般过程

研究生教育研究是运用研究方法解决研究生教育问题或教育现象的过程。简单来讲，研究生教育研究有以下七个阶段。

1. 确定研究问题

选择和确定研究问题是开展研究生教育研究的起点。在研究生教育的研究问题选择过程中应注意问题、对象的相对独立性，着重研究生教育改革与发展实践。所有问题并非都具有

---

① 和学新，徐文彬. 教育研究方法［M］. 北京：北京师范大学出版社，2015：15-17.
② 袁方，王汉生. 社会研究方法教程［M］. 北京：北京大学出版社，2004：16-17.
③ 杨小微. 全国教育硕士专业学位推荐教材教育研究方法［M］. 北京：人民教育出版社，2005：14-17.

研究价值和研究能力，需筛选若干研究问题，聚焦研究问题。研究生教育研究问题的来源主要包括：①课程教学。②研究课题。③个人研究兴趣等。

2. 检索相关文献

研究问题确定后，需要搜索和收集相关文献。文献类型可分为书籍、报纸和期刊。书籍主要包括教育著作、教育论文集、教育辞书等。教育类报纸有中国教育报、光明日报、科学时报等。研究生教育类期刊有教育研究、学位与研究生教育、研究生教育研究、清华大学教育研究、北京大学教育评论等。中外文文献在线检索网站包括中国知网（CNKI）、EBSCO全文数据库、ERIC（Educational Resource Information Center，美国教育资源信息中心）、Web of Science 等。

3. 制定研究方案①

研究方案是对整个研究过程的规划，直接影响到研究能否顺利进行。制定研究方案需注意：①研究方案需要清晰地表述研究的问题，包括问题提出的背景、研究意义、理论基础等。②说明研究方法，包括研究的设计方法、研究对象的选择方法等。③制定研究进度及阶段，具体安排研究每一阶段需要完成的工作，确保有计划地展开研究。

4. 获取研究数据

研究数据获取方法由使用的研究方法决定，可通过文献、案例、观察、调查、实验等途径获取。

5. 分析研究数据

分析数据是研究生教育研究极其关键的一环，决定是否解决研究问题、研究结论是否可靠等。研究数据分析方式主要有质性分析方法、统计分析方法、理论思辨等。

6. 撰写研究报告

研究生教育研究报告将呈现研究过程、研究成果、研究结论等，报告形式有调查报告、学术论文、政策专报等。

7. 总结与反思

总结与反思是研究生教育研究的最后步骤，对于提高研究者研究水平和学术能力、掌控研究过程和研究思维等有重要推动作用。

第二节 研究生教育的基本研究方法

本节将重点介绍研究生教育中常用的基本研究方法，包括文献法、问卷法、访谈法、案例法、比较法、统计分析、质性分析等。

一、文献法

文献法是指对文献进行查阅、分析、整理，寻求事物本质属性的一种研究方法。根据文献具体来源，可以把文献资料分为个人文献、官方文献及大众传播媒介；根据文献内容的加

---

① 陈向明. 教育研究方法 [M]. 北京：教育科学出版社，2013：35.

工程度和可靠程度,可以把文献划分为一次文献(原始文献)、二次文献和三次文献。文献分析的步骤主要包括选择研究主题、查找资料、对资料再创造和分析资料。

(1) 选择研究主题。进行文献分析时,必须选择与研究主题相适应的数据资料。文献分析要求研究主题适应资料,主要是因为数据资料无法变动,而研究主题可以随时调整。

(2) 查找资料。文献分析的主要资料来源是原始调查或统计所得到的数据。

(3) 对资料再创造。获取数据资料后,需要对资料进行加工。首先必须从资料中寻找或重新定义所要研究的变量;其次应该仔细地研究这些变量,重新创造出适合研究的资料。

(4) 分析资料。文献分析最主要的工作是对资料的重新分析。文献分析的研究者不"创造"一手资料,而是根据研究目标在已"创造"出的各种原始资料堆中去"寻找"合适的资料进行分析,即把已"创造"好的资料拿来为自己所用。

文献有多种收集方式,一般遵循由宽到窄、由近到远、由易到难的路线。研究者在收集文献时,应适当放宽搜索范围,在了解文献基本情况后,再逐步缩小搜索范围。收集完文献后,需要对文献进行归纳整理,常见的文献整理方法有归纳法、演绎法、比较法等[1]。

对于研究生教育研究领域而言,文献一般可划分为学术文献、政策文献以及数据文献,其中学术文献包括著作以及期刊论文,可通过中国知网、EBSCO 数据库、Web of Science、Google Scholar 等检索网站进行搜集;政策文献可在国务院政策文件库、教育部政府门户网站进行检索;数据文献可通过中国综合社会调查、中国教育财政家庭调查、中国劳动力动态调查等数据库查询。

二、问卷法[2]

问卷是指研究者为了收集人们对某个问题的态度、价值观等信息而设计的一系列问题,其也是一种研究工具。问卷法是主要使用问卷调查的一种研究方法或技术。

1. 问卷结构

调查问卷通常包括标题、前言、指导语、问题及答案、编码和结束语等部分,其中问题及答案是问卷的主体部分。

(1) 标题。标题是调查内容高度概括的反映,既要与研究内容一致,又要注意对被调查者的影响。

(2) 前言。前言主要向被调查者介绍和说明调查者的身份,说明调查目的、调查内容,以引起被调查者回答问题的热情,并消除被调查者的顾虑。

(3) 指导语。指导语说明如何填写问卷和如何回答问题,主要用于指导被调查者填写问卷及说明注意事项,有时还附有例题,以帮助被调查者理解填写问卷的方法与要求。

(4) 问题及答案。问题主要分为开放型和封闭型两种。开放型问题只提问题,不提供答案,没有固定的回答格式与要求,被调查者可以根据题意自由回答。开放型问题多用在研究者对某些问题尚不清楚的探索性研究中,只需在问题下面留下适当空白即可。封闭型问题不仅要提出问题,而且还要提供答案,以便被调查者进行选择。答案是预先设计的、标准化的,有利于被调查者正确理解和回答问题,也能节约回答时间,提高问卷的回收率和有效

---

[1] 杨小微. 教育研究的原理与方法 [M]. 上海:华东师范大学出版社,2002:219-221.
[2] 陈向明. 教育研究方法 [M]. 北京:教育科学出版社,2013:86-94.

率；还便于询问一些敏感问题。根据答案的不同形式将问题划分为是否式、单选式、多选式、尺度式等不同形式。

（5）编码。编码是为问卷中的每个问题、每个答案编定唯一的代码，以此作为依据对问卷进行数据处理，即将各种回答转换成数字，以便进行计算机处理。对于样本数量较大的问卷调查，应设立编码栏进行统计、汇总和分类。

（6）结束语。结束语是问卷的最后一部分，调查者可根据实际情况确定具体内容。一般而言，可由被调查者提出调查意见，也可对被调查者表达谢意。

2. 问卷内容

问卷内容一般包括基本资料、事实问题和态度问题三个部分。

（1）基本资料。调查者需要收集被调查者的基本情况，如性别、年龄、民族、职业、宗教信仰、政治面貌、婚姻状况、父母职业与教育程度等。

（2）事实问题。事实问题主要是询问被调查者的某些实际行为，或实际行为的制度化等问题。

（3）态度问题。态度问题包括意见（如信仰、情感、动机等）和有关价值或人格两方面。一般而言，"意见"属于比较表面的、暂时的看法；"态度"属于比较深层而持久性的认知。

3. 案例分析———研究生教育满意度调查问卷样例

研究生教育满意度调查问卷

亲爱的同学：

你好！

首先非常感谢你参与本次问卷调查活动。我们的调查旨在了解和掌握我国当前研究生教育满意度的总体现状，为社会公众全面认识研究生教育发展状况，为政府教育管理部门决策提供可靠、准确的信息。本次调查为匿名问卷，不会给你带来任何不便，请根据你的真实感受和实际情况填答。问卷大约需要5分钟。

研究生教育满意度调查课题组
2013年3月

【填答说明】请直接在"□"上打"√"。

【Ⅰ 基本信息】

性别　□男　□女

目前攻读　□硕士　□博士

目前年级　□一年级　□二年级　□三年级　□四年级及以上

目前攻读　□学术学位　□专业学位（注：如选择"专业学位"，就直接跳过下题填答问卷）

所授学位　□哲学　□经济学　□法学　□教育学　□文学　□历史学　□理学　□工学　□农学　□医学　□军事学　□管理学　□艺术学

【Ⅱ 总体概况】

题项	非常满意	比较满意	一般	不太满意	非常不满意
1. 课程教学的总体评价					
2. 参与科研工作的总体评价					
3. 导师指导的总体评价					
4. 学校研究生教育管理与服务					
5. 学校研究生教育的总体评价					

【Ⅲ 课程教学】

题项	非常满意	比较满意	一般	不太满意	非常不满意
6. 课程体系设置合理性评价					
7. 主讲教师教学水平的满意度					
8. 课程教学方法的满意度					

9. 对研究生课程教学的感知：
课程量：□很大　□较大　□一般　□较小　□很小
课程深度：□很深　□较深　□一般　□较浅　□很浅
课程前沿性：□很强　□较强　□一般　□较弱　□很弱

10. 研究生课程对你提高各方面能力的作用：
科研能力：□很大　□较大　□一般　□较小　□很小
创新能力：□很大　□较大　□一般　□较小　□很小
学习能力：□很大　□较大　□一般　□较小　□很小

【Ⅳ 科学研究】

11. 读研期间参加过的科研项目数是（如选"0项"，可跳过第12题和第13题继续填答问卷）
□0项　□1项　□2项　□3项　□4项及以上

12. 读研期间参加科研工作的学术含量
□很高　□较高　□一般　□较低　□很低

13. 参加科研工作对你提高各方面能力的作用
创新能力：□很大　□较大　□一般　□较小　□很小
学术素养：□很大　□较大　□一般　□较小　□很小
学习能力：□很大　□较大　□一般　□较小　□很小
就业竞争力：□很大　□较大　□一般　□较小　□很小

【V 指导教师】

题项	非常满意	比较满意	一般	不太满意	非常不满意
14. 导师的学术水平					
15. 导师的道德修养					
16. 导师指导的频率或时间					
17. 导师给予的就业支持					
18. 导师发放的补贴					

19. 在以下几个方面，导师对你的影响程度

学术兴趣：□很大　□较大　□一般　□较小　□很小

专业知识：□很大　□较大　□一般　□较小　□很小

科研能力：□很大　□较大　□一般　□较小　□很小

治学态度：□很大　□较大　□一般　□较小　□很小

道德修养：□很大　□较大　□一般　□较小　□很小

【VI 管理与服务】

题项	非常满意	比较满意	一般	不太满意	非常不满意
20. 学校提供的奖学金					
21. 学校提供的三助岗位					
22. 学校提供的就业服务					
23. 学校食堂					
24. 学校住宿					
25. 学校图书馆					
26. 学校的学术氛围					

如你是专业学位，请继续填答以下题项。如不是，则问卷到此结束。

27. 你有校外导师吗？有（请回答下题）没有（请直接跳过下题继续填答）

28. 你对校外导师的指导　□非常满意　□比较满意　□一般　□不太满意　□非常不满意

29. 研究生课程对你提高专业实践能力的作用　□很大　□较大　□一般　□较小　□很小

30. 学校提供专业实践基地吗？

□有（请回答下题）　□没有（问卷填答结束）

31. 你对专业实践基地

□非常满意　□比较满意　□一般　□不太满意　□非常不满意

调查结束后将对邮箱进行抽奖，如果你愿意，请留下常用邮箱；问卷调查到此结束，再次感谢你的合作！

三、访谈法

访谈法是收集一手研究资料的常见方法,通常是指访谈者与受访者之间面对面的研究性交谈[①]。按照访谈对象的人数,可分为个别访谈和集体访谈;按照与被访谈者是否直接接触,可分为直接访谈和间接访谈;按照操作方式和内容,可分为结构式访谈、非结构式访谈和半结构式访谈[②]。

1. 结构式访谈

结构式访谈又称标准式访谈或封闭性访谈,是一种对访谈过程高度控制的访谈。访问者根据事先设计好的提纲进行提问,通常采用事先统一设计、有一定结构的问卷进行。访谈中所有访谈者都必须严格按问卷上的问题,不能随意对问题作解释。

结构式访谈具有以下优点:便于控制调查过程,从而最大限度地降低误差,提高调查结果的可靠程度;应用范围较广,能够自由选择调查对象,并可选择性地对某些特定问题做深入调查;由于能在回答问题之外对被访谈者的态度行为进行观察,能获得访谈对象的非语言信息。

结构式访谈具有以下缺点:结构式访谈费用高、时间长,易使调查规模受到限制;对于敏感性、尖锐性或有关个人隐私的问题,调查效度将会降低;受制于访谈者,访谈者的态度、素质、经验等对访谈结果有决定性的影响,访谈者往往将其主观意见或偏见带到访谈过程中,从而使调查结果产生偏差。

2. 非结构式访谈

非结构式访谈又称开放性访谈或自由式访谈。非结构式访谈事先不设计具体的问题,而是由调查者与被调查者就有关题目进行自由交谈,所提问题、提问方式、提问顺序等都是不统一的。

非结构式访谈最大的特点是弹性大,能充分发挥访谈者与被访谈者的积极性。双方可围绕所给的题目进行深入广泛交谈与讨论,被访谈者能够提供许多意料之外的想法,使访谈者找到新的研究思路或研究问题,因此常被用于在探索性的研究中提出假设和建构理论。非结构式访谈的另一大特点是访谈者能对问题做全面、深入的了解,不仅能获得与研究问题有关的丰富材料,还能获得研究对象的感受,这使得访谈者能全面地把握问题,从而合理地解释非结构式访谈的调查结果。

非结构式访谈比较费时,调查规模受到很大限制。还有,由于访谈过程是非标准化的,导致难以对访谈的结果进行定量分析。

3. 半结构式访谈

半结构式访谈介于结构式访谈和非结构式访谈之间,具有一定的结构,并且访谈者对访谈过程有一定的控制。半结构式访谈事先准备访谈提纲,虽具备结构式访谈的严谨性和标准化的题目,但访谈者可以根据自己的设计调整和提出问题,给被访谈者较大表达自己想法和意见的余地。半结构式访谈不追求标准化的结构和获得资料的统计分析,兼有结构式访谈与

[①] 裴娣娜. 教育研究方法导论 [M]. 合肥:安徽教育出版社,1995:180.
[②] 陈时见. 教育研究方法 [M]. 2版. 北京:高等教育出版社,2016:141.

非结构式访谈的优点。

4. 访谈的一般步骤①

（1）准备访谈提纲。

不论采取何种访谈形式，在访谈正式开始前都应该准备访谈提纲。访谈提纲应尽可能简洁明了并具有可操作性，问题应该尽量开放，使被访谈者有足够余地选择谈话方向和内容。结构式访谈要严格按照程序、要求来进行提问和记录。访谈前，要先确定提问内容，形成问卷表并严格按照问卷表进行访谈。虽然非结构式访谈不需要设计问卷表，但也要清楚地认识访谈目标和内容。另外，在正式访谈前，访谈者应事先联系被访谈者，了解被访谈者的基本情况，并向被访谈者说明访谈目的和内容，协商访谈次数、时间长短及保密原则。最后，应以被访谈者方便为主要原则确定访谈时间和地点。

（2）正式访谈。

结构式访谈要严格按照问卷表、问卷中问题的顺序提问，访谈者不能随意改变问题的顺序和提法，也不能对问题做出解答。答案记录需要完全按要求和规定进行。非结构式访谈只需围绕一个主题或范围进行比较自由的交谈，可以充分发挥访谈双方的主动性和创造性。

（3）访谈结果分析。

整理访谈结果资料的常用分析方法为类属分析和情境分析。类属分析指在资料中寻找反复出现的现象以及可以解释这些现象的过程，具有相同属性的资料被归入同一类别，并且以一定的概念命名。情境分析指将资料放置在研究现象所处的自然情境中，按照故事发生的时序对有关事件和人物进行描述性的分析。

5. 案例分析——访谈提纲样例

> 书记/校长您好！感谢您百忙之中抽出时间接受访谈。2016 年，教育部哲学社会科学研究重大课题攻关项目"世界一流大学和一流学科建设评价体系与推进战略研究"启动。为了更好地服务国家战略，全面推进世界一流大学和一流学科建设，早日实现建设高等教育强国战略目标，建立科学、客观的"双一流"评价体系，特请您谈谈看法。您的思想、思路和观点是对我国"双一流"建设国家战略的贡献，感谢您的大力支持！
>
> 世界一流大学和一流学科评价体系与推进战略研究课题组
>
> 1. 世界一流大学和世界一流学科的主要特征有哪些？
> 2. 如何认定世界一流大学和一流学科，采用什么评价方法？
> 3. 从哪些方面去评价世界一流大学和一流学科，包含哪些评价内容？
> 4. 您认为，世界一流大学和一流学科建设面临什么问题和挑战？
> 5. 您认为，政府应该如何推进世界一流大学和一流学科建设？
> 6. 您认为，高校应如何推进世界一流大学和一流学科建设？

《准硕士生是如何度过"空档期"的？——基于某"双一流"建设高校 52 名准硕士生

---

① 陈向明. 质的研究方法与社会科学研究 [M]. 北京：教育科学出版社，2002：97-302.

的质性研究》①

研究设计：2020年6—8月，对52名准硕士生进行逐一访谈，访谈于微信语音平台线上进行，在征得访谈对象同意情况下进行录音，平均每人访谈约40分钟，访谈录音由笔者进行人工文字转录及校对，形成约27万字的文本资料。

结构化访谈提纲设计依据：准硕士生在"空档期"的表现涉及行为模式、思想准入、外界干预等多方面问题，据此设计本研究访谈提纲。①行为模式主要考察准硕士生在"空档期"的做法及结果，访谈题目包括"您检索学业信息的途径及效果如何""您在这一阶段进行了哪些学业和非学业准备"等。②思想准入主要考察准硕士生的认知、需求、动力、目标等，访谈题目包括"您如何看待本硕学习差异及自身差异""你期望在此阶段实现怎样的学习目标"等。③外界干预主要考察准硕士生与学长、导师等进行沟通反馈的过程，访谈题目包括"您是否已经联系了导师，导师对您进行了怎样的学业指导""与学长、导师等的沟通是否满足了您的需求"等。

四、案例法②

1. 案例研究的定义

案例研究即个案研究，是以个体、系统或组织为研究对象，综合运用各种研究方法，发现和解决问题，或促进现存理论发展的研究方法。20世纪60年代，随着建构主义的兴起，个案研究重新引起质的研究者的兴趣，戈尔比（Golby）和梅里厄姆（Merriam）等开始将个案研究应用于教育研究，促使个案研究在社会科学领域逐步受到重视。

2. 案例研究的一般过程

对于不同研究领域和研究问题，案例研究的实施过程有所不同，但基本包括案例选择、资料收集和分析、撰写个案报告等过程。

（1）案例选择。

关于个案样本选取，斯特克指出样本选择的首要标准是能从样本中获得最大的信息，研究者在选择个案时要坚持关键性、独特性和启示性的原则。迈克尔·巴顿把个案研究者选择个案的步骤描述为目的抽样，旨在选取能够提供和研究目的相关的丰富信息的个体。巴顿描述了15种目的抽样策略，有极端偏差型个案抽样、典型个案抽样、最大差异个案抽样、关键个案抽样、滚雪球或链锁式抽样等。

（2）资料收集。

罗伯特·K·殷总结了六种资料来源，包括文献、档案记录、访谈、直接观察、参与性观察和实物证据。莎兰·B·麦瑞尔姆介绍了四种收集质化资料的技术，即观察、访谈、文件分析、网络资源。个案研究要收集的不仅涉及质化资料，还涉及量化资料。部分学者提出可以通过问卷法、测验或其他测量、投射技术等方法来收集量化资料，也有学者通过游戏技术法、投射技术法等来收集资料。

（3）资料分析。

---

① 周文辉，袁鹬. 准硕士生是如何度过"空档期"的？——基于某"双一流"建设高校52名准硕士生的质性研究[J]. 研究生教育研究，2021（5）：31-38.

② 陈向明. 教育研究方法[M]. 北京：教育科学出版社，2013：293-312.

莎兰·B·麦瑞尔姆认为资料分析包括检查、分类、列表、检验或将定性与定量资料结合起来证明最初提出的理论假设，并指出分析分为描述性分析、类别建构和理论建构三个层次。多重个案研究具有独特的"层级"，包括"个案内"分析和"跨个案"分析。罗伯特·K·殷认为分析资料首先应确立总体策略，再进行具体分析，提出三种分析总体战略——依赖于理论支持观点、在竞争性解释基础上建立框架、完善案例描述，并发展了五种具体分析技术——模式匹配、建构性解释、时间序列分析、逻辑模型和跨案例聚类分析。雷尼塔·特奇总结出三类分析方法：结构性分析、诠释性分析和反思性分析。

（4）撰写个案报告[①]。

遵循基本的研究报告写作规范，根据研究结果撰写研究报告。根据罗伯特·K·殷的建议，案例研究报告写作可以分为线性分析式、比较式、时间顺序式、理论建构式、悬念式、无序（混合）式。

3. 案例分析

《世界一流大学服务区域发展的理念与行动——以加利福尼亚大学洛杉矶分校为例》[②]

文章以加利福尼亚大学洛杉矶分校（University of California, Los Angels, UCLA）为例，阐述其服务区域发展的理念与行动。选取 UCLA 的原因主要有三点：第一，UCLA 是一所公立大学；第二，UCLA 是世界著名的研究型大学、综合性大学；第三，UCLA 在服务区域发展、参与社区事务方面表现优异。以上三点保证了所选案例的典型性和可借鉴性。

《高校研究生课题组的组织系统研究——以 A 大学 a 课题组为例》[③]

文章采取目的性抽样，采取访谈法和观察法的资料搜集方法，基于社会技术系统理论视角，从任务系统、结构系统、技术系统、人的系统四个方面来表征课题组的组织结构，并由此分析在其组织结构下如何开展研究生的培养工作。

五、比较法

比较法是教育研究中的基本研究方法，同时也是一种研究范式。研究生教育研究通常比较分析教育经验和事实信息，通过分类、综合、抽象、概括揭示研究生教育的本质、规律和特点。

1. 比较研究的基本步骤[④]

比较研究的基本步骤包括明确研究问题和对象、收集和分析资料数据、得出研究结论、撰写研究报告等步骤。

（1）明确研究问题和对象。

比较研究中的问题可以是宏观的，也可以是微观的，主要根据研究的需要、目的和研究人员的团队构成来确定。确定研究对象是比较研究中的一个重要环节，直接关系到研究结论

---

① 周文辉，赵军. 专业学位论文写作指南 [M]. 北京：中国科学技术出版社，2019：117.
② 王战军，杨旭婷，刘静. 世界一流大学服务区域发展的理念与行动——以加利福尼亚大学洛杉矶分校为例 [J]. 学位与研究生教育，2021（5）：73-79.
③ 张端鸿，黄雨晴，李兰. 高校研究生课题组的组织系统研究——以 A 大学 a 课题组为例 [J]. 学位与研究生教育，2021（3）：67-72.
④ 陈向明. 教育研究方法 [M]. 北京：教育科学出版社，2013：394-398.

对解决现实教育问题是否有价值。选择研究对象时，主要看对象之间的表面特征和内在属性之间是否存在本质的关联，要考虑研究对象的客观条件、比较对象之间的可比性和参照对象的典型性。比较对象可以是同范畴中表现出来的不同面，也可以是某一特定时期不同文化背景下相同的教育实践问题。

（2）收集和分析资料数据。

比较研究的结果建立在对文献资料的占有、充分分析和比较的基础上。资料的完整性、全面性和准确性会影响研究结果。获取资料的方法包括实地考察、调研、专题研讨会、实验、网络获取等。应尽可能搜集第一手资料，对于其他评述资料，要注意相互参考和印证，保证材料的真实性和客观性。

对所获资料进行加工、解释、评价，描述和解释研究问题的形成原因、发展历程及影响因素：首先，应该选取有代表性的、能充分说明事物本质特征的内容，列举研究对象的相同点和不同点；其次，应从历史、辩证、多维的视角分析比较数据间存在的差异以及形成差异的原因，并解释成因。

（3）得出研究结论。

比较研究的结论在于找出比较对象之间的差异，探索教育的规律，得到若干符合客观实际的经验和对策。

（4）撰写研究报告。

比较研究的报告形式包括论文、专著等。研究报告需要论述研究问题、研究意义、研究方法、研究结论等，并适当地提出政策建议。

2. 案例分析

伯顿·克拉克《探究的场所——现代大学的科研和研究生教育》[1]

《探究的场所——现代大学的科研和研究生教育》是美国著名高等教育专家伯顿·克拉克教授主编的《研究生教育的科学研究基础》一书的续编。克拉克教授在对德、英、法、美、日五国研究生教育进行比较研究的基础上，依次分析德、英、法、美、日五国大学实施科研与教学相结合的原则的实际情况和高等教育发展的特点，提出了五种类型的大学的构想，即德国的"研究所型大学"、英国的"学院型大学"、法国的"研究院型大学"、美国的"研究生院型大学"和日本的"应用型大学"。

六、统计分析法

统计分析一般分为描述统计和推断统计。描述统计用于描述、概括、解释特定的样本数据。推断统计基于样本群体来推断总体特征，可再细分为参数估计、假设检验和多元统计分析等[2]。

1. 信度和效度

统计分析之前，需要对数据进行信度和效度检验。

---

[1] [美]伯顿·克拉克. 探究的场所——现代大学的科研和研究生教育[M]. 王承绪，译. 杭州：浙江教育出版社，2001.

[2] 陈向明. 教育研究方法[M]. 北京：教育科学出版社，2013：208.

(1) 信度①。

信度是测试或者使用其他任何测量工具对事物测量，可保持一致性。信度分为再测信度（前测—后测信度）、平行形式信度、内在一致性信度、评分者信度（表8－1）。

表8－1　信度的不同类型，何时使用、如何计算

信度类型	何时使用	如何计算
再测信度	你想知道一个测试在不同时间是否可信时	计算时期1和时期2相同测试的两个值之间的相关系数
平行形式信度	你想知道一个测试的几种不同形式是否可信或者是否等价时	计算一种形式测试的值与相同内容的另一种测试（不是完全相同的测试）的值之间的相关系数
内在一致性信度	你想知道一个测试的项目是否评价一个而且只评价一个维度时	每一个项目的得分与总得分之间的相关系数
评分者信度	你想知道一个观察结果的评价是否具有一致性时	检验不同评分者一致结论的百分比

(2) 效度②。

效度表示工具能够测量要测量的内容的性质。有效的测试是测量应该测量的内容。效度分为内容效度、准则效度、建构效度（表8－2）。

表8－2　效度的不同类型、何时使用、如何计算

效度类型	何时使用	如何计算
内容效度	你想知道一个特定主题的项目样本是否能够反映项目总体时	请教专家，让专家判断测试的项目是否反映将要测量的主题的项目总体
准则效度	你想知道测试成绩是否和其他标准系统相关，这个标准是否表明被测试者具备某个领域的能力时	计算测试成绩和其他有效的测量之间的相关系数，并评价相同的一组能力
建构效度	你想知道测试是否测量一些基本的心理结构时	计算测试成绩和反映测试设计的结构的理论结果之间的相关系数

2. 描述统计③

描述统计是对观测数据进行缩简和汇总，以概括观测数据的特征，主要是描述事物的典型性、波动性以及相互关系，从而揭示事物的内部规律。描述统计包括以下四种类型（图8－1）。

---

① ［美］尼尔·J·萨尔金德. 爱上统计学［M］. 史玲玲，译. 重庆：重庆大学出版社，2008：195－197.
② ［美］尼尔·J·萨尔金德. 爱上统计学［M］. 史玲玲，译. 重庆：重庆大学出版社，2008：202－205.
③ 陈向明. 教育研究方法［M］. 北京：教育科学出版社，2013：177－178.

图 8-1 描述统计具体操作

（1）直观描述数据分布。常用频数分布表、直方图、条形图、饼状图等描述观测数据分布的主要特征。

（2）中位数、众数等。数据离散程度的描述包括标准差、方差、极差、变异系数等。使用数据参数或统计量来反映观测数据的集中或离散程度。

（3）描述数据的相对位次。利用百分等级、Z 分数、T 分数等地位量数来描述原始数据在样本频数分布中的相对位次。

（4）描述数据之间的相互关系。具体包括积差相关系数、等级相关系数、点列相关系数等参数或统计量。

3. 推断统计

（1）参数估计。

参数估计指采用抽样的方式对样本进行研究，并以样本统计量估计总体参数。参数估计分为点估计和区间估计两种类型。点估计是指从一个适当的样本统计值来估计总体的未知参数值，但它无法获取这种估计和推测的可信程度。区间估计是指通过样本统计值来推测总体未知参数的可能范围，弥补点估计的不足。

(2) 假设检验①。

假设检验是由经验资料验证理论假设的重要环节。如果经验资料是由整体调查获得的，那么根据资料计算的结果就能验证原有理论假说是否为真；如果经验资料是由抽样调查获得的，由资料计算出的结果不能马上验证原有理论假设是否为真，而要首先对这一结果的显著性进行检验，即检验结果是否对总体具有显著的代表性。这种与抽样调查结合的显著性检验称为统计假设检验，简称假设检验。

假设检验的方法分为参数检验与非参数检验。常用的参数检验方法有三种：Z 检验、T 检验和 F 检验（图 8-2）。非参数检验广泛使用卡方检验。

图 8-2 常用参数检验方法具体操作

(3) 聚类分析②。

聚类分析是依据研究者的理论或对变量的实际相关情况将变量分类（组），然后测量这一分类方式是否有效（图 8-3）。聚类分析将变量合为若干类。根据聚类的准则，聚类分析可分为两类：①距离法。通过变量间的距离度量变量的相似性，距离越短，相似性越佳，越可合并为一类。②相关系数法。通过变量间的相关系数度量变量的相似性，相关系数越大，相似性越佳，越可合并为一类。

---

① 袁方，王汉生. 社会研究方法教程 [M]. 北京：北京大学出版社，2004：484-500.
② 袁方，王汉生. 社会研究方法教程 [M]. 北京：北京大学出版社，2004：568-570.

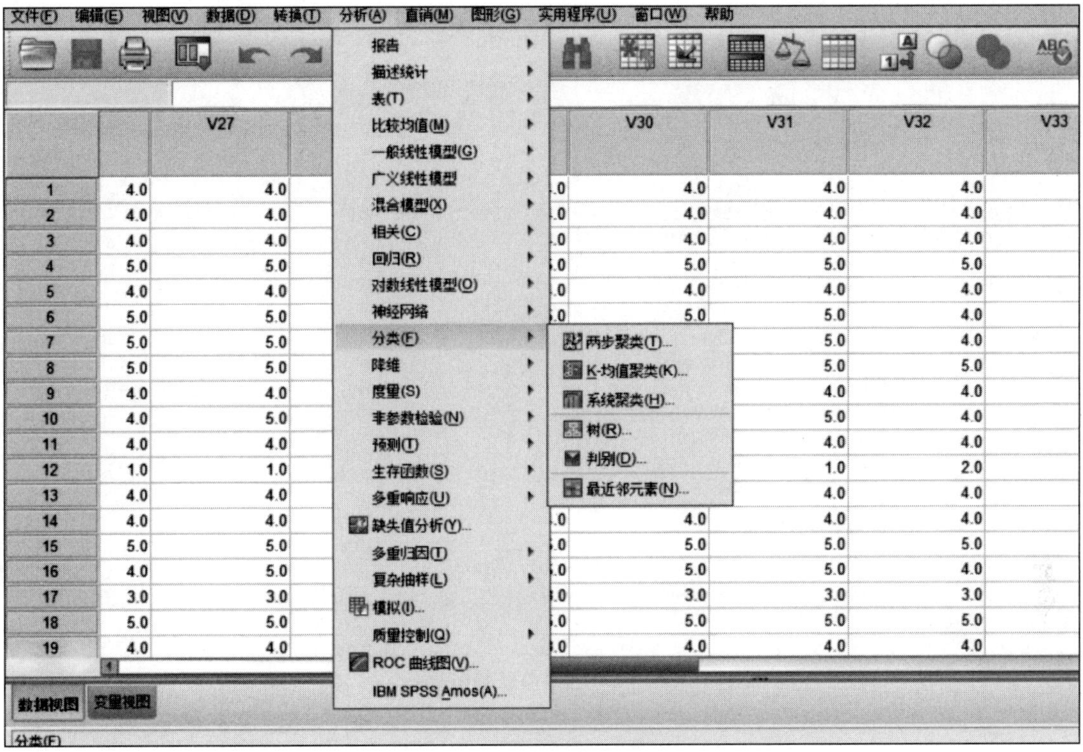

图8-3 聚类分析具体操作

（4）主成分分析[1]。

主成分分析是将多个变量通过线性变换以选出较少重要变量的一种多元统计分析方法。主成分分析的思想是将具有一定相关性的变量，重新组合成一组新的互相无关的综合指标来代替原来的指标。主成分分析的基本步骤包括对原有变量作坐标变换，提取主成分。

（5）因子分析[2]。

因子分析通过研究众多变量之间的内部依赖关系，探求观测数据中的基本结构，并用少数几个独立的不可观测变量来表示其基本的数据结构，这几个假想变量能够反映原来众多变量的主要信息。原始的变量是可观测的显式变量，而假想变量是不可观测的潜在变量，称为因子。因子分析的基本步骤：对数据进行标准化处理；估计因子载荷矩阵；因子旋转；估计因子得分（图8-4）。

（6）回归分析。

回归分析是因变量与自变量或多个自变量之间的线性或非线性关系的一种统计分析方法（图8-5）。本部分主要介绍多元线性回归和逻辑回归。

---

[1] 陈胜可，刘荣. SPSS统计分析从入门到精通［M］. 北京：清华大学出版社，2015：354-355.
[2] 陈胜可，刘荣. SPSS统计分析从入门到精通［M］. 北京：清华大学出版社，2015：344-345.

图 8-4　因子分析具体操作

图 8-5　回归分析具体操作

① 多元线性回归[1]。

多元线性回归用于确定一个标准变量与两个或多个预测变量的组合之间的相关。它能处理间距数据、顺序数据或者类别数据，初步测定变量之间的关系大小和统计显著性。

多元线性回归模型通常是如下形式：

$$Y = \beta_0 + \beta_1 X_1 + \cdots + \beta_k X_k + e$$

模型中，Y 是因变量，β_0 是截距项，X_1，X_2，$\cdots$，X_k 是自变量，β_1，β_2，$\cdots$，β_k。是自变量系数，e 是残差项或者误差项[2]。

② 逻辑回归。[3]

逻辑回归分析常用于因变量为二分变量时的回归拟合。当遇到因变量只能取二值的情形，如是否、有效与无效这种问题时，建立回归模型通常先将取在实数范围内的值，通过逻辑变换转化为目标概率值，然后进行回归分析。逻辑回归模型建立了事件发生的概率和解释变量之间的关系。

案例分析

《学科发展质量对区域创新的影响与作用机制研究》[4]

文章基于教育部第三轮和第四轮学科评估结果和2013—2020年省级面板数据，检验高等教育学科发展质量对区域创新的影响与作用机制。基于学科评估 A、B、C 类的聚类排位结果和区域创新产出的质量差异，同时考虑质量结构的适配性。提出三个假设：H1：受质量结构制约，A、B、C 类学科总数对于区域创新的效应符号不确定。H2：受质量适配影响，不同层级学科对于不同质量创新成果数的效应呈现差异。H3：学科评估结果的不同层级对于发明创新成果数的效应具有区域异质性等假设。研究过程：将第三轮与第四轮的学科评估结果匹配至省域，构建2013—2020年省际面板数据，采用双固定效应模型检验 A、B、C 类不同质量层级学科数的创新效应，通过分组回归分析地区异质性，借助创新生产函数讨论作用机制，并进行了稳健性检验。研究发现学科评估结果的不同层级对于区域创新的影响存在显著差异；学科发展质量与省域创新显著正向关联；学科发展质量影响发明创新的区域异质性显著；学科发展主要通过影响创新的经费、人才和制度等对于区域创新起到支撑作用。

（7）规一化（归一化）[5]。

规一化的主要目的是以统一的价值形式解决指标值（量纲、量级、最佳值的不同）的不可公度的问题。常用的规一化方法是变换和插值，且通常规一化为无量纲的 0-1 值。变换法常分为线性和非线性变换两大类，线性变换又分为标准化变换、极值变换、均值变换、初值变换、模块化变换等。

---

[1] 梅雷迪思·S·高尔，沃尔特·R·博格，等. 教育研究方法导论 [M]. 许庆豫，译. 南京：江苏教育出版社，2002（12）：362-363.

[2] Sarab Boslaugh. 统计学及其应用论 [M]. 孙怡帆，译. 北京：机械工业出版社，2016：241-242.

[3] 陈胜可，刘荣. SPSS统计分析从入门到精通 [M]. 北京：清华大学出版社，2015：249.

[4] 李立国，田浩然，孙颖慧. 学科发展质量对区域创新的影响与作用机制 [J]. 教育发展研究，2023，43（11）：8-18.

[5] 李浩志. 综合评价方法论研究 [J]. 管理工程学报，1990（4）：33-40.

4. 综合评价方法

综合评价方法，也称多指标（或多属性）综合评价方法，是根据研究的目的建立一个统计指标体系，对现象发展的多个方面分别给予定量描述，并在此基础上，综合各个指标所提供的信息，得到一个综合评价值，对研究对象作出整体性评判，以此进行横向或纵向的比较。简单而言，就是将多个指标转化为一个能够反映综合情况的指标来进行评价[①]。现代综合评价方法常用的方法包括数据包络分析法、层次分析法、模糊综合评判法等。

（1）数据包络分析（Data Envelopment Analysis，DEA）。

DEA 是运筹学家 A. Charnes 和 W. W. Copper 等学者以"相对效率"概念为基础，根据多指标投入和多指标产出对相同类型的单位（部门）进行相对有效性或效益评价的一种新的系统分析方法。它应用数学规划模型计算比较决策单元之间的相对效率，对评价对象做出评价。通常应用是对一组给定的决策单元，选定一组输入、输出的评价指标，力所关心的特定决策单元的有效性系数，以此来评价决策单元的优劣，即被评价单元相对于给定的那组决策单元中的相对有效性。通过输入和输出数据的综合分析，DEA 可以得出每个决策单元综合效率的数量指标。据此将各决策单元定级排队，确定有效的决策单元，并可给出其他决策单元非有效的原因和程度。即它不仅可对同一类型各决策单元的相对有效性做出评价与排序，而且还可以进一步分析各决策单元非 DEA 有效的原因及改进方向，从而为决策者提供重要的管理决策信息[②]。

案例分析

《基于 DEA 模型的省域研究生教育效率研究——对湖南省 17 所研究生培养高校的实证分析》[③]

文章在投入—产出理论的指导下，构建投入和产出指标衡量湖南省研究生教育效率，其中投入指标包括高级职称导师数、优质生源比例、生均经费；产出指标包括授予学位数、学术论文数量、技术转让收入。选取湖南省 17 所具有研究生培养资格的高校作为研究对象，符合决策单元具有同质性的要求，适用于 DEA 效率评价模型。研究运用 DEAP2.1 软件，对处理后的数据进行了投入导向的效率分析，结果表明，湖南省研究生教育效率整体处于中等水平；不同性质、不同类型的高校效率存在差异；非 DEA 有效高校普遍存在产出不足；导致非 DEA 有效高校的主要原因是资源经营管理不善和经费利用率不高。

（2）层次分析法（Analytic Hierarchy Process，AHP）。

AHP 是美国运筹学家 T. L. Satty 等人在 20 世纪 70 年代提出的一种定性与定量分析相结合的多准则决策方法。它是指将决策问题的有关元素分解成目标、准则、方案等层次，用一定标度对人的主观判断进行客观量化，在此基础上进行定性分析和定量分析的一种决策方法。层次分析法分为六个步骤，即明确问题；建立层次结构；构造判断矩阵；层次单排序及其一致性检验；层次总排序；作出相应决策。

---

① 国家统计局. 什么是统计综合评价分析方法 [EB/OL]. (2023 – 01 – 01). [2023 – 10 – 11]. http://www.stats.gov.cn/zs/tjfx/202301/t20230101_1903709.html.

② 杜栋，庞庆华. 现代综合评价方法与案例精选 [M]. 北京：清华大学出版社，2021（6）.

③ 常思亮，吴兵. 基于 DEA 模型的省域研究生教育效率研究——对湖南省 17 所研究生培养高校的实证分析 [J]. 现代教育管理，2019（11）：30 – 36.

（3）模糊综合评判法。

模糊综合评判作为模糊数学的一种具体应用方法，最早由我国学者汪培庄提出。其基本原理是：首先确定被评判对象的因素（指标）集和评价（等级）集；再分别确定各个因素的权重及它们的隶属度向量，获得模糊评判矩阵；最后把模糊评判矩阵与因素的权向量进行模糊运算并进行归一化，得到模糊评价综合结果。它的特点在于，评判逐对象进行，对被评价对象有唯一的评价值，不受被评价对象所处对象集合的影响[1]。

案例分析

《面向一流人才培养的研究生教育质量评价方法初探——基于层次分析与
模糊综合评判的指标体系研究》[2]

文章设计了研究生教育质量综合评价方案，涵盖学生发展、师资队伍、学校条件以及利益相关方满意度等4项一级指标、13项二级指标和91项三级指标。具体操作步骤如下：

①调研19位专家对三级指标的相对重要度进行1~5级的赋分，通过归一化处理得到91项三级指标的重要程度分布。

②对所有专家的三级指标重要度相对值进行加权平均，得到三级指标的综合评价表。

③运用层次分析法，将三级指标的重要度进行两两比较，直接采用重要度赋值的方法，得到判断矩阵，并进行一致性检验，得到矩阵最大特征值对应特征向量W（三级指标的权重）。

④采用模糊综合评价方法，以三级指标的重要度分布矩阵作为模糊综合评价隶属度矩阵R，通过模糊运算，可以得到二级指标的重要度评价综合隶属度向量以及重要度最大隶属度值。

⑤在此基础上进一步采用层次分析方法，对二级指标进行权重判断，依次类推，对一级指标的权重进行评价。

5. 社会网络分析

社会网络分析是对社会关系结构及其属性加以分析的一套规范和方法。它主要分析的是不同社会单位（个体、群体或社会）所构成的关系的结构及其属性。行动者之间相互联结而成的关系是社会网络分析的基础。通过研究网络关系，有助于把个体间关系、"微观"网络与大规模的社会系统的"宏观"结构结合起来，从而对社会结构提供新的解释。社会网络分析目前已形成了多种描述网络的专门方法，如图论指标、结点和边指标、空间表达形式、子集、块矩阵和关系模型、概率模型等，其中以图论为基础的图形表达法是被广泛应用的最直观表现网络结构的基本方法[3]。

案例分析

《中国研究生教育领域学者合作的实证研究：基于作者共现的社会网络分析》[4]

文章基于作者共现采用社会网络分析的方法考察了中国研究生教育领域学者的合作情

---

① 杜栋，庞庆华. 现代综合评价方法与案例精选 [M]. 北京：清华大学出版社，2021（6）.
② 张东明，李亚东，黄宏伟. 面向一流人才培养的研究生教育质量评价方法初探——基于层次分析与模糊综合评判的指标体系研究 [J]. 研究生教育研究，2020（2）：60-67.
③ 林聚任. 社会网络分析：理论、方法与应用 [M]. 北京：北京师范大学出版社，2009.
④ 王传毅，吕晓泓，李明磊. 中国研究生教育领域学者合作的实证研究：基于作者共现的社会网络分析 [J]. 学位与研究生教育，2017（8）：61-66.

况。以研究生教育领域重要的期刊论文为研究对象,利用社会网络分析方法对作者合作情况进行探究:①基于作者共现,统计历年论文的合著情况,并识别出核心作者。②基于合著情况描绘作者合作的社会网络,并计算其统计学特征。③通过共时性和历时性分析,在整体网络中挖掘合作子网,从而提炼出合作模式及其特征,识别出特征为孤点型、双人型、完备型、潜力型。④基于作者合作,挖掘核心学术团队并结合案例分析,描述团队的成长机制。

七、质性分析法

质性研究是"以研究者本人作为研究工具,在自然情境下采用多种资料收集方法(如深度访谈、开放式观察、实物分析等),对社会现象进行整体性探究,主要使用归纳法分析资料和形成理论,通过与研究对象互动对其行为和意义建构获得解释性理解的一种活动"。它具有探索社会现象、阐释意义以及发掘深层社会文化结构的作用[①]。质性分析方法包括扎根理论分析、民族志研究等方法以及 Nvivo、Citespace 等软件技术。

1. 扎根理论分析[②]

扎根理论(Grounded Theory)是一种定性研究方法,倡导从经验资料的基础上建立理论。研究者在研究开始之前一般没有理论假设,而是直接从实际观察入手,从原始资料中归纳出经验概括,然后上升到系统的理论。扎根理论的操作程序一般包括:①从资料中产生概念,对资料进行逐级登录。②不断地对资料和概念进行比较。③发展理论性概念,建立概念和概念之间的联系。④理论性抽样,系统地对资料进行编码。⑤建构理论。

对资料进行逐级编码是扎根理论中最重要的一环,包括三个级别的编码。

(1) 一级编码。

一级编码指将收集的资料打散,赋予概念,然后再以新的方式重新组合起来的操作化过程。目的是从资料中发现概念类属,对类属加以命名,确定类属的属性和维度,然后对研究的现象加以命名及类属化。

(2) 二级编码。

二级编码的主要任务是发现和建立概念类属之间的各种联系,以表现资料中各个部分之间的有机关联。研究者每次只对一个类属进行深度分析,围绕一个类属寻找相关关系。每一组概念类属之间的关系建立后,需要分辨主要类属和次要类属,并通过比较的方法把它们之间的关系连接起来。

(3) 三级编码。

所有已发现的概念类属中,经过系统分析以后选择一个核心类属,核心类属应具有统领性,能够将大多数研究结果囊括在一个比较宽泛的理论范围之内。

2. 民族志研究

民族志是一种以参与观察和整体性研究为主要特征的描述性的研究方法。教育民族志不是一次性的、终结性的研究,而是在得到初步探索性资料后,寻找问题、界定、再次调整研究计划,再次进入研究场域。这一研究过程是具有循环性的。民族志研究者是一个积极的参

---

① 陈向明. 质的研究方法与社会科学研究 [M]. 北京:教育科学出版社,2000:12.
② 陈向明. 扎根理论的思路和方法 [J]. 教育研究与实验,1999 (4):58-63.

与者，需要使用多种质性研究技术体悟研究对象，收集研究资料①。

案例分析

《乡村定向师范生的多重身份冲突——基于社会学制度主义的教育民族志研究》②

研究以华东地区一所省属师范院校——A 高校为田野，采用教育民族志的方法深入田野，在与乡村定向师范生群体共同学习和生活的同时，迭代地进行资料收集与质性分析，以达到理论饱和为目标。资料的收集采取了多种途径，如参与观察、访谈、文件等，以形成多维互证。其中，参与观察通过研究者分别以教师教育者与学生的身份进入，与研究对象一同参与课堂、讲座、支教等活动；访谈是在田野研究的后期，建立了一定的互信基础之后，采用开放式与半开放式两种方式进行；文件则主要包括了国家、省市、高校等公开发布的文件。

3. Nvivo 软件③

Nvivo 由澳洲 QSR 公司发行，是一种主要用于质性研究分析的软件，它可以收集、整理、分析文本数据（访谈录音稿、会议记录等）和非文本数据（照片、图表、可视化影像等）；帮助研究人员处理包括可视化数据和文本数据在内的多样化数据；使用符码恢复和 Boolean 搜索，建立并验证数据之间的关系，创建并验证理论，并根据统计摘要撰写数据报告，为数据间的关系创建可视化展示，增进质性研究的严谨性和趣味性（图 8-6）。

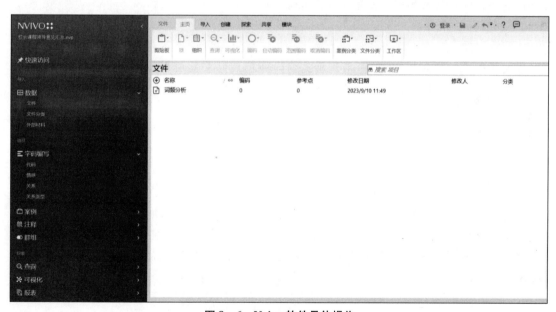

图 8-6 Nvivo 软件具体操作

---

① 田国秀，曾亚姣. 中小学初任教师的情绪困惑——基于情绪劳动视角的教育民族志考察 [J]. 教师教育研究，2021，33（4）：68-75.

② 刘铖，陈鹏. 乡村定向师范生的多重身份冲突——基于社会学制度主义的教育民族志研究 [J]. 教育发展研究，2022，42（2）：18-27.

③ 刘世闵，李志伟. 质性研究必备工具：Nvivo 之图解与应用 [M]. 北京：经济日报出版社，2017：4.

Nvivo 软件的运用案例①：

> **一、研究取样**
>
> 根据研究主题并在文献分析的基础上，对符合条件的访谈对象进行目的抽样。研究对象的选取要尽可能具有代表性。
>
> **二、开展访谈**
>
> 根据访谈提纲对研究对象开展结构化或半结构化访谈。
>
> **三、效度检验**②
>
> 通过相关检验法、反馈法和参与者检验法对研究效度进行检验。
>
> （一）深入部分受访者研究现场，将观察与访谈结果比较，检验访谈对象言语的真实性；
>
> （二）邀请专家对编码的科学性进行检验，对结果进行修正；
>
> （三）初步形成研究结果，将结果反馈给部分受访者，进行沟通修正，实现参与者检验。
>
> **四、材料分析**
>
> 遵循质性研究流程，将访谈文本材料导入 NVivo 软件中，并设置与研究相关的属性值。依据访谈文本语义进行自由节点及树形节点编码。根据扎根理论，自下而上进行开放式登录、轴心登录和核心式登录三级编码。
>
> （一）开放式登录。
>
> 开放式登录是在无理论预设的情况下，以一种开放的心态，将所有资料按照其本身呈现的状态进行登录的方式。③ 在开放式编码环节，力求呈现原始的访谈资料信息，归纳出本土概念并将这些概念整合成若干个自由节点和参考点。
>
> （二）轴心登录。
>
> 在开放式登录的基础上，对初始范畴进行深入分析，依照相似条件、类型关系等分析出各范畴之间的潜在联系，进一步形成更大、更完整的上位范畴，即主范畴。发现和建立概念类属之间的联系④。
>
> （三）核心式登录。
>
> 进一步挖掘和梳理主要类属间的逻辑关系，形成核心类属并构建理论。将核心范畴有系统地和其他范畴予以联系，验证联系，并对概念化尚未发展完备的范畴补充完整过程。范畴凝聚成群，则在众多范畴中找出核心，铺陈出主从之分，又不失架构的完整性。

---

① 周文辉，袁鹬. 准硕士生是如何度过"空档期"的？——基于某"双一流"建设高校52名准硕士生的质性研究[J]. 研究生教育研究，2021（5）：31-38.

② 徐玲，母小勇. 研究生拔尖创新人才的学术素养：内涵、结构与作用机理——基于扎根理论的分析[J]. 研究生教育研究，2022（2）：24-31.

③ 陈向明. 质的研究方法与社会科学研究[M]. 北京：教育科学出版社，2000：332.

④ 罗建国，谢芷薇，莫丽荣. 导生交往模式与研究生学术能力发展——基于扎根理论的质性分析[J]. 学位与研究生教育，2021（3）：15-20.

4. Citespace 软件

Citespace 是应用 Java 语言开发的一款信息可视化软件，主要基于共引分析（Cocitation Analysis）理论和寻径网络算法（Path Finder Networks Caling）等，对特定领域文献（集合）进行计量，以探寻出学科领域演化的关键路径及知识转折点，并通过一系列可视化图谱的绘制来形成对学科演化潜在动力机制的分析和学科发展前沿的探测[①]。Citespace 软件对数据格式的要求是以 WoS 数据库的文本数据格式为标准。该软件可直接导入 WoS 和 arXiv 数据库中的数据进行可视化分析，并对来源于 CNKI、CSSCI 等的数据提供了数据格式转换器[②]。

第三节 研究生教育研究方法的应用

本节选取研究生教育的主要研究主题，统计研究生教育研究主题采用的研究方法，并介绍研究生教育研究方法的选择与适用原则。

一、研究生教育的研究主题

本节研究内容来源于2020—2022年《研究生教育研究》与《学位与研究生教育》两大权威学术期刊中的文献，共计689篇，其中共有165篇文章使用了两种及以上的研究方法，占到统计文章总量的23.9%，问卷法与统计分析相结合成为最高频的方法组合。统计发现：研究生教育研究主题涉及研究生教育基本理论、研究生教育质量保障与评估、研究生培养、研究生导师队伍建设、研究生招生与就业等。本节结合马尔科姆·泰特以及袁方对教育研究方法的分类，将在参考第二节所呈现的研究生教育中基本研究方法基础上，遴选出研究生教育研究中常用研究方法（新增自传和观察、现象学及相关路径两种研究方法），共计九种。其中，自传和观察主要包括基于研究者个人或个体经验的研究以及根据一定的研究目的、用自己的感官和辅助工具去直接观察被研究对象的研究；现象学及相关路径主要指研究者直接体验现象、观察个体的经验，分析该现象中的成分，并尽可能不带偏见地开展描述的研究方法。通过对上述文献的分析后，发现研究生教育研究多使用文献法、问卷法、案例法等研究方法。

二、研究生教育基本理论研究

研究生教育基本理论研究关注研究生教育领域的基本问题。如研究生教育、研究生教育学、学科、学位等，从其基本概念、范畴、理论等方面展开研究。2020—2022年，涉及该主题共计142篇文献。统计发现，使用最多的研究方法为文献法（表8-3）。其中8篇文献使用了两种研究方法，占该主题文献总量的9.5%，案例法与自传和观察研究方法相结合成为该主题研究中较高频出现的组合方式。

[①] 陈悦，陈超美，胡志刚，等. 引文空间分析原理与应用：Citespace 使用指南［M］. 北京：科学出版社，2014：12.

[②] 陈悦，陈超美，胡志刚，等. 引文空间分析原理与应用：Citespace 使用指南［M］. 北京：科学出版社，2014：22.

表8-3 "研究生教育基本理论研究"使用的研究方法（142篇）

研究方法	2020年	2021年	2022年	总计
文献法	29	25	21	75
自传和观察	3	7	9	19
现象学及相关路径	11	5	2	18
案例法	4	6	4	14
比较法	12	1	1	14
统计分析	3	2	2	7
质性分析	1	0	2	3
合计	63	46	41	150

1. 研究生教育质量保障与评估研究

研究生教育质量保障与评估研究主要围绕研究生教育质量现状、质量评估、质量保障三方面展开。2020—2022年，以"研究生教育质量保障与评估研究"为主题的文献共计106篇。统计发现，使用最多的研究方法为问卷法、文献法，同时，统计分析作为高频的统计方法在此主题研究中广泛使用（表8-4）。其中25篇文献使用了两种及以上研究方法，占比达到23.6%。

表8-4 "研究生教育质量保障与评估研究"使用的研究方法（106篇）

研究方法	2020年	2021年	2022年	总计
统计分析	15	18	10	43
问卷法	9	13	6	28
文献法	9	7	5	21
访谈法	3	4	4	11
自传和观察	0	4	6	10
质性分析	3	3	2	8
案例法	0	4	1	5
比较法	0	1	3	4
现象学及相关路径	2	0	0	2
合计	41	54	37	132

该主题研究中，问卷法与统计分析常以组合使用的方式出现。其中，定量模型使用尤为丰富，在满意度调查研究中多使用结构方程模型、多元线性回归模型等方法。总体上，研究生教育质量保障与评估研究逐渐向规范的社会科学研究范式方向发展[①]。

---

① 中国学位与研究生教育学会进展报告编写组. 中国研究生教育研究进展报告 [M]. 北京：中国科学技术出版社，2018：57.

2. 研究生培养研究

研究生培养主要涉及研究生培养模式、研究生能力与综合素质培养、研究生课程与教学、研究生学位论文与质量管理。2020—2022 年，涉及该主题共计 319 篇文献，该主题也成为近两年研究生教育研究领域的热点主题。统计发现，使用最多的研究方法为案例法与文献法；在分析过程中，绝大多数研究采取统计分析的方法（表 8-5）。其中 91 篇文献使用了两种研究方法，占比达到 28.5%。问卷法与统计分析、文献法与案例法成为研究中高频使用的组合式研究方法。

表 8-5 "研究生培养研究"使用的研究方法（319 篇）

研究方法	2020 年	2021 年	2022 年	总计
案例法	21	35	42	98
文献法	27	34	20	81
统计分析	15	16	22	53
问卷法	13	11	11	35
自传和观察	4	12	19	35
比较法	11	15	7	33
质性分析	12	10	6	28
现象学及相关路径	6	8	11	25
访谈法	8	8	6	22
合计	117	149	144	410

从研究方法总体使用情况来看，研究生培养研究涉及经验总结、理论思辨、调查实证等多种研究方法。但综合近三年该主题研究中所使用的方法来看：在案例研究的基础之上，综合进行统计分析，借鉴相关理论框架解决问题的研究范式逐渐兴起。①

3. 研究生导师队伍建设研究

"研究生导师队伍建设研究"围绕导师指导与师生关系、导师素养与能力、导师评价与管理、导师责任等展开。2020—2022 年，涉及该主题共计 76 篇文献。统计发现，使用较多的研究方法分别为文献法与问卷法；在分析方法之中，统计分析使用频率逐年上升，相比之下，质性分析使用频率整体呈下降趋势（表 8-6）。其中 29 篇文献使用了两种研究方法，占比达到 38.2%，多为问卷法与统计分析。

---

① 中国学位与研究生教育学会进展报告编写组. 中国研究生教育研究进展报告 [M]. 北京：中国科学技术出版社，2018：89.

表 8-6 "研究生导师队伍建设研究"使用的研究方法（76 篇）

研究方法	2020 年	2021 年	2022 年	总计
文献法	10	8	3	21
统计分析	4	6	10	20
问卷法	4	5	8	17
自传和观察	2	6	4	12
质性分析	5	2	4	11
访谈法	4	2	4	10
案例法	3	4	2	9
现象学及相关路径	2	1	1	4
比较法	0	1	0	1
合计	34	35	36	105

4. 研究生招生与就业研究

研究生招生与就业研究涉及研究生招生考试制度与改革、研究生就业状况、研究生就业影响因素、研究生就业能力等方面。2020—2022 年，涉及该主题共计 46 篇文献，统计发现，研究方法以文献法为主，在统计中多采用统计分析的方法（表 8-7）。其中 12 篇文献使用了两种研究方法，占比达到 26.1%。

表 8-7 "研究生招生与就业研究"使用的研究方法（46 篇）

研究方法	2020 年	2021 年	2022 年	总计
统计分析	5	7	8	20
文献法	4	5	0	9
问卷法	2	3	1	6
案例法	1	2	2	5
自传和观察	0	4	1	5
现象学及相关路径	2	3	0	5
访谈法	2	0	1	3
比较法	2	0	1	3
质性分析	2	0	0	2
合计	20	24	14	58

三、研究方法的选择与适用

研究生教育研究作为社会科学研究的一个分支领域，亟待综合借鉴其他学科研究方法，开展多学科交叉研究。研究生教育研究应重视定性研究与定量研究结合的研究方向。研究者运用研究方法需遵循客观性原则、理论联系实际原则以及伦理性原则[①]。

1. 客观性原则

客观性原则指研究生教育研究应从研究对象或研究问题出发，客观地认识和分析研究对象。一般而论，教育研究带有经验性的特征，将为研究者坚守客观性原则带来挑战。研究生教育研究既要探究研究对象的本质、发展变化的规律，还要通过研究推动教育理论与实践发展、建构理想的教育形态。

2. 理论联系实际原则

理论联系实际原则指研究生教育研究须兼顾理论与实践，研究活动不能脱离实践，也不能完全囿于经验。受主客观因素的影响，研究者容易忽略理论与实践的联系，陷入"为了研究而研究"的尴尬境地。

3. 伦理性原则

研究生教育是高度复杂的、带有知识特性的社会活动，受到内外部因素的影响和制约，其实践处于动态变化的过程中，不同时空、多元文化下体现出特色和不同特征。为持续解决研究生教育实践中出现的新问题，研究者应做到研究生教育研究满足实践的需要与基础，开展真实有效的研究。因此，研究生教育研究的终极目的是推动变革、发展实践，立足、引领实践，释放出研究的社会价值、应用属性。

---

① 陈向明. 教育研究方法 [M]. 北京：教育科学出版社，2013：18-20.

【本章小结】

本章从社会科学的研究方法出发，介绍了研究生教育研究性质、研究范式、基本研究方法、研究主题及其方法等。研究生教育研究的一般过程包括选定研究问题、文献检索、制定方案、收集资料、分析资料、撰写报告、总结评价。研究生教育常用的研究方法主要包括文献法、问卷法、访谈法、案例法、比较法、统计分析、质性分析等。分析研究生教育领域的重要研究主题，发现研究生教育研究多使用文献法、问卷法、案例法等研究方法。希望通过本章内容的学习，学生能够基本掌握研究生教育的研究方法，并达到初步运用的研究水平，推动研究生教育研究的科学发展。

【思考题】

1. 就研究生教育某一研究问题设计调查问卷。
2. 就某个研究生教育问题设计一份结构化访谈提纲，并展开调查。
3. 如何选取合适的研究生教育研究方法？

【推荐阅读文献】

1. 潘懋元. 高等教育研究方法［M］. 北京：高等教育出版社，2008.
2. 马尔科姆·泰特. 高等教育研究进展与方法［M］. 侯定凯，译. 北京：北京大学出版社，2007.
3. 伯克·约翰逊，拉里·克里斯滕森. 教育研究：定量、定性和混合方法［M］. 重庆：重庆大学出版社，2015.
4. 杜栋，庞庆华. 现代综合评价方法与案例精选（第4版）［M］. 北京：清华大学出版社，2021.

第九章
国际研究生教育

【内容提要】

　　研究生教育是各国学历教育的最高阶段，也是促进社会发展、推动经济建设、激活文化创新的主要力量。从历史上看，现代研究生教育发轫于德国，成长于欧洲、北美和亚洲地区，各国间存在着共性和个性并存的多元化发展趋势。随着规模总量的扩张，国际研究生教育也表现出前沿性、合作性、流动性等特征，这些特征将成为人类命运共同体建设与发展的助力。本章梳理并划分了研究生教育的发展历程，介绍了美国、英国、德国、法国、日本地区的研究生教育概况，探讨并总结了国际研究生教育的发展趋势。

【学习目标】

1. 了解国际研究生教育的缘起及发展过程。
2. 了解美、英、法、德、日五国的研究生教育发展概况。
3. 掌握研究生教育的发展趋势。

【关键词】

国际研究生教育；发展趋势；研究生教育改革与创新

Chapter Ⅸ
International Graduate Education

【Content Summary】

Graduate education is the highest stage of academic education in various countries, and it is also the main force for promoting social development, promoting economic construction, and activating cultural innovation. Historically, modern graduate education originates from Germany and grows in Europe, North America and Asia. There are diversified development trends among those countries. With the expansion of the total scale, international graduate education also shows the characteristics of forefront, cooperation, and mobility. These characteristics will become the driving force for the construction and development of the community of human destiny. This chapter combs and divides the development of graduate education, introduces the graduate education in the United States, the United Kingdom, Germany, France, and Japan. And it discusses and summarizes the development trend of international graduate education.

【Objectives】

1. Understand the origin and development process of international graduate education.
2. Know about the graduate education development in the United States, the United Kingdom, France, Germany and Japan.
3. Master the development trend of graduate education.

【Key words】

International Graduate Education; Development Trend; Graduate Education Reform And Innovation

国际研究生教育缘起于欧洲、成长与欧美、发展于全球，是社会发展到一定时期的必然产物，也是高等教育改革与进步的必然走向。纵观历史维度，研究生教育的发展受到了政治、经济、社会、国防等各方面的因素影响，从注重传统学术自由的发展，逐渐过渡到与社会经济发展建设相匹配。从另一个面来看，国际研究生教育重视人才的培养，重视科技的创新，这又极大地推动了社会的发展与进步。

第一节　研究生教育的产生与发展

研究生教育的发展是动态的、不断变化的过程。从时间维度和空间维度来看，各国研究生教育的发展与变革并不统一。纵观研究生教育的发展历程，欧洲高等教育的兴起以及德国研究型大学的出现，被视为研究生教育的缘起和现代研究生教育的开端。

一、12 世纪至 19 世纪：研究生教育的缘起

硕士（Master）和博士（Doctor）这两个关键术语是从古典拉丁文借用的。[①] 最初这两个词有一个相近的含义，即教学往往与在特定领域作出杰出贡献的人联系在一起，但这两个术语并非不加区别地被使用。在中世纪，这种观念得到进一步加强。一名硕士或博士能够教书，但教师却不一定是硕士或博士。当硕士或博士头衔附加在一个姓氏前面时，它只意味着它的拥有者已经完全熟练地掌握了他所学习的学科知识。他因而具备了从事该学科教学的条件，同样具备所有其他公认的从事智力工作所必需的条件。从广义上说，中世纪末期普遍的态度是认为这个头衔赋予其持有者以真正的社会尊严，使他易于接近特权阶层和贵族社会。因此，那些实际从事教学的硕士或博士一般被称之为"摄政的"硕士或博士，即 Regens 或 Actu Regens，这个分词很快变成名词（a Regent），这个词在剑桥大学仍然被使用着。

随着欧洲高等教育的兴起，"硕士"或"博士"作为一种头衔，早在 12 世纪就已经出现。[②] 但在 12 世纪前，它似乎是一个普通用语，而不是正式的头衔。如果某人管理一所学校（不管他是受指派的还是创办人，还是基于当局、通常是主教代理人的许可），他就会称自己为硕士。更为普遍的是，任何一个学习了一定时间的人和那些离开学校时带着教师发给的表明学业成绩的正式或非正式证明的人，都可以使用这个头衔。直到 12 世纪，主教座堂圣职团、罗马的法庭以及某些国王的办事处中的人员开始使用这个头衔，而巴黎、博洛尼亚、蒙彼利埃或牛津创办新学校的人也开始使用。

第一批博士学位授予的确切时间尚不清楚。当"硕士"们（Masters）联合起来成为一家合法团体（Corporation）并得到教皇或皇帝的认可时，大学才真正被人们所熟知。中世纪早期的大学，如巴黎大学，给那些通过学徒期并能够教书的人授予"硕士"（Master）称号，而在博洛尼亚，他们被称为"博士"（Doctor）。在一些地方，博士学位（doctorate）成为专家们（specialists）在法律、神学和医学大学任教的资格。[③] 实际上，这一时期对"硕士"

[①] Olga Weijers. Terminologie des universites au XIIIe siècle [M]. Rome：Edizioni dell'Ateneo，1987：27 - 28.

[②] Christine Renardy. Le Monde des maitres universitaires du diocese de Liege 1140 - 1350 [M]. Liège：Presses universitaires de Liège，1979：79 - 144.

[③] David Bogle. 100 Years of the PhD in the UK [EB/J]. （2018 - 09 - 04）[2019 - 04 - 11]. https：//www.researchgate.net/publication/331477720_100_Years_of_the_PhD_in_the_UK.

和"博士"最明显的差异出现在术语方面。谈及硕士学位多用在文科和法学,博士学位多用在神学、医学等学科,但这只是一种习惯而已,在授予毕业生称号的种类上还有更多变化。

实际上,中世纪各国的教育情况较为复杂,各高校的授课内容和教学形式也不相同,因此,这一时期研究生教育的发展情况不可一概而论。在一些学院,诸如文学院或神学院,这两种称号几乎总是相伴随,而且事实上也是同时被授予的。在医学院,尤其是法学院,这两种称号在14和15世纪似乎又是完全被分开的。虽然博士学位带给拥有者相当大的声望,但许多硕士学位获得者并不申请博士学位,这是因为这个称号虽然比普通学位付出的代价高很多,却没有带来进一步的智力发展。因此,博士学位只有对那些希望留在学院任教的人来说是必需的。① 换句话说,博士学位是授予那些精通某一学科并对其知识领域做出了独特贡献的人。②

中世纪欧洲的"博士学位"体系并没有完全形成,"博士学位"被视为一个"学术实体"(Academic Entity)或是一种"奖项"(Award)。用历史学家雅克·韦格(Jacques Verger)的话来说,③"硕士或博士可以教书,但不是刚需。"因为,"博士学位"代表对某门学科知识的掌握。与此同时,辩论活动是博士们的保留节目,④ 博士们在进行辩论和主题发言时,可以出示博士学位,亮明身份,以体现自身价值。⑤ 实际上,德国的大学在16世纪就开始授予哲学博士学位(Doctorates in Philosophy),但并未得到各个国家当局的正式认可。直到1771年,博士学位在普鲁士得到正式认可,但这不是一个基于研究的学位,而是证明了对某一学科知识的掌握,具有丰富的学识。⑥ 到了18世纪,德语世界中所理解的"硕士"之一概念的内涵被降低,因此,需要具有某些权利的更高资格作为在大学任教的资格。⑦

19世纪,欧洲研究型大学的出现标志着现代研究生教育的开端。历史学家詹姆斯·阿克斯特尔(James Axtell)认为,⑧"博士学位是德国的学术成果,其理念和制度被引入其他国家"。值得注意的是,1694年,德国哈勒大学首次提出教学与科研相结合的主张,并为此

---

① Alan E. Bernstein. Magisterium and License: Corporate Autonomy against Papal Authority in the Medieval University of Paris [M] // The Center for Medieval and Renaissance Studies. Viator: Medieval and Renaissance Studies, Volume 9 (1978). California: University of California Press, 1978: 291-307.

② Basil Cahusac de Caux. A Short History of Doctoral Studies [M] // Lynette Pretorius, Luke Macaulay, Basil Cahusac de Caux. Wellbeing in Doctoral Education Insights and Guidance from the Student Experience, New York: Springer, 2019: 9.

③ Walter Ruegg. A History of the University in Europe (Volume1): Universities in the Middle Ages [M]. Cambridge: Cambridge University Press, 1992: 144-168.

④ Hastings Rashdall. The Universities of Europe in the Middle Ages (Volume1) [M]. Cambridge: Cambridge University Press, 2010: 209.

⑤ Arthur Orlo Norton. Readings in the History of Education - Mediaeval Universities [M]. Cambridge: Clarendon Harvard University. 1909: 116.

⑥ William Clark. Academic Charisma and the Origins of the Research University [M]. Chicago: University of Chicago Press, 2006: 24-25.

⑦ William Clark. Academic Charisma and the Origins of the Research University [M]. Chicago: University of Chicago Press, 2006: 51-53.

⑧ James Axtell. Wisdom's workshop: The Rise of the Modern University [Z]. Princeton: Princeton University Press, 2016: 267.

后哥廷根大学、柏林大学的创办提供了基础。① 但是现代研究生教育理念和制度的建立，得益于威廉·冯·洪堡（Wilhelm von Humboldt）的贡献。

威廉·冯·洪堡提出了一种以研究和教学为基础的新型大学，引入了"学习自由"（Lernfreiheit）的理念，强调学者应该自由地从事专业研究。作为教育部长，洪堡在1810年柏林大学（现为"洪堡大学"）的建立中发挥了重要作用。从一开始，他们就引入了以研究为基础的"博士学位"，并影响了大学的教学。其意义在于，此时的洪堡大学，是一所既从事知识传播又深化知识内涵的大学。在该大学的影响下，其他德语系国家的大学也以洪堡大学为蓝本，引入新兴博士研究生制度，共同走向了现代研究生教育发展之路。在法国，1810年拿破仑式的高等教育改革也引入了博士学位。荷兰于1815年将其合法引入，瑞士的苏黎世大学于1833年首次授予博士学位。在美国，耶鲁大学于1861年授予第一个博士学位。② 19世纪80年代，北美高等教育迅速发展，使得攻读博士学位的人数不断上升，其原因是博士学位不仅是一种资格，更被视为学术生涯或专业领域的必要凭证。它已经成为一个学术职位的行业标准和需求。③

二、20世纪初至70年代：研究生教育的成长期

现代研究生教育确立后，学术界对研究生教育的本质、内涵和质量展开了深入的探讨，其中就包括提高人才培养质量、促进经济建设发展、增强科研发展实力等。

进入20世纪后，博士学位的质量成为衡量一个机构质量的标准，这也就意味着博士学位的质量需要得到检验。1916年，为了满足第一次世界大战对科学和技术服务的需求，美国成立了"国家研究委员会"（National Research Council）。该委员会是研究型博士项目的评估方，通过定期发布评估结果，为美国高等教育的政策制定和规划提供数据，并反补政府决策。1925年，美国俄亥俄州迈阿密大学（Miami University）的教授雷蒙德·M·休斯（Raymond M. Hughes）根据大学博士毕业生的工作质量排名挑选员工。40年后，宾夕法尼亚大学的海沃德·肯尼斯顿（Hayward Keniston）将博士学位的质量作为衡量整个学术部门质量的标准。④

20世纪60年代中期，随着普通高等教育的快速增长，研究生入学人数也迅速增多。从授予学位的增幅上来看，60年代上半叶，日本授予的博士学位每年增长28.6%，加拿大增长15.5%，法国增长15.4%，芬兰增长10.4%，英国增长8.7%。促使研究生教育增速的原因有两点：第一，学生对高等教育的渴望。这一时期，英国的一项研究发现，⑤ 64%的理科生和37%的工科生希望本科毕业后继续深造。而之前这一比例仅为33%和19%。第二，国家对科学家的需求增长。科技的进步程度已无法满足经济的发展需求，从而造成了发达国家对人才的需求量加大。一方面，研究生毕业数量的增加，能够保障国家科研队伍人才储

---

① 王保星. 德国现代大学制度的发轫及其意义映射——基于哈勒大学和哥廷根大学创校实践的解析［J］. 中国高等教育，2018，9：41.

② David Bogle. 100 Years of the PhD in the UK［EB/J］. (2018-09-04)［2019-04-11］. https://www.researchgate.net/publication/331477720_100_Years_of_the_PhD_in_the_UK.

③ Robert E. Kohler. The Ph. D. Machine：Building on the Collegiate Base［J］. ISIS, 1990 (4)：638-662.

④ National Research Council. Research Doctorate Programs in the United States：Continuity and Change［Z］. The National Academies Press, 1995：10.

⑤ Michael Sanderson. The Universities and British Industry：1850-1970［M］. Routledge, 1972：225-273.

备;另一方面,各国研发经费总量的提高,也支持了研究生的培养。这一时期,研究生在培养过程中做了大量的科学研究工作,并在教学中发挥着越来越重要的作用。①

20 世纪 70 年代,欧洲国家之间的研究生结构差异依旧较大,可以分为两类,一种被称为专业化(Professionalized)的研究培训,另一种是传统的科学学徒制(Scientific Apprenticeship)。一些欧洲国家,如法国,博士生培养的"专业化"模式与传统模式共存,不仅有短期的研究生博士学位(Doctorat De Troisième Cycle),也有传统的"国家博士"学位(Doctorat d'Etat)。此外,一些国家在本科结束到博士学位授予的过程中,设置了"中级学位"(Intermediate Degrees,相当于硕士学位)。如,英国的理学硕士学位、法国的高级研究文凭(Diplôme d'étude Approfondie)、瑞典的"执照"(Licence)等。②

但在这一时期,受经济危机的影响,各国大学科研经费大幅下降,以科研经费为基础的招生工作难度加大。许多国家的公司削减了研发开支,研究人员的就业市场出现了萎缩。另一方面,由于经济危机影响了劳动力市场,学生对继续学习的热情降低。随着劳动力市场的变化,以"学术"为主导的就业环境已经发生变化,而其他就业类型的比例却大幅增加。最为明显的特征是,国家政策和学生需求直接影响着大学的教育方式,出现了一种"工具主义"的理念。③

在"工具主义"的推动下,学生的培养与市场的发展需求越来越紧密,研究生人数显著增多,例如,获得工商管理硕士学位的人数,美国平均年增长 7.2%,英国平均年增长 10.6%。自 1978 年以来,法国管理和经济专业的非全日制文凭的数量以每年 11.5% 的速度增长。④ 这种转变与大多数国家的发展主旨相吻合,且越来越强调专业与职业的相关性,确保学生学到的技能与行业需求相匹配等。⑤

这一时期,研究生教育与博士生培养也存在着新旧两股思想的博弈。一部分人认为,研究生教育,特别是博士生的培养,是为学术科研领域培养新生力量。但是,随着工业科学、管理科学、自然科学技术等领域的发展,社会又赋予了研究生教育新的功能。实际上,政府、企业和学生敦促大学推行"职业主义"。例如,美国得克萨斯大学让博士生进入工业研发领域,帮助毕业生做好就业准备。1973 年,理特管理顾问有限公司(Arthur D. Little)成为美国第一家获得州批准授予研究生学位的公司。⑥

三、20 世纪 80—90 年代:研究生教育的发展期

(一) 三阶段学位结构的标准化

进入 20 世纪 80 年代,研究生教育随着市场流动与区域经济发展的现实需求,逐渐呈现

---

① Stuart Blume. The Development and Current Dilemmas of Postgraduate Education [J]. European Journal of Education, 1986: 218.

② Stuart Blume. The Development and Current Dilemmas of Postgraduate Education [J]. European Journal of Education, 1986: 218.

③ Lee Harvey. New Realities: The Relationship between Higher Education and Employment [J]. Tertiary Education and Management, 2000: 9.

④ Stuart Blume & Olga Amsterdamska. Postgraduate Education in the 1980s [R]. OECD, 1986: 18.

⑤ Stuart Blume. The Development and Current Dilemmas of Postgraduate Education [J]. European Journal of Education, 1986: 220.

⑥ Stuart Blume. The Development and Current Dilemmas of Postgraduate Education [J]. European Journal of Education, 221 – 222.

出相对标准化的发展趋向。学分互换、学历互认等举措,成为加速人才跨境流动的有效手段。这一时期,最为明显的是欧洲博洛尼亚进程的落实。1991年,雅克·德洛尔(Jacques Delors)领导的欧盟委员会(European Commission)发布了《欧盟委员会备忘录》(Memorandum from the European Commission),其中明确指出,高等教育已成为欧洲共同体(European Community,欧共体)①"关于经济与社会融合(更广泛)议程"②的一部分,强调欧洲高等教育要与劳动力市场和经济需求相关联,确保其推动(欧洲)内部市场的运作。

为了实现这一目标,欧共体希望通过干预欧洲高等教育,促进欧洲内部市场建设,以期实现欧洲经济复苏。为此,1998年,法国、英国、意大利和德国的教育部部长签署了《索邦宣言》(Sorbonne Declaration)提出了新的欧洲高等教育学位架构,以期促进欧洲区域内学生流动。实际上,《索邦宣言》的签署已确保了欧洲各国高等教育学位与学段逐步实现一致。③ 而1999年,来自欧洲29个国家的教育部部长在博洛尼亚再次举行会议又推进了《索邦宣言》的建设愿景,共同签署了《博洛尼亚宣言》,并确定了双阶段系统,即学士、研究生(硕士/博士)。④ 但将博士生教育真正列入学位体系,得益于欧洲大学协会(European University Association,EUA)的努力。2003年4月,EUA发布了"格拉茨公约"(Graz Convention),建议强化研究的作用,将"博洛尼亚进程扩大到博士研究层面"⑤。同年9月的"柏林会议"(Berlin Conference)中,欧洲部长们采纳了这一决议,并强调了一是研究与研究培训的重要性;二是跨学科在保持和提升高等教育质量上的重要性;三是研究与研究培训对提高欧洲高等教育竞争力的重要性。⑥ 次年,来自欧洲29个国家的教育部部长在博洛尼亚再次举行会议,共同签署了《博洛尼亚宣言》(Bologna Declaration),统一了欧洲高等教育的学制与学位体系,并将"博士生教育"作为高等教育治理的"第三阶段"。至此,全欧学位体系的标准化结构正式形成,即学士(3年)、硕士(2年)和博士(3年)。⑦

(二) 科技工程领域的博士学位获得者人数增加

20世纪80—90年代,研究生教育进入了一个新的发展期,全球博士学位的获得者总量

---

① 欧洲共同体(European Community)包括欧洲煤钢联营、欧洲原子能联营和欧洲经济共同体(共同市场),其中以欧洲经济共同体最为重要。1992年2月7日,各国外长正式签署马约。经欧共体各成员国批准,马约于1993年11月1日正式生效,欧共体开始向欧洲联盟过渡。1993年11月1日,《马斯特里赫特条约》正式生效,欧洲联盟正式成立,欧洲三大共同体纳入欧洲联盟,这标志着欧共体从经济实体向经济政治实体过渡,同时发展共同外交及安全政策,并加强司法及内政事务上的合作。

② Jeroen Huisman, Marijk van der Wende. On Cooperation and Competition. National and European Policies for the Internationalisation of Higher Education [M]. Bonn: Lemmens Verlags-& Mediengesellschaft mbH, 2004: 350.

③ EHEA – ministers. Sorbonne Joint Declaration: Joint Declaration on Harmonisation of the Architecture of the European Higher Education System [Z]. EHEA – ministers, 1998: 3.

④ EHEA-ministers. Bologna Declaration: the European Higher Education Area [Z]. EHEA-ministers, 1999: 3.

⑤ EUA. Graz Convention [Z]. EUA, 2003: 8.

⑥ Communiqué of the Conference of Ministers. Berlin Communiqué: Realising the European Higher Education Area [Z]. EU, 2003: 7.

⑦ BROGGER K. Governing through Standards: the Faceless Masters of Higher Education the Bologna Process, the EU and the Open Method of Coordination [M]. Berlin: Springer, 2019: 69 – 71.

明显加大。1975—1995 年，西德的科学工程博士学位的获得人数增长速度较快。自然科学学位获得人数每年增长 5.1%，工程学位每年增长 4.8%。1988 年，法国对博士学位制度进行了改革，力争在 1996 年，使科技类博士学位的人数翻倍。① 1997 年，美国大学授予 2.7 万个科技博士学位，该数量远超其他国家。②

在这一时期，亚洲研究生教育改革力度也在加强，规模不断扩大。1993—1997 年，亚洲一些国家（中国、印度、日本、韩国等）获得的科学与工程类博士学位人数平均每年增长 12%。1980 年，韩国成立了先进科学技术研究所，例如，韩国工业巨头浦项钢铁公司（Pohang Iron and Steel Corporation）建设的浦项科技大学（Pohang University of Science and Technology）③，用以支持韩国本国的研究生培训。1997 年，韩国大学授予了近 2 200 个理科博士学位，远高于 1990 年的 945 个。④

（三）研究生教育的改革力度加强

人口、经济、技术和社会的变化影响了研究生教育的改革与扩张，也改变了研究生的培养理念、课程性质等，特别是新时期职业发展对毕业生综合素养的需求，要求研究生具备跨学科的知识与技能等。

本科人数扩招影响了研究生教育规模的扩大。从人口统计上来看，研究生人数的扩招，使得研究生教育正在向"大众化"教育发展。原因之一是，本科人数扩张为研究生教育的扩张提供了良好的人力资源储备。1980—2000 年，在整个欧洲的大学中，首次获得大学学位的学生比例从 7% 升至 17%。美国有超过三分之一的年轻人获得了学士学位，日本获得了学士学位的人超过了四分之一。此外，美国的 K-12 课程和本科课程的改善正在增加女性和少数族裔的研究生招生人数。越来越多的人获得了学术学位，为研究生教育规模的扩大提供了基础。⑤

经济力量影响研究生教育的发展。全球教育成本的增长速度远远高于生活成本的增长速度。而教育的最终目的是要服务经济建设、服务国家政治、服务人类发展。在美国和欧洲等国家，政府要求大学培养出能够对经济发展作出贡献的研究生。亚洲各国也坚信，经济增长依赖于科学技术、知识与生产间的互动关系。因此，培养科学家和工程师的诉求，也间接成为影响研究生教育发展的需求。

技术变革的力量正在推动研究生教育的发展。例如，在日本，用于产品和工艺改进的工业研发（日本工业实验室的专业强项）技术，加速了商业产品创新迭代，产品的淘汰速度也随之加快。目前，日本各个行业都会与研究生项目合作，以增强企业的创新能力。同时，日本政府意识到，新发明要与公共科学联系在一起，大学和国家实验室也要完成升级换代。因此，日本工业界加大了对大学基础研究的投资力度。⑥

---

① Ministère De L'éducation Nationale de Recherche de la Technologie. Rapport sur les Études Doctorales ［R］. Ministère De L'éducation Nationale de Recherche de la Technologie，1996：32.

②④⑤⑥ Jean M. Johnson. Graduate Education Reform in Europe，Asia and the Americas ［R］ National Science Foundation，2000：103.

③ 浦项科技大学类似于美国早期实业家所创办斯坦福大学和卡内基梅隆大学等.

四、21 世纪初至今：研究生教育的转型期

随着信息技术与经济建设的同步，各国政府对人才技能与培养质量的要求不断提高，对研究生教育的重视程度也进一步加大。值得注意的是，这一时期的研究生教育发展呈现出人才需求多、培养规模大、教育理念新等特征。同时，国际研究生教育也正值转型期，其方向的变化、理念的博弈也成为这一时期的发展特色。

（一）研究生教育发展的方向转变

1. "专业型培养"转向"综合型培养"

全球经济一体化背景下，各国研究生教育规模不断扩大。工业生产方式的迭代升级，社会经济关系的快速转型，使得研究生教育的目的和理念也发生了变化。这一时期，各国政府和高校必须重新思考研究生教育发展中存在的问题。美、法、德等国家的工业界认为，研究生的教育时间太长，培养内容过窄、过专，以学校为中心的理念过重等。在注重"产学研"相结合的研究生培养道路上，德国将博士学位授予权下放至工业研究领域。美国则强调研究生与导师的科研合作关系。因此，研究生的培养目标和方向，从"专业型"走向了"综合型"。

2. "专项研究"转向"项目拓展"

在先进的工业化国家中，研究生的培养方式也有所改变，即从"专项研究"转向"项目拓展"。博士生培养项目的形式较为多样，其中包括校外实习的博士项目、跨学科研究项目等。此外，欧洲高等教育集中，欧洲联盟内的高等教育机构也正在开展研究生跨国合作培养项目。例如，"伊拉斯谟计划"的实施、北欧地区"欧洲博士"（European Ph. D.）项目的开展，欧洲校园（Eucor – The European Campus）的建立等，旨在实现研究生、特别是博士生的跨国流动、学习与交流。[①]

3. "精英化培养"转向"大众化教育"

随着全球研究生教育规模的快速扩张，研究生教育的定位也发生了转变，即从"精英化培养"转向"大众化教育"。以亚洲为例，在过去的15～20年间，随着亚洲高等教育规模的扩张，越来越多的学生希望继续接受高质量的教育，使得原先15%的精英群体转向"大众化"发展。[②] 特别是在博士生培养层面，中国、韩国、印度、马来西亚和泰国等亚洲国家的研究生教育规模在不断扩大，[③] 其博士学位的授予人数增幅显著。

（二）研究生教育发展的理念博弈

随着研究生教育理念的转变，学界对研究生教育的发展也展开了讨论，其主要围绕三对矛盾展开，即个人主义与团队主义的矛盾、精英主义与大众主义之间的矛盾、知识原创与职

[①] Jean M. Johnson. Graduate Education Reform in Europe, Asia and the Americas [R] National Science Foundation, 2000: 103.

[②] Yojana Sharma. Rise of Postgraduate Education Fuels Asia's Economies – UNESCO [EB/OL]. (2014 – 05 – 09) [2019 – 04 – 27]. https://www.universityworldnews.com/post.php?story=20140509113133401.

[③] OECD. OECD Science, Technology and Industry Scoreboard 2015 [EB/OL]. (2015 – 10 – 19) [2019 – 04 – 05]. https://www.oecdilibrary.org/content/publication/sti_scoreboard-2015-en.

业对接之间的矛盾。①

1. 个人主义与团队主义

团队主义强调以团队为基础,即研究生在与导师和其他初级和高级研究人员密切合作的情况下,进行博士阶段的学习。由于工作经验的不同,科学工程专业的博士生往往要进入复杂的实验室,使用先进的技术设备,而这反过来又需要其他工作人员的共同参与。这种团队合作方式是由学科特性而形成的,经常出现在科学工程领域。而个人主义仅是指博士生与导师之间的单项科研互动。这种模式经常出现在社会科学和人文科学中。

最近,一项有关自然科学和社会科学的博士教育研究发现,以团队为基础的模式能够在科研中创建出一只团结紧密的队伍,这种关系强调学生和导师之间非正式的互动。而个人主义模式则体现了一种强烈的隔离,强调学生和导师之间的正式的互动。社会科学的研究生在很大程度上被归入了传统的个人主义中。

2. 精英主义与大众主义

在博士研究生的培养过程中,精英主义与大众主义也存在着博弈。目前,提高博士学术产量的压力越来越大,在不影响学术质量的情况下,提高产量的路能走多远?首先,培养一名博士生导师需要很多年的时间,而目前多数大学的预算增幅不大、职位的增加也有困难。因此,合格博导的总量很难提升。但是,博士生的数量大幅增加,许多博士生在学期间,又去从事非学术工作,这也很难保证博士生的学术质量。

另一个重要的问题是博士生"学术生涯追求"和"非学术生涯追求"间的利益冲突。由于市场经济对高层次人才的需求,许多人将博士学位视为提高职业发展的敲门砖。这种学习态度很有可能加剧"理论发展""市场需求"与"学术适用"三者间的紧张局势。此外,随着欧美教育水平的不断提高,受教育程度较高的人会把受教育程度较低的人推到社会的边缘。

3. 知识原创与职业对接

霍基(Hockey)曾指出,②博士教育的争论基本上指向"什么是好博士"之问。对于"好博士"的争论,似乎是围绕着统一体的两个对立面出现,且出现了两极分化。一种观点认为,博士应该对现有的知识做出原创性贡献。根据这一模式,导师希望学生能够独立开展研究(精英大学模式)。另一种观点认为,研究生培训包含了方法和理论(大众大学模式)的培训。在这里,导师的主要作用是提供一个动态的研究环境,使学生成为一个研究团队的成员。

目前,各国的研究生教育的变化倾向于创造纯知识并提高就业能力。因为,劳动力目标、劳动力市场需求和成本效益等因素一直是研究生教育探讨的重点。1998年,科林森(Collinson)提出,③职业主义的总体政策目标是培养一批训练有素的研究人员,他们的就业将有利于经济的发展。职业主义的特点强化了研究与社会之间的关系。

---

① J. P. Ulhøi. Postgraduate Education in Europe: An Intersection of Conflicting Paradigms and Goals [J]. International Journal of Educational Management, 2005: 350-354.

② John Hockey. The Social Science Ph. D: A Literature Review [J]. Studies in Higher Education, 1991: 319-32.

③ Jacquelyn Allen Collinson. Professionally Trainer Researchers? Expectations of Competence in Social Science doctoral research training [J]. Higher Education Review, 1998: 59-67.

从研究生的角度来看，增加对职业能力的关注似乎很有吸引力，因为它可以提高博士培养的适用性。从大学的角度来看，"产学研"相结合的博士生培养模式，似乎能够实现大学与工业伙伴的共赢，但它会让博士生培养的意义更为狭隘。

4. "一体化进程"与"脱离一体化"

欧洲高等教育一体化推进实现了研究生教育的一体化的发展，但近年来，随着英国脱欧以及俄罗斯退出博洛尼亚进程，研究生教育的培养形态与理念也发生了明显的变化。从显示层面来看，英国的脱欧并未放弃欧洲高等教育一体化的红利，一直延续着资格资历框架互认的传统，但俄罗斯的行为却走回了苏联的"老路"。

2022 年 4 月月初，莫斯科罗蒙诺索夫国立大学校长维克多·萨多夫尼奇表示，直到 20 世纪 90 年代，一切都建立在"与秩序相对应"的独特基础教育体系之上。然而，随着西方潮流的到来，教育质量显著下降。而俄罗斯联邦科学与高等教育部发布消息称，确认俄罗斯将退出博洛尼亚进程，并优先考虑建立自己的教育体系。俄罗斯联邦科学教育部瓦列里·法尔科夫表示，"博洛尼亚体系必须被视为一个活生生的舞台。未来属于我们自己独特的教育体系，它应该基于国家经济利益和每个学生的最大机会空间，拒绝博洛尼亚体系和向专家学位过渡可以提高俄罗斯教师培训的质量。"，这将基于国家利益和学生的最大机会。

俄罗斯人认为，他们的大学高等教育水平和质量超越了欧美国家的本科，所以设立了一个"专家"的学历学位，在国际上是等同于硕士学位的，专家学位毕业后可以直接攻读副博士。在苏联的旧学制中，学生经过 5~5.5 年学习通过考试后，获得《高等教育毕业证书》，并获得专家学历学位。获专家学位后，通过考试或多方推荐，即可以攻读副博士学位，3~4 年后，副博士文答辩通过后获得副博士学位证书，被认为相当于西方国家的博士学位。获得副博士学位者经过一段时间的工作，通常 5~10 年成为某一学科学术带头人之后，便有权申请科学博士学位答辩，如通过，可获得国家颁发的科学博士学位证书。①

第二节　国别研究生教育概况

随着国际合作、区域合作的加强，各国研究生教育规模的扩张，加快了国际学生的跨国流动，也推进了高校科研的转化力度。从区域上看，美国、英国、德国、法国、日本等国家的研究生教育发展世界领先，教育成效显著，并得到了国际的关注。这些国家也成为中国学生首选的留学目的国。

一、美国

美国是中国留学生的目的国之一，根据美国《2022 门户开放》报告显示，2020—2021 学年，虽然受疫情和政策影响，在读的中国大陆学生人数下降 8.6%，但依旧中国是第一生源国，有 290 086 人，占国际留学生总人数的 31%。其中，研究生入读人数占比 43%。②

---

① 俄罗斯卫星通讯社. 俄科教部证实准备退出"博洛尼亚进程"[EB/OL]. (2022-05-25)[2023-10-29]. https://sputniknews.cn/20220525/1041568009.html.

② Institute of International Education. Open Doors Report on International Education Exchange [EB/OL]. (2022-11-14) [2023-10-29]. https://opendoorsdata.org/annual-release/international-students/#key-findings.

（一）美国研究生招生

美国的高校具有研究生招生的自主权，招生计划由各个学院自行确定。政府仅通过经费调节，宏观调控高校的研究生招生工作。在研究生招生的过程中，第一，个人要提出申请。美国大多数学校都会向申请者提供学院详细的资料，如研究生课程设置、学科专业介绍、研究生资助政策等。第二，申请者要通过 GRE 考试。实际上，GRE 是研究生申请者的一种考察方式，全方位考察学生的知识储备及综合能力。第三，专家综合评定。各学科的教授组成专家小组，参照学生的 GRE 成绩与其申请材料进行综合评定，通过协商的办法择优录取，如果对某一学生存在争议，则采取投票的办法决定其是否被录取。

（二）美国研究生培养

美国的研究生培养目标与社会的发展需求紧密结合。美国的研究生培养分为学术型和专业型两种，并采用分开招生、分类培养的教育模式。在培养学术型研究生时，美国高校重视学生知识体系的完整构建，强调学术和科研活动的独立性，并为高校和科研团体输送具有学术功底、理论基础的研究型人才；知识的应用与实践是培养专业型研究生的重点，这一类的研究生主要是为社会培养高技能专业人才，满足社会建设需要。

导师制和导师集体培养制是美国研究生培养的两种模式。导师制是指每个研究生都有专职教师开展学术指导；导师集体培养制是指高校的导师指导委员会以集体的形式，对研究生的论文进行指导和评定。研究生入学后，除了课程学习外，硕士研究生还要进行课程考试（通常采用笔试和面试）。考试期间，导师会组成考试委员会一同考核硕士研究生的成绩。每个学生有两次考核机会，第一次考试没有通过会进行复试，若复试还没通过将被淘汰。博士研究生有所不同。博士生必须通过大学的资格考试才能成为博士候选人，并开始论文研究。每年的资格考试非常严格，淘汰率约为 5%。

美国各高校的学位授予方式基本相同。对于硕士研究生来说，在硕士课程学习中期（通常已经修完了一半的课程），硕士生要提交硕士学位候选人申请表，经导师和导师组同意后，上交至学校的研究生院。完成学位论文后，硕士生进入答辩环节。答辩通过后，硕士生要根据专家意见进行修改。专家组对修改的论文满意后方可授予硕士学位。博士研究生的学位授予更为严格。博士生一般在导师组的共同指导下开展学术研究并撰写论文，其研究要有思想深度、知识宽度，也要体现学科的交叉与融合。答辩后，学校方可授予博士研究生学位。

（三）美国研究生学位类型

美国硕士学位类型主要包括学术类学位、专业类学位和工商管理类学位三种。学术类硕士学位中包括文学硕士或理学硕士，一般是授予完成了两年授课课程和研究的学生。该类学位可直接通向博士阶段的学习；专业类硕士学位专业特性强。该类课程包括教育硕士、社会工作硕士等。这些课程通常要求完成36~48学时的学习，但没有论文撰写的要求。商管类硕士学位是少数几个可被授予理学硕士以及文科硕士的科目。不同大学对该类学位头衔设置有所不同。值得注意的是，美国科系分类繁细，有一些比较实用的研究生修业文凭课程，有些课程则将此文凭课程视作美国硕士班的准备课程。

博士学位也分为三类：学术型、专业型和其他博士学位。学术型博士学位是指哲学博士，或完成了其他高于硕士水平工作而授予的博士学位，其研究具有独创性，抑或是设计并实施独创性研究项目，用以证明研究者应拥有的人文或学术成就；专业型博士学位授予那些已完成专业培养计划或培养项目的学生，用以满足一些专业岗位的资质和需求。该学位包括了专业前学习和专业学习，历时 6 学年；其他博士学位不能满足上述两种学位的定义，故不多做介绍。

二、英国

2023 年 1 月 19 日，英国高等教育统计局 HESA 发布了《2021/22 学年英国大学入学数据》报告。该报告显示，2021/22 学年所有全日制研究生中，非欧盟学生占比 59%，而中国大陆地区学生在所有非欧盟学生中的占比高达 27%。[①] 中国学生依然是非欧盟国家在英留学的主力军。

（一）英国研究生招生

英国高校招收的研究生可分两种类型，一种是授课型（Postgraduate Taught）研究生培养，以授课为主，常见于硕士研究生培养层面。另一种是研究型（Postgraduate Research）研究生培养，以实际研究为主，主要是博士研究生层面的培养。在英国，无论是本国学生还是外国学生，只要具备本科学历并拥有学士学位，都能申请攻读硕士研究生，同时，也要接受大学有关部门的准入审核。由于英国各大学实力水平不同，研究生在申请时，也存在难易。

（二）英国研究生培养

英国研究生教育与美国相似，以服务社会发展需求为目的，但其模式更具多样化。随着英国社会需求的转变，英国高等教育机构先后采用了"研究式"培养模式（师傅带徒弟，注重培养研究能力）；"专业化"培养模式（知识传授与研究能力培养）；"授课式"培养模式（以授课为主，不重视研究能力的培养）；"协作式"培养模式（重视理论在实践中的应用）[②]。这些培养模式共生、共存、共同发展。

为了培养研究生的科研能力，增加研究生的知识储备，在研究生的培养过程中，英国大学均不指定教材，但教师会提供若干本参考教材、与课程相关论文及文献给学生。教师不要求学生掌握课程的全部内容，只要求学生掌握课程的主要理论和模型，及其实践意义和价值。教师们一般也不会按照书的章节授课，而是根据内容去组织讲义并授课。因此，学生们要进行课前准备，阅读量较大。此外，在研究生的培养过程中，英国大学更重视个人表达、团队合作以及独立开展研究的能力。

值得注意的是，英国高校的全日制和非全日制研究生的培养标准和要求并无差别。全日制和非全日制研究生只是就读方式的不同，学生可以根据自己的意愿，在两种学制中进行转换。此外，英国高校对研究生的培养十分严格，毕业质量要求高，各大学都设有不同比率的淘汰率。

（三）英国研究生学位类型

由于英国研究生培养模式具有多样化特性，因此，研究生的学位种类也较繁多。就硕士学位而言，一般分为"研究型学位"（包括哲学硕士、研究硕士、神学硕士等）和"课程硕士学位"（包括传统的文科硕士、科学硕士、工商管理硕士、法律硕士等）。与硕士相比，

---

① HESA. Higher Education Student Statistics：UK，2021/22 [EB/OL]. （2023 – 01 – 19）[2023 – 10 – 29]. https://www.hesa.ac.uk/news/19 – 01 – 2023/sb265-higher-education-student-statistics/location.

② 李静，许博. 对当代中国高等院校研究生教育模式的研究 [J]. 北京体育大学学报，1999（3）：79 – 82.

英国的博士学位均属研究性学位，但类别多样，其中包括哲学博士、专业博士和新路线博士（New Route Ph. D）。哲学博士是英国传统的博士学位，主要培养从事学术研究的人员；专业博士学位缘起 20 世纪 90 年代，主要培养在职人员，通过学术研究促进其职业发展。该学位主要包括教育、心理、医药、商业管理和工程学科等专业；2001 年，英国教育部意识到哲学博士过于注重学术，缺乏高级技能的培训，因此，设立了新路线博士学位。该学位强调学科交叉与融合，重视研究能力与高层次技术的训练。

三、法国

根据法国高等教育与研究创新部的官网数据显示，2021 年，法国高等教育接收的国际留学生达到 302 900 人，较 2020 年开学季减少了 12 000 人。其中，中国留学生中，攻读硕士学位人数占比 16.8%，博士学位占比 7.2%。[①] 疫情结束后，前往法国攻读研究生学位的中国留学生数量将会不断增加。

（一）法国研究生招生

法国研究生招收管理制度严格，虽然没有入学考试，但在研究生录取时有一定的标准。在报名时，申请人需要提供个人学历、研究经历、硕士（学士）阶段成绩、研究计划、专家推荐信以及曾取得的成绩。值得注意的是，法国高校明确规定了对硕士阶段的成绩，必须达到 B +（法国评分等级中的较高等级）以上；对于非本专业学生，法国要求入学后必须补修一定数量的该学科硕士课程；在入学考试中，法国高校考查考生科研潜力，注重能力测试等；研究生入学考试由专门的第三方考试机构（民间机构）组织。同时，法国采用标准化考试，所有专业统一试卷和考试内容。在录取规定中，法国高校对面试要求较严，重视考生的学术能力和科研潜能。此外，招收研究生时，法国高校还看重知名教授的推荐信及申请人的学术背景。[②]

（二）法国研究生培养

在法国研究生的培养过程中，研究生的课时、实习、答辩、学位授予等环节，有其规范的流程和环节。法国的博士生培养一般分为深入研究文凭 DEA（Diplôme D'étude Approfondie）阶段和撰写博士论文（Thèse De Doctorat）阶段。在 DEA 学习期间，博士生必须完成规定课程，并撰写一篇论文。在论文写作期间，院系负责人要安排博士生科研实习，[③] 并由导师全面负责博士生开展工作。也就是说，DEA 能否通过，取决于修课与实习的总成绩。

在研究生论文答辩前，导师会聘请两名资格审查人（至少有一名是校外教授）报请论文评审委员会批准。根据博士生的论文初稿，两位资格审查人向答辩委员会建议是否允许答辩。DEA 论文答辩委员会由三人以上组成，博士生论文答辩委员会一般由五至六人组成。其成员分别是：主席、报告人（博士生导师）和四名其他成员（一般是教授、科研中心

---

① MESR. état de l'Enseignement supérieur, de la Recherche et de l'Innovation en France n°15 ［EB/OL］. ［2023 - 10 - 29］. https：//publication. enseignementsup-recherche. gouv. fr/eesr/FR/EESR15_ES_16/les_etudiants_en_mobilite_internationale_dans_l_enseignement_superieur/#ILL_EESR15_ES_16_03.
② 钱赛英. 中法研究生教育比较研究 ［D］. 武汉理工大学，2004：17 - 18.
③ 在法国，研究生的培养，特别是博士生采用两种途径，一是综合大学和大学校培养；二是依靠拥有较充分的实验条件和经费的研究机构，但研究机构没有学位授予权。因此，形成了教学单位与研究机构联合培养的体制。

主任、知名学者），也可请讲师或工程师，但必须具有国家博士文凭和博士指导老师文凭。①

通过 DEA 论文答辩的研究生取得 DEA 文凭，通过博士论文答辩的研究生获得博士学位，有一些工程师学校与综合大学联合培养博士生，这些研究生必须到所在城市的某一大学注册，在毕业时，博士生被授予博士学位。可独立颁发博士文凭的大学有：巴黎国家高等矿院、高等路桥学院、巴黎高等师范学院、法国国立高等电讯学院等，但为数不多。②

（三）法国研究生学位类型

法国的研究生教育学位分为三种，即硕士、专业硕士和博士。博士学位又设有五种类型，即国家博士（Doctorat D'etat）、大学博士（Doctorat/Université）、工程师博士（Doctorat/Ingenieur）、第三阶段博士（Doctorat de Troisième Cycle）和统一博士学位（Doctorat Unique）。

值得注意的是，1984 年，法国颁布了《萨瓦里高等教育法》，该法案将高等教育划分为三个阶段，国家成为授予学位与大学头衔的唯一执行者，而博士学位证书上也要加注大学的名称。第一阶段（两年）毕业，成绩合格者颁发"普通大学学业文凭"（Diplôme D'études Universitaires Générales，DEUG）但不授学位，学生持 DEUG 直接进入第二阶段。第二阶段分两个学年。第一学年学分修满后，学生可授予学士学位（Licence）；第二学年结束成绩合格者，可授予硕士学位（Maitrise）。取得硕士学位的大学毕业生，可申请攻读第三阶段的博士研究生教育。在第三阶段中，博士生第一学年要学习理论课，参加研讨班，成绩合格者取得 DEA。值得注意的是，对于全日制学生而言，DEA 准备时长为一学年；非全日制学生可延长至两年。此外，获得 DEA 的学生，还要再经过二至四年的学术训练，通过答辩后方可获得博士学位。

1992 年，法国高等教育博士研究生教育又划分出两条培养路径，一条为研究发展路径，即学生在获得 DEA 后继续攻读博士学位，为最终获得法国最高学位（国家博士学位）而努力；另一条则为职业发展路径，即设立专业高级研究学位（Diplôme D'études Supériéures Spécialisées，DESS）。此外，法国还有一类叫做"大学校"的高等专科学校开展的专业学位教育。这是法国研究生教育的重要组成部分。在大学校中，学生通过两年的预科和三年本科教育，完成工程师教育培养，成绩合格者颁发工程师文凭，不授学位。已取得工程师文凭的大学毕业生，继续学习三四年后颁发工学博士学位。但是，仅有部分大学校有权颁发工程师博士学位。

为了方便欧洲或非欧洲的学生携带被承认的文凭自由地在欧洲流动，从 2002 年开始，为对应欧盟的高等教育学制标准，法国把原本高等教育文凭的 DEUG、Licence、Maitrise、DESS/DEA 等改革为 LMD（Licence – Master – Doctorat，也称"358 学制"）学制③，即学生完成高中会考（Baccalauréat，BAC）后进入高等教育阶段，经过三年学习可获得"学士学位"（Licence = BAC + 3）；经过五年学习可获得"硕士学位"（Master = BAC + 5），该学位分为"研究型硕士"和"职业型硕士"，只有研究型硕士可以继续攻读博士学位；经过八年

---

①② 钱赛英.中法研究生教育比较研究［D］.武汉理工大学，2004：25-26.
③ 按照布拉格会议发表的《欧洲国家高等教育联合声明》，到 2010 年欧洲高等教育共同圈成员国设立一种以"L（学士）M（硕士）D（博士）"（358）架构为基础的高等教育课程体系并且建立"欧洲学分转换制度"（ECTS）。

学习可获得"博士学位"（Doctorat = BAC + 8）。[①] 此外，法国政府在 LMD 体系中，还特别设置了专业硕士学位（Master professionnel = BAC + 5）。[②]

四、德国

德国研究生教育发展历史悠久，人才培养质量高、培养体系完善，不仅有自由的学术精神，也有严谨的学术氛围。最为著名的，要属洪堡所倡导的"学术自由之精神"，不仅成为柏林大学的精神主旨，也成为德国乃至全球高等教育人才培养的核心理念。

根据德国联邦统计局（Destatis）发布的《2022 年度博士研究生统计报告》显示，2020/21 冬季学期有 4 万多名中国留学生在此学习，而中国籍博士生占德国外籍博士生总数的 15%。[③] 目前，德国已成为中国留学生第六大留学目的国。值得注意的是，与其他国家不同，德国高校只设硕士和博士两级学位。本科毕业授予"文凭学位"，少数人文学科也授硕士学位，这两种学位是等值的，亦即德国的普通大学教育和硕士研究生教育是合并在普通教育阶段进行的。[④]

（一）德国研究生招生

在德国，凡学术性高等学校的毕业生均有资格申请博士生入学资格。在招生时，德国没有入学考试，入学步骤包括：第一，确定申请者的入学资格。根据德国高校法规定，报考博士生时，考生必须毕业于学术性高校，完成四年以上的学业课程，且大学成绩高于平均分；第二，师生双向选择。申请者在博士生入学申请前，要找到一位教授作为导师，与之交流确定论文研究方向；第三，正式申请。在师生双方达成意愿之后，申请者就可以向有关院系的博士学位委员会，提出攻读博士学位的申请。申请表中包括学历证明、教授推荐信、论文题目或研究方向、研究计划等。最后，经院系的博士学位委员会正式批准后，申请者将获得录取通知书，成为博士生。[⑤]

需要注意的是，德国的博士培训过程非常严格，博士生要想成为博士候选人并非易事。同时，在进入博士学习前，学生必须拥有大学的硕士学位。但对于应用科学类大学（Fachhochschule）的毕业生而言，进入博士学习阶段的可能性较小，因为他们的学历不被认可。[⑥]

（二）德国研究生培养

德国博士研究生教育被视为研究型培养。专业型和研究型博士学位并没有显著区别。大学依据自身的学科文化培养博士生，并为将来的初级学术职位储备人才，公共和私营部门亦

---

① 王炜，徐小强. 法国博士研究生的培养与质量保障［J］. 高教发展与评估，2007（5）：44.
② 贠聿薇. 法国学徒培训中心与高等院校联合培养模式分析——以巴黎第一大学旅游高等研究院旅游和酒店管理专业为例［J］. 南方职业教育学刊，2019（3）：59.
③ 潘孟秋. 2022 年度中国籍博士生占德国外籍博士生总数 15%［EB/OL］.（2023 - 10 - 26）［2023 - 10 - 29］. http://www.chisa.edu.cn/global/202310/t20231019_2111105025.html.
④ 陈学飞，等. 西方怎样培养博士——法、英、德、美的模式与经验［M］. 北京：教育科学出版社，2002：143.
⑤ 曹健. 研究生培养模式论［M］. 南京：江苏大学出版社，2011：54 - 55.
⑥ Stuart Powell, Howard Green. 全球博士教育［M］. 查岚，严媛，徐贝，译. 上海：上海交通大学出版社，2012：51.

会雇佣博士毕业生。① 同时，德国博士生教育传承了理性主义理想，不仅重视博士生独立开展研究的能力，而且重视博士生的理解力和创造力②。

"师徒授受制"是德国研究生教育的特色培养模式。该模式强调学生与教授在科学研究中的师徒关系，即学生是导师的助手，导师指导学生独立开展研究，帮助学生发挥主观能动性，并取得具有独创性的学术成果。

总体上讲，德国高校在研究生培养的过程中要求十分严格，只有很少的精英学生才能读研究生。首先，教学老师对学生的课程要求非常严格，对每门课程的学习质量都要严格把关，学生要想顺利毕业需要付出更多的努力。其次，德国高校的研究生培养，非常重视研究生毕业论文的质量，论文评价机制不仅科学而且严格，这也是为什么德国高校研究生论文含金量高。第三，在研究生培养过程中，德国高校一直采用严格的淘汰机制，每年有将近30%的学生不能正常毕业。③

近些年，德国建立了越来越多的博士生项目和研究生院，以提高指导质量，减少对导师的依赖。这些项目通常包含授课部分，以帮助候选人更好地融入院系的研究工作。在培养过程中，候选人和导师为博士毕业论文共同选定题目，候选人开展研究工作。候选人和导师会定期会面，讨论论文的相关问题；而候选人也可能应邀参与导师的学术研讨会。在论文提交后，导师就成为主要审阅人，并（通常与候选人）选择第二评阅人。已提交的论文将公示，并接受他人评论。当论文被评阅和评分之后，候选人将会举行公开答辩。答辩委员会由4~5人组成，通常包含一名校外评审。委员会必须就最后分数达成一致。候选人只有在论文公开发表之后才能正式获得学位。

值得注意的是，德国博士生在经济上依靠奖学金或研究助理职位的薪金支持，学习培训时间通常被限制在三至四年内。过了这段时间，大学将不再续签研究助理的合同。但是候选人还是可以继续写论文，并最终提交。④

（三）德国研究生学位类型

德国传统的学位制度与其他国家不同，采用的是硕士和博士二级学位制度，不设学士学位。德国大学生获得的第一级学位便是硕士学位。在综合学术型大学中，哲学、历史、语言、文学、法律和部分经济、社会等人文学科的学历文凭是文学硕士（Magister/Magister Artium）。而理科、工科、经济学和社会学某些专业的学历文凭则为理学硕士（Diplom）⑤；在应用技术型大学即高等专业学院（Fachhochschule），获得的学位是应用科学学士学位（Diplom FH）；另外，考取教师、律师、医生和药剂师等资格的毕业生可授予"国家考试证书"（Staatsexamen），相当于硕士文凭；艺术和音乐院校的学历文凭为文学硕士（Magister）或专业硕士（Meister）大师证书。

1999年，包括德国在内的29个欧洲国家在意大利签署了《博洛尼亚进程》，同时，也

---

① Stuart Powell, Howard Green. 全球博士教育 [M]. 查岚，严媛，徐贝，译. 上海：上海交通大学出版社，2012：51-52.
② 曹健. 研究生培养模式论 [M]. 南京：江苏大学出版社，2011：56.
③ 许晶. 德国高校研究生实践教学模式对创新人才培养的启迪 [J]. 高教学刊，2016（10）：23.
④ Stuart Powell, Howard Green. 全球博士教育 [M]. 查岚，严媛，徐贝，译. 上海：上海交通大学出版社，2012：51.
⑤ Diplom 一词源于希腊语的 diploma，原指书写字板，现特指完成学业后所获得的文凭。

改革了德国的研究生学位制度。改革后的新学士学位（Bachelor/Bakkalaureus）相当于原应用技术型大学的学士学位（Diplom FH），硕士学位（Master/Magister）相当于综合学术型大学和同等水平大学的硕士学位（Magister/Diplom）。而德国的博士学位类型单位，主要在综合学术型大学中获得，一般情况下，高等专业学院无博士学位授予权。

五、日本

作为中国的邻国，日本与中国地缘上接近，有着相似的文化背景，而日本高等教育质量，特别是研究生教育质量，在全球都享有极高的声誉。因此，成为中国学生青睐的留学目的国。目前，日本是中国留学生的主要目的国之一。根据日本学生支援机构（Japan Student Services Organization）的数据显示，2022年，日本共有231 146名国际留学生，其中，来自中国的留学生有103 882名，占所有留学生的44.9%。[1]

（一）日本研究生招生

日本各大学实行多样化的研究生院入学考试制度，以满足社会各界人士的需求。日本的硕士研究生招生设有入学考试，包括笔试和面试两个部分。参加研究生入学考试的考生，必须具有学士学位或同等学历。由于日本各高校的情况不同，因此，招生工作具有较大的自主性、灵活性。对研究资质突出且优秀的本科生来说，可从大学三年级直接进入硕士课程学习阶段。[2]

日本的研究生招生要进行入学资格审核。审核时，考生要提交学历资格证明、研究计划书，部分学校还要求考生提交以往的科研成果，如论文等。通过这种方式，培养单位可以全面了解考生的研究方向、研究专长、研究资质、知识储备等，并能够综合判定考生未来的培养潜质。[3]

（二）日本研究生培养

日本研究生的培养目标较高，重视学生在科学研究中的实操能力和创新能力。因此，研究生不仅要具有扎实的理论功底与实践技能，[4] 还必须要参与产官学相结合的研究项目，并能够直接将研究成果转化为经济效益等。通常，日本高等学校与企业合作开展产官学、产学研的研究项目，研究生在导师的分配和指导下，进入科研一线（学校内或企业）进行科学研究工作。此外，研究生也要在科研的过程中，取得实质性研究成果。值得注意的是，日本的研究生培养与产业发展的需求紧密相关，有些研究生写的科研工作进展报告，就成了他们的毕业论文。

日本的研究生教育主要采用"讲座制"来落实课程教学。在培养研究生的过程中，院系教授开设讲座，采用教学与科研相结合的授课方式，强化专业理论知识，突出科学研究实践。同时，在研究生教育中，要突出学生应用能力与创新能力的培养，并在教授的指导下参与并开展科研工作。同时，日本的研究生教育，重视人才培养与岗位需求的对接，重视经济

---

[1] Japan Student Services Organization. Result of International Student Survey in Japan, 2022 [R]. Japan Student Services Organization, 2023: 4 - 10.

[2] 郭素英，李祖祥. 日本研究生教育改革的"通识化转向"[J]. 研究生教育研究，2013（6）：91 - 95.

[3] 姜辉. 立足全程环节改革 提高研究生培养质量——日本研究生教育改革的研究与分析[J]. 亚太教育，2016（8）：239.

[4] 中文的"硕士研究生"一词在日本是相当于"修士及博士课程的大学院生"，是学生进入博士阶段的学习阶段。

价值的直接转化。例如，日本的产官学一体化模式就是一种协作式研究生培养模式，其表现为研究生院与国立、公立及民间科研机构开展的科研合作与教育合作中。这种模式将先导性的基础科研与尖端科研相结合，加速了研究生教育质量的提升。

值得注意的是，日本的研究生教育制度与学位授予制度相分离。研究生能够在硕士或博士课程完成后毕业，但没有学位。若想取得学位，研究生毕业后必须要加强科研，撰写学位论文，并拿出具有独创性的研究成果才能申请学位。

（三）日本研究生学位类型

根据研究生的培养类型，日本研究生学位的类型也较为多样。日本的博士学位有两种类型。首先是"课程博士"，主要颁发给学习完成了大学院的博士课程的学生；另一个是"论文博士"，主要颁发给那些向大学院提交论文，其内容被认可的学生。博士学位也通过编号加以区分，"课程博士"是标注文字"甲"，"论文博士"会被标注文字"乙"。[①] 日本大学研究生院授予的博士学位共19种，包括学术、文学、教育学、神学、社会学等。

硕士学位也分为"学术硕士"和"职业硕士"两类。学术硕士主要为博士生培养打基础，课程修业两年。日本的"专职学位"（职业硕士）是培养专业型人才。具体来讲，在专职大学院学习，完成学业的情况下被授予是专门的职业学位。在学位规则中划分三种，完成法科大学院的人称为"法务博士"，完成教职大学院的人称为"教职硕士"，除此以外完成了专职大学院的人，可以授予"硕士"的称号。[②]

第三节　国际研究生教育发展趋势

为了提高国际竞争力，各国加大了高层次人才培养的力度，加快了研究生教育转型。从制度建设上看，中国、俄罗斯、日本、印度等国家正在推进一流大学的建设；从国际合作上看，伊拉斯谟计划的实施、海外分校的设立、欧洲的校园建设等，已成为研究生教育国际发展的新亮点。此外，各国正在使用新技术、新方法、新模式，推进着研究生教育的改革。

一、世界一流大学建设力度加强

为了提升科研实力、提高国际竞争力，各国政府以建设世界"一流大学"为抓手，重点加强研究生教育的培养质量，扩大关乎国家发展命脉专业人才储备，并纷纷出台了以追求卓越为目的的高等教育专项计划。除中国的"双一流"建设外，还有俄罗斯的"5－100计划"（"5－100" Programme）、印度的"卓越机构"（Universities of Excellence）项目以及韩国的"升级版智慧韩国工程"（Brain Korea 21 Plus Project）。

（一）冲击世界一流大学举措

争创世界一流是俄罗斯大学发展与改革的重要任务。尽管俄语中并没有一流大学的直接表述，但一直有重点大学（ведущие университеты）的说法。2010年5月，俄联邦政府第354号决议阐释，以高科技为引领的俄罗斯经济发展需要创建世界一流大学，并肩负为国家高科技领域培养人才、推动科技创新发展等多项任务。2012年5月，普京签署俄罗斯政府

---

①② 东经日语. 学历学位区别：在日本博士、硕士、学士之间有什么区别？[EB/OL]. (2018－04－10) [2019－06－05]. http://www.tokei.cn/zx/cglx/2067.html.

第 599 号令，正式实施《关于国家政策在教育和科学领域中的落实措施》，其中首次提出在 2020 年前，俄罗斯不少于 5 所大学进入世界权威大学排行榜前 100 名的目标。由此而来的"5－100 计划"成为此后一系列世界一流大学建设政策的统称。

"5－100 计划"[①]的实施包括高校竞争参与、专设国际专家委员会投票表决、获得专项经费、实现高水平发展、冲击世界一流大学等环节。有意愿的高校须提交书面申请和本校创新发展方案，经公开陈述，由国际专家委员会根据选拔标准进行评分和全体投票决定入选与否。专设的国际专家委员会是处理俄罗斯高等院校国际化问题的常设咨询机构，负责研究大学选拔标准和提升大学国际竞争力的项目设置。目前，通过两轮选拔，已经有 21 所国立高校进入了"5－100 计划"支持大学成员名单。该名单实行末位淘汰的竞争机制，一旦有高校复检不合格，随即取消其成员资格和专项经费支持。

"5－100 计划"的财政支持力度非常强劲，政府的经费投入逐年追加。2013 年 10 月，梅德韦杰夫总理签署总金额为 90 亿卢布的专项财政预算，用以支持入选"5－100 计划"的 15 所高校，2014 年划拨 100.5 亿卢布。"5－100 计划"是俄罗斯高教改革的第三步，也是冲击世界一流大学的强力之举。在国际化水平不断提高、支持力度不断加大的背景下，俄罗斯大学冲击世界一流大学目标应该越来越现实。[②]

（二）推动一流大学改革项目

2016 年 3 月，印度政府宣布计划选出 20 所大学，将其建设成为世界一流大学。印度财政部部长在财政预算演讲中提高，政府将设立一个教学和科研的监管机构并制订详细的计划，推动 10 所公立大学和 10 所私立大学成为世界一流大学。政府将建立一个不以营利为目的的高等教育融资机构通过调节来自市场的资金，支持"顶尖级学校"改善基础设施。[③]

2017 年 10 月，纳伦德拉.莫迪（Narendra Modi）总理在巴特那大学（Patna University）百年校庆上强调，大学需要更加重视教学和创新，摒弃灌输式的传统教学方法。莫迪表示，印度没有一所大学进入世界 500 强，这令人感到非常遗憾，政府计划放宽对大学的管制，并自主 10 所私立大学和 10 所公立大学总计 1 000 亿卢比（约合人民币 100 亿元）的财政拨款用于建设世界一流大学，自主年限为 5 年。希望获得自主的大学必须向政府展示自己可以发展为世界一流大学的潜力。自主高校的遴选工作将由专业的第三方机构承担。莫迪在研究中强调，大学要重视学习与创新："我们是一个拥有 8 亿青少年的国家，65% 的人口年龄在 35 岁以下，应该利用人口优势，实现我们的梦想。"[④]

目前，印度正在进行建设世界一流大学的改革项目——"卓越机构"项目（类似现在世界范围内比较普遍的"卓越计划"），通过提供额外的资金支持建设世界一流大学。最终，有 6 所大学被选中，包括 3 所公立大学和 3 所私立大学。3 所公立大学是科学院（Institute of Science），班加罗尔研究所，印度孟买和德里理工学院。3 所私立大学是比尔拉技术与科学

---

① 俄罗斯大学的"5－100"计划和中国大学"985 计划"类似。
② 肖甦. 俄罗斯的一流大学建设［J］. 华东师范大学学报（教育科学版），2016（3）：12－15.
③ Yojana Sharma. Budget Proposes Creation of 20 World-class Universities［EB/OL］.（2016－03－01）［2019－07－28］. https://www.universityworldnews.com/post.php?story=20160301163946161.
④ Govt Intends to Make Indian Univerisities World－class［EB/OL］.（2017－10－14）［2019－05－14］. http://www.livemint.com/Polotocs/0WGVQiCffloaRdQqTpXgMN/Govt-intends-to-make-Indian-universities-worldclass-says-N.html.

学院，玛尼帕尔高等教育学院和还未建成的 Jio 学院（Jio Institute）。①

（三）加强私立一流大学的建设

韩国政府一直以"直接管理者"的角色，在研究生教育发展中发挥着作用。20 世纪 90 年代以来，尽管高等教育私营化及新自由主义政策在韩国的高等教育发展中产生了重要的影响，但这并不影响韩国政府对高等教育的战略管理。② 教育行政部门掌握着公、私立大学招生计划审批权，政府通过招生定额，调节私立高等教育发展速度。③ 此外，在建设世界一流大学的过程中，韩国政府也给予一流私立大学慷慨的资助，并采用统一规划的手段，营造出良好的政治氛围。

韩国一流的私立大学一直是政府支持的对象。韩国政府通过"竞争性资助项目"，为推动韩国世界一流大学发展提供经费基础和战略指导，并促进了私立大学与公立大学的均衡竞争。具体而言，韩国高等教育资助项目主要以院校评估结果为资助标准，不区分高校的公私属性。④ 例如，在"面向 21 世纪的智慧韩国工程"（Brain Korea 21 Project，1999—2012 年）中，共有 14 所大学入选一流研究生院重点建设规划，其中 9 所为私立大学。⑤ "世界一流大学项目"（World – class University Project，2008—2013 年）、"升级版智慧韩国工程"等高等教育改革计划也遵循同样原则。以浦项工科大学为例，该校接受了"智慧韩国工程"和"世界一流大学"项目的政府经费（截至 2012 年共 8 300 万美元），需按照政府要求，改革研究生项目，将 6 个研究生学院重组为 3 个学院，并增加跨学科研究生项目。⑥ 在这样的趋势下，一批优质私立大学获益于政府的竞争性资助项目，成功转型为高水平研究型大学。同时，也使韩国成为美国之外，培育私立研究型大学数量最多的国家。

二、研究生院建设发展加快

过去 20 多年中，德国、英国、日本等国家博士生教育的管理与组织最显著的变迁是研究生院的建立，尽管各国研究生院的名称有所不同，但都是试图为博士生教育提供更加结构化的制度环境和组织形式。

（一）"均质"与"卓越"的跨越式转变

2005 年，德国以法律的形式审议通过了"卓越计划"，开始了"均质"与"卓越"的跨越式转变，开启了世界一流大学建设的"德国模式"。"卓越计划"的重点不再是整体性地建设少数精英大学，而是以项目制形式择优建设，即由直接资助大学转变为资助大学的研

---

① THE. Higher Education in India：the Current state of Play［EB/OL］.（2018 – 10 – 11）［2019 – 04 – 05］. https：//www.timeshighereducation.com/features/higher-education-india-current-state-play.

② Terri Kim. Higher Education Reforms in South Korea：Public-private Problems in Internationalizing and Incorporating Universities［J］. Policy Futures in Education，2008（5）：558 – 568.

③ Ki-Seok Kwon. Evolution of Universities and Government Policy：The Case of South Korea［J］. Asian Journal of Innovation & Policy，2015（1）：103 – 107.

④ Terri Kim. Higher Education Reforms in South Korea：Public-private Problems in Internationalizing and Incorporating Universities［J］. Policy Futures in Education，2008（5）：558 – 568.

⑤ 娄欣生. 韩国私立高等教育的发展及启示［J］. 黑龙江教育，2009（3）：13 – 14.

⑥ Byung Shik Rhee. A World – class Research University on the Periphery：The Pohang University of Science and Technology，the Republic of Korea // The Road to Academic Excellence：The Making of World – class Research Universities［M］. WashingtonDC：World Bank，2011：120.

究生院、卓越集群和未来构想三个项目①，以期沿着提高博士生培养质量、加强卓越科学研究以及培育和强化高校重点、特色、交叉学科三条路径，培养大批各学科领军科研人才，实现德国大学冲击世界一流大学的目标。

2017年是德国2005年以来实行卓越计划第二支持周期的截止年度。经过前两期的假设，德国大学在世界大学排名前100名的位次有所提高。以THE排名为例，进入前100名高校的数量由2010—2011学年的3所提高至2015—2016学年的9所。在ARWU和QS中，其排名的位次均有一定提升。2017年，德国政府决定继续支持下一轮的"卓越计划"，并设定如下计划，即保留"卓越集群"和"卓越大学"，但不再单独资助研究生院，对研究生院的资助纳入德国大学的常态化管理和资助系统。

2018年，德国开展了第三期的"高校学科与研究卓越计划"。第三期提高了竞选门槛。在前两期中，每所大学只要同时争取到1项"卓越研究集群"和1项"研究生院"，即具备申请竞选"卓越大学"的资格，而第三期则要求大学必须至少获得两项"卓越研究集群"的资质才能申请"卓越大学"。最后，不再限定资助期限，以此促进更多基础性或重大原创性成果的产出。对获得"卓越大学"头衔的大学每7年进行一次独立的外部评审，通过后决定是否继续下一轮资助。

（二）研究生院国际竞争力的提高

近年来，日本的总人口数和劳动人口数逐年下降，年轻人选择攻读博士学位的人数出现了下降的情况，导致青年科研人才短缺，科研产出数量减少。为此日本文部省在"全面向2016—2020年第三次研究生教育振兴施策纲要"中提出，当务之急是提高研究生院的国际竞争力，提议开展"卓越大学院"（卓越研究生院）项目。

日本文部省历时近半年审议讨论（2016年2月1日至2016年6月30日），提出了该计划。2018年，日本启动了卓越大学院项目，13所大学的15个项目入选。本次入选卓越大学院的13所大学分别是北海道大学、东北大学、筑波大学、东京大学、东京农工大学、东京工业大学、长冈科技大学、名古屋大学、京都大学、大阪大学、广岛大学、长崎大学、早稻田大学。其中东北大学和名古屋大学均有2个项目入选。这15个项目基本与日本在国际上具有优势的4大学科领域联系紧密。②

日本卓越大学院项目的主要目的是培养领导各个领域的优秀博士人力资源，建立人力资源开发与交流的可持续发展联合研究基地，促进日本整个研究生院的改革。同时，该项目是针对未来10年研究生教育改革提出的新构想。

该项目的核心主体是各大学的研究生院，但文部省明确规定"卓越大学院"项目的申请主体必须是大学。这样就要求举全校之力来协助该项目的策划及构想，这一责任主体的认定也保证了该项目的实施。"卓越事业"注重在申请企划阶段，国外一流大学、研究机关、国内企业、国内大学及研究机关共同体等多元主体的加入，深入贯彻"产学官"合作，具体表现在各国主体就博士人才培养的具体方案达成共识之后，研究生院在此基础上进行一系列的注入课程编制等的后续策划。同时，按照该项事业的规划，大学作为申请主体，进行公

---

① Wissenschaftsrat. Excellence Initiative［EB/OL］.（2018－07－15）［2019－07－27］. https：//www.wissenschaftsrat.de/en/fields－of－activity/excellence_initiative.html.

② 日本文部科学省. 平成30年度「卓越大学院プログラム」の選定結果［EB/OL］.（2018－10－03）［2019－04－05］. http：//www.mext.go.jp/b_menu/houdou/30/10/1409731.htm.

开竞争前，已经从合作对象获得了外部的资金支持，即资金和人才培养方案一起作为审查条件。如此，其一，减少了大学在专业领域设计方面对资金的顾虑和文部省财政的负担，可以让更多的申请主体加入该项计划中；其二，因为企业提前有了资金投入，可以保证企业参与的积极性和对该项事业后续发展的持续关注。①

三、国际研究生教育交流与合作

（一）经费项目的支持

在国际研究生教育交流与合作中，最为有标志性的举措，当属跨境合作基金项目的实施。两个代表性的研究生经费项目"伊拉斯谟"（Erasmus）系列计划与"玛丽·斯克沃多夫斯卡－居里行动"（Marie Skłodowska－Curie Actions，MSCA）基金项目，支持了研究生教育的跨境合作与联合培养。

为实现欧洲高等教育国际化，1987年，欧盟出台了"伊拉斯谟"计划。该计划分三个阶段："伊拉斯谟计划"（1987—2006年，1995年并入苏格拉底计划）、"伊拉斯谟世界计划"（2004—2013年）、"伊拉斯谟+计划"（2004—2000年）。从1987—2017年，伊拉斯谟系列计划历经30年，成为国际研究生培养模式的典范。

伊拉斯谟系列计划鼓励欧盟与非欧盟国家的高校，组成高等教育合作联盟，并设立了跨校合作的"伊拉斯谟硕士课程"和"伊拉斯谟博士联合培养"等学位项目。为了吸引全球更多的学生来欧洲学习，该计划也设立了研究生联合培养奖学金项目，每年提供上万个名额。同时，该计划明确规定，学生在学期间，至少要在欧盟的两所大学中，学习一至两年的学位课程。学习结束后，学生可获得双学位或多学位证书。② 2009年起，欧盟又设立了伊拉斯谟对外合作窗口计划。该计划中，每个联盟由至少3个欧盟国家的5所高校与其他非欧盟国家高校组成，招生计划面向中国、印度、巴西、阿根廷等国家的学生。这一计划加快了高校双方互派硕、博研究生进行科研、知识和技能交流的速度。③

此外，为了提升欧洲高等教育的质量和水平，"伊拉斯谟系列计划"在欧盟高等教育的学分认证、学位互认、课程开发、质量保证标准等方面也作出努力，并通过跨国、跨校合作消除了地区间的差异，进一步提高了教育的对外开放。

另一个是MSCA基金项目，该项目是"地平线欧洲"（Horizon Europe）的一部分，是欧盟针对博士生教育和研究人员博士后培训的旗舰资助项目。该项目由欧洲研究执行机构（European Research Executive Agency）代表欧盟委员会进行管理。MSCA资助优秀的研究和创新项目，支持研究人员在国家、部门和学科之间流动，以获取新知识、技能和能力，并促进研究和创新合作、知识转移、方法和内容以及培训、监督和职业指导方面的卓越表现。一方面，MSCA通过投资于优秀研究人员的长期职业生涯，帮助建设欧洲的研究和创新能力；另一方面，MSCA还资助全球优秀博士和博士后培训项目，推动合作研究项目的发展。于

---

① 文部科学省. 第3次大学院教育振兴施策纲要[EB/OL].（2016-04-15）[2019-05-11]. http://www.mext.go.jp/b_menu/houdou/28/03/_icsFiles/afieldfile/2016/04/15/1369696_1/pdf.

② Action1: Joint Programme Including Scholarships [EB/OL].（2013-12-12）[2019-05-30]. http://eacea.ec.europa.eu/erasmus_mundus/programme/action1_en.php.

③ Action2: Partnerships with Third Country Higher Education Institutions and Scholarships for Mobility. [EB/OL].（2015-04-17）[2019-05-11]. http://eacea.ec.europa.eu/erasmus_mundus/programme/action2_en.php.

此，对高等教育机构、研究中心和非学术组织产生了结构性影响。[①]

(二) 跨境合作的努力

目前，研究生跨境联合培养成为各国高等教育国际化发展的标志性行为。有两种行为模式极具代表性，一是海外分校的设立；二是跨境联合办学。

在海外设立分校是国际研究生教育交流与合作的形式之一。海外分校因有利于将原大学的文化、精神及高水平的教育资源直接移植到他国，因此美国、澳大利亚、英国、德国、法国、西班牙等高等教育强国都比较喜欢在发展中国家尤其是亚洲国家开设分校，拓展了研究生教育的合作业务。从国际海外分校的发展过程来看，20世纪60年代初，美国的大学就前往欧洲建立了分校，此后，美国又在英、德、加、日等国家陆续设立分校。至2007年美国高校和教育服务公司在全世界42个国家设有84所分校或具有美国学位授予权的办学项目。[②] 英国也是开办海外分校的先行者，例如，英国诺丁汉大学在马来西亚和中国都建有海外分校。目前，30所英国高校在世界各地开办了39所海外分校。实际上，海外分校是研究生国际联合培养的重要场所，其研究生培养的方式通常会受到分校驻在国当地的政治、文化等环境因素的影响。

另一种培养模式得益于跨境联合办学。该模式通过多机构合作的方式，加强研究生的创新实践能力，提升知识转化的速率。联合培养的合作方式主要发生在校际、校企间、高校与中介机构间[③]，但校际联合培养是国际联合培养研究生最主要的方式。例如，美国高校与国外高校，或科研机构合作办学，为双方和第三国培养专业人才。从合作形式上来看，校际联合培养研究生主要通过相互承认学分和学历、共同制定联合培养方案、双方导师共同在学术和科研方面对研究生进行指导等方式。由于学制和合作学校间的学习年限不同，高校联合培养研究生一般可分为"1+1"（学制2年，在两校各学习1年），"1+2"（学制3年，国内学习1年，合作学校学习2年），"3+2"和"4+2"（本硕连读）等模式。[④] 比如：2006年7月美国伊利诺伊大学香槟分校与我国南京航空航天大学签订了"1+1"联合培养图书情报专业硕士研究生的合作协议。此后，该校又与厦门大学财务管理会计研究院签署"1+1会计学硕士研究生合作项目"协议。参加该项目的学生将先后在双学校学习，修满学分考核合格后，将会获得两个学校的硕士学位。2008年，美国肯特州立大学、宾夕法尼亚大学和丹佛大学等与上海外国语大学采用"3+2"（国内3年，合作学校2年）和"4+2"（国内4年，合作学校2年）两种本硕连读的模式，双向合作培养高层次国际化人才。[⑤]

(三) 共享校园的建立

位于欧洲中心地带的五所大学：巴塞尔大学、弗莱堡大学、豪特阿尔萨斯大学和斯特拉斯堡大学以及卡尔斯鲁厄理工学院正在进行跨境教育合作。该合作被称为"Eucor – 欧洲校园"（Eucor – The European Campus）项目，[⑥] 形成了包括教学、研究、创新和管理的大学网

---

① Marie Skłodowska-Curie Actions. About MSCA. [EB/OL]. [2023 – 10 – 05] https://marie-sklodowska-curie-actions.ec.europa.eu/about-msca.
② 贺长中. 美国高校在国外建立分校的基本状况 [J]. 世界教育信息，2007 (5)：44.
③ 李晓. 我国研究生联合培养模式研究 [D]. 青岛：青岛大学，2009：45.
④⑤ 穆伟山，乔静雅. 美国研究生教育国际合作的特点及启示 [J]. 学位与研究生教育，2013 (4)：73.
⑥ Janosch Nieden. Cross – border Doctoral Education at the European Campus [EB/OL]. (2018 – 06 – 04) [2019 – 04 – 01]. https://eua.eu/resources/expert-voices/13-cross-border-doctoral-education-at-the-european-campus.html.

络。同时，该项目打破了单一校园研究潜力的局限，形成了一个没有边界的知识研究领域，为博士研究生提供了更开阔的研究环境。这五所大学确定了共同的愿景，发挥了自身潜力，实现了优势互补、协同创新的效应。

1. 共享校园的理念

作为创新跨境合作项目，"共享校园"的理念具有较高的国际吸引力。例如，五所大学的博士生可以在巴塞尔大学的格雷斯研究生中心（GRACE Graduate Center）或弗莱堡大学的核心资格中心（Center for Key Qualifications）学习课程，共享图书馆和食堂等所有资源。同时，各大学还提出关于共享研究设备的理念，其目标是有效利用资源，实现协同合作，提高博士生的研究效率。

2. 培养结构的突破

在博士生培养过程中，该项目设置了联合博士学位监督协议。该协议在两个或两个以上的高校间开展。基于这一协议，博士生毕业时可以（基于一篇博士论文）同时获得两个或三个国家的博士学位。此外，博士生也有可能在共享博士学院获得"结构化"（Structured）的跨境博士学位。

3. 文化交流的扩展

在共享校园中，一些学科领域建立了网络组织，加强了五所大学研究人员、博士生和其他学生之间的知识互动与经验交流。例如，Eucor 英语网络是一个跨文化交流论坛。该论坛不仅集结了合作大学中以英语为母语的文化语言学专家，而且每年为硕士生和博士生开展相关的会议或研讨会，探讨研究成果、开展研究合作。

实际上，"Eucor–欧洲校园"项目的附加价值在于它开启了研究视角的多样性和广泛性，并为博士生拓展了研究领域。正如法国总统埃马纽埃尔·马克龙（Emmanuel Macron）在索邦大学（Sorbonne University）发表的欧洲政策主题演讲中所提到的那样，Eucor 已走上了创建"欧洲大学"之路。

2019 年 2 月，五所大学通过了"2019—2023 年的战略合作规划"。该规划指出，Eucor 将在研究与创新、教学与博士质量等方面形成共同的愿景，并将"量子科学和技术""个性化健康精准医疗""可持续性"及"欧洲身份认同"四个方面作为优先发展领域，开展跨界教授职位、探索性讲座、联合研究生院试点项目，简化欧洲校区的合作流程。欧洲校区还将加强与地方企业和社会的联动，利用校区邻近区域的潜能，促进人员流动。

【本章小结】

现代研究生教育制度源自德国，为了提高综合国力和国际竞争力，各国加大了高质量人才的培养力度，提高了各专业领域的科研水平。同时，随着全球一体化的发展，研究生教育实现了跨学科培养、跨校培养、联合培养等形式，使得国际研究生教育的扩张更具前沿性、合作性、流动性。本章第一节回顾了国际研究生教育的发展历程，梳理并划分了国际研究生教育的四个阶段，即缘起、成长、发展与转型。第二节从研究生的招生模式、培养方式和学位类型三个方面，概述了美国、英国、德国、法国、日本地区的研究生教育的基本情况；针对目前国际研究生教育的改革与发展，第三节从全球的世界一流大学建设、研究生院建设、国际研究生合作与交流三个方面，介绍并探讨了国际研究生教育建设的基本态势和发展动向。

【思考题】

1. 研究生教育发展与国家政治经济建设的关系是什么？
2. 国际研究生教育改革的动因是什么？
3. 各国研究生教育发展的特色是什么？

【推荐阅读文献】

1. Fernando F. Padro. Postgraduate Education in Higher Education ［M］. Springer Press，2018.

2. Deane E. Neubauer & Prompilai Buasuwan. Asia Pacific Graduate Education：Comparative Policies and Regional Developments ［M］. Springer Nature Press，2016.

3. Alan Leshner & Layne Scherer. Graduate STEM Education for the 21st Century ［M］. National Academy Press，2018.

后　　记

作为全国乃至世界上第一部整体反映研究生教育的研究生教学用书，《研究生教育学概论》的编著既是一项复杂的探索性工作，又是一项系统性工程，离不开编委会成员的齐心协力，共同研讨。

2016年，经过教育学专家讨论、在全国进行公示、教育部主管部门备案、北京理工大学自主设立"研究生教育学"博士学位授权点。2017年开始招收博士生、硕士生，并首次开设了"研究生教育学"核心课程《研究生教育学基础》，选课研究生达到80多人。在研究生课程教学过程中，研究生们迫切期望能有一本系统介绍研究生教育的教材。从"研究生教育学"学科建设出发，也需要加强研究生课程教学教材建设，尤其是研究生的核心基础课程。我开始构思《研究生教育学概论》的框架。经过两年的课程教学，多次征求研究生的意见，于2018年12月决定编写《研究生教育学概论》。

2019年年初，我与周文辉、李明磊两位老师商讨，组织了编委会，主要由马永红教授、周文辉研究员、李明磊助理研究员、王悦副研究员、黄明福助理研究员、王茹助理研究员、乔刚讲师、王小栋博士后等组成。同时确定了"理论实践相结合，服务研究生教学"的编写思路。根据研究生课程特点，编写过程中兼顾"基础性、研究性、前瞻性、开放性"。各章的执笔人分别为：第一章，张微，王战军；第二章，马永红、朱鹏宇；第三章，马永红、王悦；第四章，周文辉、黄明福；第五章，王战军、乔刚；第六章，周文辉；第七章，王战军、王小栋；第八章，李明磊；第九章，王小栋。我负责全书的框架设计，部分章节的撰写和统稿工作。在统稿过程中，我们感到尚且还不能把握"研究生教育学"。因此，本书的名称定为《研究生教育概论》。北京理工大学博士生张微、牛晶晶，硕士生李艳艳、陈冬洁、马雪莹等同学负责部分章节的文献资料和数据统计工作，雷琨负责有关英文翻译工作，张微担任编写组秘书。

2023年6月，为继续提升教材质量，提高教材适用性，经由编委会研讨决定按照修订内容超30%的再版要求，组织开展修订工作。我们以师生需求为导向，多次组织上课的研究生讨论教材修订问题，收集研究生对教材的意见，并结合教师实际教学情况，制定了教材修订方案。本教材修订以"提升理论水平、反映实践成果、服务学生学习、打造精品教材"为目标，针对教材使用中的重点问题，充分反映近几年研究生教育发展与研究的最新成果。本次编委会成员整体构成不变，部分成员职称有所更新，并且注入了新鲜血液。各章节的修订负责人分别为：第一章，张微，王战军；第二章，马永红、朱鹏宇；第三章，马永红、王悦；第四章，周文辉、陈玲；第五章，王战军、王茹；第六章，周文辉、牛晶晶；第七章，王茹；第八章，李明磊；第九章，王小栋。我负责整体的修订思路，关键内容的增添修改和通稿工作。北京理工大学研究生教育研究中心科研助理张晓峰担任编写组秘书，并负责有关英文翻译工作，北京理工大学博士生邱钰超、硕士生王烨等同学负责部分章节的文献资料和数据统计工作。

本书的出版特别感谢教育部原副部长、中国学位与研究生教育学会原会长、中国工程院院士赵沁平教授，他倡导、推进了"研究生教育学"的学科建设，还在百忙之中为本书作序。特别感谢北京师范大学高等教育研究院周海涛教授、湖南师范大学教育学院廖湘阳教授、西北工业大学研究生院王雅静副研究员等专家给予本书的宝贵意见和建议。感谢北京理工大学研究生院以及学校"研究生课程建设精品教材"计划的支持。感谢编写组成员及工作人员长期为此付出的智慧和汗水！同时，本书在编写时还参考了有关书籍和资料，在此向上述同志和有关书籍资料的编著者，一并表示衷心的感谢！

本书的出版是研究生教育研究领域的一种尝试，无可借鉴的经验，加之个人学识水平有限，一定会存在很多不足，恳请各位读者提供宝贵的意见，共同为"研究生教育学"研究生培养，为提高研究生教育研究质量作出应有的贡献。

王战军于 2024 年 1 月